칼퇴를 부르는 엑셀 테크닉 122

EXCEL TECHNIC

칼퇴를 부르는 **엑셀 테크닉 122**

1쇄 발행 2018년 6월 11일
3쇄 발행 2020년 8월 28일

지은이 후지이 나오야, 오오야마 케이스케
옮긴이 이동규
펴낸이 장성두
펴낸곳 주식회사 제이펍

출판신고 2009년 11월 10일 제406 - 2009 - 000087호
주소 경기도 파주시 회동길 159 3층 3-B호 / **전화** 070-8201-9010 / **팩스** 02-6280-0405
홈페이지 www.jpub.kr / **원고투고** submit@jpub.kr / **독자문의** help@jpub.kr / **교재문의** textbook@jpub.kr

편집팀 이종무, 이민숙, 최병찬, 이주원 / **소통 · 기획팀** 민지환, 송찬수, 강민철 / **회계팀** 김유미
내지디자인 한지혜 / **표지디자인** 미디어픽스
용지 에스에이치페이퍼 / **인쇄** 한승인쇄 / **제본** 광우제책사

ISBN 979-11-88621-2-1(13000)
값 18,000원

칼퇴를 부르는 엑셀 테크닉 122

EXCEL TECHNIC

후지이 나오야, 오오야마 케이스케 지음 / 이동규 옮김

※ 드리는 말씀

- 이 책에 기재된 내용을 기반으로 한 운용 결과에 대해 저/역자, 소프트웨어 개발자 및 제공자, 제이펍 출판사는 일체의 책임을 지지 않으므로 양해 바랍니다.
- 이 책에 등장하는 회사명, 제품명은 일반적으로 각 회사의 등록 상표(또는 상표)이며, 본문 중에는 ™, ©, ® 마크 등을 생략하고 있습니다.
- 본문 중에서 일본 환경에만 적용되는 내용은 우리나라 환경에 맞추어 수정하였습니다.
- 이 책에 나오는 몇몇 용어는 엑셀 프로그램에서 사용한 용어를 그대로 사용하였으므로 표준 맞춤법과 다를 수 있습니다. (예를 들어, 목푯값 → 목표값)
- 이 책에서 사용하고 있는 제품 버전은 독자의 학습 시점에 따라 책의 내용과 다를 수 있습니다.
- 이 책은 엑셀 2016 화면을 사용하여 설명하고 있습니다. 물론 엑셀 2010/2013/2016 버전에 모두 대응하지만, 일부 내용은 버전에 따라 지원하지 않을 수 있으며, 독자의 엑셀 버전과 OS 버전에 따라 항목의 위치 등에 차이가 있을 수 있습니다.
- 책 내용과 관련된 문의사항은 옮긴이 혹은 출판사로 연락주시기 바랍니다.
  - 옮긴이: reap.as.i.sow@gmail.com
  - 출판사: help@jpub.kr

차례

CHAPTER 4 실수를 줄이는 노하우와 셀 참조 방식 제대로 이해하기 105

CHAPTER 5 단축키 활용하여 작업 속도 높이기 139

CHAPTER 6 복사해서 붙여넣기, 자동 채우기, 정렬 기능 169

CHAPTER 7 실전 데이터 분석의 시작 197

옮긴이 머리말

"엑셀은 생각보다 훌륭한 소프트웨어"입니다. 이 책을 번역하는 내내 제 머릿속에 맴돌던 생각입니다. '생각보다'라고 표현한 이유는 제가 솔직히 엑셀을 다소 만만하게 생각해 왔기 때문입니다.

컴퓨터를 전공하는 사람에게 오피스 소프트웨어는 그런 존재였습니다. 따로 시간을 내서 공부하는 게 자존심 상하는 일이었습니다. 어쩌면 대학 시절부터 컴퓨터를 전공하는 사람은 웬만한 소프트웨어는 공부하지 않고도 다룰 수 있어야 한다는 잘못된 강박관념을 가졌는지도 모릅니다. 그러다 보니 자연스레 눈에 보이는 직관적인 기능만 사용해 왔던 것이죠. 엑셀에 대한 저의 평가가 낮았던 이유는 딱 그만큼만 알기 때문이었습니다. 20% 정도만 알고 나머지는 노가다(?)로 채워 왔던 까닭입니다.

컴퓨터 전공이 아닌 분 중에도 엑셀을 오랫동안 사용해 왔다는 이유로 더 배울 게 없다고 생각하는 분이 많지 않을까 생각합니다. 너무 가까운 곳에서 오랫동안 봐 온 소프트웨어라서 무의식적으로 엑셀이란 소프트웨어를 낮게 평가하고 있지는 않을까요? 만약 그렇다면 이 책을 통해 엑셀이 '생각보다' 좋은 기능이 많다는 것을 알게 될 것입니다. 저 역시 이 책을 번역하면서 두고두고 도움될 몇 가지 기능을 배웠습니다. 조건부 서식, vlookup, 피벗 테이블, 데이터 표와 같은 엑셀의 대표적인 기능 외에도 alt나 ctrl과 관련된 단축키와 복사/붙여넣기와 관련된 작은 팁들이 크게 도움되었습니다.

또한, 이 책에는 직장인에게 유용한 엑셀 테크닉이 담겨 있습니다. 시중에 있는 수많은 엑셀 책과의 차별점은 오랜 경험에서 우러나온 지혜와 팁이 담겨 있다는 점입니다. 특히, 전반적으로 작업 시간 단축과 실수 방지에 초점을 뒀습니다. 참 매력적인 포인트입니다. 이 책을 통해 불필요한 야근을 하지 않고도 좋은 성과를 내는 스마트 워킹에 한 걸음 다가갈 수 있지 않을까요?

엑셀은 사회생활을 하는 거의 모든 사람에게 유용한 소프트웨어입니다. 적어도 본인의 소비 패턴을 파악하기 위해 가계부로도 사용할 수 있을 것입니다. 한번 마음 먹고 효율적인 엑셀 사용법을 익혀 둔다면 인생의 많은 시간을 아낄 수 있을 것입니다. 아무쪼록 독자 여러분에게 이 책이 도움이 되었으면 좋겠습니다.

이동규

서문

이 책을 펼쳐 주셔서 감사합니다. 예상보다 분량이 많은 책이 되었습니다만, 그만큼 충실한 내용을 담기 위해 노력했습니다. 이 책을 통해 많은 것을 얻을 수 있길 바라면서 이 책의 전반적인 내용과 특징을 소개합니다.

이 책의 특징

이 책의 전반적인 특징은 다음과 같습니다.

- '효율적인 작업'에 초점을 맞춰 다양한 엑셀 활용 기법들을 소개합니다.
- 모든 기법은 누구나 쉽게 배워서 활용할 수 있습니다.

효율적인 엑셀 작업은 시간이 오래 걸리는 귀찮은 일들을 빠르고 정확하게 수행하도록 도와줍니다. 동시에 **보다 효율적으로 데이터를 집계하고 정확한 데이터 분석을 수행할 수 있게 해 줍니다.**

그리고 이는 곧 비즈니스적 이점으로 작용합니다. 엑셀 작업 시간이 줄어든 만큼 보다 중요하고 본질적인 업무에 시간을 투자할 수 있기 때문입니다. 또한, 효율적인 엑셀 작업은 실수를 미연에 방지하는 것과 연결되어 있어 업무의 질이 향상되고 성과로 이어집니다.

이 책에는 많은 사람이 고민해 온 노하우와 테크닉이 담겨 있습니다. 특히, 직장인이 반드시 알아야 할 엑셀 테크닉을 담았습니다. 또한, 되도록 쉽게 설명하기 위해 노력했으니 가벼운 마음으로 책을 읽으며 효율적인 노하우와 테크닉을 익히기 바랍니다.

이 책의 대상 독자

이 책은 다음과 같은 독자에게 도움이 되도록 만들어졌습니다.

- 업무상 엑셀을 많이 사용하는 사람
- 때때로 단순한 실수를 하는 사람
- 기본적인 엑셀 사용법을 알지만 작업 시간이 오래 걸리는 사람
- 엑셀을 사용할 때 마우스를 자주 사용하는 사람
- 전달력 있는 표를 작성하고 싶은 사람
- 데이터 분석을 효과적으로 수행하고 싶은 사람
- 엑셀을 좀 더 능숙하게 사용하고 싶은 사람
- 솔직히 엑셀 작업이 귀찮은 사람

특히, 엑셀을 싫어하는 독자에게 꼭 권하고 싶습니다. **엑셀이 효율적인 도구라는 것을 새삼 깨닫고 좋아하게 될 것입니다.**

외우지 않아도 됩니다

우리는 무언가 새로운 것을 배울 때 외워야 한다는 강박관념에 사로잡혀 학습 자체를 귀찮은 것으로 생각하기 쉽습니다. 이는 학창 시절의 학습 경험이 몸에 배어 있기 때문입니다. **엑셀의 효율적인 사용법을 배우는 것은 외우는 것과 거리가 멉니다.** 구체적인 사용법은 인터넷이나 책을 통해 언제든지 쉽게 찾을 수 있으므로 일일이 외우지 않아도 됩니다. 전반적인 맥락을 이해하면서 책을 읽은 후 실제 엑셀 작업을 할 때 관련 내용이 어렴풋이 기억나면 됩니다. 필요할 때마다 책을 참고하며 작업하다 보면 자연스레 익숙해질 것입니다.

직장인이 바로 써먹을 수 있는 실용서

저는 지금까지 1만 명 이상을 상대로 엑셀 작업을 효율화하는 방법이나 실수를 사전에 없애는 방법을 주제로 강의나 세미나를 해 왔습니다. 또한, 다양한 분야의 사람들을 상대로 업무 개선 컨설팅을 수행해 왔습니다. 그 과정에서 많은 사람이 엑셀을 어떻게 사용하고 있는지 살펴볼 수 있었습니다.

사람들은 성실하게 그리고 열심히 엑셀을 사용하고 있었습니다. 그러나 **유감스럽게도 대부분의 사람이 매우 비효율적으로 엑셀을 사용하고 있었습니다.** 기본적인 테크닉만 알아도 금세 끝낼 수 있는 작업에 5시간, 6시간 동안 매달리는 사람도 있었습니다.

왜 많은 사람이 엑셀을 비효율적으로 사용하고 있을까요? 서점에 가면 엑셀 책이 산더미처럼 쌓여 있습니다. 예쁜 표지의 입문서부터 모든 기능을 한데 모은 책, 특정 기능을 집중적으로 설명한 책 등 수십 권이 넘습니다. 하지만 이 책들에는 빠진 것이 있었습니다. 대부분의 책에 **기능 사용법은 잘 설명되어 있지만, 실무에 바로 적용할 만한 생생한 노하우가 없었습니다.** 기존의 엑셀 책은 모두 잘 만들어져 있지만, 기능 자체에 초점을 맞추다 보니 실무 활용법을 다루는 데는 소홀한 측면이 있습니다. 이러한 책들은 단순히 조작법을 알고 싶은 사람에게는 즉각적으로 도움이 되지만, 다음과 같은 사람들이 원하는 것을 얻기에는 부족합니다.

- 엑셀을 효율적으로 사용하는 방법을 알고 싶은 사람
- 엑셀 조작 실수를 사전에 방지하고 싶은 사람
- 엑셀을 활용한 데이터 분석을 잘 하고 싶은 사람

이러한 현실을 보고 이 책을 집필했습니다. 이 책의 특징을 한마디로 표현하면 **실무에 즉시 도움이 되는 실용서**라고 할 수 있습니다. 많은 사람에게 도움이 되는 업무상의 사고방식이나 테크닉을 최대한 간결하게 설명하였습니다.

이 책의 주요 내용

이 책은 크게 다음 다섯 가지 내용을 다룹니다.

1. 누가 봐도 알아보기 쉬운 표 작성법
2. 귀찮은 엑셀 작업을 빠르고 정확하게 수행하는 방법
3. 엑셀을 이용한 실무 데이터 분석 방법
4. 데이터를 효과적으로 시각화하는 방법
5. 엑셀의 인쇄 기능과 자동화 기능

① 누가 봐도 알아보기 쉬운 표 작성법

이 책의 1장, 2장에서는 엑셀의 기초 조작법과 사고방식을 다뤄 누가 봐도 알아보기 쉬운 표 작성법을 설명합니다. '알아보기 쉬운 표'라고 하면 타인의 눈에 멋지게 보이기 위한 디자인적

인 테크닉을 생각할 수도 있습니다. 하지만 **누가 보더라도 알아보기 쉬운 표를 만드는 테크닉은 자기 자신을 위한 것이기도 합니다.** 능숙하게 정리되어 어떤 데이터가 어디에 있는지 한눈에 알 수 있는 엑셀 문서를 작성해 두면 실수를 사전에 방지할 수 있고, 또한 작업 효율도 훨씬 향상됩니다. 그러므로 업종, 직종, 업무 내용과 관계없이 보기 쉬운 표를 작성하는 노하우를 익힐 필요가 있습니다. 기본적인 요령만 알고 있어도 업무의 질이 크게 향상됩니다.

② 귀찮은 엑셀 작업을 빠르고 정확하게 수행하기 위한 기술

이 책의 3장~6장에서는 **귀찮은 엑셀 작업을 빠르고 정확하게 수행하기 위한 기술**을 빠짐없이 모두 소개합니다. 효율적인 사용법을 아는 사람과 모르는 사람 사이에 엑셀만큼 품질이나 작업 시간이 압도적으로 차이가 나는 도구도 없을 것입니다. 그 차이는 명확합니다. 노하우를 알면 작업 효율이 수십 배나 향상되고, 단순한 입력 실수나 계산 실수도 현저히 줄어듭니다.

예를 들면, 같은 작업에 5시간이 걸리는 사람이 있는 반면에 10초 만에 끝내는 사람도 있습니다. 결코 과장이 아닙니다. 엑셀은 어떻게 사용하느냐에 따라 업무 효율의 차이가 발생하는 소프트웨어입니다. 그리고 이런 효과적인 노하우에는 어려운 내용이 없습니다. **누구라도 바로 배워서 사용할 수 있습니다. 한 번 배우면 엑셀을 사용하는 한평생 도움이 될 것입니다.**

③ 엑셀을 이용한 실무 데이터 분석 방법

이 책의 7장에서는 엑셀의 기능(**데이터 표, 목표값 찾기, 해 찾기, 피벗 테이블 등**)을 사용한 실무 데이터 분석 방법을 초보자도 쉽게 알 수 있도록 설명하고 있습니다. 데이터 분석이라고 하면 왠지 어려울 것 같은 느낌을 주지만, 어려운 계산은 모두 엑셀이 수행해 주기 때문에 안심해도 됩니다. 해당 기능의 기본적인 사용 방법만 익히면 고급 분석을 순식간에 수행할 수 있습니다.

데이터 분석과 관련된 지식은 응용 분야가 풍부하여 많은 분야의 사람에게 도움이 될 것입니다. 또한, 분석하는 방법을 단계별로 설명하였으므로 초보자도 안심하고 읽을 수 있습니다.

④ 데이터를 효과적으로 시각화하는 방법

이 책의 8장, 9장에서는 많은 양의 데이터나 집계 결과를 효과적으로 시각화하기 위한 차트 작성법을 소개합니다. 차트를 만드는 데에도 다양한 노하우가 있습니다. 같은 데이터를 긍정적으로 보이게 할 수도 있고 부정적으로 보이게 할 수도 있습니다.

또한, 차트를 잘못 만들면 무엇을 전달하려고 하는지 도통 알 수 없는 차트가 될 수도 있습니다. 정보를 정확하게 의도한 대로 전달하는 능력은 모든 직장인의 필수 능력 중 하나입니다.

이 책을 통해 효과적인 데이터 전달 기술을 배울 수 있을 것입니다.

⑤ 엑셀의 인쇄 기능과 자동화 기능

이 책의 10장에서는 엑셀의 인쇄 기능에 관해 설명합니다. 엑셀은 우수한 소프트웨어로서 기본 설정으로도 제법 괜찮게 인쇄되지만, 10장을 읽으면 보다 **다양한 옵션을 조절하여 더 효과적으로 보기 좋은 표를 인쇄할 수 있습니다.**

또한, 마지막 11장에서는 **엑셀의 자동화**에 대하여 간단히 다룹니다. 자동화는 방대한 내용이라 이 책에서는 첫걸음이 되는 기본적인 기능을 소개합니다.

많은 사람들의 노하우

이 책에서 제안하고 있는 여러 테크닉이나 노하우는 저 혼자 고안한 것이 아닙니다. 또한, 제 개인적인 경험만을 바탕으로 쓴 것도 아닙니다. 은행원 시절, 엄한 선배에게 혼나며 배운 엑셀 사용법이 밑바탕이 되었고, 그 위에 만 명이 넘는 사람에게 엑셀을 가르치고 컨설팅을 하며 쌓인 노하우를 담았습니다.

엑셀을 오래 사용했지만 여전히 자신 없어 하는 사람들이 많습니다. 이 책을 읽으면 이제 스스로 엑셀을 잘 다룬다고 말할 수 있게 되리라 생각합니다.

제 인생의 목표는 엑셀의 업무 효율화 기술을 연구하고, 한 사람이라도 더 많은 사람에게 알리는 것입니다. 엑셀은 매우 우수한 소프트웨어입니다. 잘 사용할수록 그 유용함이 극대화됩니다. 부디 이 책에 담긴 노하우를 습득해서 여러분의 엑셀 작업을 개선해 보기 바랍니다. 이 책을 통해 여러분이 매일 씨름하고 있는 엑셀 작업을 효율화하여 많은 성과를 낼 수 있다면 더할 나위 없이 기쁠 것입니다.

베타리더 후기

강전희(CJ E&M 데이터&솔루션랩 PM)

직장 생활을 하면서 가장 많이 쓰는 도구가 아마도 엑셀일 것입니다. 이 책은 엑셀 초심자든 고급 사용자든 필요할 때마다 찾아서 쓰기 위한, 마치 도큐먼트 가이드 같은 책입니다.

고현정(Microsoft MVP)

한마디로 '업무에 필요할 때 바로 찾아 적용할 수 있는 실용적인 책'입니다. 어려운 함수가 가득한 엑셀 책들은 오히려 "이걸 내가 할 수 있을까?"라는 막막함을 느끼게 됩니다. 하지만 은행에서 오래 근무하고 여러 기업의 엑셀 컨설팅을 한 저자의 실전 노하우가 그대로 담긴 이 책을 활용한다면 마치 공부 잘하는 친구가 옆에서 하나하나 알려주는 것처럼 내 업무에 바로 적용할 수 있을 것입니다.

김민성(위아데브)

엑셀의 기본 기능부터 활용까지 자세히 설명되어 있으며, 실무에서 유용하게 사용할 수 있는 다양한 예제를 포함하고 있습니다. 엑셀 초보자와 개발자에게 적극 추천하고 싶은 엑셀의 정석이라고 할 수 있습니다. 이 책을 통해 엑셀 활용 능력을 한 단계 끌어올리길 바랍니다.

김복희(이에스엠)

엑셀을 처음 사용하는 사용자부터 중급 수준의 사용자에게 알맞은 내용으로 구성되어 있습니다.

김종욱(네이버)

실무에 적용하기 좋은 '엑셀 꿀팁 모음'이라고 할 수 있습니다. 엑셀을 자주 다루는 일을 하지 않더라도 곁에 두고 필요할 때마다 참고하면 업무 효율이 배가 될 것이라 장담합니다.

김철

저는 《된다! 엑셀 능력자》와 《엑셀 무작정 따라하기》의 저자입니다. 책이 전반적으로 쉽습니다. 강의를 하면서 많은 사람과 소통한 내용을 책에 넣으려 노력한 흔적이 보입니다. 다만, 깊이 있는 활용서로 보기에는 부족한 면이 있습니다. 후속편이 나올 수 있다면 좀 더 깊은 내용과 빅 데이터로 작성된 예제를 더한다면 좋을 것 같습니다.

노승헌(라인플러스)

컴퓨터를 사용하면서 가장 많이 다루는 프로그램이라 하면 단연 엑셀일 것입니다. 하지만 많은 사람이 엑셀이 제공하는 굉장히 기본적인 기능과 함수만을 사용하는 경우가 많습니다. 이 책은 실전적인 예제를 통해 엑셀이 제공하는 정말 많은 기능을 어떻게 활용할 수 있는지 설명해 줍니다. 실생활에 바로 적용하도록 도와주는 '헬퍼' 역할을 충분히 해 줄 것입니다.

배준오(Microsoft MVP)

책의 서문에 정리된 것처럼 서점의 많은 엑셀 책 중에서 한 권을 가지라고 한다면 망설이지 않고 선택할 책입니다. 수많은 엑셀 기능 중에서 당장 써먹을 수 있는 엑셀의 기능을 팁처럼 소개한 유용한 책입니다.

염성욱(삼성SDS)

항상 엑셀을 잘 다루고 싶었지만, 현실은 완전 초보인 저의 깊은 고민을 해소해 주는 시원한 샘물 같은 책입니다. 기초부터 고급 기능까지 많은 것을 다뤄서 베타리딩 동안 매우 만족스러웠습니다.

이희진(Microsoft MVP)

기능을 나열하는 식의 구성이 아니라 '엑셀을 제대로 활용'하는 데 중점을 둔 것 같아 보기 좋았습니다. 엑셀 초급 사용자라면 많은 도움을 받을 수 있을 것입니다.

장성만(incowiz)

엑셀을 처음 접하거나 많이 사용해 보지 않은 초급자에게 추천하고 싶은 책입니다. 목차가 잘 나열되어 있어 필요할 때마다 사전처럼 찾아볼 수 있는 것이 이 책의 장점입니다. 실습을 위한 스크린샷이 잘 정리되어 있으며, 연습을 위한 예제 파일을 제공하므로 PC에 저장해 두고 필요할 때마다 사용한다면 엑셀 초급에서 중급으로 빠르게 도약할 수 있을 것입니다.

한홍근

엑셀의 기능만을 나열한 책과 다릅니다. 실제 업무에 바로 적용할 수 있도록 구성되어 있습니다. 저는 VLOOKUP과 피벗 테이블이 엑셀의 전부라고 생각했었습니다. 그러나 베타리딩 이후에야 더 효율적으로 작업할 수 있게 되었습니다. 시간은 부족하지만 실무에 바로 적용할 수 있는 노하우를 원하는 분께 추천합니다.

제이펍은 책에 대한 애정과 기술에 대한 열정이 뜨거운 베타리더들로 하여금
출간되는 모든 서적에 사전 검증을 시행하고 있습니다.

CHAPTER

1

11가지 기본 설정과 엑셀을 다루는 사고방식

CHAPTER 1

01 엑셀을 열고 처음 해야 할 7가지

보기 좋은 표 디자인 — 기본

가장 중요한 것은 '보기 쉬운 표'를 만드는 것

엑셀을 사용하여 표를 만들 때 가장 중요한 핵심 원칙은 **보기 쉬워야 한다**는 것이다. 사람에 따라 '보기 쉽다'는 기준이 다를 수 있지만, 여기서는 대부분의 경우에 효과를 볼 수 있는 기본 법칙을 소개한다.

보기 쉬운 표는 어떤 데이터가 어디에 있는지 바로 알 수 있는 표를 말한다. 따라서 사람의 입력이나 조작 실수를 크게 줄일 수 있고 설령 실수를 했어도 금방 발견할 수 있다. 또 일일이 설명하지 않아도 표를 본 사람이 내용을 쉽게 이해할 수 있고, 자신이 오래전에 만든 표를 다시 봤을 때도 쉽게 기억할 수 있다. 일반적으로 파워포인트나 보고서는 보기 좋게 만들기 위해 많은 노력을 기울인다. 마찬가지로 엑셀도 보기 좋게 만드는 것이 매우 중요하다.

다음은 초기 설정 상태에서 데이터만 입력한 상태다.

데이터만 입력한 상태로는 보기 쉬운 표가 될 수 없다

	A	B	C	D	E
1	영업계획				
2		계획A	계획B	계획C	
3	매출(원)	320000	480000	640000	
4	단가(원)	800	800	800	
5	판매수(개)	400	600	800	
6	비용(원)	23200	34800	58000	
7	인건비(원)	19200	28800	48000	
8	직원수(인)	2	3	5	
9	인당 인건비(원)	9600	9600	9600	
10	임대료(원)	4000	6000	10000	
11	이익(원)	296800	445200	582000	

데이터가 빼곡히 입력되어 있지만, 각 데이터가 무슨 의미인지 파악하기 어렵다.

보기 쉬운 표를 작성하기 위한 기본 설정

보기 쉬운 표를 작성하기 위해서는 시작이 중요하다. 엑셀을 실행하면 제일 먼저 다음 7가지 초기 설정을 한다. 각 설정에 대한 구체적인 설명은 다음 절부터 순차적으로 진행된다.

기본 설정 1 용도와 출력에 맞게 글꼴 설정 ⇒ 6쪽

기본 설정 2 행 높이 조정 ⇒ 9쪽

기본 설정 3 표는 A1부터 시작하지 않는다 ⇒ 11쪽

기본 설정 4 문자는 왼쪽 맞춤, 숫자는 오른쪽 맞춤 ⇒ 13쪽

기본 설정 5 숫자는 천 단위 구분 기호를 사용하고 단위를 표기한다 ⇒ 15쪽

기본 설정 6 들여쓰기 설정 ⇒ 17쪽

기본 설정 7 열 너비 조정 ⇒ 19쪽

이 7개의 기본 설정은 거의 모든 유형의 엑셀 문서에서 우선적으로 설정해야 한다. 문서를 작성하다가 설정할 수도 있지만, 항상 엑셀을 열면 제일 먼저 검토하고 설정하는 습관을 들이는 것이 좋다. 단지 이 정도의 작업을 시행하는 것만으로도 보기 쉬운 표가 된다(아래 그림 참조).

7개의 기본 설정을 적용하는 것만으로도 보기 좋아졌다

	A	B	C	D	E	F	G	H	I
1									
2		영업계획							
3						계획A	계획B	계획C	
4		매출			원	320,000	480,000	640,000	
5			단가		원	800	800	800	
6			판매수		개	400	600	800	
7		비용			원	23,200	34,800	58,000	
8			인건비		원	19,200	28,800	48,000	
9				직원수	명	2	3	5	
10				인당 인건비	원	9,600	9,600	9,600	
11			임대료		원	4,000	6,000	10,000	
12		이익			원	296,800	445,200	582,000	

7가지 기본 규칙을 적용한 표. 좀 더 읽기 쉽고, 데이터 사이의 관계도 눈에 들어온다.

더 보기 쉬운 표를 위한 +α 설정

앞서 소개한 기본 설정 외에 추가적으로 다음 설정도 적용하면 더 보기 좋은 표가 된다.

- +α 설정 1 상황에 따라 눈금선 숨김 ⇒ 21쪽
- +α 설정 2 표 내용에 맞게 테두리 표시 ⇒ 24쪽
- +α 설정 3 숫자를 색상으로 구분 ⇒ 26쪽
- +α 설정 4 배경색 설정 ⇒ 28쪽

이 규칙들을 적용하면 앞 페이지의 엑셀 표가 다음과 같이 변한다.

추가적인 설정으로 훨씬 보기 쉬워졌다

	A	B	C	D	E	F	G	H	I
1									
2		영업계획							
3						계획A	계획B	계획C	
4		매출			원	320,000	480,000	640,000	
5			단가		원	800	800	800	
6			판매수		개	400	600	800	
7		비용			원	23,200	34,800	58,000	
8			인건비		원	19,200	28,800	48,000	
9				직원수	명	2	3	5	
10				인당 인건비	원	9,600	9,600	9,600	
11			임차료		원	4,000	6,000	10,000	
12		이익			원	296,800	445,200	582,000	
13									

데이터를 있는 그대로 입력한 표보다 훨씬 보기 쉽다. 11가지 기본 설정을 적용하는 것만으로 훨씬 보기 좋은 표가 되었다.

보기 쉬운 표를 만들기 위해

지금까지 소개한 11개의 기본 설정들은 주로 **겉모습**에 관한 내용이었다. 이러한 외형 이외에 한 가지 더 중요한 포인트가 있다. 그것은 바로 **여러분이 속한 비즈니스 분야에 적합한 형식을 지키는 것이다.**

작은 부분까지 꼼꼼하게 신경 써서 만든 표일지라도 보는 사람에게 익숙하지 않은 형식으로 작성된 표는 쉽게 읽히지 않는다. 위에서 꾸민 표도 내 경험에 근거하여 작성한 표이므로 처음 봤을 때 오히려 어색함을 느끼는 독자가 있을 수도 있다. 평소 보던 표의 형식과 달라서 어색하고 필요한 정보를 찾기 어렵다고 느낄 수도 있는 것이다.

예를 들어, 마이너스 숫자를 표현하는 방법에는 -1234(검은색과 빨간색), (1234), ▼1234 등 다양한 형태가 있는데, 해당 분야에 적합한 표기를 사용하지 않으면 보기 어려운 표가 되고 만다. 앞서 소개한 11가지 설정을 다 적용해도 이 한 가지 때문에 어려운 표가 될 수도 있다. 따라서 속한 분야에서의 일반적인 표현 방식, 그리고 함께 일하는 사람과 약속한 형식을 지키는 것은 매우 중요하다.

특히 회사에서는 **공통 규칙**을 만들고, 그 규칙을 철저하게 준수하는 것이 매우 중요하다. 내가 이전에 근무했던 은행은 업무상 숫자의 취급이 매우 중요했기 때문에 회사에서 정한 규칙에 맞게 엑셀 문서를 작성해야 했다. 새로운 파일을 만들면 규칙 준수 여부를 철저하게 점검해서 조금이라도 어긋나는 부분이 없도록 해야 했다.

이야기를 정리하자면, 보기 쉬운 표를 만들기 위해서는 **표의 외형을 잘 정리**해야 하며, **공통 규칙을 만들어 작업자 모두가 준수**해야 한다.

한 가지 더!

더 좋은 표를 만들기 위한 고민

엑셀로 표를 작성할 때 한 가지 답만 있는 것은 아니다. 업계나 직종별로 다양한 관습과 규칙이 있기 때문이다. 그러한 규칙과 관습을 아무 생각 없이 쓰기보다는 왜 그러한 규칙이 생겼는지 이해하고 더 개선하기 위해 고민하는 자세가 중요하다. 엑셀의 진정한 고수가 되기 위해서는 사용 방법에 익숙해지는 것 말고도 효율적인 사고 방식을 익힐 필요가 있다. 그래서 이 책에서는 되도록 엑셀을 다루는 사고방식도 많이 다루려고 노력했다.

관련 항목 열 너비 조절 ⇨ 19쪽 / 테두리 표시 기능 ⇨ 21쪽 / 숫자의 색상 ⇨ 26쪽

CHAPTER 1

02 목적이나 용도에 맞게 글꼴 선택하기

보기 좋은 표 디자인 — 기본

예제 파일 chapter1_2.xlsx

글꼴 선택

엑셀 2016의 기본 글꼴은 '맑은 고딕'이다. 글꼴마다 주는 느낌이 다른데 맑은 고딕이 일반적으로 무난한 느낌이다. 하지만 좀 더 자세히 들여다보면 한글은 맑은 고딕, 로마자는 Segoe UI, 숫자는 Arial이 미려한 편이다.

• **글꼴 비교(100% 표시)**

	A	B	C	D	E
1					
2		맑은고딕	ABCDEFG	123,456	
3		Segoe UI	ABCDEFG	123,456	
4		Arial	ABCDEFG	123,456	
5		바탕	ABCDEFG	123,456	
6		돋움	ABCDEFG	123,456	
7		굴림	ABCDEFG	123,456	
8					

글꼴에 따라 다른 느낌을 준다.

공식적인 문서에서 글꼴을 선택할 때는 캐주얼한 느낌의 글꼴은 피하고, 인쇄를 해야 한다면 인쇄 후에도 잘 보이는 글꼴인지 확인하고 사용하는 것이 좋다. 무엇보다도 **직장 내에서 사용하는 글꼴 규칙이 있다면 이를 따르는 것이 가장 중요하다.**

글꼴 변경하는 방법

시트 내 모든 셀의 글꼴을 한꺼번에 변경하려면 다음 절차를 따른다.

	D	E	F	G	H
1					
2	영업계획				
3			계획A	계획B	계획C
4	매출	원	320,000	480,000	640,000
5	단가	원	800	800	800
6	판매수	개	400	600	800
7	비용	원	23,200	34,800	58,000
8	인건비	원	19,200	28,800	48,000
9	직원수	명	2	3	5
10	인당 인건비	원	9,600	9,600	9,600
11	임차료	원	4,000	6,000	10,000
12	이익	원	296,800	445,200	582,000
13					

❶ 시트 왼쪽 상단의 [모두 선택] 버튼을 클릭해서 전체 셀을 선택한다.

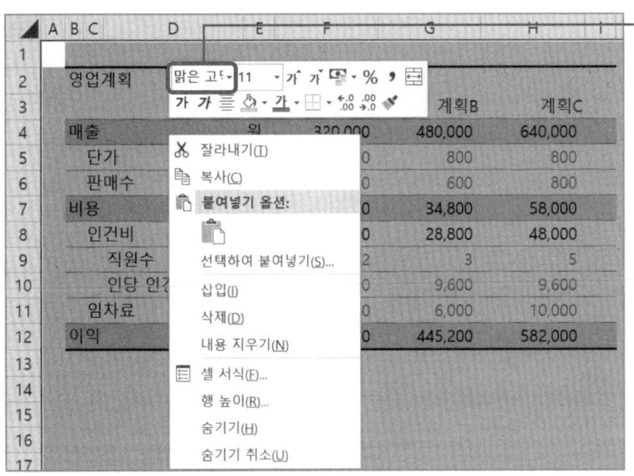

❷ 아무 셀에서 마우스 오른쪽 버튼을 클릭하면 글꼴 대화상자가 표시되는데, 왼쪽 위에서 '맑은 고딕'이나 'Arial' 등을 지정한다.

모든 셀이 아니라 부분적으로 변경하고 싶은 경우에는 셀을 선택한 후에 같은 방법으로 변경한다.

엑셀의 기본 글꼴 설정

엑셀의 기본 글꼴을 변경하고 싶다면 메뉴에서 **[파일]** ➡ **[옵션]** ➡ **[일반]** ➡ **[다음을 기본 글꼴로 사용(N)]**에서 원하는 글꼴을 설정한다(❶). 이제부터 엑셀을 열면 지정한 글꼴이 설정되어 있다.

● 엑셀의 기본 글꼴 변경

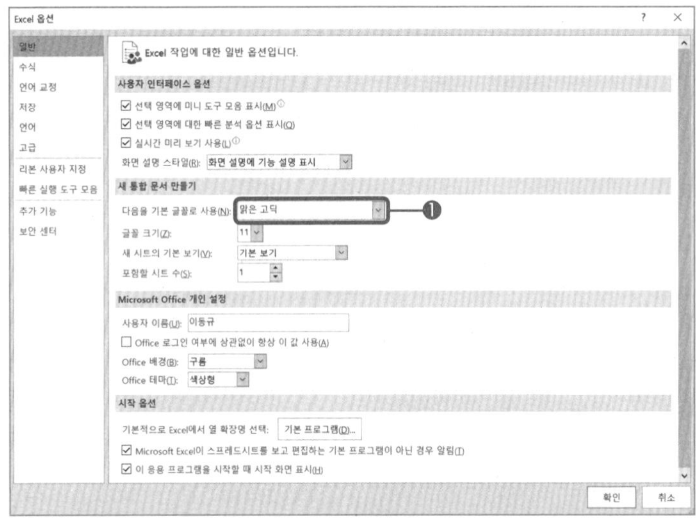

관련 항목 행 높이 조절 ⇨ 9쪽 / 표는 A1부터 시작하지 않음 ⇨ 11쪽 / 천 단위 구분 ⇨ 15쪽

CHAPTER 1

03 행 높이 조절하기

보기 좋은 표 디자인 — 기본

예제 파일 chapter1_3.xlsx

보기 좋은 표를 위한 여백의 중요성

보기 좋은 표를 만들기 위해서는 적절한 여백이 중요하다. 특히, 행 높이(셀의 수직 높이)를 조절하여 문자의 위아래 여백을 주면 훨씬 보기 좋다.

행 높이가 좁아 답답하다

	A B C D	E	F	G	H	I	J
1							
2	영업계획						
3			계획A	계획B	계획C		
4	매출 ↕	원	320,000	480,000	640,000		
5	단가	원	800	800	800		
6	판매수	개	400	600	800		
7	비용	원	23,200	34,800	58,000		
8	인건비	원	19,200	28,800	48,000		
9	직원수	명	2	3	5		
10	인당 인건비	원	9,600	9,600	9,600		
11	임차료	원	4,000	6,000	10,000		
12	이익	원	296,800	445,200	582,000		
13							

행 높이가 '13.5'인 표. 충분한 여백이 없어 답답한 느낌이 든다.

행 높이를 조절하여 보기가 좋아졌다

	A B C D	E	F	G	H	I	J
1							
2	영업계획						
3			계획A	계획B	계획C		
4	매출 ↕	원	320,000	480,000	640,000		
5	단가	원	800	800	800		
6	판매수	개	400	600	800		
7	비용	원	23,200	34,800	58,000		
8	인건비	원	19,200	28,800	48,000		
9	직원수	명	2	3	5		
10	인당 인건비	원	9,600	9,600	9,600		
11	임차료	원	4,000	6,000	10,000		
12	이익	원	296,800	445,200	582,000		
13							

행 높이를 '18'로 변경했다. 훨씬 읽기 편하다.

행 높이를 변경하는 방법

행 높이를 변경하는 방법은 다음과 같다.

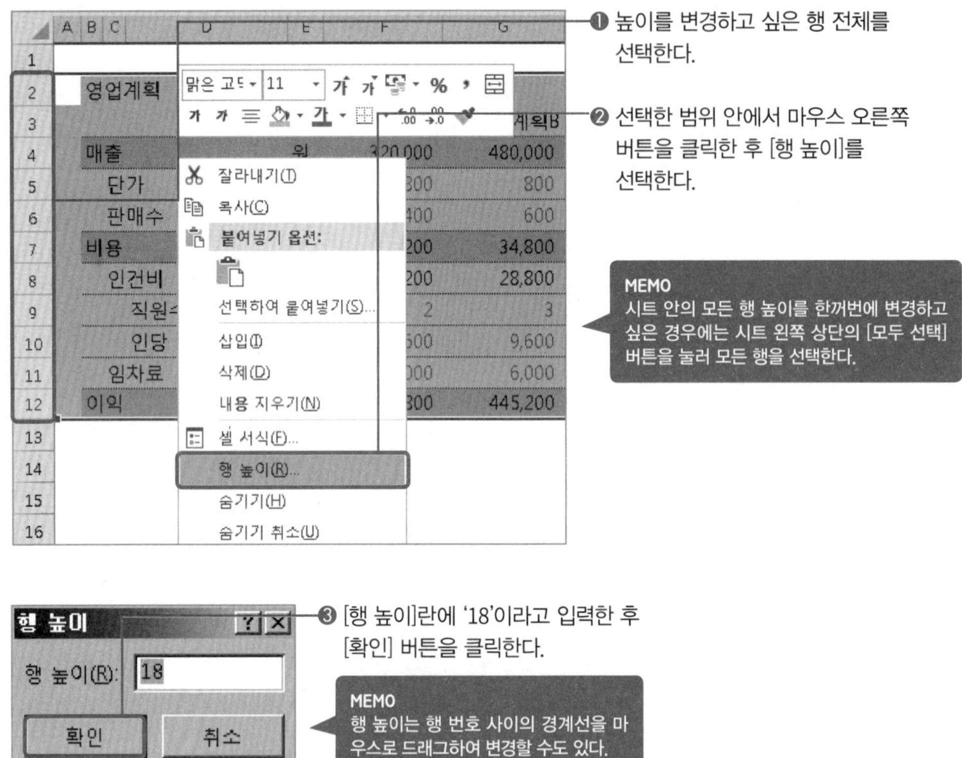

❶ 높이를 변경하고 싶은 행 전체를 선택한다.
❷ 선택한 범위 안에서 마우스 오른쪽 버튼을 클릭한 후 [행 높이]를 선택한다.
MEMO
시트 안의 모든 행 높이를 한꺼번에 변경하고 싶은 경우에는 시트 왼쪽 상단의 [모두 선택] 버튼을 눌러 모든 행을 선택한다.
❸ [행 높이]란에 '18'이라고 입력한 후 [확인] 버튼을 클릭한다.
MEMO
행 높이는 행 번호 사이의 경계선을 마우스로 드래그하여 변경할 수도 있다.
행 높이
행 높이(R): 18
확인
취소

여기서 행 높이를 '18'로 변경한 것은 '맑은 고딕, 11pt'에 맞춘 값이다. 문자의 크기가 바뀌면 행 높이도 적절히 바뀌어야 한다. 적절한 행 높이는 **문자 크기의 1.6배 정도**이지만 이것도 절대적인 기준은 아니다. 이 기준을 참고 삼아 직접 변경해 보면서 적절한 높이를 설정한다.

관련 항목 글꼴의 선택 ⇨ 6쪽 / 표는 A1부터 시작하지 않음 ⇨ 11쪽 / 열 너비 조정 ⇨ 19쪽

CHAPTER 1

04 A열과 1행 비우기

보기 좋은 표 디자인 — 기본

예제 파일 chapter1_4.xlsx

A열과 1행은 여백으로 사용한다

시트에서 첫 줄에 해당하는 A열과 1행은 공백으로 두고, 두 번째 줄부터 사용하는 것이 좋다. **A열과 1행은 여백으로 두는 것이 더 보기 좋다.** 첫 줄부터 데이터를 입력하면 화면상으로는 왼쪽과 위쪽의 테두리가 보이지 않기 때문에 표의 완성도가 떨어져 보인다.

[A1] 셀부터 데이터를 입력하면 표의 완성도가 떨어져 보인다

	A	B	C	D	E	F	G	H
1	영업계획							
2					계획A	계획B	계획C	
3	매출			원	320,000	480,000	640,000	
4		단가		원	800	800	800	
5		판매수		개	400	600	800	
6	비용			원	23,200	34,800	58,000	
7		인건비		원	19,200	28,800	48,000	
8			직원수	명	2	3	5	
9			인당 인건비	원	9,600	9,600	9,600	
10		임차료		원	4,000	6,000	10,000	
11	이익			원	296,800	445,200	582,000	
12								

첫 줄부터 시작하는 표. 비좁은 느낌을 주고 상단 테두리가 없어 완성도가 떨어져 보인다.

A열과 1행은 여백으로 둔다

	A	B	C	D	E	F	G	H	I
1									
2		영업계획							
3						계획A	계획B	계획C	
4		매출			원	320,000	480,000	640,000	
5			단가		원	800	800	800	
6			판매수		개	400	600	800	
7		비용			원	23,200	34,800	58,000	
8			인건비		원	19,200	28,800	48,000	
9				직원수	명	2	3	5	
10				인당 인건비	원	9,600	9,600	9,600	
11			임차료		원	4,000	6,000	10,000	
12		이익			원	296,800	445,200	582,000	
13									

첫 열과 첫 행에 여백을 준 표. 답답하지 않고 명백한 테두리를 통해 완성도가 높아 보인다.

작성 중인 시트의 첫 줄을 비우는 방법

새롭게 표를 작성하는 경우에는 [B2] 셀부터 데이터를 입력하면 된다. 하지만 이미 데이터가 입력되어 있는 시트의 경우에는 다음 순서를 따르도록 한다. 또한, **[A열]의 너비는 '3', [1행]의 높이는 다른 줄과 동일한 크기로 주는 것이 좋다.**

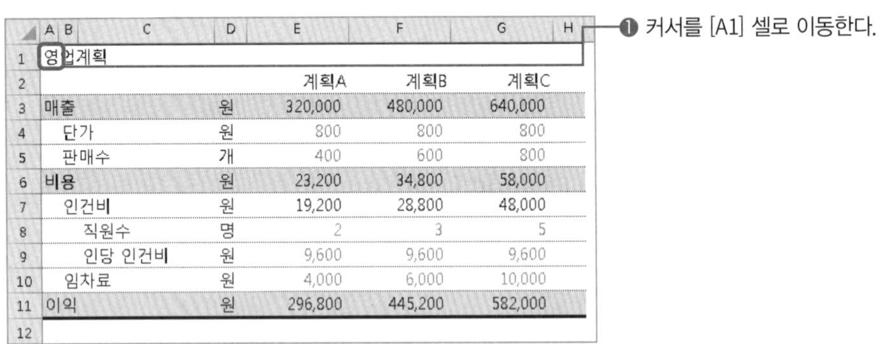

	A	B	C	D	E	F	G	H
1	영업계획							
2					계획A	계획B	계획C	
3		매출		원	320,000	480,000	640,000	
4		단가		원	800	800	800	
5		판매수		개	400	600	800	
6		비용		원	23,200	34,800	58,000	
7		인건비		원	19,200	28,800	48,000	
8			직원수	명	2	3	5	
9			인당 인건비	원	9,600	9,600	9,600	
10		임차료		원	4,000	6,000	10,000	
11		이익		원	296,800	445,200	582,000	
12								

❶ 커서를 [A1] 셀로 이동한다.

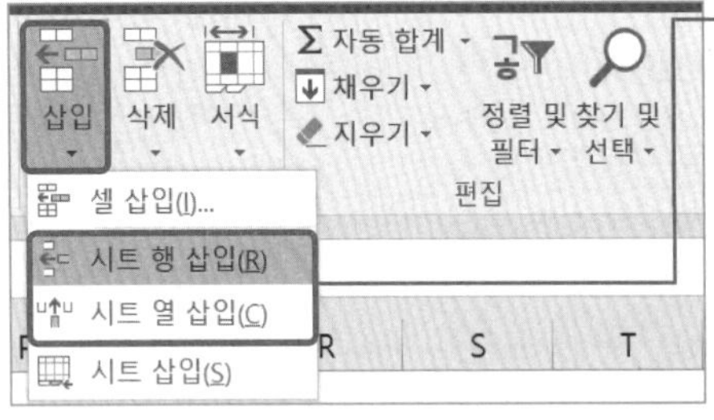

❷ [홈 탭] ➡ [삽입] ➡ [시트 행 삽입], [시트 열 삽입]을 차례로 클릭한다.

한 가지 더!

열 이름이 숫자로 표시되는 경우

보통 열 이름은 A, B, C 등 알파벳으로 표시되는데, 드물게 1, 2, 3과 같이 숫자로 표시된 경우가 있다. 이것은 시트 표시 설정이 **[R1C1 형식]**으로 되어 있기 때문이다.

열 이름을 알파벳 형식으로 바꾸려면 메뉴에서 [파일] ➡ [옵션] ➡ [수식]을 클릭해서 [수식 작업]의 [R1C1 참조 스타일]을 체크 해제한다.

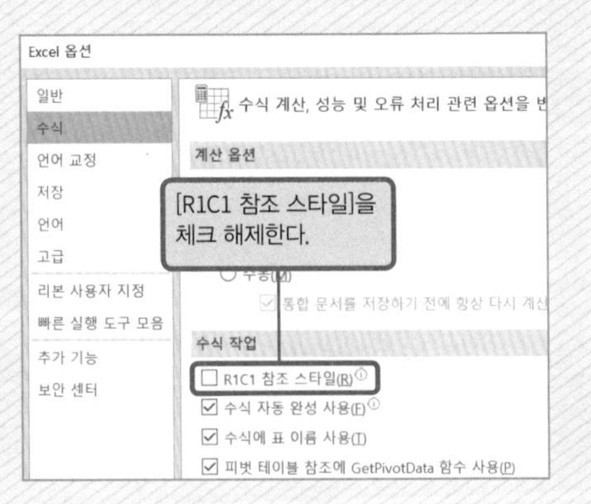

관련 항목 행 높이 조정 ⇨ 9쪽 / 열 너비 조정 ⇨ 19쪽 / 테두리 표시 기능 ⇨ 21쪽

CHAPTER 1

05 문자는 왼쪽 맞춤, 숫자는 오른쪽 맞춤

보기 좋은 표 디자인 — 기본

예제 파일 chapter1_5.xlsx

규칙을 정해 문자 맞춤하기

보기 좋은 엑셀 표를 작성하기 위해서는 **값의 종류별로 왼쪽/중앙/오른쪽 맞춤 규칙을 정해 두는 것이 좋다.** 엑셀에서는 각 셀의 데이터를 셀의 왼쪽, 중앙, 오른쪽에 맞춰서 표시할 수 있다. 입력 값의 종류와 특성을 고려하여 규칙을 정해 놓는 것이 좋다.

내가 추천하는 규칙은 **문자 데이터는 왼쪽으로, 숫자 데이터는 오른쪽으로 맞추는 것**이다. 여기에는 두 가지 이유가 있다. 하나는 **수직으로 나열된 항목이 보기 쉬워지기 때문이다.** 문자의 시작이나 숫자의 끝이 일렬로 정렬되기 때문에 보기 쉬워진다. 또한, 셀의 테두리를 표시하지 않더라도(21쪽) 어느 열에 속한 데이터인지 쉽게 알 수 있다.

두 번째 이유는 **데이터의 입력 실수를 쉽게 발견할 수 있기 때문**이다. 예를 들어, 오른쪽 맞춤으로 해 놓은 열의 중간에 문자열이 나타나면, 입력 실수일 가능성이 높다고 판단할 수 있다. 즉, '문자는 왼쪽 맞춤, 숫자는 오른쪽 맞춤'이라는 규칙을 세워 놓으면 무심코 저지르는 실수를 발견할 가능성이 커진다.

가운데 맞춤은 보기 힘들다

	A	B	C
1			
2		상품	판매수
3		볼펜	8,400
4		샤프	11,400
5		A4용지	950
6		B5용지	90

문자는 왼쪽 맞춤, 숫자는 오른쪽 맞춤

	A	B	C
1			
2		상품	판매수
3		볼펜	8,400
4		샤프	11,400
5		A4용지	950
6		B5용지	90

왼쪽 표는 모든 입력 값을 '가운데 맞춤'으로 했다. 오른쪽 표는 상품 열(문자 데이터)을 제목까지 '왼쪽 맞춤'하고, 판매수 열(숫자 데이터)은 제목까지 오른쪽 맞춤으로 했다. 셀 테두리가 없어도 어디에 속한 데이터인지 파악하기 쉽다.

문자 맞춤을 설정하는 방법

열별로 셀의 문자 맞춤을 설정하는 방법은 다음과 같다.

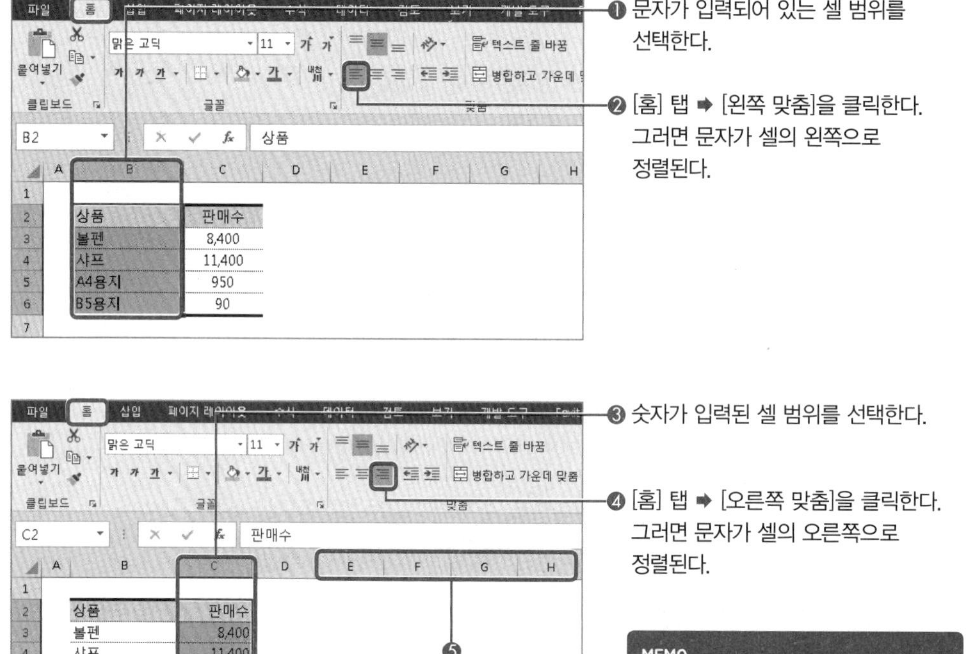

❶ 문자가 입력되어 있는 셀 범위를 선택한다.
❷ [홈] 탭 ➡ [왼쪽 맞춤]을 클릭한다. 그러면 문자가 셀의 왼쪽으로 정렬된다.
❸ 숫자가 입력된 셀 범위를 선택한다.
❹ [홈] 탭 ➡ [오른쪽 맞춤]을 클릭한다. 그러면 문자가 셀의 오른쪽으로 정렬된다.
❺

MEMO
열 전체를 일괄적으로 선택하려면 시트 상단에 있는 열 이름(❺)을 클릭한다.

열 이름의 문자 정렬

엑셀은 기본적으로 문자는 왼쪽 맞춤, 숫자는 오른쪽 맞춤이다. 따라서 위와 같이 일일이 설정하지 않아도 문자를 입력하면 자동으로 왼쪽 맞춤이 되고, 숫자를 입력하면 오른쪽 맞춤이 된다. 그렇다면 위와 같이 직접 맞출 필요가 없을까? 그렇지 않다.

왜냐하면 표의 열 이름도 문자이므로 자동으로 왼쪽 맞춤이 되기 때문이다. 열 이름이 문자라도 그 열의 데이터가 숫자라면 오른쪽으로 맞춰야 보기 좋다. 열 이름만 왼쪽 맞춤이 되면 열 이름과 그 값의 위치가 크게 어긋나기 때문에 보기 어렵다. 같은 이유로 열 이름을 가운데 맞춤으로 설정하는 것도 추천하지 않는다. **열 이름과 그 열의 값은 같은 문자 맞춤으로 설정해야 한다.**

관련 항목 글꼴의 선택 ⇨ 6쪽 / 표는 A1부터 시작하지 않음 ⇨ 11쪽 / 천 단위 구분 ⇨ 15쪽

CHAPTER 1

06 숫자를 보기 좋게 만드는 두 가지 규칙

보기 좋은 표 디자인 — 기본

예제 파일 chapter1_6.xlsx

천 단위 구분 기호를 사용하여 단위 표기하기

엑셀에 입력한 숫자는 다음 두 가지 규칙을 통해 훨씬 보기 좋아진다. 첫째, 숫자의 **단위는 별도의 열에 표시한다.** 둘째, **천 단위 구분 기호를 사용한다.**

먼저, 숫자의 단위를 기재할 때는 다음 그림과 같이 독립된 열에 쓴다. 그러면 보다 가지런해져 데이터 의미를 파악하기 쉬워진다.

항목 이름 끝에 단위를 붙였다

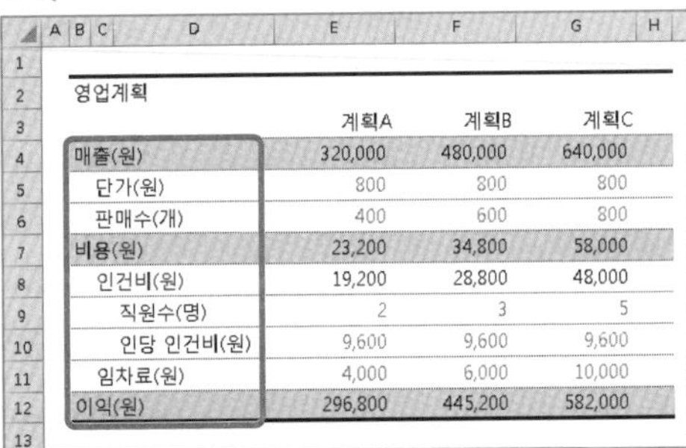

영업계획

	계획A	계획B	계획C
매출(원)	320,000	480,000	640,000
단가(원)	800	800	800
판매수(개)	400	600	800
비용(원)	23,200	34,800	58,000
인건비(원)	19,200	28,800	48,000
직원수(명)	2	3	5
인당 인건비(원)	9,600	9,600	9,600
임차료(원)	4,000	6,000	10,000
이익(원)	296,800	445,200	582,000

각 숫자의 끝에 단위를 붙였다

영업계획

	계획A	계획B	계획C
매출	320,000원	480,000원	640,000원
단가	800원	800원	800원
판매수	400개	600개	800개
비용	23,200원	34,800원	58,000원
인건비	19,200원	28,800원	48,000원
직원수	2명	3명	5명
인당 인건비	9,600원	9,600원	9,600원
임차료	4,000원	6,000원	10,000원
이익	296,800원	445,200원	582,000원

별도 열에 기재했다

영업계획

		계획A	계획B	계획C
매출	원	320,000	480,000	640,000
단가	원	800	800	800
판매수	개	400	600	800
비용	원	23,200	34,800	58,000
인건비	원	19,200	28,800	48,000
직원수	명	2	3	5
인당 인건비	원	9,600	9,600	9,600
임차료	원	4,000	6,000	10,000
이익	원	296,800	445,200	582,000

단위를 별도의 열에 기재하면 표가 훨씬 보기 좋아진다.

천 단위 구분 기호 설정

자릿수가 큰 숫자를 위해 천 단위 구분 기호를 표시하는 것이 좋다. 또한, 음수에 대한 표기법도 설정할 수 있다. 다음 순서에 따라 설정한다.

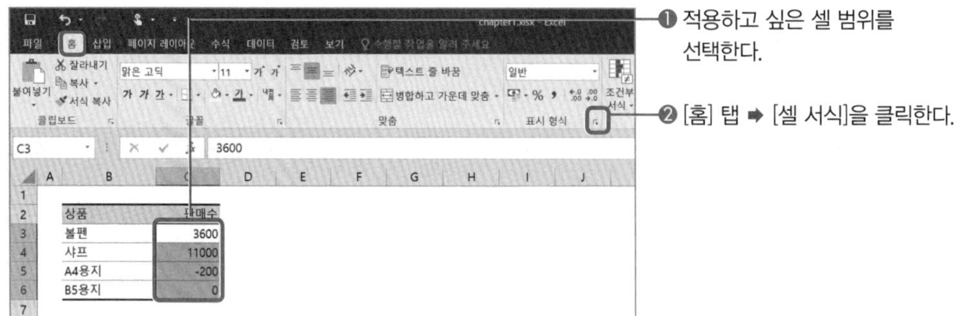

❶ 적용하고 싶은 셀 범위를 선택한다.

❷ [홈] 탭 ➡ [셀 서식]을 클릭한다.

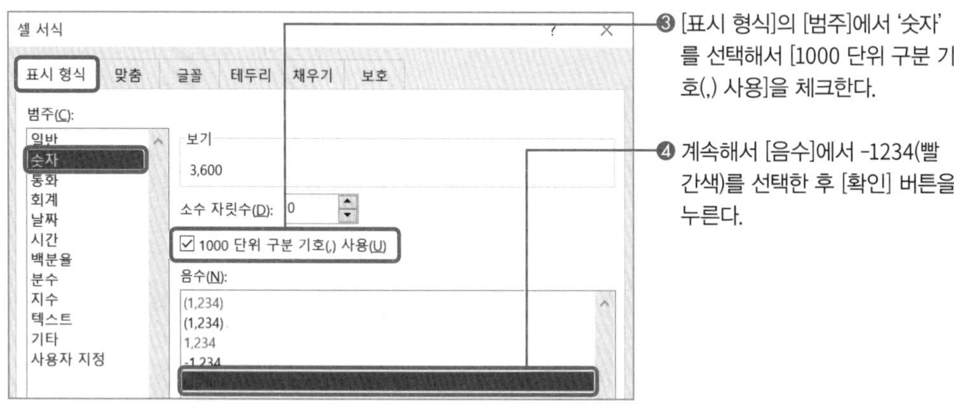

❸ [표시 형식]의 [범주]에서 '숫자'를 선택해서 [1000 단위 구분 기호(,) 사용]을 체크한다.

❹ 계속해서 [음수]에서 -1234(빨간색)를 선택한 후 [확인] 버튼을 누른다.

단위 표기 팁

단위는 별도의 열에 표시하는 것이 좋지만 예외도 있다. **성장률이나 원가율 같은 비율 데이터**는 '15'가 아니라 '15%'처럼 숫자에 단위를 붙이는 것이 좋다. 또한, 시트 내의 모든 숫자 단위가 동일한 경우에는 표의 첫머리에 한 번만 단위를 기재하는 것으로 충분하다. 예를 들어, 표 안의 모든 숫자의 단위가 '원'이나 '천 원'이라면 표의 첫머리에 '단위: 원' 또는 '단위: 천 원'이라고 기재한다.
가장 중요한 것은 **단위를 쉽게 파악할 수 있도록** 규칙을 정해서 철저하게 지키는 것이다.

관련 항목 문자 맞춤 ⇨ 13쪽 / 들여쓰기 적용 ⇨ 17쪽 / 숫자의 색상 ⇨ 26쪽

CHAPTER 1

07 상세 내역은 들여쓰기

보기 좋은 표 디자인 — 기본

예제 파일 chapter1_7.xlsx

내역과 합산 관계를 명확하게 표현하기

매출 총액이나 견적 총액 등은 여러 내역의 값이 합산된 값이다. **이러한 상세 내역과 합산을 구별하려면 들여쓰기를 하는 것이 좋다.** 들여쓰기란, 앞부분에 적절히 공백을 넣는 것을 의미하며, 이를 통해 표의 계층 구조를 표현할 수 있다.

들여쓰기를 하지 않으면 각 값의 관계를 알기 어렵다

	A	B	C	D	E	F	G
1							
2		영업계획					
3				계획A	계획B	계획C	
4		매출	원	320,000	480,000	640,000	
5		단가	원	800	800	800	
6		판매수	개	400	600	800	
7		비용	원	23,200	34,800	58,000	
8		인건비	원	19,200	28,800	48,000	
9		직원수	명	2	3	5	
10		인당 인건비	원	9,600	9,600	9,600	
11		임차료	원	4,000	6,000	10,000	
12		이익	원	296,800	445,200	582,000	

데이터가 계층적으로 표현되지 않았기 때문에 상세 내역과 합산을 구별하기 어렵다.

상세 내역에 해당하는 데이터를 들여쓰기하여 구조적으로 표현했다

	A	B	C	D	E	F	G	H	I
1									
2		영업계획							
3						계획A	계획B	계획C	
4		매출			원	320,000	480,000	640,000	
5			단가		원	800	800	800	
6			판매수		개	400	600	800	
7		비용			원	23,200	34,800	58,000	
8			인건비		원	19,200	28,800	48,000	
9				직원수	명	2	3	5	
10				인당 인건비	원	9,600	9,600	9,600	
11			임차료		원	4,000	6,000	10,000	
12		이익			원	296,800	445,200	582,000	

항목 이름에 적절히 들여쓰기를 하면, 상세 내역과 합산을 쉽게 구별할 수 있다.

들여쓰기를 하는 두 가지 방법

들여쓰기를 적용하는 방법에는 두 가지가 있다. 첫 번째 방법은 다음과 같이, **합산 항목과 상세 내역 항목을 다른 열에 기재하는 방법**이다. 직관적인 방법이라 쉽게 적용할 수 있다.

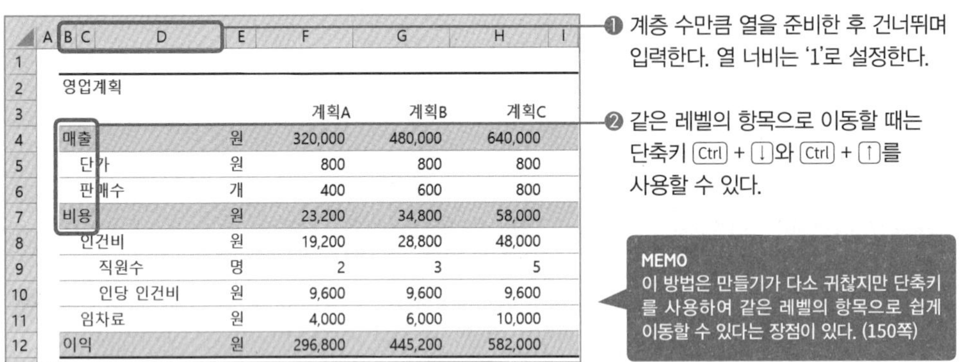

영업계획				계획A	계획B	계획C
매출			원	320,000	480,000	640,000
	단가		원	800	800	800
	판매수		개	400	600	800
비용			원	23,200	34,800	58,000
	인건비		원	19,200	28,800	48,000
		직원수	명	2	3	5
		인당 인건비	원	9,600	9,600	9,600
	임차료		원	4,000	6,000	10,000
이익			원	296,800	445,200	582,000

❶ 계층 수만큼 열을 준비한 후 건너뛰며 입력한다. 열 너비는 '1'로 설정한다.
❷ 같은 레벨의 항목으로 이동할 때는 단축키 Ctrl + ↓와 Ctrl + ↑를 사용할 수 있다.
MEMO
이 방법은 만들기가 다소 귀찮지만 단축키를 사용하여 같은 레벨의 항목으로 쉽게 이동할 수 있다는 장점이 있다. (150쪽)

두 번째 방법은 셀 서식의 들여쓰기 기능을 이용해서 들여쓰기를 하는 방법이다.

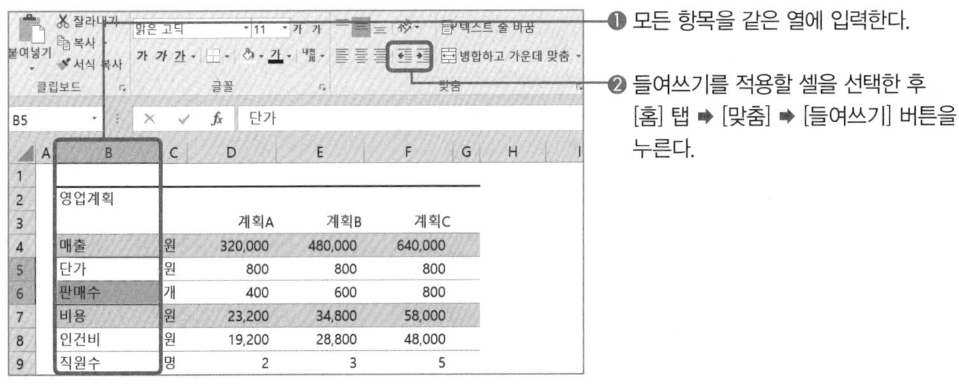

영업계획				
		계획A	계획B	계획C
매출	원	320,000	480,000	640,000
단가	원	800	800	800
판매수	개	400	600	800
비용	원	23,200	34,800	58,000
인건비	원	19,200	28,800	48,000
직원수	명	2	3	5

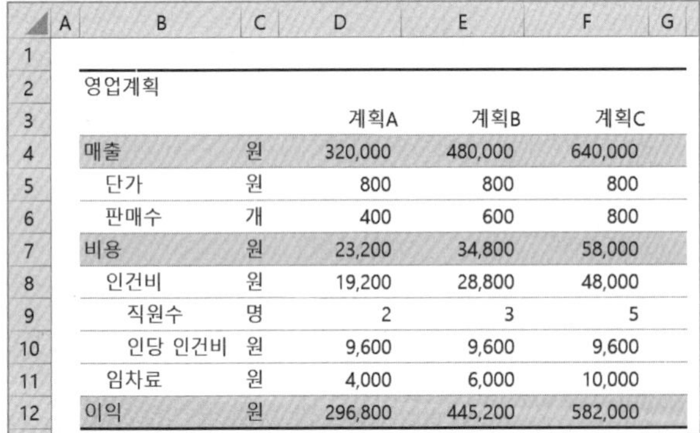

영업계획				
		계획A	계획B	계획C
매출	원	320,000	480,000	640,000
단가	원	800	800	800
판매수	개	400	600	800
비용	원	23,200	34,800	58,000
인건비	원	19,200	28,800	48,000
직원수	명	2	3	5
인당 인건비	원	9,600	9,600	9,600
임차료	원	4,000	6,000	10,000
이익	원	296,800	445,200	582,000

❸ 선택한 셀에 들여쓰기가 설정되었다.

MEMO
이 방법을 사용하면 보다 수월하게 들여쓰기를 적용할 수 있다. 하지만 첫 번째 방법과 달리 항목 간 이동 단축키를 사용할 수 없다.

관련 항목 표는 A1부터 시작하지 않음 ⇨ 11쪽 / 열 너비 조정 ⇨ 19쪽 / 테두리 표시 기능 ⇨ 24쪽

CHAPTER 1

08 열 너비 조절하기

보기 좋은 표 디자인 — 기본

예제 파일 chapter1_8.xlsx

속성이 같은 열은 너비를 통일한다

열 너비를 조절할 때는 다음 두 가지 원칙에 따른다. 첫째, **충분한 여백이 있도록** 조절한다. 좌우 여백이 없어서 너무 답답한 표를 만들지 않도록 주의한다. 둘째, **같은 속성의 열은 같은 너비를 갖도록** 조절한다. 표의 통일성이 높아져 가독성이 높아진다. 열 너비가 모두 다르면 산만한 느낌을 주어 전달력이 낮아진다.

✕ 열의 너비가 모두 달라 산만한 느낌을 준다

	A	B	C	D	E	F	G	H	I
1									
2		영업계획							
3						계획A	계획B	계획C	
4		매출			원	320,000	480,000	640,000	
5			단가		원	800	800	800	
6			판매수		개	400	600	800	
7		비용			원	23,200	34,800	58,000	
8			인건비		원	19,200	28,800	48,000	
9				직원수	명	2	3	5	
10				인당 인건	원	9,600	9,600	9,600	
11			임차료		원	4,000	6,000	10,000	
12		이익			원	296,800	445,200	582,000	

A열의 여백이 너무 넓어 균형이 깨졌다. 또한, 들여쓰기를 위한 B열과 C열의 너비가 통일되지 않았다. 더욱이, 계획 A, B, C의 열 너비(F~H열)가 달라서 숫자 간 비교가 어렵다.

◯ 같은 속성의 열은 같은 너비로 정렬한다

	A	B	C	D	E	F	G
1							
2		영업계획					
3				계획A	계획B	계획C	
4		매출	원	320,000	480,000	640,000	
5		단가	원	800	800	800	
6		판매수	개	400	600	800	
7		비용	원	23,200	34,800	58,000	
8		인건비	원	19,200	28,800	48,000	
9		직원수	명	2	3	5	
10		인당 인건비	원	9,600	9,600	9,600	
11		임차료	원	4,000	6,000	10,000	
12		이익	원	296,800	445,200	582,000	

속성에 따라 적절한 열 너비를 설정해 통일감을 주었다. 훨씬 보기 쉽고 숫자 간의 비교도 용이하다.

적절한 열 너비 기준과 열 너비 변경 방법

적절한 열 너비의 절대적인 기준값은 없다. 그저 **해당 열에 입력된 모든 값이 잘 보이도록** 설정하면 된다. 열 너비는 간단히 변경 가능하므로 표를 작성하면서 적절히 변경해도 된다. 다만, 다음 열들은 정해진 열 너비 값을 사용하는 것이 좋다. A열(왼쪽 여백 열)의 너비는 '3' 정도가 적절하다. 또한, 들여쓰기(17쪽)로 사용되는 열의 너비는 '1'이 적당하다.

열 너비를 변경하는 방법은 다음과 같다.

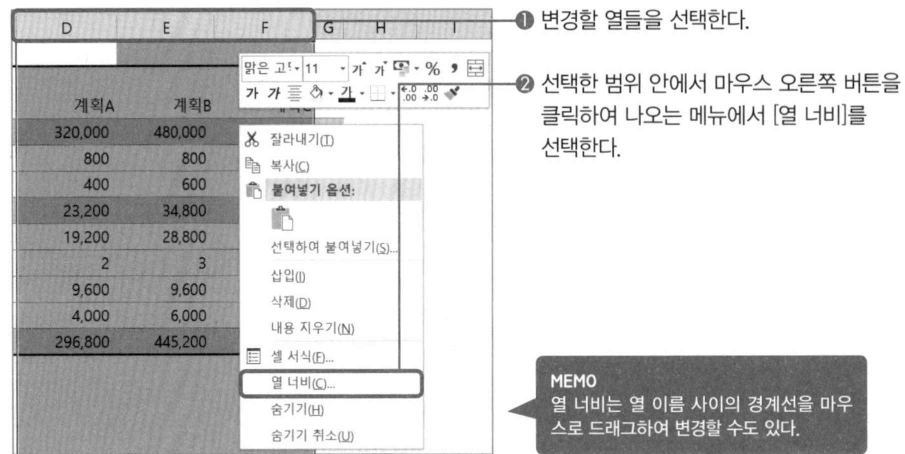

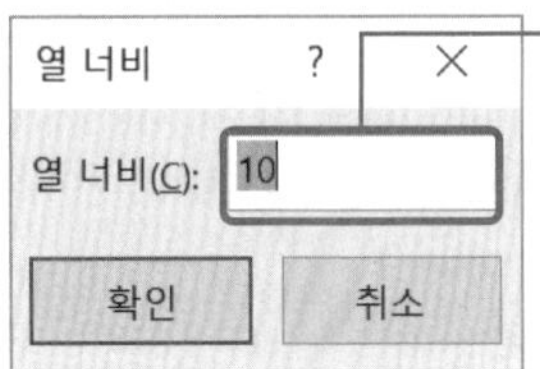

❸ 열 너비에 '10' 등의 숫자를 입력한 후 [확인]을 클릭한다. 그러면 선택한 열의 너비가 지정한 값으로 통일된다.

한 가지 더!

열 이름의 경계선을 더블 클릭하여 열 너비 자동 조절하기

열 이름의 오른쪽 끝 경계선을 더블 클릭하면 엑셀이 그 열에 입력된 값에 맞추어 자동으로 너비를 조절해 준다. 먼저 이 방법으로 자동 조절하고, 거기에 조금 더 여유를 주는 정도로 재설정하는 것을 추천한다.

관련 항목 행 높이 조정 ⇨ 9쪽 / 표는 A1부터 시작하지 않음 ⇨ 11쪽 / 들여쓰기 적용 ⇨ 17쪽

CHAPTER 1

09 테두리 기능 마스터하기

올바른 테두리 사용법

예제 파일 chapter1_9.xlsx

눈금선을 숨기고 필요한 위치에 테두리 긋기

엑셀의 기본 설정은 **눈금선**이 표시되는 것이다. 하지만 적절히 테두리를 그으면 눈금선이 없는 편이 오히려 보기 좋다. 따라서 작업 중에는 눈금선을 표시하다가 작업이 끝나 다른 사람과 공유할 때는 눈금선을 지우고 공유하는 것이 좋다. **불필요한 선은 생략하고 필요한 위치에만 테두리를 긋는** 습관을 가지는 것이 좋다.

또한, 눈금선은 인쇄에 포함되지 않는다. 따라서 자료를 인쇄하여 배포할 때는 눈금선이 없는 상태에서 테두리를 미리 확인한 후 인쇄하는 것이 좋다.

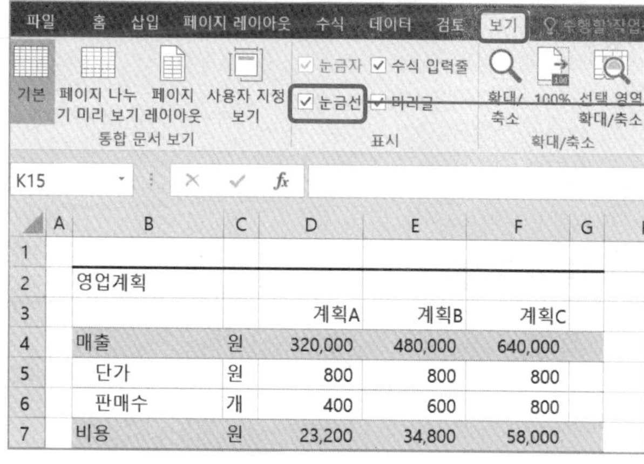

❶ [보기] 탭 ➡ [눈금선]을 체크 해제한다.

영업계획				
		계획A	계획B	계획C
매출	원	320,000	480,000	640,000
단가	원	800	800	800
판매수	개	400	600	800
비용	원	23,200	34,800	58,000
인건비	원	19,200	28,800	48,000
직원수	명	2	3	5
인당 인건비	원	9,600	9,600	9,600
임차료	원	4,000	6,000	10,000
이익	원	296,800	445,200	582,000

❷ 눈금선이 사라져 표가 깔끔해졌다.

셀 범위를 지정해서 테두리 설정하기

표의 테두리를 효과적으로 설정하려면 표 전체에 해당하는 셀을 선택한 후 **[셀 서식]**에서 설정하면 된다. 다음 순서를 따른다.

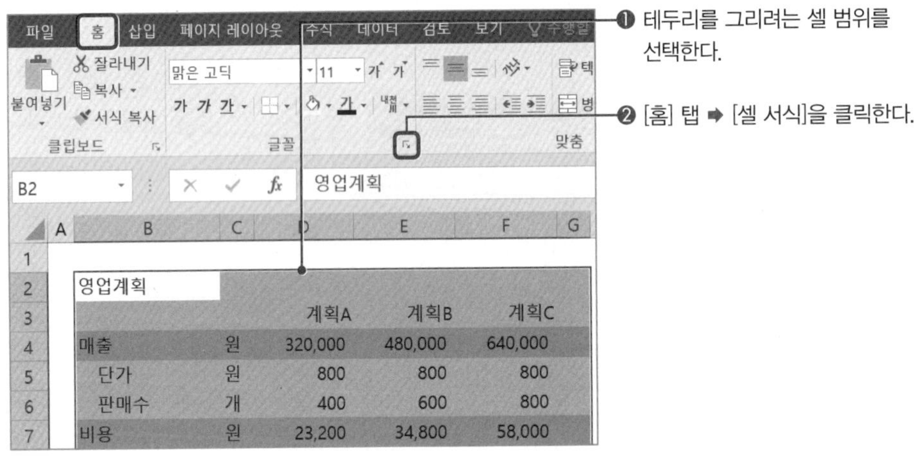

❶ 테두리를 그리려는 셀 범위를 선택한다.
❷ [홈] 탭 ➡ [셀 서식]을 클릭한다.

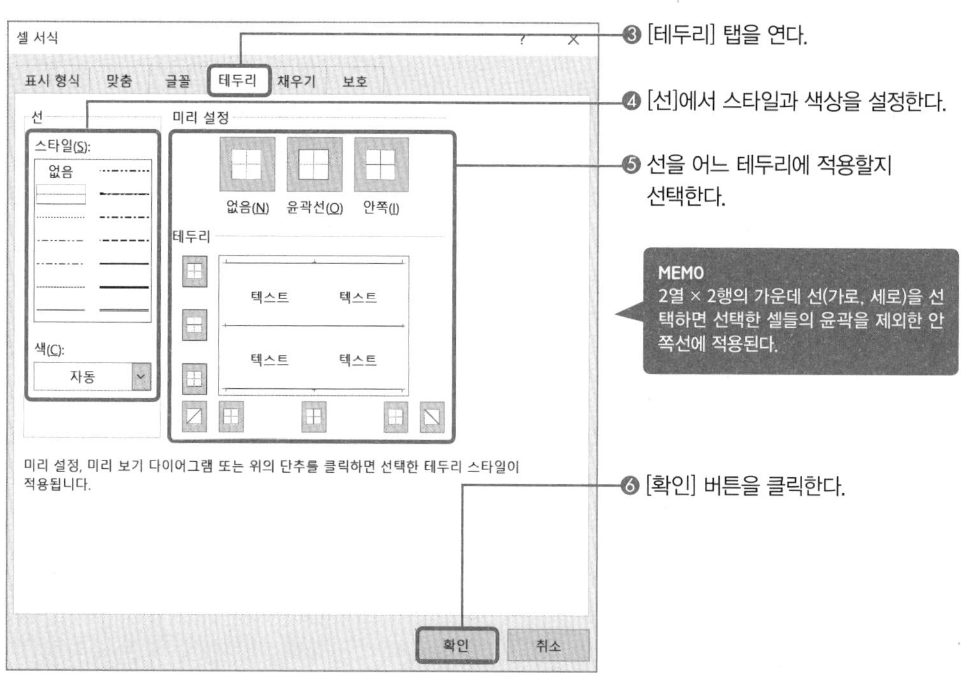

❸ [테두리] 탭을 연다.

❹ [선]에서 스타일과 색상을 설정한다.

❺ 선을 어느 테두리에 적용할지 선택한다.

MEMO
2열 × 2행의 가운데 선(가로, 세로)을 선택하면 선택한 셀들의 윤곽을 제외한 안쪽선에 적용된다.

❻ [확인] 버튼을 클릭한다.

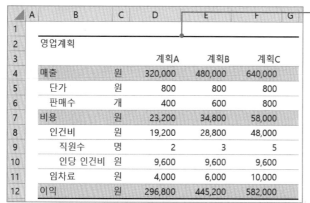

	A	B	C	D	E	F	G
1							
2		영업계획					
3				계획A	계획B	계획C	
4		매출	원	320,000	480,000	640,000	
5		단가	원	800	800	800	
6		판매수	개	400	600	800	
7		비용	원	23,200	34,800	58,000	
8		인건비	원	19,200	28,800	48,000	
9		직원수	명	2	3	5	
10		인당 인건비	원	9,600	9,600	9,600	
11		임차료	원	4,000	6,000	10,000	
12		이익	원	296,800	445,200	582,000	

❼ 선택한 셀 범위에 테두리가 적용된다.

관련 항목 행 높이 조정 ⇨ 9쪽 / 열 너비 조정 ⇨ 19쪽 / 셀의 배경색 ⇨ 28쪽

CHAPTER 1

10 표에 테두리 설정하는 팁

올바른 테두리 사용법

위아래는 굵게, 가로줄은 가늘게, 세로줄은 생략

테두리를 그릴 때는 먼저 표의 전체 범위를 알 수 있도록 위아래에 굵은 선을 긋는다. 한 장의 시트에 여러 개의 표가 있어도 이 굵은 선을 통해 각 표를 구분할 수 있다.

또한, 표의 안쪽에는 가로 방향으로만 가는 선으로 긋는다. 그리고 세로줄은 긋지 않도록 한다. 앞서 설명한 문자 맞춤(13쪽)과 들여쓰기(17쪽) 규칙을 지켰다면 세로줄이 없어도 데이터를 구분하는 데 문제가 없다.

또한, 테두리를 그리면서 표의 오른쪽에 열 하나를 추가하는 것도 좋다. (아래 그림에서는 I열) 이 열에는 데이터를 입력하지 않는다. 보기 좋게 하기 위한 여백으로 추가하는 것을 추천한다.

● 테두리 그리는 규칙

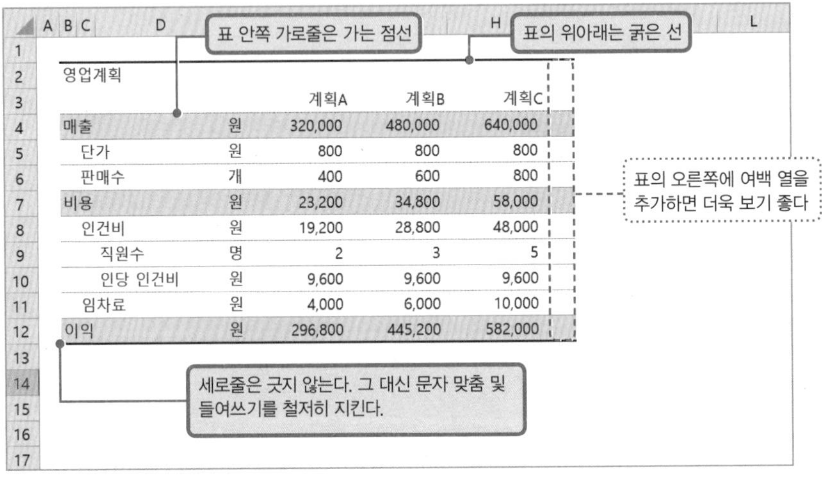

영업계획		계획A	계획B	계획C
매출	원	320,000	480,000	640,000
단가	원	800	800	800
판매수	개	400	600	800
비용	원	23,200	34,800	58,000
인건비	원	19,200	28,800	48,000
직원수	명	2	3	5
인당 인건비	원	9,600	9,600	9,600
임차료	원	4,000	6,000	10,000
이익	원	296,800	445,200	582,000

추천 테두리 유형

표의 테두리에 적용할 수 있는 여러 유형의 선 중 몇 가지를 추천한다. 테두리를 적용하는 방법은 22쪽을 참조한다.

● **추천하는 테두리 스타일**

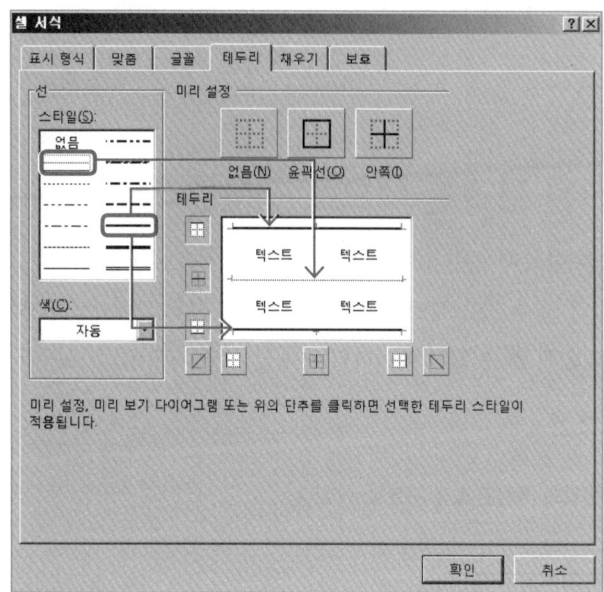

표의 위아래에 적용할 굵은 선은 오른쪽 아래에서 세 번째 실선이 좋다. 표의 시작과 끝을 구분하기에 적절한 두께다.

표 안쪽 가로줄에 사용할 가는 선은 왼쪽의 위에서 두 번째 점선이 좋다. 화면에서는 점선으로 보이지만 인쇄하면 얇은 실선이 된다.

또한, 세로줄에는 테두리를 사용하지 않는다고 설명했는데, 하나의 표에 실적과 예산이 병기되어 있을 때처럼 **데이터의 성격이 다르다는 것을 강조하고 싶은 경우**에는 테두리를 그려도 좋다.

한 가지 더!

눈금선을 없애는 또 다른 방법

엑셀의 눈금선을 없애기 위해서는 [보기] 탭에서 눈금선을 체크 해제하면 되지만(21쪽) 선택된 셀 범위의 배경색을 흰색으로 채움으로써 테두리를 없애는 것과 같은 효과를 낼 수 있다. 그러면 시트 전체가 아니라 선택한 셀 범위에 대해서만 눈금선을 없앨 수 있다.

관련 항목 행 높이 조정 ⇨ 9쪽 / 열 너비 조정 ⇨ 19쪽 / 테두리 기능 ⇨ 21쪽 / 오류 목록 ⇨ 30쪽

CHAPTER 1

11 숫자를 색상으로 구분하기

보기 좋은 표 디자인 — 색상

예제 파일 chapter1_11.xlsx

직접 입력한 숫자와 계산된 결과를 색으로 구분한다

엑셀 시트에 표시되는 숫자는 **직접 입력한 숫자**이거나 **계산 결과**('= F5 * F6' 같은 계산식 혹은 함수 처리 결과)이다. 표를 만들 때 두 숫자의 글자 색을 다르게 적용하는 것이 좋다. 그러면 **그 숫자가 직접 입력된 것인지 계산된 결과인지 쉽게 알 수 있어** 데이터의 관계를 파악하기 쉽고, 실수도 방지할 수 있다.

모든 숫자가 같은 색이면 직접 입력한 값과 계산된 값을 구분할 수 없다

영업계획		계획A	계획B	계획C
매출	원	320,000	480,000	640,000
단가	원	800	800	800
판매수	개	400	600	800
비용	원	23,200	34,800	58,000
인건비	원	19,200	28,800	48,000
직원수	명	2	3	5
인당 인건비	원	9,600	9,600	9,600
임차료	원	4,000	6,000	10,000
이익	원	296,800	445,200	582,000

숫자의 색상을 구분하지 않은 표.
어떤 값이 직접 입력된 것이고
계산된 결과인지 알 수 없다.

숫자의 종류에 따라 색을 구분한 표

영업계획		계획A	계획B	계획C
매출	원	320,000	480,000	640,000
단가	원	800	800	800
판매수	개	400	600	800
비용	원	23,200	34,800	58,000
인건비	원	19,200	28,800	48,000
직원수	명	2	3	5
인당 인건비	원	9,600	9,600	9,600
임차료	원	4,000	6,000	10,000
이익	원	296,800	445,200	582,000

직접 입력한 값(회색)과
계산 결과(검정색)를 구분한 표.
데이터의 관계와 어떤 셀을 편집하면
되는지 쉽게 알 수 있다.

문자색을 적용할 때의 주의점

문자에 색을 적용할 때는 어떠한 색을 사용해도 되지만, '직접 입력한 숫자는 녹색, 계산된 숫자는 검은색'과 같이 미리 규칙을 정하고, **그 규칙을 모두가 확실하게 지키는 것이 중요하다.** 혹시 누군가 규칙을 어겨 다른 색을 사용하면 혼동되므로 주의해야 한다.

또한 **다른 시트를 참조하는 값은 하늘색으로 정하는 등** 세분화된 규칙을 추가하는 것도 좋다. 중요한 것은 **숫자의 타입을 알 수 있도록 색의 규칙을 만드는 것**과 **그 규칙을 팀에서 철저히 지키는 것**이다.

수식에 숫자를 직접 입력하지 않는다

수식을 입력할 때는 **수식 안에 숫자를 직접 입력하지 말아야 한다.** 예를 들어, '=B3*1.5'는 '1.5'라는 값을 수식 안에 직접 입력하였다. 이렇게 직접 입력한 숫자가 혼합된 수식은 되도록 만들지 않아야 한다.

만일 '=B3*1.5' 같은 계산이 필요하다면 적절한 위치의 셀, 예를 들어 [B4] 셀에 '1.5'라고 기입하고 수식을 '=B3*B4'와 같이 수정한다. 이렇게 하면 '1.5'라는 값을 변경해야 할 때 [B4] 셀의 값을 변경하는 것만으로 모든 수정이 완료된다. 그렇지 않다면 시트에 있는 모든 셀을 확인하여 값을 변경해야 한다. **수식 안에는 숫자를 직접 입력하지 않도록 한다.**

- **문자색 사용 규칙 예**

숫자의 출처	색	예
직접 입력한 숫자	회색	100, 1.5
계산 결과	검은색	=B3*B4, =SUM(B1:B5)
다른 시트 참조	녹색	=Sheet1!A1
수식 안 숫자	사용하지 않는다	=B3*1.5

직접 입력한 값이나 수식만을 선택하는 방법

[홈] 탭 ➡ [편집] ➡ [찾기 및 선택] ➡ [이동 옵션] 기능을 이용하면 상수(직접 입력한 값)나 수식 등을 쉽게 선택할 수 있다.

관련 항목 천 단위 구분 ⇨ 15쪽 / 들여쓰기 적용 ⇨ 17쪽 / 열 너비 조정 ⇨ 19쪽 / 오류 목록 ⇨ 30쪽

CHAPTER 1

12 강조하고 싶은 셀에 배경색 설정하기

보기 좋은 표 디자인 — 색상

예제 파일 chapter1_12.xlsx

셀 배경색으로는 연한 색을 지정한다

표 안에서 다른 것에 비해 특히 강조해서 보여 주고 싶은 부분이 있다면 그 부분에 배경색을 설정하면 된다. 배경색을 잘 설정하면 **요점을 빠르게 전달할 수 있다.** 색상은 만드는 사람의 기호에 따라 사용하면 되지만 연한 색을 사용하는 것이 좋다.

배경색이 설정되지 않으면 어떤 데이터를 눈여겨봐야 하는지 알기 어렵다

영업계획		계획A	계획B	계획C
매출	원	320,000	480,000	640,000
단가	원	800	800	800
판매수	개	400	600	800
비용	원	23,200	34,800	58,000
인건비	원	19,200	28,800	48,000
직원수	명	2	3	5
인당 인건비	원	9,600	9,600	9,600
임차료	원	4,000	6,000	10,000
이익	원	296,800	445,200	582,000

배경색을 설정하지 않은 표.
어떠한 항목이 중요한지 알기 어렵다.

강조하고 싶은 셀에 배경색을 설정한다

영업계획		계획A	계획B	계획C
매출	원	320,000	480,000	640,000
단가	원	800	800	800
판매수	개	400	600	800
비용	원	23,200	34,800	58,000
인건비	원	19,200	28,800	48,000
직원수	명	2	3	5
인당 인건비	원	9,600	9,600	9,600
임차료	원	4,000	6,000	10,000
이익	원	296,800	445,200	582,000

강조하고 싶은 부분에 배경색을 설정한 표.
매출, 비용 및 이익이 강조되어 눈에 들어온다.

배경색 설정하는 방법

배경색을 설정할 때 지켜야 할 규칙은 두 가지다. **배경색은 매우 중요한 항목에만 지정한다**는 것과 **연한 색으로 하나의 표에 두 가지 이내의 색상을 사용한다**는 것이다. 이 두 가지 규칙에 맞추어 배색하면 보다 보기 좋은 표가 될 수 있다. 반대로, 세 가지 색 이상을 설정하거나 원색에 가까운 진한 색을 설정하면 보기 불편한 표가 되므로 주의해야 한다. 또한, 회사에서 많이 사용하는 색상이 있다면 그 색에 가까운 연한 색을 사용하는 것도 좋다. 자연스럽게 회사의 아이덴티티를 드러낼 수 있다.

배경색을 설정하는 방법은 다음과 같다.

	D	E	F	G	H
1					
2	영업계획				
3			계획A	계획B	계획C
4	매출	원	320,000	480,000	640,000
5	단가	원	800	800	800
6	판매수	개	400	600	800
7	비용	원	23,200	34,800	58,000
8	인건비	원	19,200	28,800	48,000
9	직원수	명	2	3	5
10	인당 인건비	원	9,600	9,600	9,600
11	임차료	원	4,000	6,000	10,000
12	이익	원	296,800	445,200	582,000

❶ 배경색을 설정하고 싶은 셀을 선택한다. Ctrl을 누르면서 드래그하면 떨어져 있는 셀들도 한 번에 선택할 수 있다.

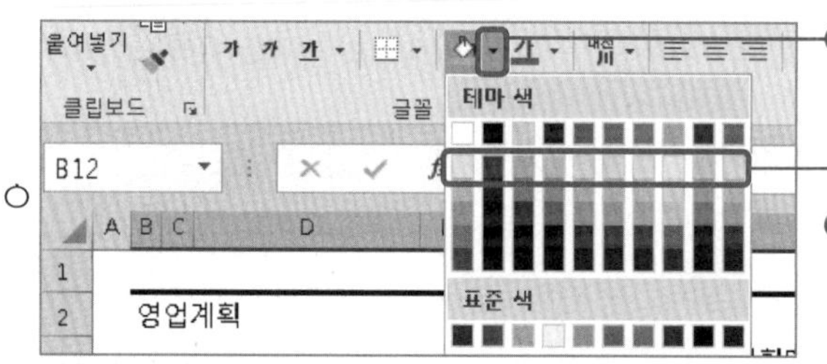

❷ [홈] 탭 ➡ [글꼴]의 [채우기 색] 옆에 있는 ▼ 기호를 클릭해서 [테마 색] 대화상자를 표시한다.

❸ 색상 팔레트에서 원하는 색을 선택한다. 되도록 가장 연한 색을 사용한다.

한 가지 더!

보기 어려운 색상

색상 팔레트에서 가장 위에 있는 원색을 사용하거나 하나의 표에 세 가지 이상의 색을 설정하면, 오히려 보기 어려운 표가 된다. 너무 많은 것을 색으로 구분 짓기보다는 하나 혹은 두 가지 색상을 사용하는 것이 보는 사람에게 도움이 된다는 것을 기억하자.

관련 항목 들여쓰기 적용 ⇨ 17쪽 / 테두리 기능 ⇨ 21쪽 / 숫자의 색상 ⇨ 26쪽

CHAPTER 1

13 셀에 표시되는 주요 오류 목록

엑셀의 오류

표를 작성할 때 자주 나타나는 주의와 오류

엑셀로 표를 작성하다 보면 갑자기 셀에 '#######'이나 '#DIV/0!' 같은 오류가 표시되거나 셀의 왼쪽 상단에 삼각형 마크가 표시되는 경우를 볼 수 있다. 여기서는 자주 겪게 되는 '주의'와 '오류'를 정리했다. 왜 발생하는지 알아 두면 신속하게 대처할 수 있다.

● 셀에 표시되는 주요 주의와 오류

표시 내용	오류 내용과 대처 방법
셀 왼쪽 상단의 삼각형 마크 표시	수식에 오류가 있는 경우 오류에 대한 설명과 해결법 등에 관한 도움말이 표시된다. 특별히 수정할 부분이 없다면 느낌표를 클릭해서 [오류를 무시함]을 클릭하면 삼각형 마크가 사라진다.
#######	입력한 값에 대해 열 너비가 부족한 경우 표시된다. 열 너비를 넓히면 정확하게 표시된다.
1E+10	대단히 큰 숫자를 입력한 경우 그 값이 지수로 표시된 상태다. 천 단위 구분 기호 사용을 설정하거나 열 너비를 넓히면 모든 값이 표시된다.
#NAME?	셀 주소나 함수 이름이 정확하지 않은 경우 표시된다. 지정한 셀 주소나 함수 이름이 정확한지 확인하여 수정한다.
#REF!	지정한 셀을 참조할 수 없을 때 표시된다. 이 오류는 행이나 열을 삭제할 때 표시되는 경우가 많다. 지정한 셀이 존재하는지 확인하여 수정한다.
#VALUE!	부적절한 값이 입력되는 경우 표시된다. 예를 들어, 날짜가 입력된 셀과 문자가 입력된 셀에 빼기 연산을 수행하면 발생한다.
#DIV/O!	0으로 나누는 경우 표시된다. 0으로 나누지 않도록 수정한다.
#N/A	값이 없는 경우에 표시된다. 입력 값이 있는지 확인한다.
#NUM!	엑셀에서 다루기에 너무 크거나 너무 작은 값이 입력된 경우 표시된다.
#NULL!	두 개의 셀 범위에서 교차하는 범위를 참조하는 공백 연산자와 관련된 오류다. 공백으로 연결된 두 셀 범위에 공통 부분이 없을 때 표시된다.

관련 항목 열 너비 조정 ⇨ 19쪽 / IFERROR 함수 ⇨ 75쪽 / 작업 실수를 줄이는 방법 ⇨ 106쪽

CHAPTER

2

작업 속도를 높이기 위한 엑셀 테크닉

CHAPTER 2

01 올바른 시트 관리 방법

시트와 셀 다루기

시트 순서를 정하는 규칙

여러 장의 시트로 구성된 자료를 만들 때는 시트 간 순서, 배경색, 시트 이름에 신경 쓰는 것이 좋다. 여기까지 신경 쓰는 사람이 많지는 않지만, 규칙을 정해 두면 시트가 많아도 관리하기 쉽고 실수도 적게 발생한다.

먼저, **시트 순서에 대한 규칙을 알아보자.** 시트 순서를 정할 때는 '매출 → 비용 → 이익'처럼 **계산 순서**를 따르거나 '1월 → 2월'처럼 **시간 순서**를 따르도록 한다. 즉, 시트의 내용을 고려하여 의미 있는 순서로 정렬한다.

예를 들어, 여러 지점의 매출 정보를 엑셀로 정리할 때는 왼쪽부터 각 지점의 매출 시트를 배치하고 가장 오른쪽에 합계 시트를 배치한다(개별 항목 → 집계 순서). 이는 계산 순서에 맞춰 시트를 정렬한 예에 해당한다.

● **시트는 의미 있는 순서로 배치한다**

'매출 → 비용 → 이익'이라는 계산 순서에 따라 시트를 정렬했다.

지점별 시트에 이어 집계 시트를 정렬했다.

시트를 옮기기 위해서는 시트 탭을 드래그 앤드 드롭한다. 언제든지 쉽게 변경할 수 있으니 여러 관점에서 정렬해 보면서 가장 적절한 순서를 찾아 적용한다.

내용이나 목적에 따라 시트 탭 배경색 설정하기

각 시트의 탭은 내용, 목적, 종류 등에 따라 배경색을 구분한다. 시트의 개수가 많은 경우에는 시트를 여러 그룹으로 나누어 색을 배정한다. (예를 들면, 수입과 지출로 구분).

또한, 집계에 사용되지 않는 보조적인 시트는 오른쪽 끝에 배치하고, 회색처럼 눈에 띄지 않는 색상을 사용하도록 한다.

● **시트 탭의 배경색을 선택한다**

내용에 따라 시트 탭의 배경색을 선택한다.

시트 탭의 색상을 변경하는 방법은 다음과 같다.

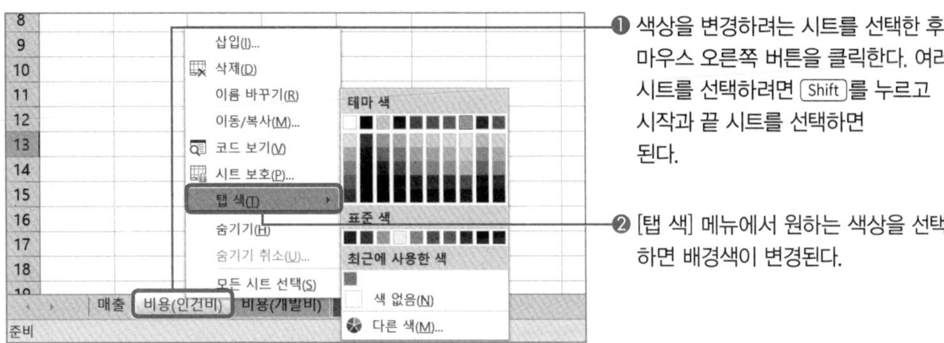

❶ 색상을 변경하려는 시트를 선택한 후 마우스 오른쪽 버튼을 클릭한다. 여러 시트를 선택하려면 Shift 를 누르고 시작과 끝 시트를 선택하면 된다.

❷ [탭 색] 메뉴에서 원하는 색상을 선택하면 배경색이 변경된다.

한 가지 더!

결론부터 제시하는 순서의 단점

프레젠테이션을 많이 해 본 사람이라면, 결론에 해당하는 시트를 맨 처음에 두고 근거가 되는 개별 항목을 이어서 배치하는 것이 좋다고 생각할 수 있다. 하지만 처음부터 이 순서대로 자료를 작성하다 보면 계산 흐름과 맞지 않아 헷갈릴 수 있고 실수를 바로잡기 어렵다. 따라서 적어도 자료를 만드는 단계까지는 계산 순서에 맞게 정렬할 것을 추천한다.

시트 개수는 최소한으로 한다

시트는 불필요하게 늘리지 않는다. 시트 수가 많아지면 어떤 계산이 이루어지고 있는지 파악하기 어렵다. **시트 개수는 되도록 최소화한다.**

예를 들어, 지점별 매출, 비용, 이익 시트를 사용하면 3개의 지점에 대해 총 9개의 시트가 필요하고, 집계 시트까지 더해 총 12개의 시트가 필요하다. 이런 경우에는 아래 그림과 같이 지점별 매출, 비용, 이익을 하나의 시트에 입력하여 '지점A → 지점B → 지점C → 전체 집계'와 같이 4개의 시트 탭으로 구성한다.

시트 수가 많으면 전체 윤곽을 파악하기 어렵다

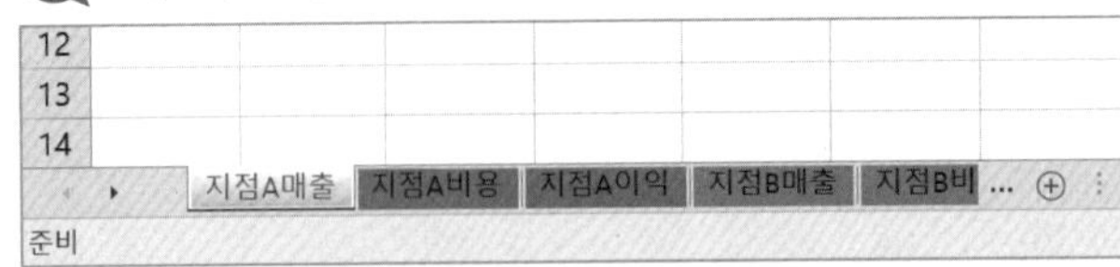

시트 수가 너무 많으면 전체를 파악하기 어렵다.

시트 수가 적으면 전체를 파악하기 쉽다

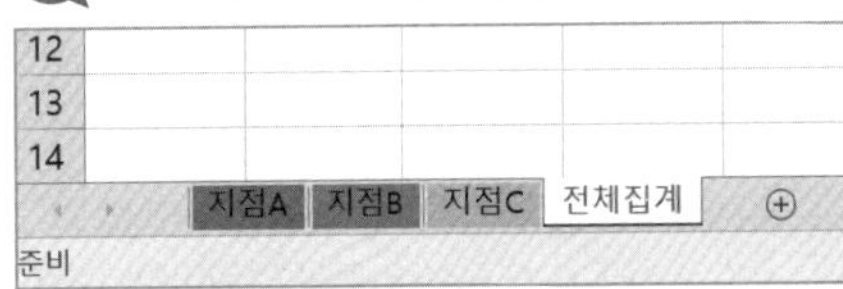

내용을 정리하여 시트 수를 줄이면 한눈에 전체를 파악할 수 있다.

또한, **사용하지 않는 시트는 지우자.** 불필요한 시트는 전체를 파악하는 데 방해가 되고 아직 작성 중인 느낌을 준다.

시트 삭제

시트를 삭제하려면 시트를 선택하고 마우스 오른쪽 버튼을 클릭하여 [삭제] 메뉴를 선택한다. Ctrl이나 Shift로 여러 시트를 한꺼번에 선택하여 삭제할 수도 있다.

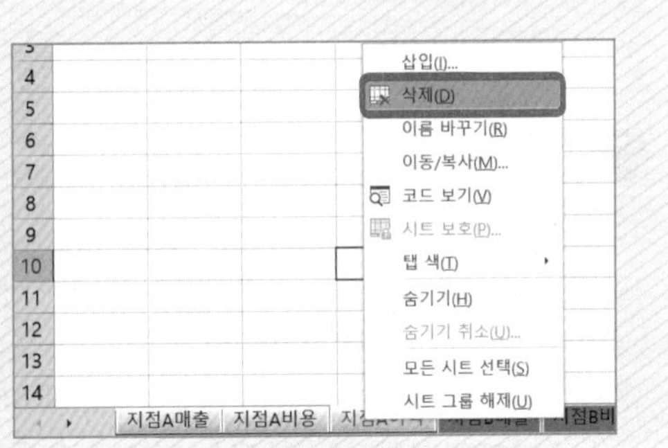

시트 이름은 내용에 알맞도록 짧게 설정한다

시트 이름은 초깃값인 'Sheet1' 등을 사용하지 말고 내용에 맞게 이름을 지정한다. 이때 **가능하면 짧은 이름을 사용한다.** 이름이 길면 스크롤을 해야 하기 때문이다. **최대한 짧은 이름을 짓고, 시트 탭 전체를 한 화면에서 확인할 수 있는 상태를 유지하는 것이 바람직하다.**

시트의 이름이 길어 전체 시트 탭이 보이지 않는다

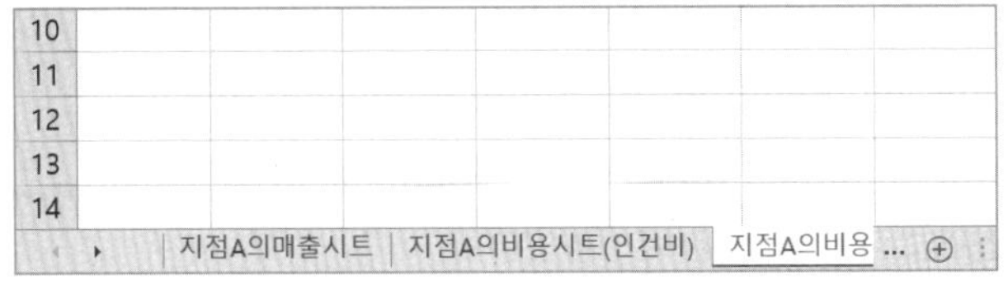

시트 이름이 너무 길면 표시되는 시트 수가 줄어들어 전체를 파악하기 어렵다

짧은 이름을 사용하여 한눈에 전체 구조를 파악할 수 있다

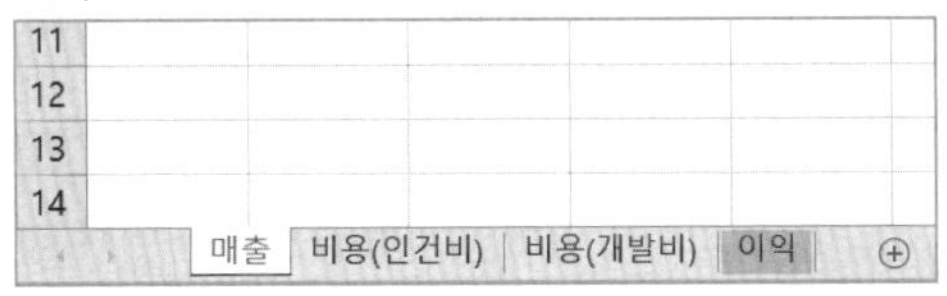

간결한 이름을 사용하여 전체 시트 구조를 파악할 수 있다.

포인트 ❶ 모든 시트가 '자회사A'에 대한 데이터이므로 통합 문서의 이름을 '자회사A집계'로 하고 시트 이름에서는 '자회사A'라는 부분을 삭제한다.

포인트 ❷ '의, 시트' 같은 불필요한 부분을 생략한다.

시트 이름을 변경하는 방법은 다음과 같다.

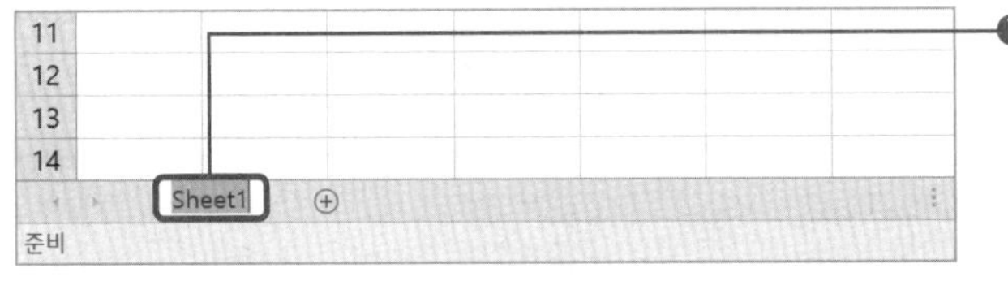

❶ 이름을 더블 클릭하면 편집 모드가 된다. 시트 이름을 수정하고 Enter를 누른다.

한 가지 더!

시트 이름에 사용할 수 없는 문자

콜론(:), 원화 기호(₩), 슬래시(/), 물음표(?), 별표(*), 대괄호([ ])는 시트 이름에 사용할 수 없다.

관련 항목 시트 숨기기 ⇨ 36쪽 / 시트의 그룹화 ⇨ 37쪽 / 파일작성자 이름 삭제 ⇨ 58쪽

CHAPTER 2

02 숨기기 기능은 사용하지 않는다

시트와 셀 다루기

예제 파일 chapter2_2.xlsx

셀과 시트의 숨기기 기능은 사용하지 않는다

엑셀에서 특정 행이나 열 전체를 선택하고 마우스 오른쪽 버튼을 클릭하여 [숨기기]를 선택하면 보이지 않게 된다. 시트도 같은 방법으로 숨길 수 있다. 그러나 **이 숨기기 기능은 절대로 사용해서는 안 된다.**

숨기기 기능을 사용하면 안 되는 가장 큰 이유는 **숨겨진 데이터가 있다는 사실을 알기 어렵기 때문이다.** 그래서 수식이나 집계 결과의 정확성을 확인하기 어려워지고, 실수할 가능성도 높아진다. 이를테면 거래처에 보내지 말아야 할 데이터를 숨긴 채로 보내 버리는 실수를 할 수도 있다. 숨기기 기능은 언뜻 보면 매우 편리한 기능처럼 보이지만, 위와 같은 치명적인 단점이 있기 때문에 최대한 사용하지 않는 것이 좋다.

숨기기 기능을 사용하면 계산 내용을 알기 어렵다

	A	B	C	D	E	F	G	H	I	J
1										
2		영업계획								
3						지점A	지점B	지점C	합계	
4		매출			원	320,000	480,000	640,000	1,440,000	
7		비용			원	23,200	34,800	58,000	116,000	
12		이익			원	296,800	445,200	582,000	1,324,000	

숨기기 기능을 사용한 부분에 이중 선이 표시된다.

매출과 비용의 세부 내역을 숨겼다. 따라서 구체적인 계산 과정을 파악하기 어렵다. 또한, 숨겨진 행이 있다는 사실도 쉽게 눈치채기 어렵다.

그룹 기능 사용하기

일부 행과 열을 숨기고 싶은 경우에는 **그룹** 기능을 이용한다. 그룹 기능을 사용하면 시트의 왼쪽 상단에 **그룹별 표시/숨기기 전환 버튼**이 표시되어 쉽게 전환할 수 있으며, 숨기기 기능의 사용 여부를 명확하게 알 수 있다. 행이나 열들을 그룹화하는 방법은 다음과 같다.

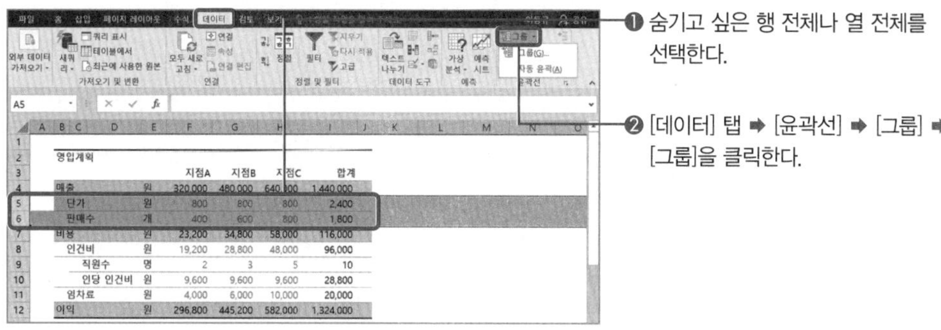

❶ 숨기고 싶은 행 전체나 열 전체를 선택한다.

❷ [데이터] 탭 ➡ [윤곽선] ➡ [그룹] ➡ [그룹]을 클릭한다.

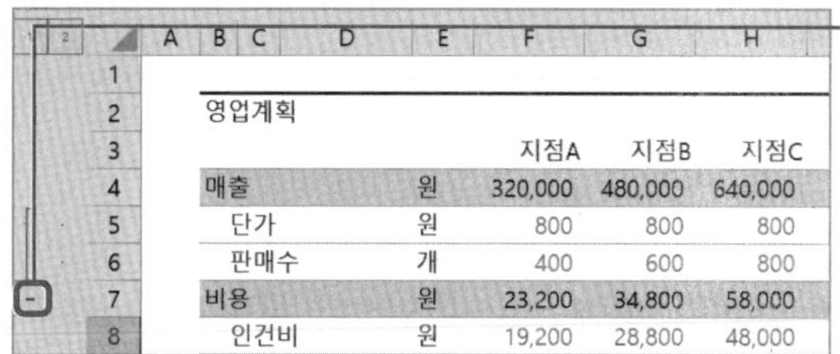

❸ 선택한 행 또는 열들이 그룹화된다. 그룹화된 범위를 숨기려면 시트 외곽에 추가된 [-] 버튼을 클릭한다.

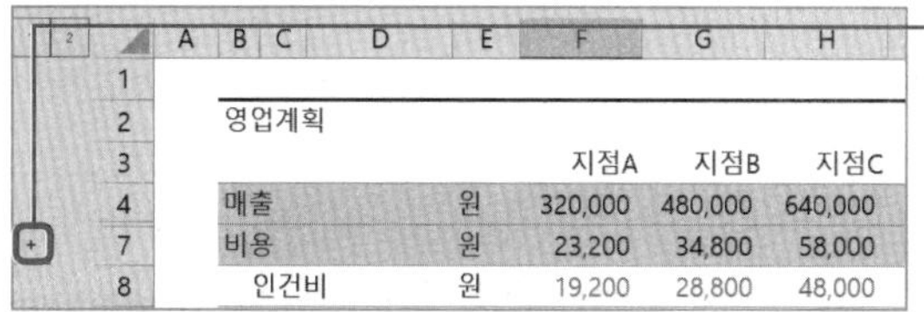

❹ 그룹화된 행들이 숨겨졌다. 다시 보이게 하려면 [+] 버튼을 클릭한다.

그룹화 계층은 3단계까지

그룹으로 묶은 범위의 일부를 한 번 더 그룹화하여 계층 구조를 만들 수 있다. 이러한 계층 구조는 최대 3단계까지 가능하다. 특정 계층 이상만 표시하고 싶은 경우에는 시트 왼쪽에 표시된 [1, 2, 3] 숫자 버튼을 클릭하면 된다. '3'을 누르면 모든 계층이 보이고, '2'를 누르면 1과 2계층이 보이고, '1'을 누르면 1계층만 보이게 된다.

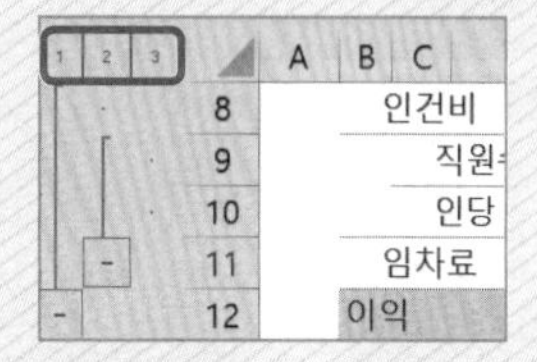

관련 항목 셀에 메모를 붙임 ⇨ 41쪽 / 조건부 서식의 기본 조작 ⇨ 42쪽

CHAPTER 2

03 셀 병합 대신 선택 영역의 가운데로 설정하기

시트와 셀 다루기

예제 파일 chapter2_3.xlsx

셀 병합은 되도록 사용하지 않는다

엑셀에서 여러 셀을 선택하고 **[홈] 탭 ➡ [병합하고 가운데 맞춤] 버튼**을 클릭하면 여러 셀의 중앙에 문자를 표시할 수 있다. 이 기능은 매우 편리한 것 같지만, 셀들을 병합하면 표를 복사할 때 문제가 되거나 열이나 행을 삽입하는 방법이 복잡해진다.

단지, 여러 셀들의 중앙에 문자를 표시하고 싶은 경우라면, 셀을 병합하지 말고 텍스트 맞춤을 **선택 영역의 가운데로**로 설정하자.

[병합하고 가운데 맞춤]을 사용한 경우

	A	B	C	D	E	F	G	H
1								
2		판매량 추이						
3		단위:개						
4				최근 5개년도 판매량				
5				1년도	2년도	3년도	4년도	5년도
6		상품A		7,436	4,785	6,464	6,615	6,674
7			서울	2,666	1,466	1,883	2,538	1,420
8			대전	2,241	1,834	2,789	1,779	2,495
9			부산	2,529	1,485	1,792	2,298	2,759
10		상품B		5,894	7,238	5,797	7,407	4,447
11			서울	2,467	2,574	1,745	2,996	1,671
12			대전	1,120	2,842	2,562	1,971	1,154
13			부산	2,307	1,822	1,490	2,440	1,622

[병합하고 가운데 맞춤]을 사용하면 다른 작업 시 문제가 발생할 수 있어 권장하지 않는다.

텍스트 맞춤을 [선택 영역의 가운데로]로 설정한 경우

	A	B	C	D	E	F	G	H
1								
2		판매량 추이						
3		단위:개						
4						최근 5개년도 판매량		
5				1년도	2년도	3년도	4년도	5년도
6		상품A		7,436	4,785	6,464	6,615	6,674
7			서울	2,666	1,466	1,883	2,538	1,420
8			대전	2,241	1,834	2,789	1,779	2,495
9			부산	2,529	1,485	1,792	2,298	2,759
10		상품B		5,894	7,238	5,797	7,407	4,447
11			서울	2,467	2,574	1,745	2,996	1,671
12			대전	1,120	2,842	2,562	1,971	1,154
13			부산	2,307	1,822	1,490	2,440	1,622

텍스트 맞춤을 [선택 영역의 가운데로]로 설정하여 동일하게 중앙에 정렬했다. 이 방법을 추천한다.

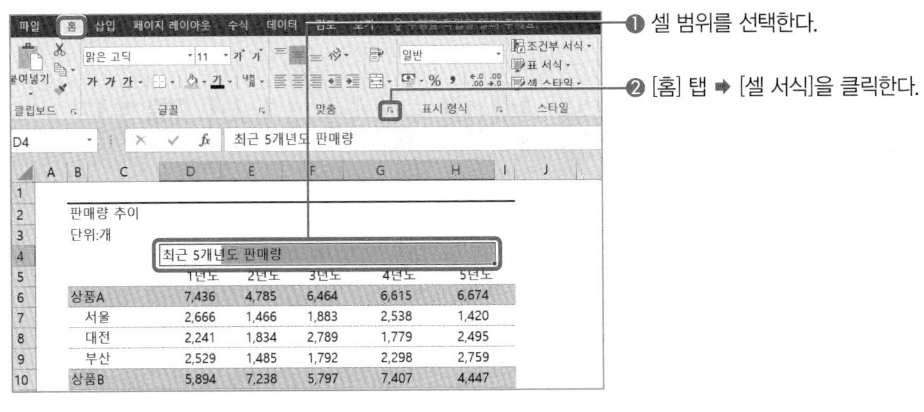

❶ 셀 범위를 선택한다.

❷ [홈] 탭 ➡ [셀 서식]을 클릭한다.

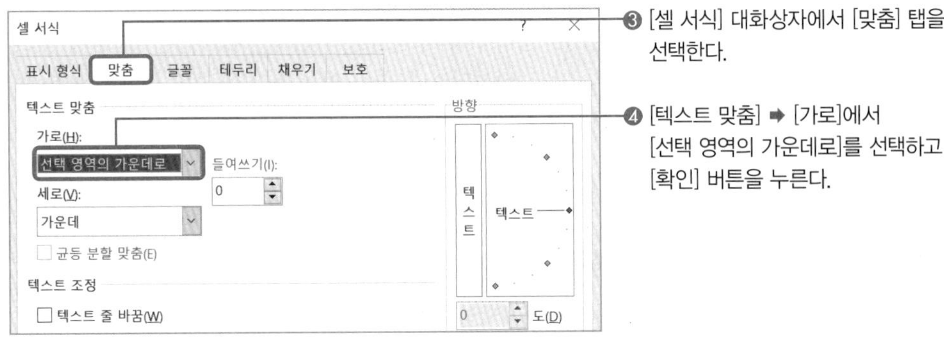

❸ [셀 서식] 대화상자에서 [맞춤] 탭을 선택한다.

❹ [텍스트 맞춤] ➡ [가로]에서 [선택 영역의 가운데로]를 선택하고 [확인] 버튼을 누른다.

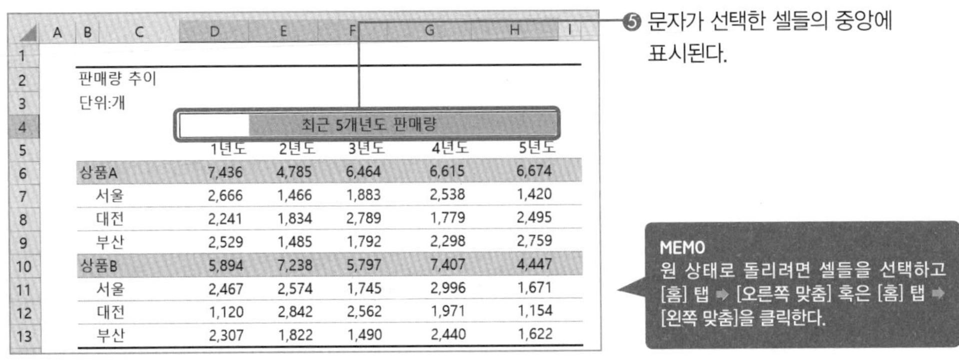

❺ 문자가 선택한 셀들의 중앙에 표시된다.

MEMO
원 상태로 돌리려면 셀들을 선택하고 [홈] 탭 ➡ [오른쪽 맞춤] 혹은 [홈] 탭 ➡ [왼쪽 맞춤]을 클릭한다.

한 가지 더!

세로 방향은 병합해서 90도 회전

엑셀에는 세로 방향 셀 범위의 중앙에 값을 표시하는 서식 설정이 없다. 세로 방향은 셀을 병합한 다음 [셀 서식] ➡ [맞춤] 탭 ➡ [방향]에서 [세로 쓰기] 버튼을 클릭한다. (57쪽 참조)

관련 항목 문자 맞춤 ⇨ 13쪽 / 복수 셀에 걸쳐 사선을 긋는 법 ⇨ 40쪽

여러 셀에 걸쳐 사선 긋기

시트와 셀 다루기

예제 파일 chapter2_4.xlsx

사용하지 않는 셀에 사선을 그려 명확히 표시한다

셀에 **사선을 그려** 이 부분은 사용하지 않고 데이터가 없다는 표시를 하고 싶을 때가 있다. 이 사선은 **테두리**(21쪽)로도 그을 수 있지만, 여러 셀에 걸친 사선을 그을 때는 **도형의 직선**을 이용하는 것이 더 편하다.

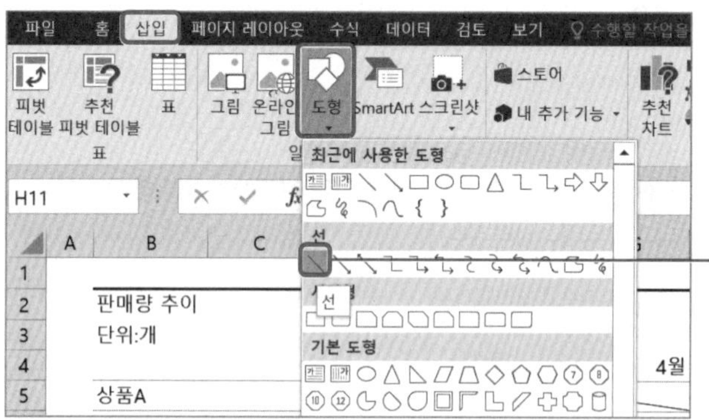

❶ [삽입] 탭 ➡ [도형] ➡ [선]을 선택한다.

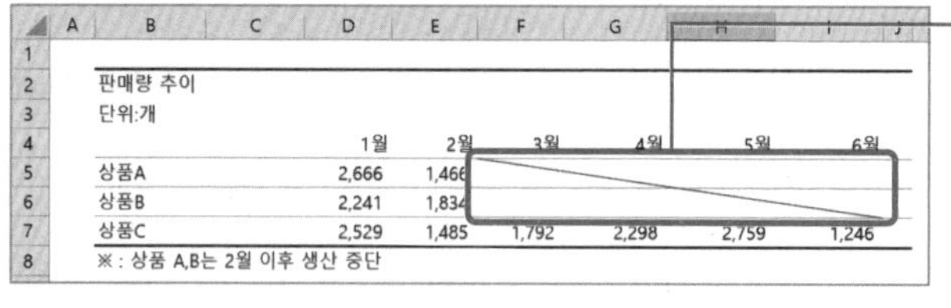

❷ 데이터가 존재하지 않는 부분을 드래그 해서 사선을 긋는다. 사용하지 않는 부분을 보다 명확히 표현하였다.

한 가지 더!

셀의 테두리에 맞게 선을 긋는 방법

선을 그을 때 Alt 를 누른 상태에서 드래그하면 셀의 테두리에 딱 맞는 라인을 그릴 수 있다.

관련 항목 조건부 서식의 기본 조작 ⇨ 42쪽 / 빈 셀에 'N/A' 입력 ⇨ 263쪽

셀에 메모 남기기

시트와 셀 다루기

예제 파일 chapter2_5.xlsx

보충 설명이나 리뷰를 메모로 남긴다

셀에 데이터에 관한 보충 설명을 추가하고 싶은 경우에는 **[메모] 기능**을 사용한다. 셀에 메모를 추가하면 셀 오른쪽 위에 '빨간색 삼각형'이 표시되며, 마우스를 가져가면 메모가 표시된다. 또한, [검토] 탭의 [메모 표시/숨기기]를 클릭하여 메모의 표시 여부를 전환할 수 있다. 셀에 메모를 추가하는 방법은 다음과 같다.

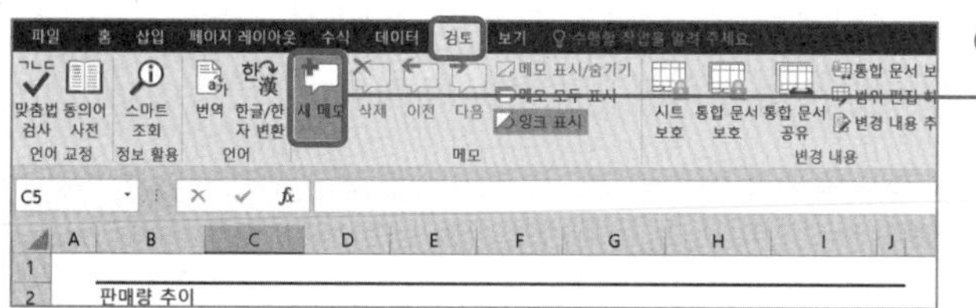

❶ 메모를 추가하고 싶은 셀을 선택하고 [검토] 탭 ➡ [새 메모]를 클릭한다.

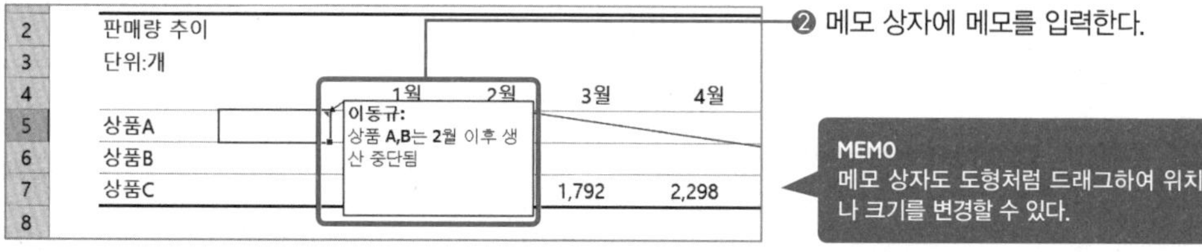

❷ 메모 상자에 메모를 입력한다.

MEMO
메모 상자도 도형처럼 드래그하여 위치나 크기를 변경할 수 있다.

한 가지 더!

모든 메모를 한꺼번에 표시하려면

모든 메모를 한꺼번에 표시하려면 [검토] 탭 ➡ [메모 모두 표시]를 클릭한다.

관련 항목 셀에 이름을 붙임 ⇨ 126쪽 / 셀에 붙인 이름을 지움 ⇨ 128쪽

CHAPTER 2

06 조건부 서식의 기본 조작

조건부 서식 활용하기

예제 파일 chapter2_6.xlsx

주목하고 싶은 데이터 강조하기

조건부 서식 기능을 사용하면 **지정한 조건에 맞는 셀의 서식만 바꿀 수 있다.** 예를 들어, 점수가 75점 이상인 셀이나 평균 이상의 값이 입력되어 있는 셀, 오류가 있는 셀만 글자 색을 바꾸거나 배경색을 설정할 수 있다.

이 기능을 사용하면 **주목해야 할 데이터나 입력 실수라고 생각되는 부분을 빠르게 찾을 수 있다.** 그러면 표의 가독성이 높아지고 실수를 미리 발견할 수 있다. 매우 간단하면서 유용하니 각자의 업무에 어떻게 응용할 수 있을지 생각하면서 다음 내용을 읽어 보기 바란다.

- **점수가 '75'점 이상인 셀의 서식을 변경했다**

	A	B	C	D	E	F	G	H
1								
2		상품A 경쟁사 비교						
3					상품A	타사B	타사C	
4		2016년도 실적						
5			단가	원	600	800	480	
6			판매량	천개	350	480	300	
7		소비자 설문 결과						
8			맛	점	83	94	63	
9			양	점	74	60	80	
10			디자인	점	65	72	80	
11			가격	점	80	55	85	

설문 결괏값이 '75점 이상'인 셀에 대해 서식을 설정했다. 주목하고 싶은 데이터가 어디에 얼마나 있는지 한눈에 파악할 수 있다.

조건부 서식으로 특정 수치보다 값이 큰 셀 강조하기

'값이 75 이상'이라는 조건으로 조건부 서식을 설정해 보자. 조건부 서식에는 몇 가지 종류가 있는데, 여기서는 [셀 강조 규칙]에서 [보다 큼]을 사용한다.

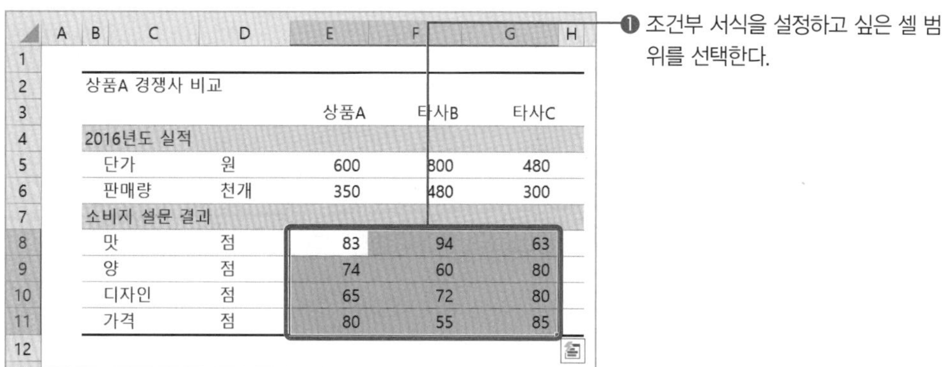

❶ 조건부 서식을 설정하고 싶은 셀 범위를 선택한다.

❷ [홈] 탭 ➡ [조건부 서식] ➡ [셀 강조 규칙]을 클릭한다.

❸ [보다 큼]을 클릭한다.

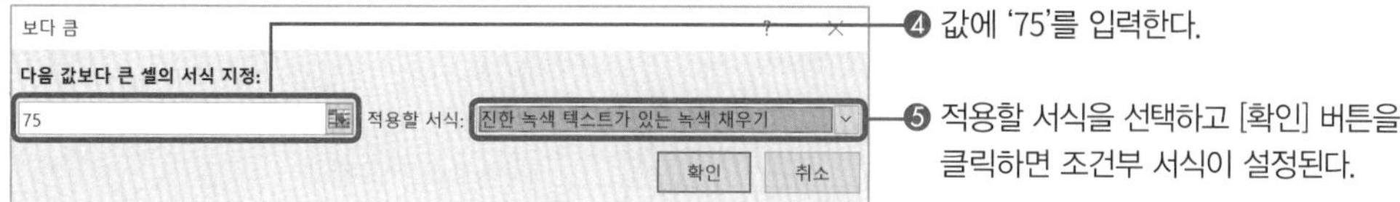

❹ 값에 '75'를 입력한다.

❺ 적용할 서식을 선택하고 [확인] 버튼을 클릭하면 조건부 서식이 설정된다.

하나의 셀에 여러 조건부 서식을 설정할 때의 우선순위

엑셀에서는 **하나의 셀에 여러 조건부 서식을 지정할 수 있다.** 그리고 그 조건들의 우선순위를 지정할 수도 있다. 우선순위는 [홈] 탭 ➡ [조건부 서식] ➡ [규칙 관리]를 클릭하여 [조건부 서식 규칙 관리자] 대화상자를 열어 설정할 수 있다.

관련 항목 평균 이상 셀의 색 변경 ⇨ 44쪽 / 조건부 서식 지정과 삭제 ⇨ 49쪽

평균값 이상의 셀에 배경색 적용하기

조건부 서식 활용하기

예제 파일 chapter2_7.xlsx

선택 범위의 평균값을 기준으로 서식을 적용한다

조건부 서식의 두 번째 항목인 **상위/하위 규칙**을 이용하면, 선택한 셀의 상위 10%, 하위 5개, 평균 이상, 평균 이하 등의 조건으로 서식을 설정할 수 있다.

● **평균값 이상의 셀에 색상 적용하기**

	A	B	C	D	E	F	G	H
1								
2		상품A 경쟁사 비교						
3					상품A	타사B	타사C	
4		2016년도 실적						
5			단가	원	600	800	480	
6			판매량	천개	350	480	300	
7		소비자 설문 결과						
8			맛	점	83	94	63	
9			양	점	74	60	80	
10			디자인	점	65	72	80	
11			가격	점	80	55	85	

[상위/하위 규칙]에서 [평균 초과]를 선택했다. 별도의 수식을 넣지 않아도 자동으로 적용된다.

한 가지 더!

규칙을 자세하게 설정하는 방법

[상위/하위 규칙]에는 '상위 10개, 상위 10%, 하위 10개, 하위 10%, 평균 초과, 미만' 항목이 미리 준비되어 있지만, 더 구체적으로 규칙을 지정할 수 있다. 목록의 맨 밑에 있는 [기타 규칙](❶)을 클릭하여 [새 서식 규칙] 대화상자에서 설정한다. 이를 통해 '상위 1%'나 '표준편차' 등을 지정할 수 있다.

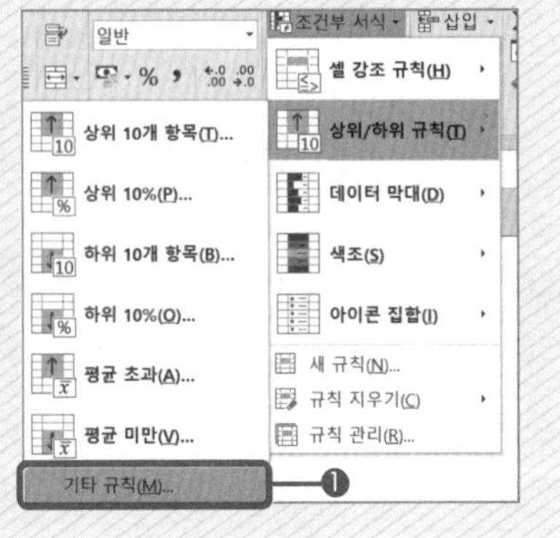

상위/하위 규칙을 설정하는 방법

평균값 이상인 셀의 서식을 변경하고자 한다면, 조건부 서식의 '상위/하위 규칙'을 사용하면 된다. 선택한 셀의 평균값은 자동으로 계산되며, **직접 수식을 입력할 필요가 없다.**

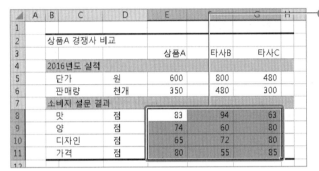

	B	C	D	E	F	G
2	상품A 경쟁사 비교					
3				상품A	타사B	타사C
4	2016년도 실적					
5		단가	원	600	800	480
6		판매량	천개	350	480	300
7	소비자 설문 결과					
8		맛	점	83	94	63
9		양	점	74	60	80
10		디자인	점	65	72	80
11		가격	점	80	55	85

❶ 조건부 서식을 설정하고 싶은 범위를 선택한다.

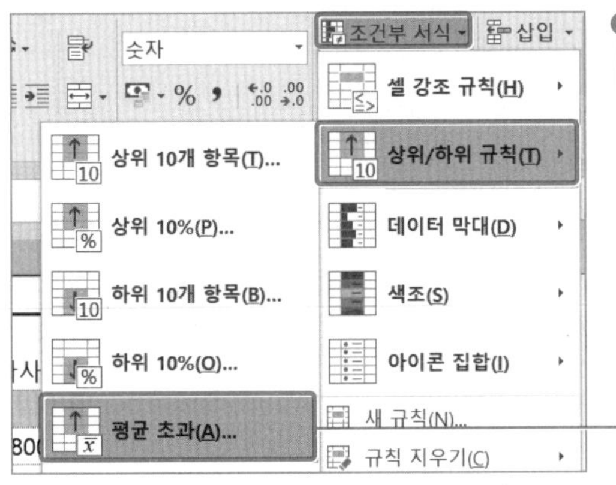

❷ [홈] 탭 ➡ [조건부 서식] ➡ [상위/하위 규칙] ➡ [평균 초과]를 클릭한다.

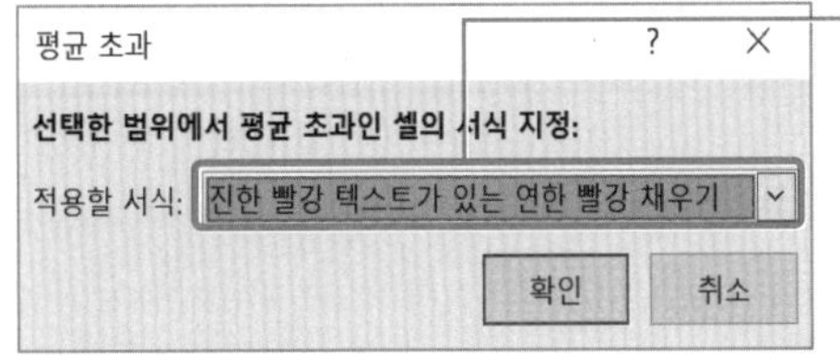

❸ [적용할 서식]을 선택한 후 [확인] 버튼을 클릭하면 적용된다.

한 가지 더!

셀 서식을 자세하게 설정하는 방법

[적용할 서식] 목록에는 위 예처럼 '진한 빨강 텍스트가 있는 연한 빨강 채우기'처럼 미리 준비된 서식이 있다. 그리고 맨 마지막에 있는 [사용자 지정 서식]을 선택하면 원하는 서식을 적용할 수 있다.

관련 항목 조건부 서식의 기본 조작 ⇨ 42쪽 / 에러값 찾기 ⇨ 46쪽

CHAPTER 2

08 조건부 서식으로 오류 값 찾기

조건부 서식 활용하기

예제 파일 chapter2_8.xlsx

조건부 서식의 편리한 사용법

조건부 서식은 **셀의 값에 따라 서식을 설정할 수 있는 기능이다.** 그런데 여기서 '셀의 값'이 숫자에 한정된 것은 아니다. 조건부 서식 목록에 있는 **새 규칙**을 선택하면, **오류 값이 있는 셀**이나 **특정 함수 식을 만족하는 셀** 등을 조건식 규칙으로 지정할 수 있다.

업무 내용에 맞게 새 규칙을 설정하여 입력 실수나 중요한 값을 가지는 셀을 빠르게 찾을 수 있다. 예를 들어, **절대 음수가 되지 않는 값을 다루는 경우**가 있을 것이다. 즉, 양수가 아니면 오류인 것이다. 혹은 **셀에 반드시 어떤 숫자가 들어 있어야 하는 경우**도 있을 것이다. 상황에 따라 다양한 오류의 조건이 있을 텐데 [조건부 서식]의 [새 규칙]을 통해 상응하는 규칙을 설정할 수 있다. 강력하게 추천하는 기능 중 하나다.

● **오류 값에 색을 칠한다**

	A	B	C	D	E	F	G
1							
2		주문전표			2016-08-07	No.101	
3							
4		상품번호	상품명	가격	수량	소계	
5		A-001	볼펜(흑)	180	80	14,400	
6		A-002	볼펜(적)	180	60	10,800	
7		B-001	A4용지	980	미정	#VALUE!	
8		D-005	#N/A	#N/A	40	#N/A	
9			#N/A	#N/A		#N/A	
10			#N/A	#N/A		#N/A	
11						#VALUE!	

조건부 서식으로 오류 값에 색을 칠했다. 어느 셀에 문제가 있는지 빠르게, 빠짐없이 확인할 수 있다.

오류가 있는 셀에 색을 칠한다

여기서는 조건부 서식을 사용하여 오류가 있는 셀에 배경색을 적용해 보겠다. [새 서식 규칙] 대화상자에서 규칙 유형으로 [다음을 포함하는 셀만 서식 지정]을 선택하여 설정한다.

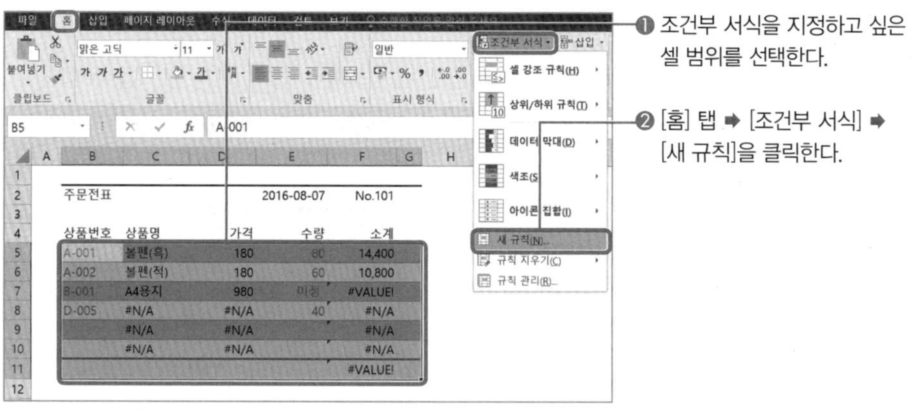

❶ 조건부 서식을 지정하고 싶은 셀 범위를 선택한다.

❷ [홈] 탭 ➡ [조건부 서식] ➡ [새 규칙]을 클릭한다.

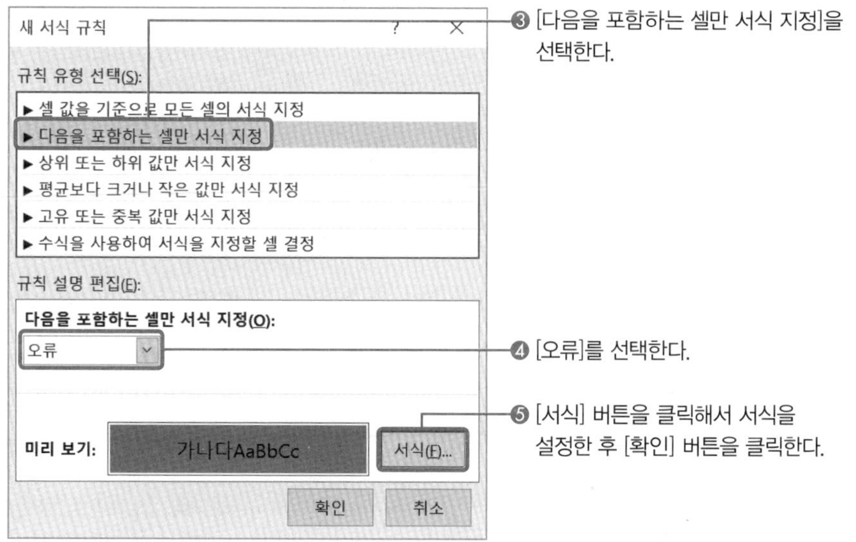

❸ [다음을 포함하는 셀만 서식 지정]을 선택한다.

❹ [오류]를 선택한다.

❺ [서식] 버튼을 클릭해서 서식을 설정한 후 [확인] 버튼을 클릭한다.

수식을 사용해서 고도의 조건식 작성하기

[새 규칙]에서 규칙 유형을 선택할 때, 맨 아래에 있는 [수식을 사용하여 서식을 지정할 셀 결정]을 이용하면, 수식을 사용하여 규칙을 설정할 수 있다. 이 수식에서는 함수도 사용할 수 있으므로 다양한 응용이 가능하다.

예를 들어, 셀 범위 전체에 '=MOD(ROW() ,2)=1'과 같은 수식으로 조건부 서식을 설정하면 **한 줄 간격으로 줄무늬 배경을 입힐 수 있다.** 이 수식은 행 번호를 2로 나눈 나머지가 1인 셀, 즉 **홀수 행의 셀에만** 서식을 지정한다. 이 계산식을 이용하면 한 줄씩 배경색을 바꿀 필요 없이 순식간에 바꿀 수 있다.

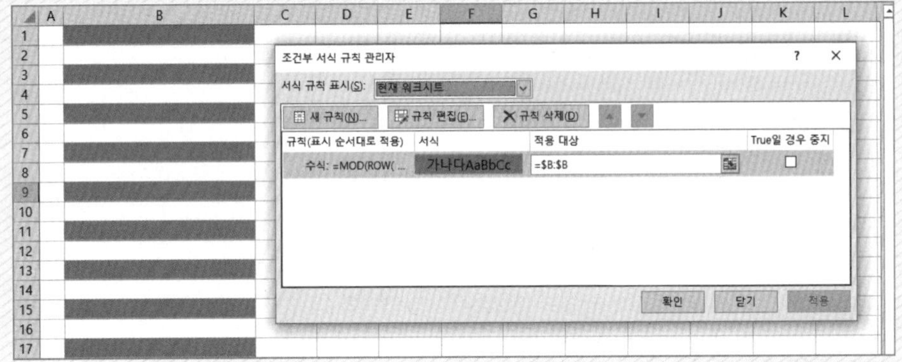

관련 항목 조건부 서식의 기본 조작 ⇨ 42쪽 / 조건부 서식 지정과 삭제 ⇨ 49쪽

조건부 서식 활용하기

조건부 서식의 확인 및 삭제

예제 파일 chapter2_9.xlsx

적용된 조건부 서식 관리하기

시트에 어떤 조건부 서식이 설정되어 있는지는 **[조건부 서식 규칙 관리자] 대화상자**에서 확인할 수 있다. 여기서 조건부 서식 규칙을 편집하거나 삭제할 수 있다. 또한, 여러 조건부 서식의 우선순위를 변경할 수도 있다.

다른 사람이 만든 엑셀 파일을 받았는데 **하나의 시트에 여러 조건부 서식들이 복잡하게 설정되어 있다면 이 대화상자를 통해 편리하게 파악할 수 있다.**

● **적용된 조건부 서식 내용을 확인한다**

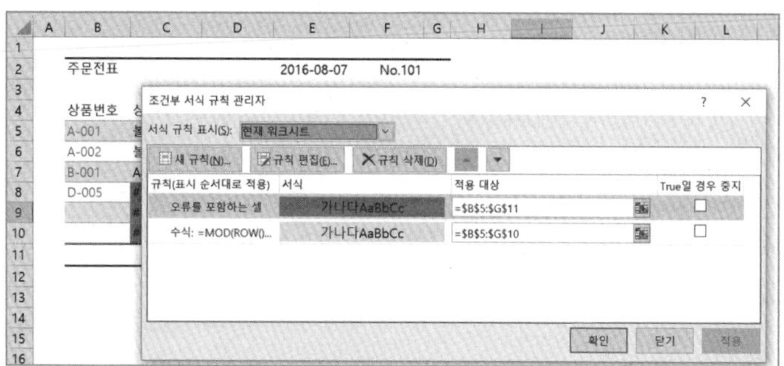

[조건부 서식 규칙 관리자] 대화상자에서 조건부 서식 규칙 리스트를 확인하고 편집할 수 있다.

조건부 서식 삭제 방법

시트에 설정된 조건부 서식을 삭제하기 위해 굳이 [조건부 서식 규칙 관리자] 대화상자를 열 필요는 없다. **[홈] 탭 ➡ [조건부 서식] ➡ [규칙 지우기] ➡ [시트 전체에서 규칙 지우기]**를 클릭하면 시트에 설정된 모든 조건부 서식을 삭제할 수 있다.

조건부 서식 확인 및 삭제 방법

[조건부 서식 규칙 관리] 대화상자에서 시트에 설정된 조건부 서식 내용을 확인하거나 편집하는 방법은 다음과 같다.

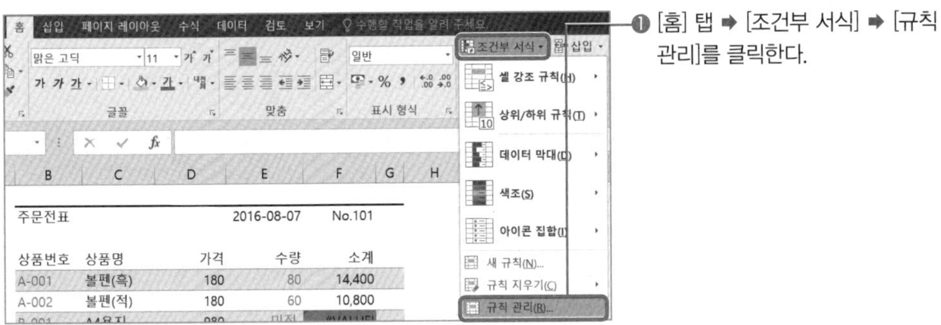

❶ [홈] 탭 ➡ [조건부 서식] ➡ [규칙 관리]를 클릭한다.

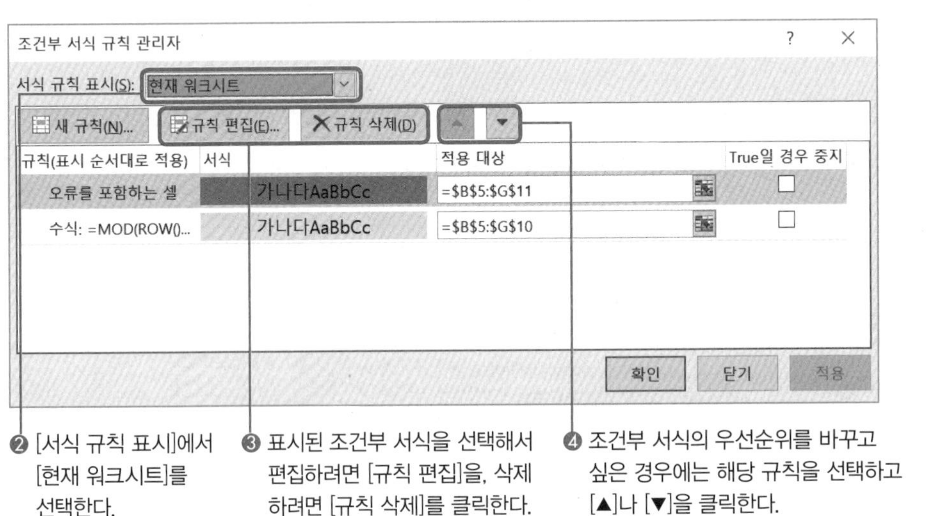

❷ [서식 규칙 표시]에서 [현재 워크시트]를 선택한다.

❸ 표시된 조건부 서식을 선택해서 편집하려면 [규칙 편집]을, 삭제하려면 [규칙 삭제]를 클릭한다.

❹ 조건부 서식의 우선순위를 바꾸고 싶은 경우에는 해당 규칙을 선택하고 [▲]나 [▼]을 클릭한다.

팀 내 조건부 서식 사용 여부 확인하기

조건부 서식은 편리한 반면, 알지 못하는 사람에게는 이유 없이 셀 배경색이 바뀌어 스트레스가 될 수도 있다. 따라서 조건부 서식을 사용할 때는 사전에 팀에서 사용 여부를 결정하고, 설정 방법을 공유하는 것이 좋다.

관련 항목 조건부 서식의 기본 조작 ⇨ 42쪽 / 평균값 이상인 셀의 색 변경 ⇨ 44쪽

CHAPTER 2

10 제목 셀 고정하기

알아 두면 유용한 고급 기술

예제 파일 chapter2_10.xlsx

제목 셀 항상 표시하기

행과 열이 많은 큰 표를 스크롤하면서 볼 때 **제목 셀**이 안 보여 지금 보이는 데이터가 무슨 항목인지 파악하기 어려울 때가 있다. 이럴 때는 **[틀 고정] 기능**을 이용하여 제목 셀이 항상 보이도록 할 수 있다.

- **[틀 고정] 기능으로 제목 셀 고정하기**

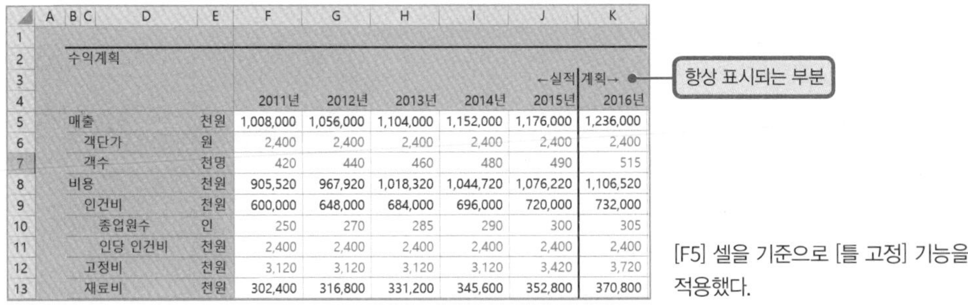

	A	B	C	D	E	F	G	H	I	J	K
1											
2		수익계획									
3										←실적	계획→
4						2011년	2012년	2013년	2014년	2015년	2016년
5		매출			천원	1,008,000	1,056,000	1,104,000	1,152,000	1,176,000	1,236,000
6			객단가		원	2,400	2,400	2,400	2,400	2,400	2,400
7			객수		천명	420	440	460	480	490	515
8		비용			천원	905,520	967,920	1,018,320	1,044,720	1,076,220	1,106,520
9			인건비		천원	600,000	648,000	684,000	696,000	720,000	732,000
10				종업원수	인	250	270	285	290	300	305
11				인당 인건비	천원	2,400	2,400	2,400	2,400	2,400	2,400
12			고정비		천원	3,120	3,120	3,120	3,120	3,420	3,720
13			재료비		천원	302,400	316,800	331,200	345,600	352,800	370,800

항상 표시되는 부분

[F5] 셀을 기준으로 [틀 고정] 기능을 적용했다.

	A	B	C	D	E	J	K	L	M	N
1										
2		수익계획								
3						←실적	계획→			
4						2015년	2016년			
8		비용			천원	1,076,220	1,106,520			
9			인건비		천원	720,000	732,000			
10				종업원수	인	300	305			
11				인당 인건비	천원	2,400	2,400			
12			고정비		천원	3,420	3,720			
13			재료비		천원	352,800	370,800			
14				재료비율	%	30%	30%			
15		이익			천원	99,780	129,480			

항상 표시되는 부분

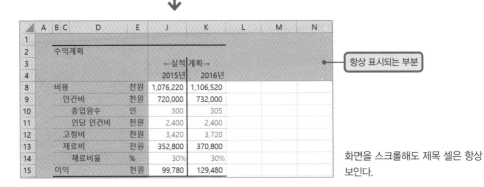

화면을 스크롤해도 제목 셀은 항상 보인다.

제목 열 또는 제목 행 항상 표시하기

[틀 고정] 기능을 사용하여 제목 열이나 제목 줄을 항상 표시하도록 설정할 수 있다. 여기서는 4행과 B~E열이 항상 표시되도록 할 것이다. [틀 고정] 기능을 설정할 때는 커서 위치에 주의한다.

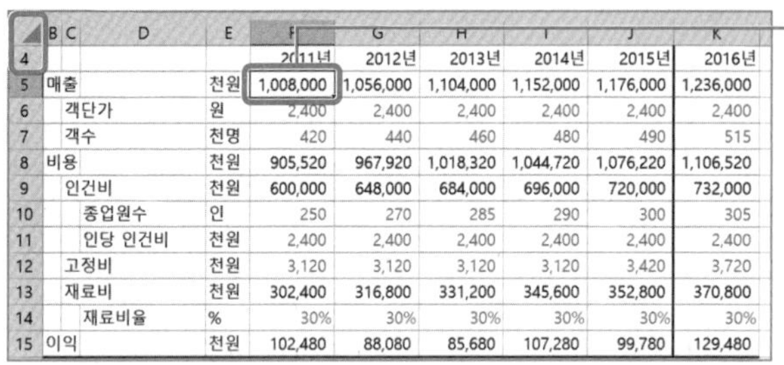

	B	C	D	E	F	G	H	I	J	K
4					2011년	2012년	2013년	2014년	2015년	2016년
5	매출			천원	1,008,000	1,056,000	1,104,000	1,152,000	1,176,000	1,236,000
6		객단가		원	2,400	2,400	2,400	2,400	2,400	2,400
7		객수		천명	420	440	460	480	490	515
8	비용			천원	905,520	967,920	1,018,320	1,044,720	1,076,220	1,106,520
9		인건비		천원	600,000	648,000	684,000	696,000	720,000	732,000
10			종업원수	인	250	270	285	290	300	305
11			인당 인건비	천원	2,400	2,400	2,400	2,400	2,400	2,400
12		고정비		천원	3,120	3,120	3,120	3,120	3,420	3,720
13		재료비		천원	302,400	316,800	331,200	345,600	352,800	370,800
14			재료비율	%	30%	30%	30%	30%	30%	30%
15	이익			천원	102,480	88,080	85,680	107,280	99,780	129,480

❶ 틀 고정 기준으로 삼을 [F5] 셀을 선택한다.

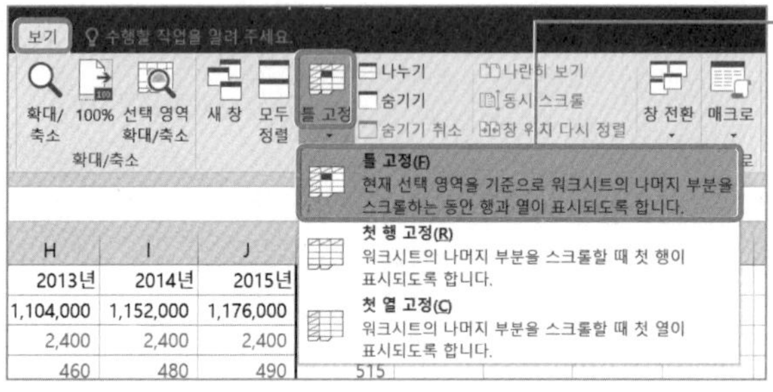

❷ [보기] 탭 ➡ [틀 고정] ➡ [틀 고정]을 클릭한다.

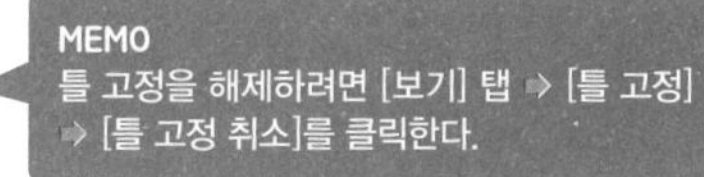

MEMO
틀 고정을 해제하려면 [보기] 탭 ⇒ [틀 고정] ⇒ [틀 고정 취소]를 클릭한다.

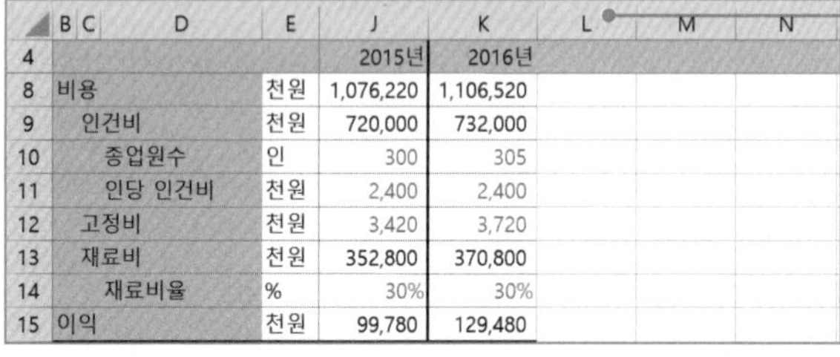

	B	C	D	E	J	K	L	M	N
4					2015년	2016년			
8	비용			천원	1,076,220	1,106,520			
9		인건비		천원	720,000	732,000			
10			종업원수	인	300	305			
11			인당 인건비	천원	2,400	2,400			
12		고정비		천원	3,420	3,720			
13		재료비		천원	352,800	370,800			
14			재료비율	%	30%	30%			
15	이익			천원	99,780	129,480			

❸ ❶에 있는 커서 위치의 왼쪽 상단을 기준으로 행과 열이 고정되었다.

인쇄 시 모든 페이지에 머리글 표시하는 방법

하나의 표를 여러 페이지에 나눠 인쇄할 때, 모든 페이지에 머리글 행이나 제목 열을 인쇄하려면 [페이지 레이아웃] 탭 ➡ [인쇄 제목] 기능을 사용한다(328쪽).

관련 항목 리본 감추기 ⇨ 53쪽

CHAPTER 2

11 리본 메뉴를 숨겨 화면을 넓게 사용하는 방법

알아 두면 유용한 고급 기술

리본 메뉴 숨기기

시트가 보이는 화면을 넓히고 싶다면 엑셀의 리본 메뉴를 일시적으로 숨길 수 있다. 방법은 매우 간단하다. [홈], [삽입] 탭 등의 **탭 부분을 마우스로 더블 클릭하면** 된다. 원래대로 표시하려면 다시 탭 부분을 더블 클릭한다. 엑셀의 리본 메뉴는 공간을 꽤 차지하기 때문에 노트북이나 작은 화면의 PC를 사용할 때에는 이 기능이 유효하다.

● **리본 메뉴를 숨겨 화면 넓게 보기**

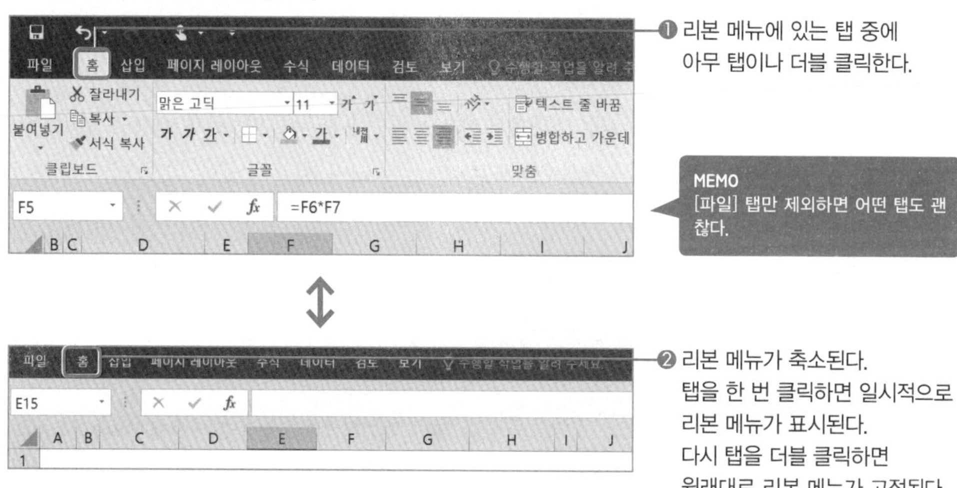

파일
홈
삽입
페이지 레이아웃
수식
데이터
검토
보기
잘라내기
복사
서식 복사
붙여넣기
클립보드
맑은 고딕
11
글꼴
텍스트 줄 바꿈
병합하고 가운데
맞춤
F5
=F6*F7
E15
❶ 리본 메뉴에 있는 탭 중에
아무 탭이나 더블 클릭한다.
MEMO
[파일] 탭만 제외하면 어떤 탭도 괜찮다.
❷ 리본 메뉴가 축소된다.
탭을 한 번 클릭하면 일시적으로
리본 메뉴가 표시된다.
다시 탭을 더블 클릭하면
원래대로 리본 메뉴가 고정된다.

관련 항목 제목 셀 고정하기 ⇨ 51쪽 / 문자 세로쓰기 ⇨ 57쪽

CHAPTER 2

12 현재 날짜와 시간 빨리 입력하기

알아 두면 유용한 고급 기술

예제 파일 chapter2_12.xlsx

날짜와 시간을 입력하는 단축키

엑셀에서 단축키를 사용하여 현재 날짜와 시간을 즉시 입력할 수 있다. 다음 두 단축키를 기억하면 편리하다.

● **현재 날짜와 시간을 입력하는 단축키**

값	단축키
현재 날짜	Ctrl + ;
현재 시간	Ctrl + :(즉, Ctrl + Shift + ;)

현재 날짜를 입력하려면 Ctrl을 누른 상태에서 세미콜론(;)을 누른다. 현재 시간을 입력하려면 Ctrl과 Shift를 누른 상태에서 콜론(:)을 누른다. 그러면 선택한 셀에 각각 날짜와 시간이 입력된다.

2	작성일	
3	작성시각	

❶ 날짜를 입력하려면 ctrl + ;를 누른다. 사용할 수 있다.

❷ 시간을 입력하려면 ctrl + :를 누른다.

2	작성일	2017-10-06
3	작성시각	9:00 AM

❸ 단축키를 이용하면 빠르게 현재 날짜와 시간을 입력할 수 있다.

한 가지 더!

시간이니까 콜론(:), 날짜는 그 옆의 키라고 기억

콜론(:)이 시간을 나타낼 때 사용하는 기호인 것을 떠올리면 쉽게 외울 수 있다. 날짜를 입력하는 단축키는 이와 연관하여 기억해 둔다.

관련 항목 경과 일수와 일련번호 ⇨ 60쪽

CHAPTER 2

13 '0'으로 시작하는 문자열 입력하기

알아 두면 유용한 고급 기술

문자 형식으로 숫자 입력하기

일반적으로 엑셀에서 '001'이나 '002' 같은 숫자를 입력하면 앞의 0은 무시되고 1과 2라는 값만 셀에 입력된다. 그러나 모델 번호나 제품 번호, 사원 번호 등은 '001'처럼 시작 부분에 0을 입력해야 하는 경우도 있다.

숫자의 앞부분에 0을 입력하려면 '001처럼 앞에 아포스트로피(')를 붙여 입력한다. 시작 부분에 **아포스트로피를 붙여 입력한 값은 숫자가 아닌 문자열로 간주되어 입력한 값이 그대로 셀에 표시된다.** 이때 아포스트로피는 셀에 표시되지 않는다.

또한, 입력 후 숫자가 문자열로 저장되었다는 오류 확인 표시(30쪽)가 나타나는데, 이것은 오류가 아니므로 '오류 무시'를 선택하여 숨기면 된다.

	A	B	C	D
1				
2		상품일람		
3				
4		상품번호	상품명	가격
5		'001	볼펜(흑)	1,800
6		2	볼펜(적)	1,800
7		3	A4용지	9,800
8		4	A3용지	12,000
9		5	유성매직(흑)	2,400
10				

→

	A	B	C	D
1				
2		상품일람		
3				
4		상품번호	상품명	가격
5		001	볼펜(흑)	1,800
6		002	볼펜(적)	1,800
7		003	A4용지	9,800
8		004	A3용지	12,000
9		005	유성매직(흑)	2,400
10				

❶ 아포스트로피를 입력하고 숫자를 입력하면 문자열 형식으로 입력되며, 1이 아니라 001로 입력된다.

셀 서식을 문자열로 설정하는 방법

위 방법 외에도 셀 서식을 문자열로 설정해도 된다. 셀 서식을 변경하는 방법은 56쪽을 참조한다.

관련 항목 이름 끝에 자동으로 '님' 추가 ⇨ 56쪽 / 제목 셀 고정 ⇨ 51쪽 / 경과 일수와 일련번호 ⇨ 60쪽

CHAPTER 2

14 이름 끝에 자동으로 '님' 추가하기

알아 두면 유용한 고급 기술

예제 파일 chapter2_14.xlsx

셀 서식의 표시 형식을 사용하여 표기 정돈하기

셀 서식을 사용할 때 표시 형식의 [범주]에 **[사용자 지정]**을 설정하면 다양한 표현 방법을 지정할 수 있다. 예를 들어, [셀 서식] 대화상자의 [형식] 란에 [@"**님**"]이라고 입력하면 입력한 문자열의 말미에 '님'이라는 문자가 자동으로 표시된다.

이외에도 [형식]에 '000'을 설정하면 해당 셀은 항상 3자리로 표시되기 때문에 예를 들어 '1'을 입력하면 '001'로 자동 변환된다. 또한, [mm 월 dd 일 (aaa)]를 설정하고 '5/1'를 입력하면 '05 월 01 일(일요일)'로 자동 변환된다.

이와 같이 **셀 서식의 표시 형식을 지정하면 입력하는 데 수고를 덜 수 있고, 입력 오류를 크게 줄일 수 있다.** 표시 형식을 지정하려면 셀을 선택하고 **마우스 오른쪽 클릭 ➡ [셀 서식]을 클릭하여 [셀 서식] 대화상자**를 열어 다음 단계를 수행한다.

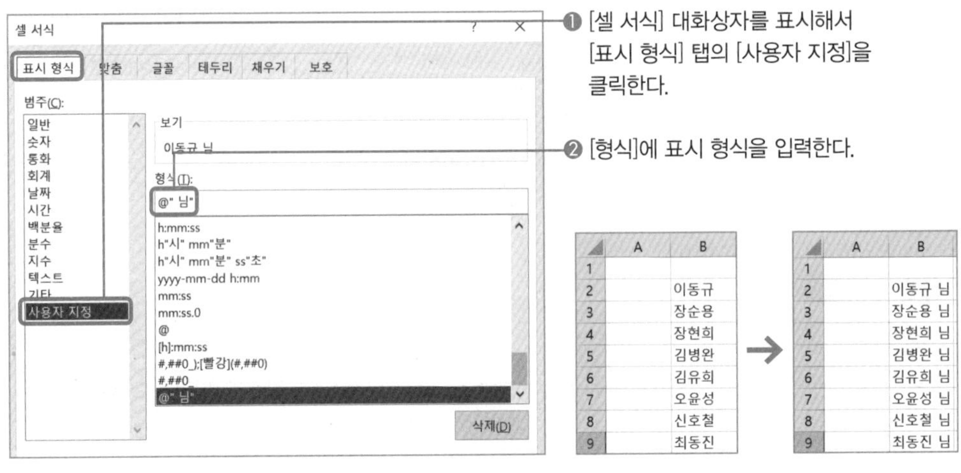

관련 항목 시작 부분에 '0' 넣기 ⇨ 55쪽 / 문자 세로쓰기 ⇨ 57쪽

CHAPTER 2

15 문자 세로쓰기

알아 두면 유용한 고급 기술

예제 파일 chapter2_15.xlsx

셀을 결합하여 세로쓰기로 표시하기

엑셀에서 **셀 병합**은 사용하지 않는 것이 좋다고 말했지만(38쪽), 세로쓰기 문자를 넣어야 할 경우에는 셀을 병합한 후 텍스트 방향을 세로쓰기로 변경하는 것이 좋다.

세로쓰기로 표시하고 싶은 범위를 선택하고 Ctrl + 1을 눌러 [셀 서식] 대화상자를 표시한 후 다음 단계를 수행한다.

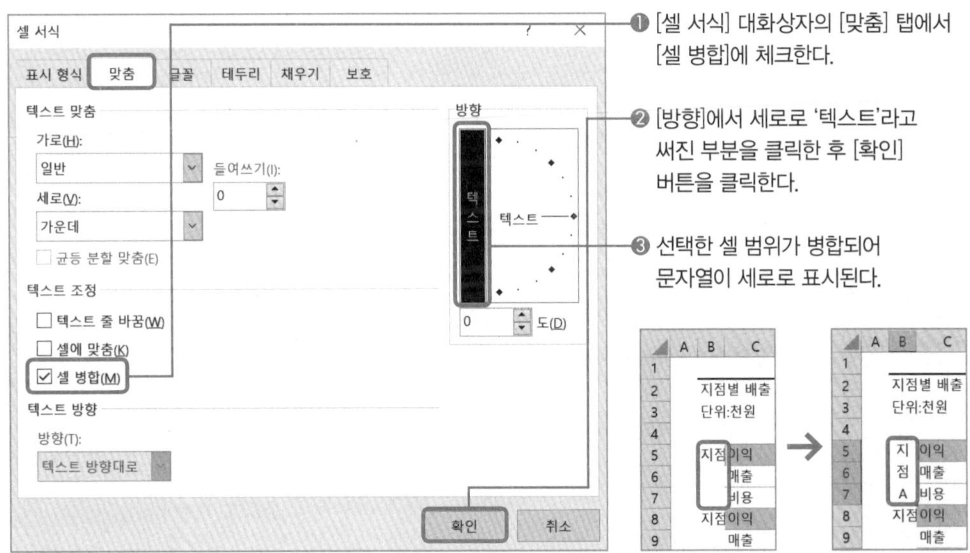

관련 항목 글꼴 선택 ⇨ 7쪽 / 선택 영역의 가운데로 ⇨ 38쪽

CHAPTER 2

16 파일 작성자 이름 삭제하기

알아 두면 유용한 고급 기술

통합 문서 검사 기능으로 불필요한 정보 삭제하기

엑셀에는 **작성자의 정보가 자동으로 기록**되는 데 거래처나 외부로 파일을 보낼 때 이 정보를 삭제하려면 엑셀의 [통합 문서 검사] 기능을 사용하면 된다.

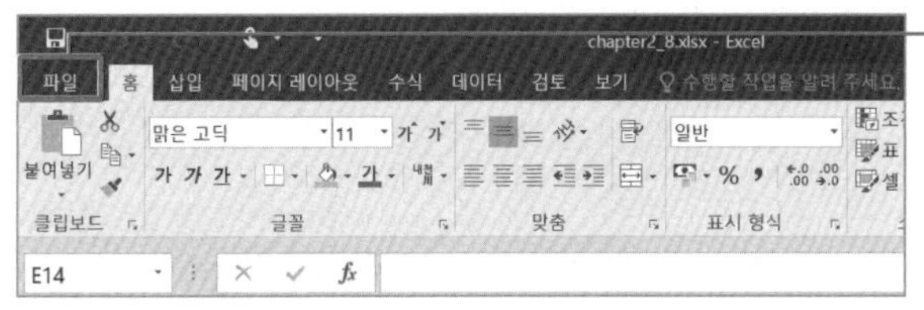

❶ 리본 메뉴에서 [파일] 탭을 클릭한다.

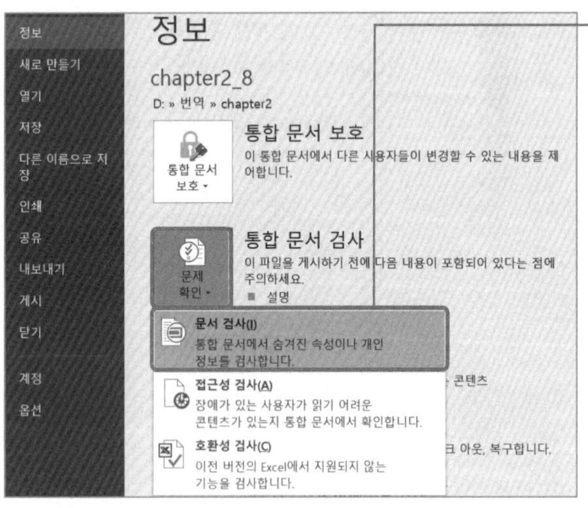

❷ [정보] 메뉴에서 [문제 확인] ➡ [문서 검사]를 클릭한다.

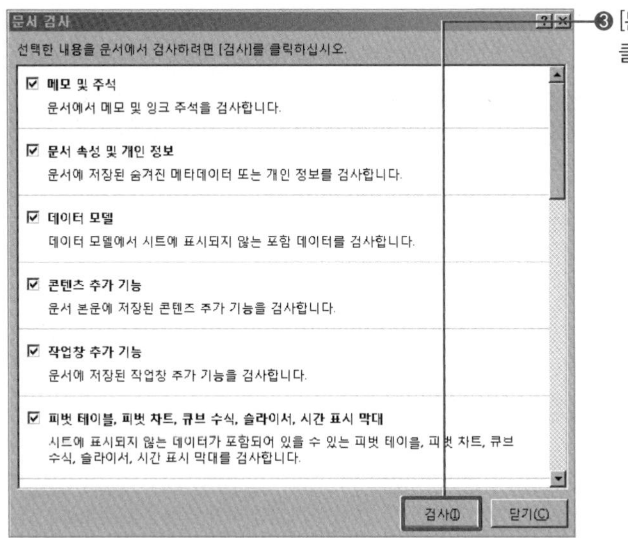

❸ [문서 검사] 대화상자에서 [검사]를 클릭해서 결과를 확인한다.

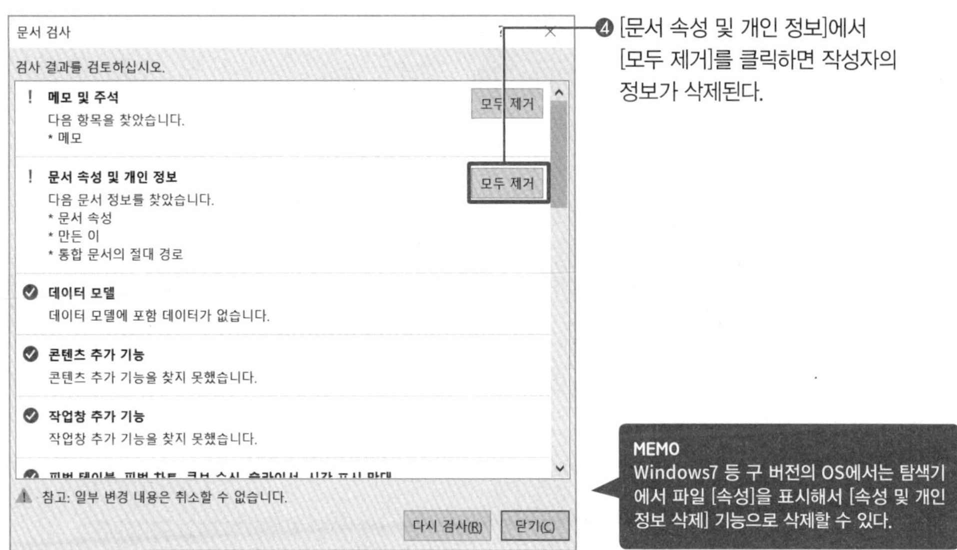

❹ [문서 속성 및 개인 정보]에서 [모두 제거]를 클릭하면 작성자의 정보가 삭제된다.

MEMO
Windows7 등 구 버전의 OS에서는 탐색기에서 파일 [속성]을 표시해서 [속성 및 개인 정보 삭제] 기능으로 삭제할 수 있다.

관련 항목 워크 시트 편집 잠그기 ⇨ 62쪽 / 파일 자동 저장 ⇨ 63쪽

CHAPTER 2

17 경과 날짜나 시간 계산하기

알아 두면 유용한 고급 기술

예제 파일 chapter2_17.xlsx

날짜와 시간의 일련번호

엑셀에서는 '2018/8/1'이나 '8-1'처럼 날짜로 보이는 값을 입력하면 내부적으로 **일련번호**로 저장된다. 이 일련번호는 **1900년 1월 1일로부터 며칠이 지났는지를 나타내는 수치**다. 예를 들어 '2018/8/1'은 기준일부터 43313일 경과한 날짜로 인식되어 '43313'으로 기록된다. 하지만 표시될 때는 사람이 보기 쉽게 '2018/8/1'이나 '2018년 8월 1일'로 표시된다.

시간은 24시간이 1로 저장된다. 따라서 12시간은 '0.5'이고 6시간은 '0.25'이다.

● **날짜는 일련번호로 기록된다**

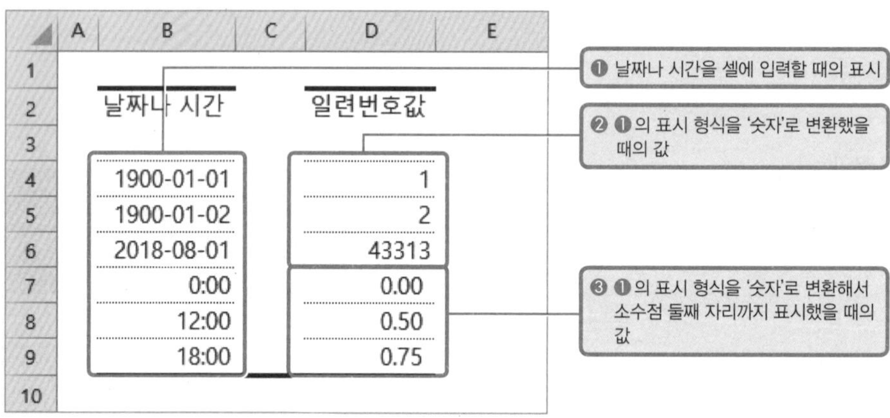

날짜를 입력한 셀의 서식을 '숫자'로 변경하면 일련번호를 확인할 수 있다. 시간은 소수로 기록된다.

날짜와 시간 계산하기

일련번호 개념을 이해하면 **경과 날짜나 경과 시간을 쉽게 구할 수 있다.** 예를 들어, '2018/3/1'에 '10'을 더하면 10일 후인 '2018/3/11'이 된다. 마찬가지로, 1을 빼면 하루 전인 '2018/02/28'가 된다. 윤년 또한 정확하게 반영하여 계산된다.

- **기준일에 대해 날짜를 더하거나 뺀 결과를 구한다**

기준일	가산값	결과
2018-03-01	10	2018-03-11
	-1	2018-02-28

시간도 두 시간을 합산한 총 시간을 구할 수 있고, 차이를 통한 경과 시간도 구할 수 있다. 예를 들어, 시급을 계산할 때처럼 경과 시간을 두 시간이면 '2', 한 시간 반이면 '1.5'와 같이 숫자로 표시하고 싶다면 경과 시간에 24를 곱한다. 그 이유는 24시간이 '1'이므로 1시간은 '1/24'이 된다. 그리고 1.5시간은 '1.5/24'이므로 24를 곱하면 '1.5'라는 값이 나온다.

- **경과 시간을 수치로 변환**

시작시간	종료시간	경과시간	변환계수	수치 변환
8:00	10:00	2:00	24	2.00
8:00	9:30	1:30	24	1.50

서식은 소수점 이하 둘째 자리까지 표시하도록 설정했다.

한 가지 더!

24시간을 초과하는 계산의 서식 결정

계산을 위해 '25시간'을 의미하는 '25:00'를 표시하고 싶은 경우, 일반적인 서식을 사용하면 '25:00' 대신 '1:00'라고 표시된다. 이 경우 [셀 서식]의 [표시 형식] 탭에서 [사용자 지정] 서식을 '[h]:mm'으로 설정하면 '25:00'으로 표시된다(56쪽).

관련 항목 현재 날짜와 시간 입력 ⇨ 54쪽 / 이름 뒤에 '님' 추가 ⇨ 56쪽

CHAPTER 2

18 시트 편집 금지 기능

알아 두면 유용한 고급 기술

시트 내용을 변경하지 못하게 잠그기

상황에 따라 어떤 시트는 내용이 수정되면 안 되는 경우도 있다. 이런 경우 [검토] 탭의 **[시트 보호] 기능**을 사용하여 시트의 편집을 막을 수 있다. 이 기능으로 어떤 내용을 보호할 것인지 자세하게 지정할 수 있다. 시트를 보호하는 방법은 다음과 같다.

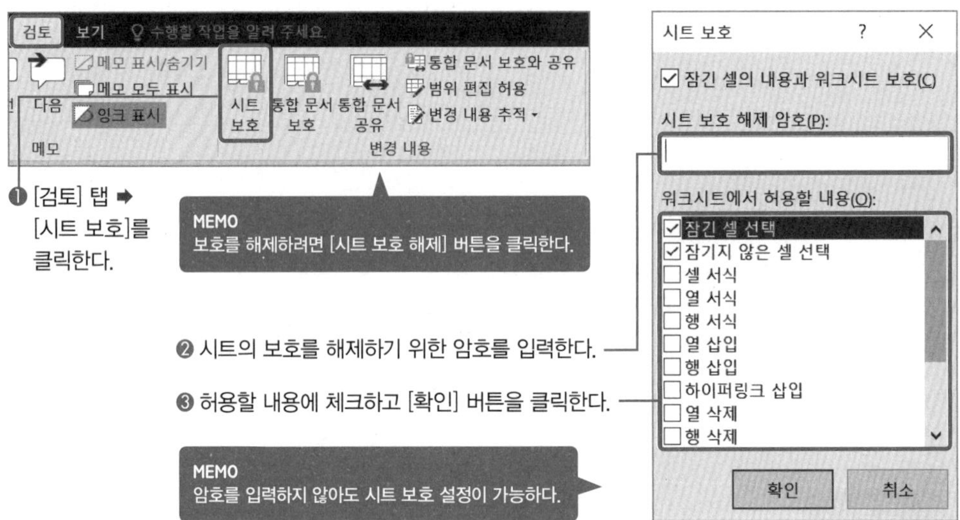

한 가지 더!

일부 셀만 편집 가능

일부 셀만은 보호의 대상으로 하지 않고 자유롭게 편집할 수 있도록 하고 싶은 경우, 보호를 설정하기 전에 대상 셀을 선택한 후 [셀 서식] ➡ [보호] 탭 ➡ [잠금]을 체크 해제한다.

관련 항목 파일 작성자 이름 삭제 ⇨ 58쪽 / 파일에 암호 적용 ⇨ 64쪽

CHAPTER 2

19 파일 자동 저장하기

알아 두면 유용한 고급 기술

옵션에서 저장 간격 설정하기

엑셀은 기본적으로 10분 간격으로 자동 저장된다. 그러므로 예상치 못한 문제로 엑셀 프로그램이 종료되어도 어느 정도 복구가 가능하다. 똑같은 표를 다시 만드는 것만큼 귀찮은 일도 없다. 따라서 필요에 맞게 저장 간격을 적절히 설정하는 것이 좋다.

자동 저장 간격과 백업 문서의 저장 위치 같은 설정은 **[파일] 탭 ➡ [옵션]**을 클릭하면 나타나는 [Excel 옵션] 대화상자의 [저장] 탭에서 설정할 수 있다.

● **저장 옵션의 설정 대화상자**

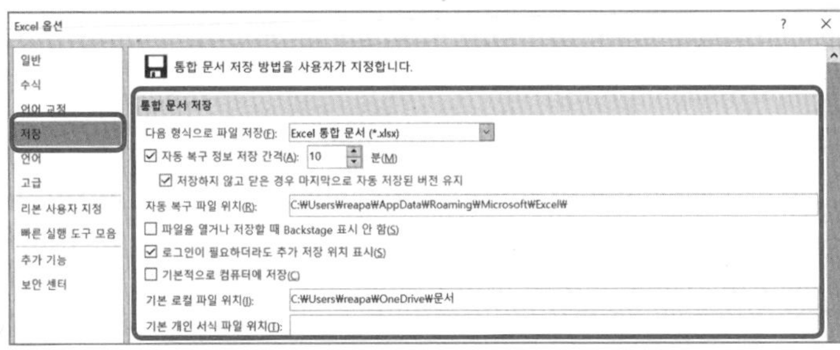

자동 저장에 관한 설정은 [Excel 옵션] 대화상자 ➡ [저장] 탭 ➡ [통합 문서 저장]에서 설정할 수 있다.

한 가지 더!

수동 백업할 때 파일 이름

수동으로 엑셀 파일을 백업할 경우, 파일 이름 끝에 날짜와 일련번호를 추가하면 언제 백업했는지 명확해진다. 예를 들어, 하루에도 몇 번씩 백업을 하는 경우 '매출분석 _0805_1.xlsx', '매출 분석_0805_2.xlsx'처럼 '제목_날짜_일련번호' 형식으로 저장하는 것이 좋다(118쪽).

관련 항목 파일 작성자 이름 삭제 ⇨ 58쪽 / 워크 시트 편집 잠그기 ⇨ 62쪽

CHAPTER 2

20 파일에 암호 걸기

알아 두면 유용한 고급 기술

통합 문서의 내용을 암호화하여 보호하기

중요한 정보가 포함된 엑셀 파일은 암호화하여 보호하도록 한다. 누구나 파일을 열 수 있는 상태로 메일에 첨부해서는 안 된다. 엑셀 파일을 다른 사람과 공유할 때는 사전에 암호를 걸어 공유하려는 사람만 열람할 수 있도록 해야 한다.

엑셀 파일의 내용을 암호로 보호하려면 **[암호를 사용하여 암호화] 기능**을 이용한다.

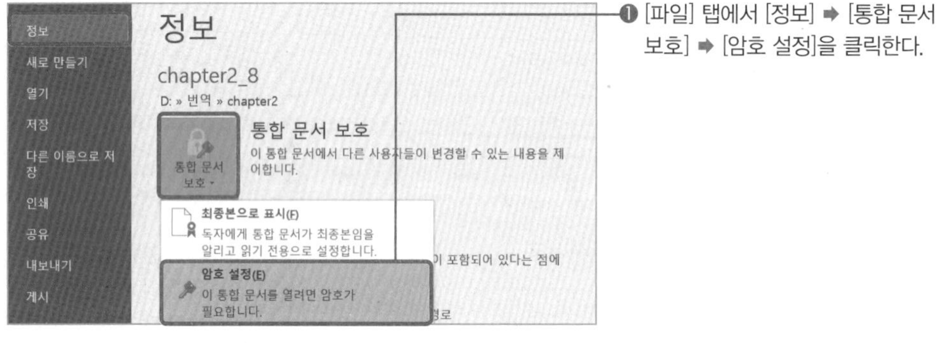

❶ [파일] 탭에서 [정보] ➡ [통합 문서 보호] ➡ [암호 설정]을 클릭한다.

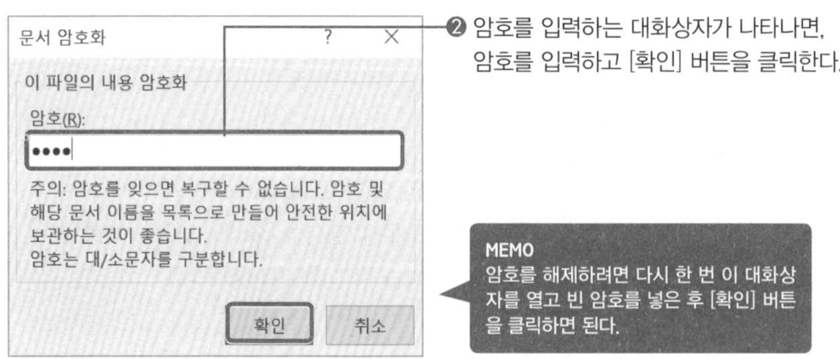

❷ 암호를 입력하는 대화상자가 나타나면, 암호를 입력하고 [확인] 버튼을 클릭한다.

MEMO
암호를 해제하려면 다시 한 번 이 대화상자를 열고 빈 암호를 넣은 후 [확인] 버튼을 클릭하면 된다.

관련 항목 파일 작성자 이름 삭제 ⇨ 58쪽 / 워크 시트의 편집 금지 ⇨ 62쪽

CHAPTER

3

업무 성과로 연결되는 필수 함수 11가지

CHAPTER 3

01 작업 효율과 정확성을 높여 주는 기본 함수

기본 함수 사용하기

11가지 기본 함수

엑셀에는 다양한 함수가 준비되어 있지만 **모든 함수를 전부 외울 필요는 없다.** 사용 빈도가 높지 않은 것도 있기 때문이다. 함수는 필요할 때 찾아서 사용할 줄 알면 된다. 하지만 **직종에 상관없이 모두가 꼭 기억해야 하는 11가지 함수가 있다.** 범용성이 높고 유용한 함수들이니 꼭 숙지하기 바란다.

● **꼭 기억해야 할 11가지 함수**

함수 이름	개요	설명 페이지
SUM	합산	68쪽
MAX, MIN	최댓값, 최솟값	72쪽
ROUND	반올림	74쪽
IFERROR	에러 시 표시 전환	75쪽
IF	조건 판정	76쪽
SUMIF	조건을 지정하여 합산	80쪽
SUMIFS	여러 조건으로 합산	84쪽
COUNTIF	조건을 만족하는 값의 개수	90쪽
COUNTIFS	여러 조건을 만족하는 값의 개수	94쪽
VLOOKUP	값의 검색, 표시	100쪽
EOMONTH	월말 등 일자 계산	104쪽

위 함수는 기본 중의 기본이기 때문에 이미 알고 있는 독자도 있을 거라 생각하지만, 읽다 보면 새로운 사용법을 알게 될 수도 있으니 꼭 읽어 보기 바란다.

함수를 사용하는 장단점

함수를 사용하는 것에는 장점도 있지만 단점도 있다. 우선 장점으로는 다음 두 가지를 들 수 있다.

- **복잡한 계산을 빠르게 처리할 수 있다**
- **복잡한 계산을 정확하게 처리할 수 있다**

그러나 다음과 같은 단점도 있다.

- **엑셀 자료를 공유할 사람이 함수를 모르는 경우, 시트의 계산 내역을 파악하기 어렵다**
- **함수가 많이 사용된 엑셀 시트는 쉽게 수정할 수 없다**

따라서 여럿이 함께 검토하는 엑셀 자료를 만들 때는 미리 사용할 함수에 대해 공유할 필요가 있다. 만든 사람만 이해할 수 있는 엑셀 파일이 되면 곤란하다.

그러나 함수를 사용하면 수작업과는 비교가 되지 않을 정도로 빠르고 정확하게 계산할 수 있다. 이 책을 통해 기본 함수 11가지 사용법을 익힌다면 업무에 필요한 다른 함수들을 찾아서 활용하는 데도 무리가 없을 것이다.

한 가지 더!

함수의 사용법을 찾는 방법

엑셀에는 수많은 함수가 준비되어 있다. 그 모든 것을 다 외우기는 힘들다. 물론, 외울 필요도 없다. 앞에서 말했듯이, **필요한 함수를 찾아서 사용할 수 있으면 된다.** 여기서는 필요한 함수를 찾는 방법을 소개한다.

엑셀은 역사가 있는 소프트웨어라서 이미 엄청난 양의 노하우가 웹상에 축적되어 있다. 웹에서 검색을 할 때는 **함수의 이름**뿐만 아니라 **업무 내용도 검색 키워드에 포함하면** 잘 찾아진다.

또한 **Microsoft 커뮤니티**(http://answers.microsoft.com)처럼 Q&A 사이트에 질문해 보는 것도 효과적이다. 질문 시에는 '○○을 하고 싶다'보다 '○○가 안 된다'는 형식으로 검색하는 것이 더 효과적이다.

관련 항목 SUM 함수 ⇨ 68쪽 / ROUND 함수 ⇨ 74쪽 / IFERROR 함수 ⇨ 75쪽 / IF 함수 ⇨ 76쪽

CHAPTER 3

02 가장 많이 사용되는 함수 — SUM 함수

기본 함수 사용하기

예제 파일 chapter3_2.xlsx

값들을 더하는 SUM 함수

SUM 함수는 **지정된 셀 범위의 합산을 구하는 함수**다. 엑셀의 대표적인 함수이므로 아는 사람이 많을 것이다. SUM 함수의 기본 형식은 다음과 같다.

= SUM (셀 범위)

셀에 =SUM()이라고 입력하고 괄호 안에 **합산할 셀의 범위**를 지정하면 된다. 이때 함수의 괄호 안에 넣는 셀의 범위나 조건을 **인수**라고 한다. 연속된 셀 범위를 마우스로 드래그하면 [A1:A3]처럼 시작과 끝에 해당하는 셀 주소를 콜론(:)으로 이은 형식으로 셀 범위가 입력된다. 이를 **범위 지정 방식**이라 한다. 한편 Ctrl을 누른 상태에서 여러 셀을 개별적으로 클릭하여 지정할 수도 있다. 그러면 [A1, A3]처럼 개별 셀 주소가 쉼표(,)로 구분되어 입력된다. 이를 **개별 지정 방식**이라 한다. 셀 주소와 콜론, 쉼표는 마우스를 사용하지 않고 직접 키보드로 입력해도 된다. SUM 함수의 인수로 셀 범위를 지정한 후 Enter를 누르면 계산 결과인 합계가 표시된다.

● SUM 함수의 두 가지 셀 범위 지정 방식

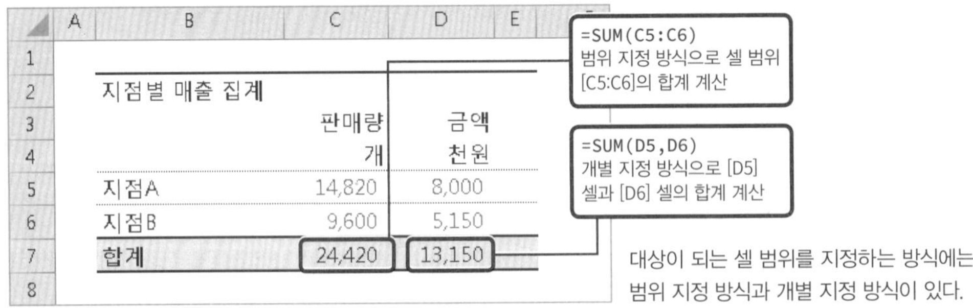

A B C D E
지점별 매출 집계
판매량 금액
개 천원
지점A 14,820 8,000
지점B 9,600 5,150
합계 24,420 13,150
=SUM(C5:C6)
범위 지정 방식으로 셀 범위 [C5:C6]의 합계 계산
=SUM(D5,D6)
개별 지정 방식으로 [D5] 셀과 [D6] 셀의 합계 계산

대상이 되는 셀 범위를 지정하는 방식에는 범위 지정 방식과 개별 지정 방식이 있다.

SUM 함수를 사용할 때의 흔한 실수

함수를 사용할 때도 실수가 발생할 수 있다. 함수 기능 자체는 언제나 실수없이 정확하게 계산을 수행한다. 그럼에도 불구하고 실수가 발생하는 이유는 **셀 범위가 올바로 지정되지 않았기 때문이다.**

예를 들어, 앞에 나온 '지점별 매출 집계표'에 세부 내역을 추가했다(다음 그림에서 왼쪽). 얼핏 보면 문제가 없어 보이지만, [D11] 셀을 보면 합산 값이 이전과 달라진 것을 알 수 있다. 이 계산 실수는 **행을 삽입할 때 계산 범위가 자동으로 확장되어 불필요한 셀까지 계산 대상에 포함되었기 때문이다.** 이런 실수는 주로 **범위 지정 방식을 사용한 경우**에 발생한다.

- **계산 범위에 문제가 있을 때**

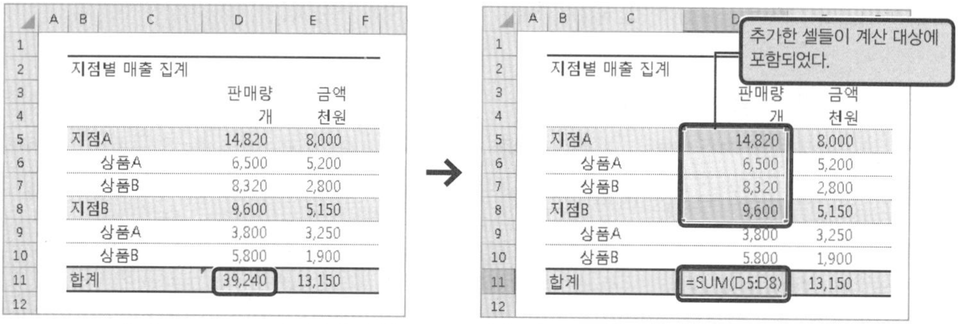

	A	B	C	D	E	F
1						
2		지점별 매출 집계				
3				판매량	금액	
4				개	천원	
5		지점A		14,820	8,000	
6		상품A		6,500	5,200	
7		상품B		8,320	2,800	
8		지점B		9,600	5,150	
9		상품A		3,800	3,250	
10		상품B		5,800	1,900	
11		합계		39,240	13,150	
12						

→

	A	B	C	D	E
1					
2		지점별 매출 집계			
3				판매량	금액
4				개	천원
5		지점A		14,820	8,000
6		상품A		6,500	5,200
7		상품B		8,320	2,800
8		지점B		9,600	5,150
9		상품A		3,800	3,250
10		상품B		5.800	1,900
11		합계		=SUM(D5:D8)	13,150
12					

추가한 셀들이 계산 대상에 포함되었다.

추가적으로 삽입한 행이 계산 범위에 자동으로 포함되어 의도하지 않은 합계가 산출되었다.

반면, 개별 지정 방식을 사용한 [E11] 셀의 경우는 삽입한 데이터에 영향을 받지 않고 의도한 계산 결과대로 남아있는 것을 알 수 있다. 이처럼 **개별 지정 방식을 사용하는 것이 실수가 적다.** 경우에 따라서는 SUM 함수를 사용하지 않고 우직하게 [+]로 계산하는 것이 나을 때도 있다.

그러나 반대로 **행이 추가되고 줄어드는 것에 맞춰 계산 범위가 변경되어야 하는 경우에는 범위 지정 방식이 매우 편리하다.** 즉, 각 지정 방식의 특징을 정확하게 이해하고 사용해야 실수를 줄일 수 있다.

계산 결과를 다른 셀에 복사하는 방법

함수를 사용한 셀을 복사해서 다른 셀에 붙여 넣으면 **참조 셀의 범위가 함께 움직이며 복사된다.** (아래 그림 참조) 이를 이용하면 **함수를 복사하여 쉽게 표를 구성할 수 있다.**

● **셀 참조가 있는 함수식 복사하기**

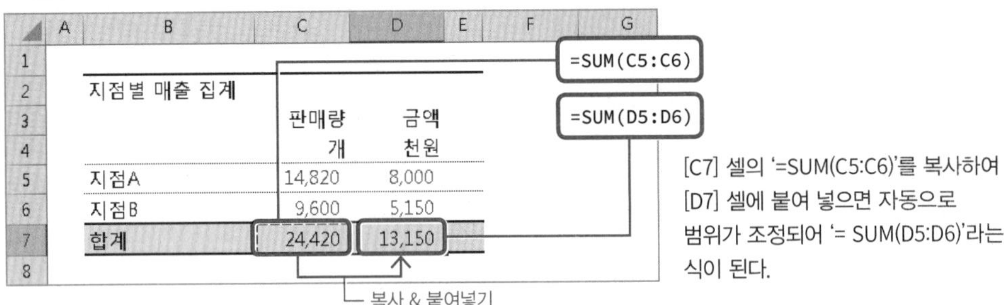

[C7] 셀의 '=SUM(C5:C6)'를 복사하여 [D7] 셀에 붙여 넣으면 자동으로 범위가 조정되어 '= SUM(D5:D6)'라는 식이 된다.

한편, **계산 결과만을 복사하고 싶은 경우**도 있다. 그럴 경우는 붙여넣기를 할 때 [홈] 탭에서 [붙여넣기] 버튼 하단에 있는 [▼]를 클릭하고(❶), [값 붙여넣기]의 세 버튼 중 하나를 클릭하면 된다(❷). 그러면 표시되는 값만이 복사된다.

● **함수의 계산 결괏값을 복사한다**

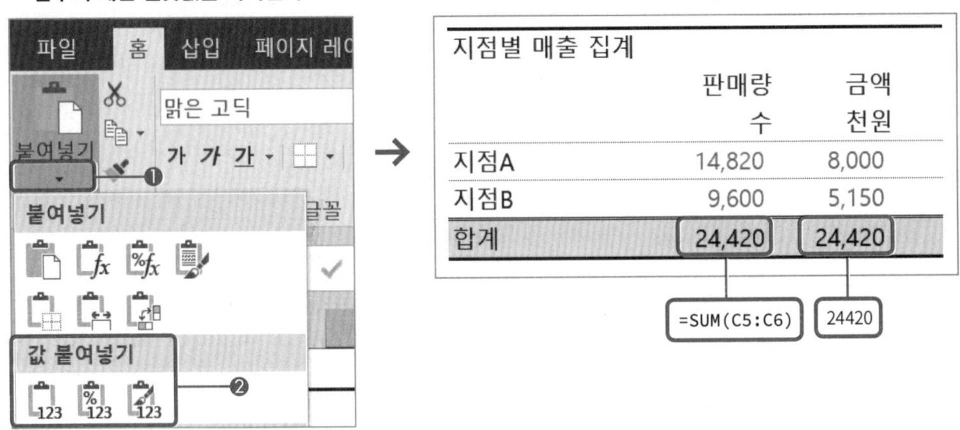

세 버튼은 왼쪽부터 각각 [값만], [값과 표시 형식], [값과 표시 형식, 테두리, 배경색] (172쪽)

빠르게 SUM 함수 사용하기

SUM 함수는 자주 사용하는 함수이므로 빠르게 입력하는 방법을 기억해 두면 작업 효율을 높일 수 있다. 다음은 대표적인 두 가지 방식이다.

❶ **[수식] 탭의 [자동 합계] 버튼을 클릭한다**

❷ **셀에 '@su'까지 입력하면 나타나는 함수 후보 중에서 선택한다**

- **SUM 함수를 재빨리 입력하는 방법**

	A	B	C	D	E
1					
2		지점별 매출 집계			
3			판매량	금액	
4			수	천원	
5		지점A	14,820	8,000	
6		지점B	9,600	5,150	
7			=SUM(C5:C6)		
8			SUM(**number1**, [number2], ...)		

[홈] 탭 ➡ [자동 합계] 버튼을 클릭하면 SUM 함수가 입력되어 범위가 자동으로 표시된다.

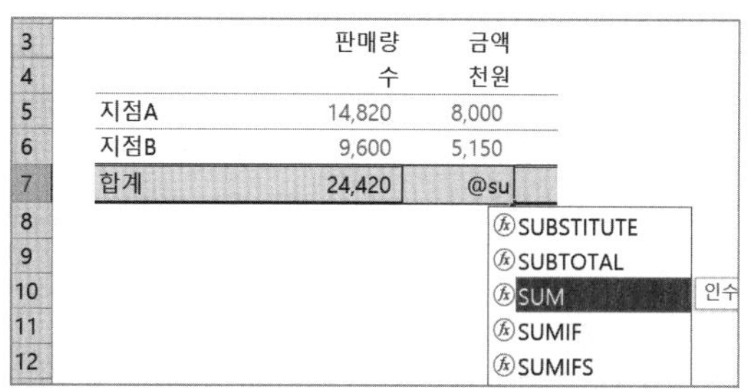

'@'를 입력한 후, 함수 이름을 몇 글자 입력하면 후보 함수 목록이 표시된다. 화살표 키로 선택하여 TAB을 누르면 자동 완성된다.

첫 번째 방법은 **합산 범위의 후보**까지 자동으로 입력되어 편리하다. 두 번째 방법은 SUM 함수 외에 다른 함수도 고루 사용하는 상황에서 유용하고, TAB을 눌러 자동 완성하면 굳이 특수 문자인 ( )를 신경 써서 입력하지 않아도 되므로 편리하다.

상태 표시줄을 통한 데이터 통계 확인

여러 셀들을 선택하면 그 평균이나 합계가 상태 표시줄(화면 오른쪽 하단)에 표시된다. 이는 간단한 통계를 확인할 때 편리하다.

관련 항목 함수의 장점과 단점 ⇨ 67쪽 / MAX 함수와 MIN 함수 ⇨ 72쪽 / SUMIF 함수 ⇨ 80쪽

이상치 빠르게 확인하기 — MAX, MIN 함수

기본 함수 사용하기

예제 파일 chapter3_3.xlsx

범위 내의 최댓값/최솟값 산출하기

지정한 셀 범위의 최댓값을 구할 때는 **MAX 함수**, 최솟값을 구하는 경우에는 **MIN 함수**를 사용한다.

```
=MAX(셀 범위)
=MIN(셀 범위)
```

두 함수 모두 [A1:A10]처럼 콜론(:)을 이용한 **범위 지정 방식**과 [A1, A5]처럼 쉼표(,)를 이용한 **개별 지정 방식**을 사용할 수 있고, 두 방식을 함께 사용하는 것도 가능하다.

● **최댓값/최솟값의 산출**

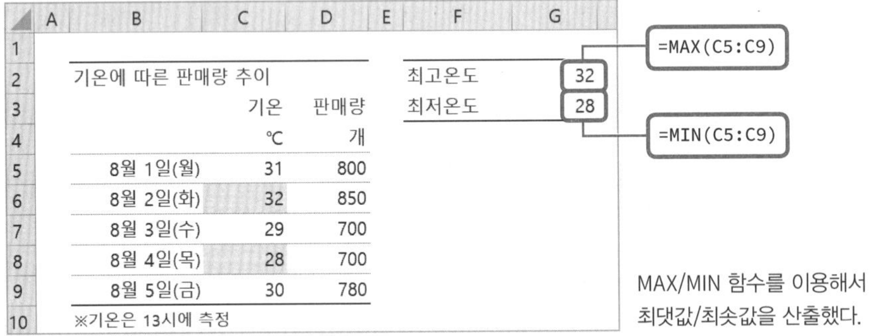

MAX/MIN 함수를 이용해서 최댓값/최솟값을 산출했다.

한 가지 더!

인수에 숫자를 지정하는 것도 가능하다

MAX/MIN 함수의 인수로 직접 수치를 지정할 수 있다. 예를 들어 '=MAX(A1,100)'를 지정하면 [A1] 셀의 값과 '100' 중 큰 값이 표시된다.

MAX/MIN 함수 응용하기

MAX/MIN 함수를 활용하면 **비정상적인 값의 존재 여부를 빠르게 확인**할 수 있다. 예를 들어, 매출이 '-500'처럼 음수이거나 100점 만점의 점수가 '10,000'점으로 작성된 경우를 생각해 보자. 이렇게 이상한 데이터가 하나라도 섞여 있으면 전혀 엉뚱한 결과가 나올 수밖에 없다.

데이터가 많지 않으면 육안으로 확인할 수 있지만, 데이터 수가 늘어날수록 육안으로 확인하기 어렵다. 이때 **데이터 전체에 대해 MAX 함수와 MIN 함수를 적용하여 비정상적인 값의 존재 여부를 빠르게 확인할 수 있다.**

다음 그림을 보면, 설문 조사의 평가 점수는 0~100점 사이의 값이어야 한다(❶). 그런데 최댓값과 최솟값을 살펴보니 데이터에 '-500'이나 '1000' 등 비정상적인 값이 섞여 있었다(❷).

● **MAX 함수와 MIN 함수로 비정상적인 값을 확인한다**

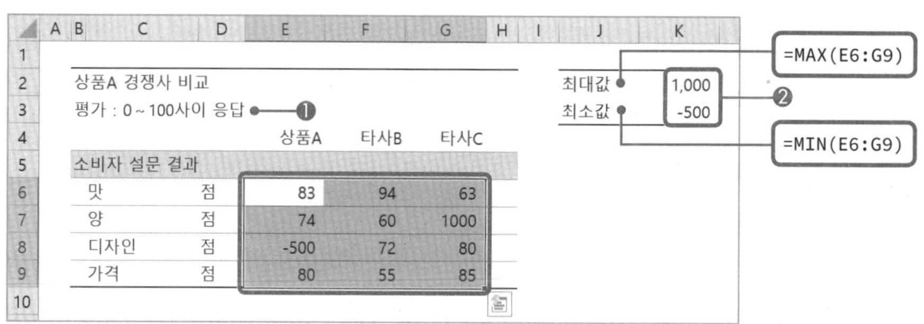

MAX/MIN 함수를 사용해서 셀 범위 [E6:G9]의 최댓값/최솟값을 산출했을 때 설문조사 값처럼 0~100점 사이여야 하는데, 벗어나는 값이 입력되어 있는 것을 알 수 있다.

한 가지 더!

집계 조건을 좁히는 MAXIFS 함수와 MINIFS 함수

엑셀 2016에서는 **MAXIFS 함수**와 **MINIFS 함수**도 사용할 수 있다. 이들 함수는 최댓값/최솟값을 구하기 위한 **조건식**을 설정할 수 있다.

예를 들어 '=MAXIFS(A1:A10, A1:A10,"<101")'로 지정하면 셀 범위 [A1:A10] 안에서 101보다 작은 값 중 최댓값을 구한다.

관련 항목 SUM 함수 ⇨ 68쪽 / IFERROR 함수 ⇨ 75쪽 / IF 함수 ⇨ 76쪽

CHAPTER 3

04 반올림하여 소수점 없애기 — ROUND 함수

기본 함수 사용하기

예제 파일 chapter3_4.xlsx

지정한 자릿수로 반올림하기

상품 개수, 점포 수, 사람 수 같은 값은 **소수점이 필요 없다.** 이외에도 마땅히 소수점이 붙지 않아야 하는 경우가 많이 있을 것이다. 그러나 그러한 값에 대해 '전년 대비 1.5배'나 '70% OFF' 같은 계산을 하면 결과적으로 소수점이 붙는다. 이때 **ROUND 함수**를 사용하여 임의의 자리에서 반올림할 수 있다.

```
=ROUND(셀 주소, 자릿수)
```

셀 주소에는 반올림을 수행할 값이 있는 셀 주소를 지정한다(예: [A3]). 이때, 계산식을 지정할 수도 있다(예: [A3 * 3]). 그리고 자릿수에는 표시할 **소수점 자릿수**를 지정한다. 소수점 둘째 자리에서 반올림하여 한 자릿수만 표시하려면 '1', 소수점 셋째 자리에서 반올림하여 둘째 자리까지 표시하려면 '2', 소수점 첫째 자리에서 반올림하여 정수로 표시하려면 '0'을 지정한다. 다음은 소수점이 있는 계산 결과를 ROUND 함수를 사용하여 소수점 첫 번째 자리에서 반올림한 예다.

- **ROUND 함수로 반올림한 예**

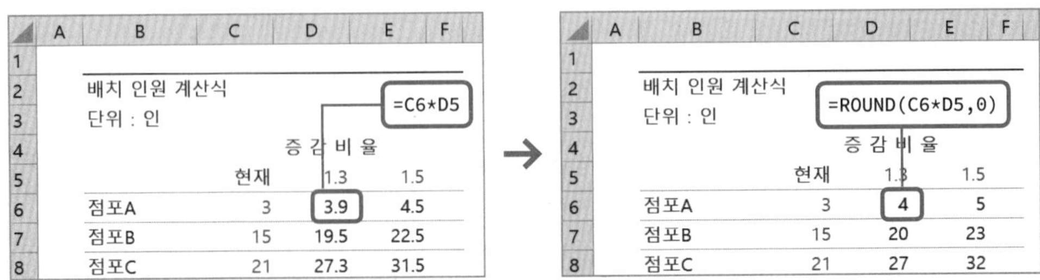

ROUND 함수로 소수점 첫째 자리에서 반올림했다. 첫 번째 인자에 계산식을 넣고, 두 번째 인자에 표시할 소수점 자릿수를 넣는다. 반올림 말고도 버림을 하는 ROUNDDOWN 함수와 올림을 하는 ROUNDUP 함수도 있다.

관련 항목 IFERROR 함수 ⇨ 75쪽 / 셀 범위 지정과 개별 지정 ⇨ 72쪽 / 절대 참조와 상대 참조 ⇨ 120쪽

CHAPTER 3

05 오류 발생 시 표시할 내용 지정하기 — IFERROR 함수

기본 함수 사용하기

예제 파일 chapter3_5.xlsx

무심코 오류를 빠뜨리지 않기 위한 기본 기술

함수나 수식에서는 **데이터를 입력하지 않아** 오류가 발생할 수 있다. 예를 들어, 매출액을 판매량으로 나눌 때, 판매량 셀에 값이 없으면 **'#DIV/0!'**(0으로 나누기 오류)으로 표시된다(30쪽).

엑셀에 익숙한 사람이라면 크게 상관없을 수 있지만, 아직 익숙하지 않은 사람에게는 오류 표시가 낯설 수 있다. 이때, **IFERROR 함수**를 사용하여 일반적으로 알기 쉬운 오류 표시로 변경할 수 있다.

```
=IFERROR(셀 범위, 오류 시 표시되는 문자)
```

셀 범위에는 오류가 있을 가능성이 있는 셀 범위(수식 포함)를 지정한다. 다음 예제에서는 IFERROR 함수를 사용하여 오류가 없으면 값을 그대로 표시하고, 오류인 경우에는 '확인 필요'로 표시하도록 변경하였다.

● **오류가 발생한 셀에 '확인 필요'라고 표시**

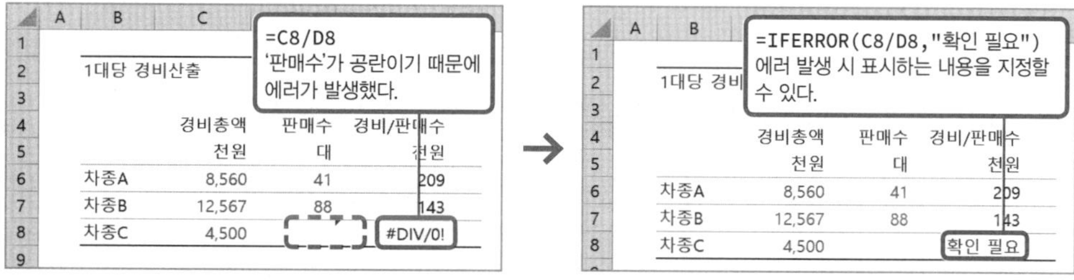

IFERROR 함수로 오류 시 표시할 문구를 설정했다. 첫 번째 인수 계산에 문제가 없으면 그대로 계산 결과가 표시되고, 오류 시에는 두 번째 인수에 지정한 문자열이 표시된다.

관련 항목 오류 목록 ⇨ 30쪽 / 셀 범위 지정 및 개별 지정 ⇨ 72쪽 / 절대 참조/상대 참조 ⇨ 120쪽

CHAPTER 3

06 계산 결과에 따라 표시할 내용 변경하기 — IF 함수

기본 함수 사용하기

예제 파일 chapter3_6.xlsx

논리식 사용하기

'나이는 20세 이상, 거주지 서울'과 같이 조건에 따라 표시하는 값을 달리하고 싶다면 IF 함수를 사용한다. **IF 함수는 지정된 논리식의 계산 결과에 따라 두 가지 표시 내용 중 하나를 셀에 표시하는 함수**다.

=IF(논리식, TRUE일 경우 표시할 내용, FALSE일 경우 표시할 내용)

IF 함수를 사용할 때의 포인트는 **논리식**이다. 논리식은 '=, <, >' 같은 비교 연산자를 사용한 질문이라고 볼 수 있다. 예를 들어, 'A1=10'과 같은 논리식은 '[A1] 셀의 값이 10인가?'라는 질문이다. [A1] 셀의 값이 10이면 논리식의 계산 결과가 TRUE(참)가 되어 IF 함수의 두 번째 인수로 지정되어 있는 **TRUE일 경우 표시할 내용**이 표시된다. 한편, [A1] 셀의 값이 10이 아니면 계산 결과는 FALSE(거짓)가 되고, IF 함수는 세 번째 인수에 지정되어 있는 **FALSE일 경우 표시할 내용**을 표시한다. 논리식에 지정할 수 있는 비교 연산자는 다음과 같다. 어떤 경우에 TRUE가 되는지도 함께 확인한다.

● **논리식에 지정할 수 있는 주요 연산자와 계산 결과**

논리식	연산자의 의미	설명
A1 = 10	같다	[A1] 셀의 값이 10인 경우 TRUE
A1 < > 10	같지 않다	[A1] 셀의 값이 10이 아닌 경우 TRUE
A1 < 10	작다	[A1] 셀의 값이 10보다 작은 경우 TRUE
A1 > 10	크다	[A1] 셀의 값이 10보다 큰 경우 TRUE
A1 <= 10	작거나 같다	[A1] 셀의 값이 10 이하인 경우 TRUE
A1 >= 10	크거나 같다	[A1] 셀의 값이 10 이상인 경우 TRUE

등호(=)나 부등호(<, >) 등의 연산자를 결합하여 다양한 논리식을 만들 수 있다. 논리식을 만족하면 TRUE, 만족하지 못하면 FALSE가 된다.

IF 함수와 논리식 활용 예

논리식을 배웠으니 **성장률 계산**에 IF 함수를 사용해 보자. 성장률은 다음과 같은 식으로 계산한다.

성장률 = 해당 연도의 이익 / 전년의 이익 - 1

그런데 여기서 전년도 이익이 마이너스이면 계산을 할 수 없다. 그래서 논리식을 사용해 지난해 이익이 마이너스이면 'N.M.'(Not Meaning의 머리글자)이라고 표시하고, 플러스이면 계산 결과를 그대로 표시해 보도록 하자.

● **조건식과 그 결과 예**

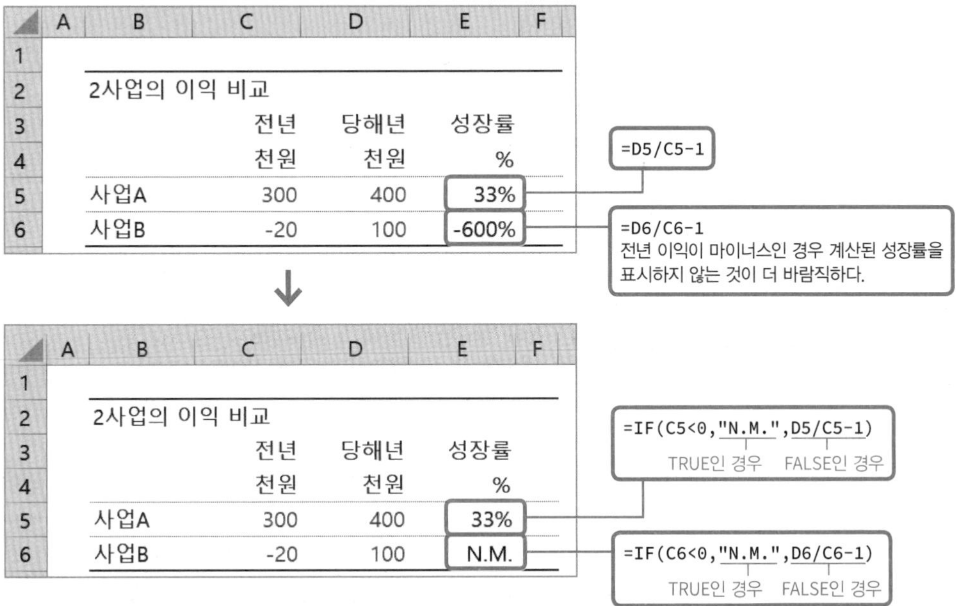

위 그림의 첫 번째 표에서는 전년도 이익이 마이너스인 경우에도 성장률을 표시하고 있다. 한편, 두 번째 표에서는 IF 함수를 사용하여 전년도 이익이 0보다 작으면, 'N.M.'이라 표시하고, 0보다 크면 성장률을 계산한 결과를 표시하도록 했다.

여러 조건을 중첩하여 판정하기

IF 함수를 **중첩(nest)**하여 사용하면 두 가지 조건을 동시에 충족하는지 확인할 수 있다. 예를 들어, 100점 만점의 설문 조사 결과가 0과 100 사이에 들어 있는지 확인하려면 값이 '0 이상'이면서 '100 이하'인지를 동시에 판정해야 한다. 이런 경우에는 다음과 같이 **IF 함수를 중첩해서 사용한다.**

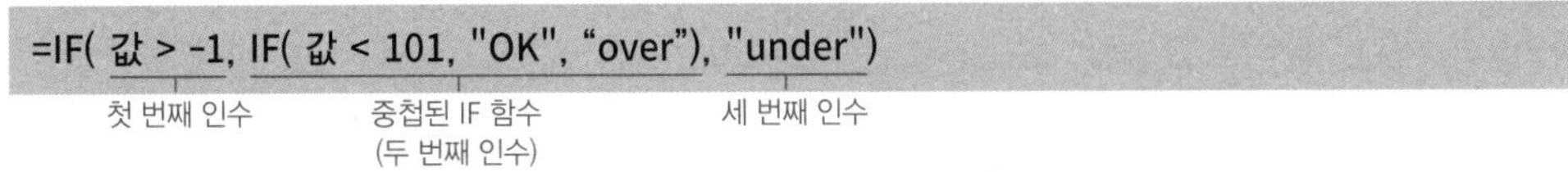

=IF(값 > -1, IF(값 < 101, "OK", "over"), "under")

중첩된 IF 함수

- **IF 함수를 중첩한 예**

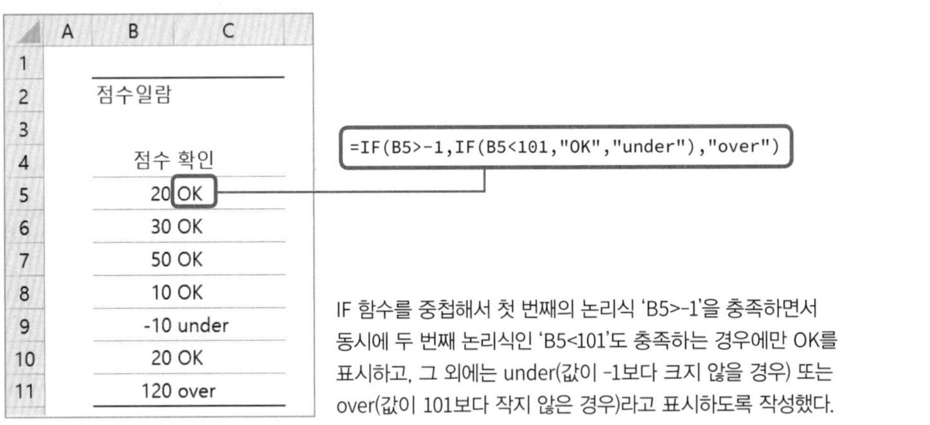

A B C
점수일람
점수 확인
20 OK
30 OK
50 OK
10 OK
-10 under
20 OK
120 over
=IF(B5>-1,IF(B5<101,"OK","under"),"over")
IF 함수를 중첩해서 첫 번째의 논리식 'B5>-1'을 충족하면서 동시에 두 번째 논리식인 'B5<101'도 충족하는 경우에만 OK를 표시하고, 그 외에는 under(값이 -1보다 크지 않을 경우) 또는 over(값이 101보다 작지 않은 경우)라고 표시하도록 작성했다.

위 식에서는 **첫 번째 IF 함수의 두 번째 인수에 또 하나의 IF 함수가 사용되고 있다.** 이것을 **IF 함수의 중첩**이라고 한다.

이렇게 하면 첫 번째 IF 함수의 논리식(값 > -1)이 TRUE인 경우에만 두 번째 IF 함수의 논리식(값 < 101)이 처리된다. 그리고 두 논리식을 동시에 충족하는 경우에만 OK가 표시된다.

식이 복잡해지지만 중첩의 수를 늘려 삼중, 사중 조건식을 적용할 수도 있다. 이렇게 **IF 함수를 사용하여 입력 데이터를 확인하는 기능은 실무에서 자주 사용하는 기능이다. 특정 조건에 해당하는 데이터에 OK라고 표시해 놓으면 데이터 분석에 도움이 된다.**

논리식이 복잡해지면 별도의 열을 준비한다

IF 함수는 매우 유용한 기능이지만, 중첩이 지나치게 깊어지면 식 내용을 알기 어렵게 되어 만든 사람만 수정할 수 있게 되어 버린다. 특히, 협업에서 이런 상황은 피해야 한다.

여러 논리식을 중첩할 경우에는 식의 단순함을 유지하기 위해 **논리식별로 열을 준비하는 것도 좋다.** 아래 예에서는 '점수가 0 이상, 점수가 100 이하, 장소가 서울'이라는 세 가지 논리식을 각각 다른 열에 지정했다. 그리고 종합 열에서는 **COUNTIF 함수**(90쪽)를 사용하여 조건식의 결과가 TRUE인 셀의 개수를 계산했다.

● **IF 함수를 중첩한 예**

	A	B	C	D	E	F	G	H
1								
2		신상품 설문 조사 결과						
3					체크 항목			
4		장소	득점	0이상	100이하	서울	종합	
5		서울시 동작구	20	TRUE	TRUE	TRUE	3	
6		서울시 영등포구	30	TRUE	TRUE	TRUE	3	
7		서울시 강남구	-10	FALSE	TRUE	TRUE	2	
8		인천시 남동구	20	TRUE	TRUE	FALSE	2	
9		인천시 부평구	120	TRUE	FALSE	FALSE	1	

=COUNTIF(D5:F5,TRUE)

=C5>=0

=C5<=100

=COUNTIF(B5,"서울*")=1

D, E, F열에 각각 별도의 논리식을 작성하고, G열에는 세 결과 중 TRUE인 항목 개수를 계산한다. F열은 B열에 서울이라는 문자가 포함되어 있으면 COUNIF가 1을 반환하므로 그 값이 1이면 TRUE가 되도록 조건식을 만들었다(82쪽).

위의 경우에는 **종합 열의 값이 3인 경우에만 3개의 논리식을 모두 충족하는 데이터라고 판단할 수 있다.** 값이 '2'나 '1'인 경우는 하나 이상의 논리식이 충족되지 않은 것이다.

이처럼 논리식별로 열을 나누다 보면 표가 커지긴 하지만, 하나의 식으로 정리한 경우보다 식이 단순해져 전혀 모르는 사람이라도 내용을 바로 이해할 수 있다. 이것은 **이해하기 쉬운 표**를 만든 좋은 예에 해당한다.

관련 항목 SUMIF 함수 ⇨ 80쪽 / SUMIFS 함수 ⇨ 84쪽 / 절대 참조와 상대 참조 ⇨ 120쪽

CHAPTER 3

07 일별 매출을 월별로 집계하기 — SUMIF 함수

실수 없이 빠르게 계산하기

예제 파일 chapter3_7.xlsx

조건을 지정해서 합계 구하기

판매 및 재고 관리 등을 하다 보면 건별 매출 데이터를 주별 혹은 월별로 묶어 합계를 산출해야 할 때가 있다. 이러한 경우에 편리한 것이 **SUMIF 함수**다. SUMIF 함수는 이름 그대로 SUM 함수(68쪽)와 IF 함수(76쪽)를 결합한 함수인데, 이 함수를 사용하면 **특정 조건에 맞는 값만을 대상으로 합계를 계산할 수 있다.** 예를 들어, 6월 판매량, 서울에서의 매출액, 점포별 매출 금액 등을 쉽게 집계할 수 있다. SUMIF 함수의 형식은 다음과 같다.

```
=SUMIF(셀 범위, 검색 조건, 합산할 값의 셀 범위)
```

첫 번째 인수에는 **어떤 셀 범위를 대상으로 조건 판정을 할 것인지** 지정한다. 그리고 두 번째 인수에는 **검색 조건**을 지정한다. 그리고 세 번째 인수에는 첫 번째 인수에 대응하는 **합산할 값의 셀 범위**를 지정한다. 구체적인 예를 살펴보자. 다음과 같은 SUMIF 함수식을 생각해 보자.

```
=SUMIF(C5:C12, G5, D5:D12)
```

위 예에서는 셀 범위 [C5:C12]의 값을 순차적으로 [G5] 셀과 비교하여 조건식이 TRUE이면 셀 범위 [D5:D12]에서 대응되는 값(같은 행의 데이터)을 합산한다. 아직 약간 낯설다면 이어지는 예를 찬찬히 살펴보도록 한다.

셀 범위와 합산할 값의 셀 범위는 일대일 관계

아래 예는 셀 범위 [C5:C12] 중 [G5] 셀과 같은 값인 행에 대응하는 [D5:D12]의 값을 합산한다. 즉, 8개의 데이터는 '8, 9, 10'월 중 하나의 값을 가진다. 그러면 8개의 데이터 중에서 월이 8인 행에 대해서만 D열의 판매량 값을 더하는 것이다. 그래서 8월의 판매량은 289 + 152 + 332 = 773이 된다. 마찬가지로, 9월과 10월에 대한 월별 판매량을 구하였다.

- **SUMIF 함수를 이용해서 월별 매출을 집계**

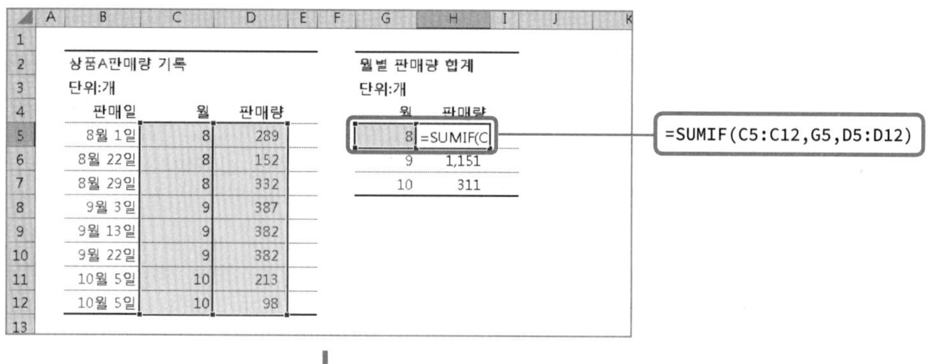

상품A판매량 기록
단위:개

판매일	월	판매량
8월 1일	8	289
8월 22일	8	152
8월 29일	8	332
9월 3일	9	387
9월 13일	9	382
9월 22일	9	382
10월 5일	10	213
10월 5일	10	98

월별 판매량 합계
단위:개

월	판매량
8	=SUMIF(C
9	1,151
10	311

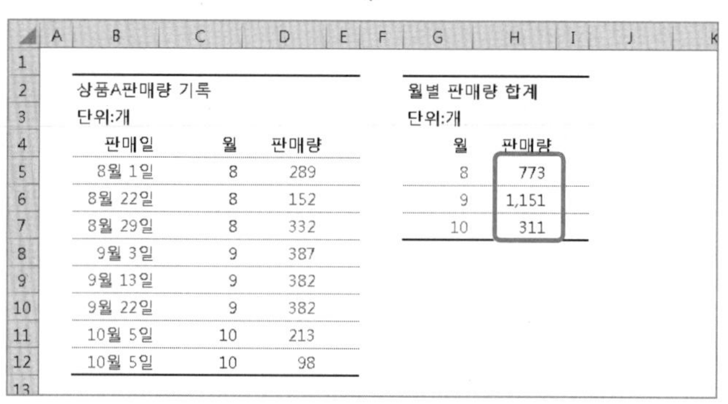

상품A판매량 기록
단위:개

판매일	월	판매량
8월 1일	8	289
8월 22일	8	152
8월 29일	8	332
9월 3일	9	387
9월 13일	9	382
9월 22일	9	382
10월 5일	10	213
10월 5일	10	98

월별 판매량 합계
단위:개

월	판매량
8	773
9	1,151
10	311

SUMIF 함수를 이용하여 8월, 9월, 10월의 판매량 합계를 계산했다.

합산할 값의 범위를 생략한 경우

SUMIF 함수의 3번째 인수인 합계 범위는 생략할 수 있다. 생략한 경우 첫 번째 인수에 지정된 셀 범위에 입력된 값이 합계의 대상이 된다.

조건을 지정할 때의 요령

SUMIF 함수의 두 번째 인수인 **검색 조건**에 앞의 예처럼 8이나 9 같은 고정값을 지정하면 첫 번째 인수와 지정한 값이 **같은지를** 판정하게 된다. 같으면 TRUE가 같지 않으면 FALSE가 된다.

그 외에 '**<10**'이나 '**>=0**'처럼 부등호를 이용한 식도 지정할 수 있다. 이 경우는 각각 **10 미만인지 0 이상인지**를 판정한다.

그리고 문자열에 대해서는 별표(*)나 물음표(?) 같은 와일드 카드 문자열을 사용할 수 있다.

● **와일드 카드의 의미**

사용 기호	설명
*	별표(*)는 임의의 문자열을 의미한다. 예를 들어 앞에서 나온 '서울*'은 서울로 시작하는 모든 문자열에 대해 TRUE가 된다(79쪽 참고). 예 서울시 동작구, 서울시 남산, 서울시 종로구 등
?	물음표(?)는 임의의 한 문자를 의미한다. 예를 들어 '서울???'는 서울로 시작하는 5글자의 문자열에 대해 TRUE가 된다. '서울시 동작구'는 총 7글자가 되어 FALSE가 된다. 예 서울시남구, 서울시중구 등

● **조건식 예**

판매량 기록

상품 이름	판매일	판매량
회의용 의자	8월 1일	289
태블릿	8월 22일	152
디스플레이	8월 29일	332
태블릿	9월 3일	387
회의용 의자	9월 13일	382
PC용 의자	9월 22일	120

조건식별 판매량 합계

조건식	판매수	
태블릿	539	❶
>=200	1,390	❷
의자	791	❸

등호, 부등호 및 와일드 카드를 조합해서 다양한 조건으로 판매량을 산출했다.

❶ =SUMIF(B5:B10,"태블릿",D5:D10)
조건은 ['상품명'이 '태블릿']

❷ =SUMIF(D5:D10,">=200")
조건은 ['판매수'가 '200'이상]

❷ =SUMIF(B5:B10,"*의자*",D5:D10)
조건은 ['상품명'에 '의자' 포함]

SUMIF 함수를 사용하기 위한 사전 준비와 단축키

SUMIF 함수를 사용할 때는 **조건 판정용 열**을 따로 두는 것이 좋다. 예를 들어, 월별 매출 집계를 산출하는 경우에는 **월을 나타내는 열**을 만드는 것이다.

- **조건 판정용 열 준비**

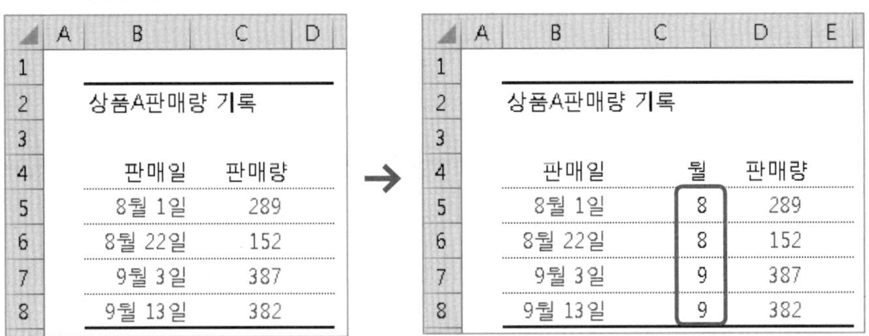

	A	B	C	D
1				
2		상품A판매량 기록		
3				
4		판매일	판매량	
5		8월 1일	289	
6		8월 22일	152	
7		9월 3일	387	
8		9월 13일	382	

→

	A	B	C	D	E
1					
2		상품A판매량 기록			
3					
4		판매일	월	판매량	
5		8월 1일	8	289	
6		8월 22일	8	152	
7		9월 3일	9	387	
8		9월 13일	9	382	

SUMIF 함수를 사용할 때는 조건을 판정하기 위한 열을 따로 구분하는 것이 좋다. 참고로, 날짜에서 월을 추출하려면 MONTH 함수를 사용한다.

SUMIF 함수를 복사하여 사용할 경우, 셀의 범위와 합산할 값의 셀 범위는 같고 검색 조건 셀만 바꿀 때가 많다. 이런 경우 첫 번째 인수와 세 번째 인수는 참조 위치가 움직이지 않도록 절대 참조로 하고, 두 번째 인수는 상대 참조로 지정한다(120쪽). 그러면 복사와 붙여넣기로 빠르게 표를 완성할 수 있다. 절대 참조를 상대 참조로 바꾸거나 상대 참조를 절대 참조로 바꾸려면 수식 안에 있는 셀 범위를 드래그하여 선택하고 F4를 누른다.

- **F4 키로 참조 방식 전환하기**

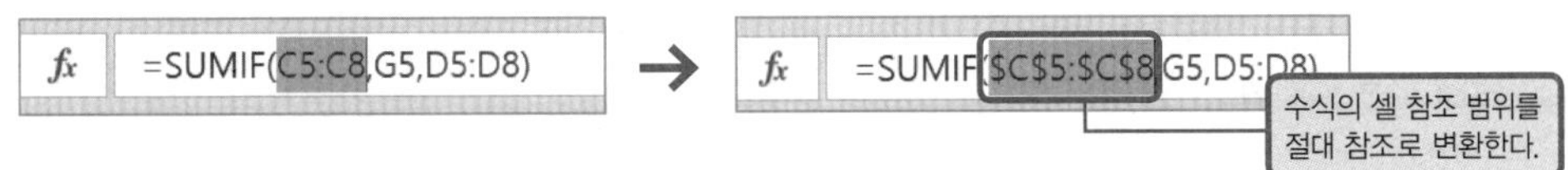

SUMIF 함수의 검산

SUMIF 함수를 사용하여 모든 조건에 대해 조건별 합산을 구했다면, 그 총합과 전체 데이터를 더한 결과를 비교하여 값이 누락되지 않았는지 확인해 보도록 한다.

관련 항목 셀 범위 지정과 개별 지정 ⇨ 72쪽 / IF 함수 ⇨ 76쪽 / SUMIFS 함수 ⇨ 84쪽

CHAPTER 3

08 여러 조건을 만족하는 데이터 집계하기 — SUMIFS 함수

실수 없이 빠르게 계산하기

예제 파일 chapter3_8.xlsx

SUMIFS 함수는 최고의 함수!

데이터 집계나 마케팅 리서치 등의 업무에서 SUMIFS 함수는 굉장히 중요한 함수다. 이 함수를 잘 다루면 데이터 집계 작업을 빠르게 마칠 수 있다.

SUMIFS 함수를 사용하면 **여러 조건을 동시에 충족하는 값들의 합을 구할 수 있다.** 앞서 설명한 SUMIF 함수(80쪽)는 셀 범위와 검색 조건을 하나씩만 지정할 수 있었는데, SUMIFS 함수는 **최대 127개**까지 지정할 수 있다. 이 때문에 SUMIFS 함수는 SUMIF 함수의 상위 함수라고 할 수 있다.

```
=SUMIFS(합계 대상 범위, 조건 범위 1, 조건 1, 조건 범위 2, 조건 2, …)
```

아래 예에서는 SUMIFS 함수를 사용하여 상품명이 '데스크탑PC'이고 지점이 '서울본점'인 조건을 만족하는 판매량의 합산을 구하고 있다(❶).

● **SUMIFS 함수 사용 예**

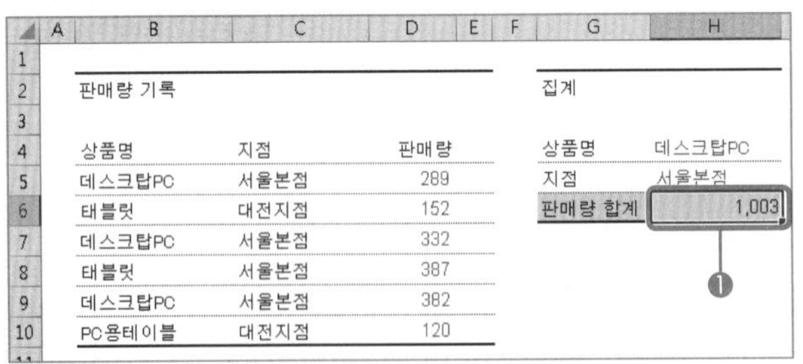

	A	B	C	D	E	F	G	H
1								
2		판매량 기록					집계	
3								
4		상품명	지점	판매량			상품명	데스크탑PC
5		데스크탑PC	서울본점	289			지점	서울본점
6		태블릿	대전지점	152			판매량 합계	1,003
7		데스크탑PC	서울본점	332				
8		태블릿	서울본점	387				
9		데스크탑PC	서울본점	382				
10		PC용테이블	대전지점	120				

SUMIFS 함수를 이용해서 상품명이 '데스크탑PC'이고 지점이 '서울본점'인 데이터만을 대상으로 판매량의 합계를 산출했다. [H4], [H5] 셀에 지정한 값에 따라 합산 결과가 바뀐다.

위 예에서는 [H4] 셀(상품명)이나 [H5] 셀(지점)을 변경하면, 즉시 그 조건을 충족하는 합계가 표시된다.

합계 대상 범위를 지정하고 조건 범위와 조건을 나열한다

SUMIFS 함수는 인수를 많이 지정할 수 있어 복잡하게 보이지만 **구조는 매우 간단하다.** 먼저 첫 번째 인수에는 **합계 대상 범위**(합산할 값이 있는 셀 범위)를 지정한다. 그리고 나서 조건 범위와 조건 쌍을 필요한 만큼 지정하면 된다(최대 127개).

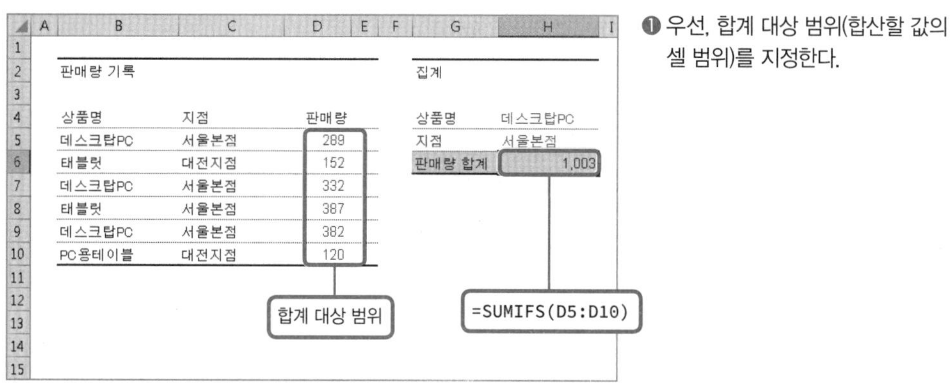

❶ 우선, 합계 대상 범위(합산할 값의 셀 범위)를 지정한다.

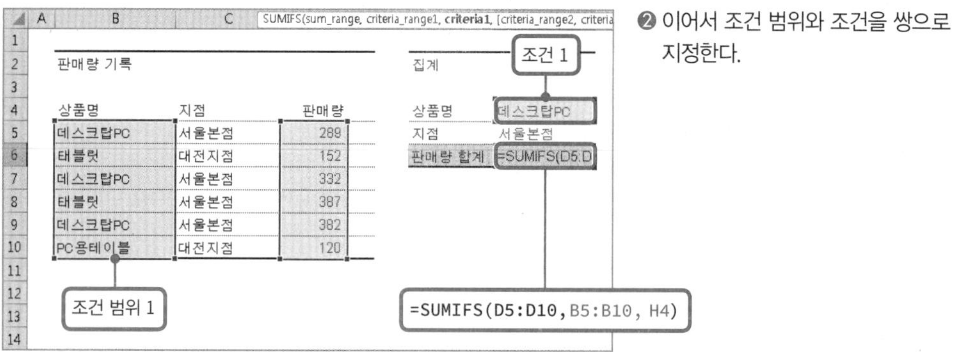

❷ 이어서 조건 범위와 조건을 쌍으로 지정한다.

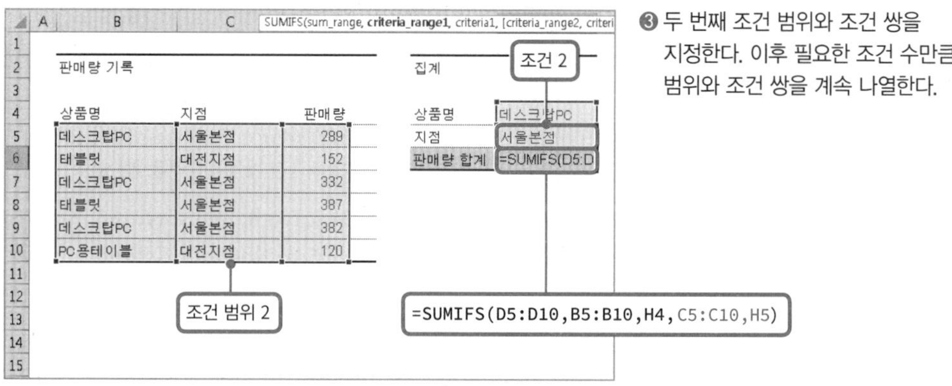

❸ 두 번째 조건 범위와 조건 쌍을 지정한다. 이후 필요한 조건 수만큼 범위와 조건 쌍을 계속 나열한다.

특정 기간의 데이터 집계하기

여러 조건식을 이용하지 않으면 집계할 수 없는 대표적인 경우는 **특정 범위의 데이터를 집계하는 경우다.** 예를 들어, 8월 10일부터 15일까지의 매출을 집계하려면 기간의 **시작일**(8월 10일)과 **종료일**(8월 15일)이라는 두 가지 조건이 필요하다.

- **특정 기간의 데이터를 집계하려면 두 개의 조건이 필요하다**

다음은 SUMIFS 함수를 사용하여 8월 10일에서 8월 15일 사이의 매출을 집계한 예다. **하나의 조건 범위([B5:B15])에 두 가지 조건([G4]와 [G5])을 지정했다.**

```
=SUMIFS(C5:C15,B5:B15,G4,B5:B15,G5)
```

C5:C15 — 합계 대상 범위 / B5:B15 — 조건 범위 1 / G4 — 조건 1 / B5:B15 — 조건 범위 2 / G5 — 조건 2

- **특정 범위 내의 데이터 집계하기**

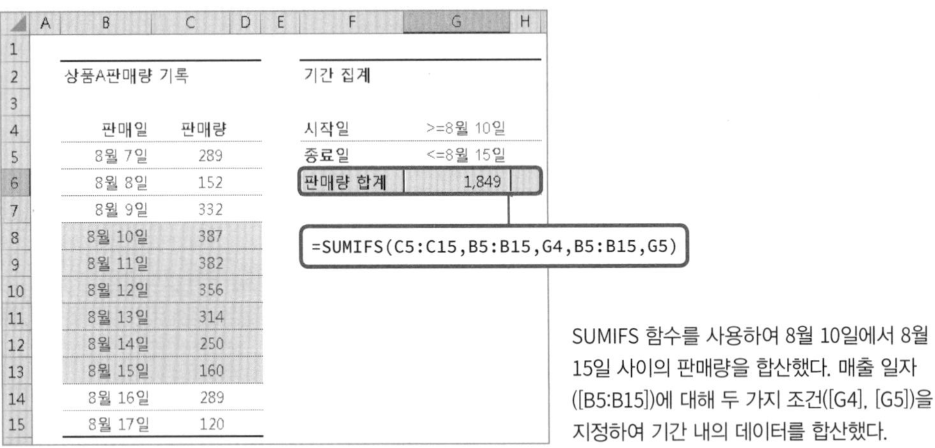

	A	B	C	D	E	F	G	H
1								
2		상품A판매량 기록				기간 집계		
3								
4		판매일	판매량			시작일	>=8월 10일	
5		8월 7일	289			종료일	<=8월 15일	
6		8월 8일	152			판매량 합계	1,849	
7		8월 9일	332					
8		8월 10일	387					
9		8월 11일	382					
10		8월 12일	356					
11		8월 13일	314					
12		8월 14일	250					
13		8월 15일	160					
14		8월 16일	289					
15		8월 17일	120					

SUMIFS 함수를 사용하여 8월 10일에서 8월 15일 사이의 판매량을 합산했다. 매출 일자([B5:B15])에 대해 두 가지 조건([G4], [G5])을 지정하여 기간 내의 데이터를 합산했다.

좀 더 보기 좋은 조건식

앞서 이야기한 것처럼 특정 기간이나 범위를 집계할 때는 **같은 열**(셀 범위)에 대해 **'>=시작값'**과 **'<=종료값'**의 두 가지 조건식을 지정하면 된다. 그런데 조건식에 '>='나 '<='가 있어 모양새가 썩 좋지 않다. 다음과 같이 함수의 인수에 큰 따옴표(" ")와 앰퍼샌드(&)를 붙이면 조건 셀에서 부등호를 없앨 수 있다.

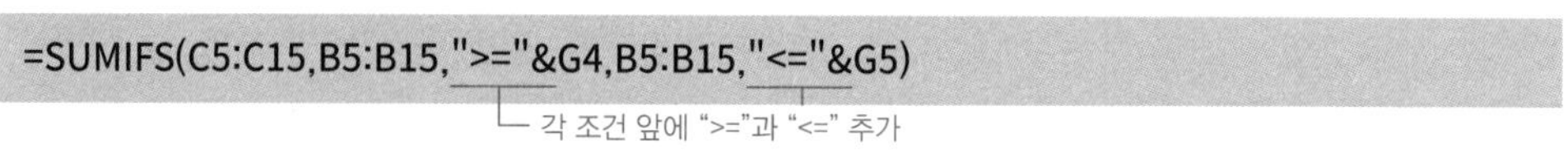

● **조건식을 개선한 표**

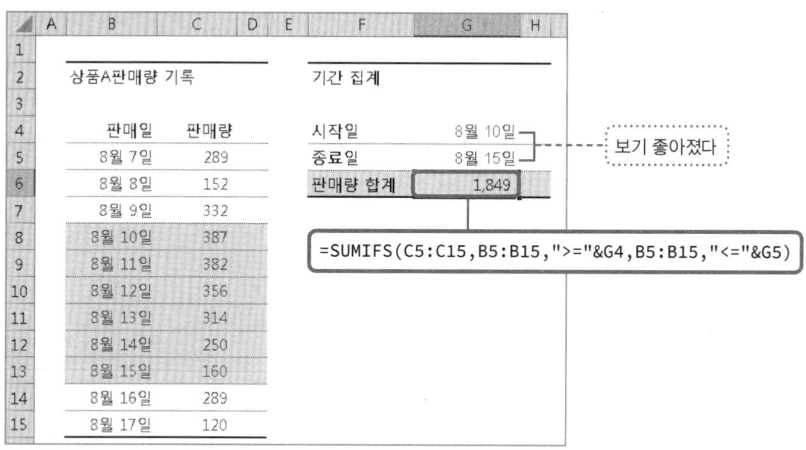

	A	B	C	D	E	F	G	H
1								
2		상품A판매량 기록				기간 집계		
3								
4		판매일	판매량			시작일	8월 10일	
5		8월 7일	289			종료일	8월 15일	
6		8월 8일	152			판매량 합계	1,849	
7		8월 9일	332					
8		8월 10일	387					
9		8월 11일	382					
10		8월 12일	356					
11		8월 13일	314					
12		8월 14일	250					
13		8월 15일	160					
14		8월 16일	289					
15		8월 17일	120					

[G4] 셀과 [G5] 셀에는 날짜만 입력하도록 했고 이를 위해 SUMIFS 함수의 인수에 **">="&G4**와 **"<="&G5**를 입력했다. 부등호 문자열을 큰따옴표(" ")로 묶고 앰퍼샌드(&)로 연결하면, 계산할 때는 각각 **'>= 8월 10일'**과 **'<= 8월 15일'**로 취급된다.

한 가지 더!

같은 셀 범위에 두 가지 조건을 지정할 때 범하기 쉬운 실수

하나의 조건 범위에 두 개의 서로 다른 조건을 지정할 때 =SUMIFS(합계 범위, 조건 범위 1, 조건 1, 조건 2)처럼 **조건 범위를 한 번만 지정하는 실수**를 범하기 쉽다. **조건 범위와 조건은 반드시 한 쌍으로 지정해야 한다.**

점포당 매출을 월별 혹은 연별로 산출하기 — 크로스 탭

SUMIFS 함수를 사용하면 **일별 판매량이 기록된 데이터를 점포당 월별 및 연도별 판매량으로 집계할 수 있다.** 이와 같이 하나의 항목을 세로축에, 다른 항목을 가로축에 두고 데이터를 집계한 표를 **크로스 탭**이라고 한다. 크로스 탭은 모든 비즈니스 현장에서 널리 이용되는 기본적인 집계 표 중 하나다. 매우 일반적인 기술이므로 여기서 꼭 배우기를 바란다.

다음은 왼쪽에 있는 일일 판매량 데이터를 바탕으로 점포별, 월별, 연도별 합계를 산출한 결과다.

● **SUMIFS 함수를 사용한 크로스 탭 예**

	A	B	C	D	E	F	G	H	I	J	K	L	M
1													
2		상품 판매수 기록							판매수 집계				
3													
4		점포	판매일	년도	월	판매수			점포	월	2016	2017	
5		서울	2016-01-04	2016	1	593			서울	1	875	804	
6		인천	2016-01-08	2016	1	323			서울	2	161	384	
7		서울	2016-01-10	2016	1	282			서울	3	234	667	
8		서울	2016-02-05	2016	2	161			서울	4	107	523	
9		인천	2016-02-22	2016	2	268			서울	5	476	901	
10		인천	2016-03-07	2016	3	385			서울	6	870	743	
11		인천	2016-03-14	2016	3	64			서울	7	564	1,978	
12		인천	2016-03-24	2016	3	195			서울	8	752	961	
13		인천	2016-03-29	2016	3	271			서울	9	483	816	
14		서울	2016-03-31	2016	3	234			서울	10	348	863	
15		서울	2016-04-02	2016	4	49			서울	11	853	1,214	
16		서울	2016-04-10	2016	4	58			서울	12	359	310	
17		인천	2016-04-15	2016	4	413			인천	1	323	162	
18		인천	2016-05-01	2016	5	397			인천	2	268	82	
19		서울	2016-05-13	2016	5	187			인천	3	915	953	
20		서울	2016-05-18	2016	5	289			인천	4	413	664	
21		인천	2016-05-22	2016	5	24			인천	5	975	595	

왼쪽의 판매량 기록표에 SUMIFS 함수를 사용하여 크로스 탭을 만들고 있다. I열 점포와 J열 월, 4행의 연도를 SUMIFS 함수의 조건으로 설정하여 조건에 맞는 데이터의 판매량 합계를 구했다.

피벗 테이블

크로스 탭은 **피벗 테이블**(232쪽)로도 만들 수 있다. 하지만 피벗 테이블을 만드는 방법이나 서식을 설정하는 방법이 낯설어 SUMIFS 함수를 사용하는 것을 선호하는 사람도 많다. 어떤 기능을 사용할지 팀원과 충분히 검토해서 결정하도록 한다.

효율적인 셀 지정 방법

SUMIFS 함수를 사용하여 크로스 탭을 만들 때, 셀이나 셀 범위를 인수로 지정하는 팁 두 가지를 소개한다.

첫째, 합계 대상 범위와 조건 범위는 열 전체를 절대 참조(120쪽)로 지정한다(예: $B:$B). 열 전체로 지정하면 데이터가 추가되더라도 집계 대상에 자동으로 추가되므로 셀 범위를 편집하는 수고를 줄일 수 있으며, 수식도 간단해져 실수를 미리 방지할 수 있다. 또한, 수식을 복사할 때 합계 대상 범위와 조건 범위는 바뀌지 않아야 하므로 절대 참조가 바람직하다.

둘째, 조건 셀은 혼합 참조를 사용한다. 수식의 왼쪽에 있는 셀을 참조할 때는 [$I5]나 [$J5]처럼 열만 절대 참조로 하고 수식 상단에 있는 셀을 참조할 때는 [K$4]와 같이 행 부분만 절대 참조로 한다(122쪽). 이렇게 설정하면 수식을 복사하고 붙여 넣을 때 참조 범위가 적절히 수정되어 올바른 계산 결과를 얻을 수 있다.

● **SUMIFS 함수로 크로스 탭을 만들 때의 두 가지 팁**

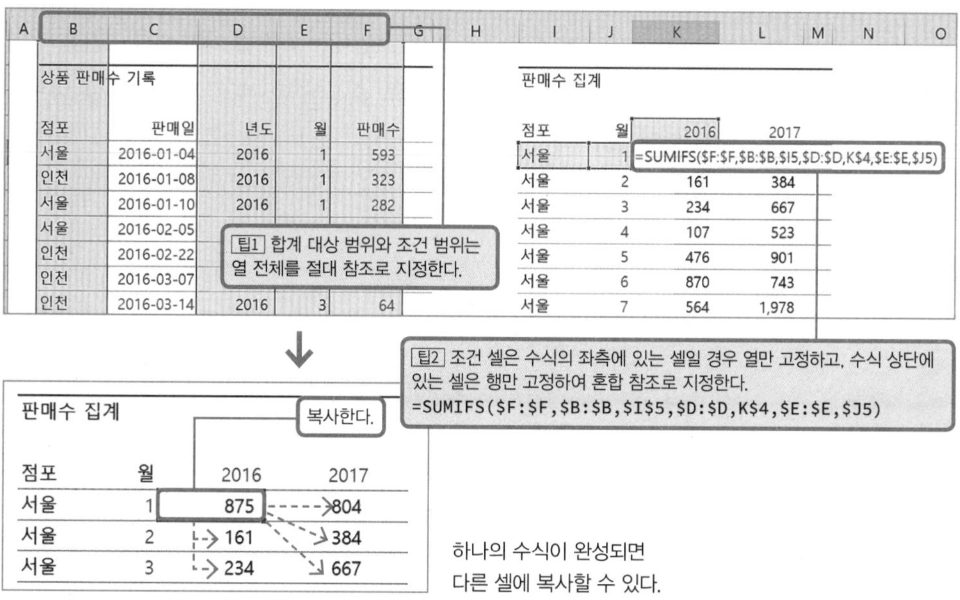

관련 항목 범위 지정과 개별 지정 ⇨ 72쪽 / IF 함수 ⇨ 76쪽 / SUMIF 함수 ⇨ 80쪽 / 혼합 참조 ⇨ 122쪽

전체 참여자 중에서 남녀 참여자 계산하기 — COUNTIF 함수

실수 없이 빠르게 계산하기

예제 파일 chapter3_9.xlsx

조건을 만족하는 셀 개수 세기

남성(여성)의 수, 출석(결석) 인원수처럼 특정 조건에 해당하는 셀의 개수를 세고 싶다면 COUNTIF 함수를 사용한다. COUNTIF 함수는 **특정 조건에 맞는 셀의 개수를 세는 함수**다.

```
=COUNTIF(범위, 검색 조건)
```

범위에는 **개수를 셀 대상 범위**를 지정한다. 그리고 검색 조건에는 **개수를 세기 위한 조건**을 지정한다. 다음은 개인별 출결 상황이 입력된 표를 바탕으로 출결 수를 세고 있다(❶). 셀 범위는 [C5:C12], 셀 조건은 [E4], [E5], [E6]이다.

• **COUNTIF 함수로 출석자 수를 집계한다**

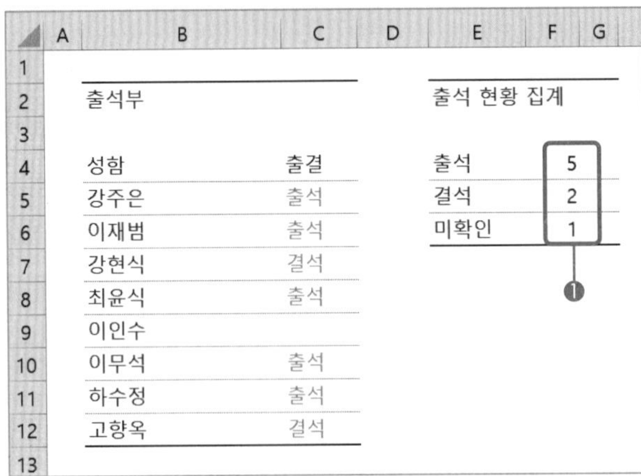

	A	B	C	D	E	F	G
1							
2		출석부			출석 현황 집계		
3							
4		성함	출결		출석	5	
5		강주은	출석		결석	2	
6		이재범	출석		미확인	1	
7		강현식	결석				
8		최윤식	출석				
9		이인수					
10		이무석	출석				
11		하수정	출석				
12		고향옥	결석				
13							

COUNTIF 함수를 사용해서 출석/결석한 사람의 수를 각각 계산했다.

COUNTIF 함수의 기본적인 사용 방법

이처럼 출석자와 결석자의 수를 세려면 다음과 같이 COUNTIF 함수에 인수를 지정하면 된다.

```
=COUNTIF(C5:C12, E4)  —— 출석자 수 계산
=COUNTIF(C5:C12, E5)  —— 결석자 수 계산
```

미확인(비어 있는 셀) 수를 계산하는 방법은 페이지 하단의 '한 가지 더!'를 참조하기 바란다.

● **출석자, 결석자, 미확인 수 확인하기**

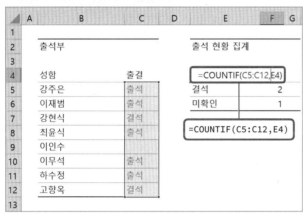

	A	B	C	D	E	F	G
1							
2		출석부			출석 현황 집계		
3							
4		성함	출결		=COUNTIF(C5:C12,E4)		
5		강주은	출석		결석	2	
6		이재범	출석		미확인	1	
7		강현식	결석				
8		최윤식	출석				
9		이인수					
10		이무석	출석				
11		하수정	출석				
12		고향옥	결석				
13							

=COUNTIF(C5:C12,E4)

COUNTIF 함수를 사용하여 셀 범위 [C5:C12] 중에서 [E4] 셀의 값인 '출석'과 같은 값을 갖는 셀 수를 계산했다. '결석' 수도 같은 방법으로 계산했다.

한 가지 더!

빈 셀의 개수를 계산하는 COUNTBLANK 함수

빈 셀(아무것도 입력되어 있지 않은 셀)의 개수를 세려면 **COUNTBLANK 함수**를 사용한다. 위 예에서는 빈 셀의 수를 계산하기 위해 [F6] 셀에 '= COUNTBLANK (C5:C12)'를 입력했다.

또한, COUNTIF 함수로 빈 셀의 수를 계산하려면 '=COUNTIF(C5:C12,"")'와 같이 두 번째 인수에 빈 문자열("")을 지정하면 된다.

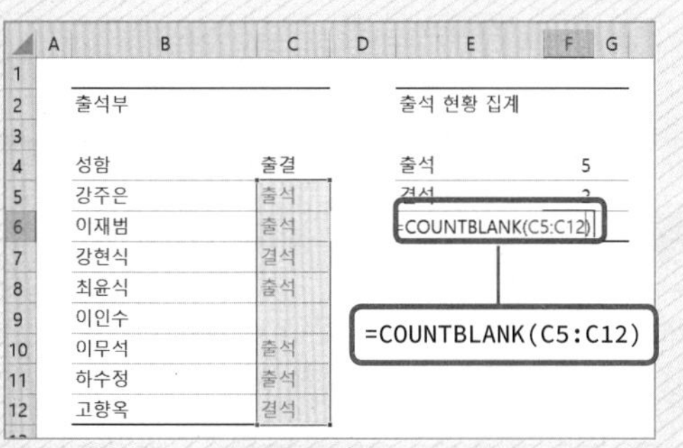

	A	B	C	D	E	F	G
1							
2		출석부			출석 현황 집계		
3							
4		성함	출결		출석	5	
5		강주은	출석		결석	2	
6		이재범	출석		=COUNTBLANK(C5:C12)		
7		강현식	결석				
8		최윤식	출석				
9		이인수					
10		이무석	출석				
11		하수정	출석				
12		고향옥	결석				

=COUNTBLANK(C5:C12)

COUNTBLANK 함수로 입력되지 않은 셀 수를 계산한다.

설문 조사 참여자 중에서 남녀 참여자 수 산출하기

설문 응답자 중 남녀 참여자 수를 계산하는 방법은 다음과 같다.

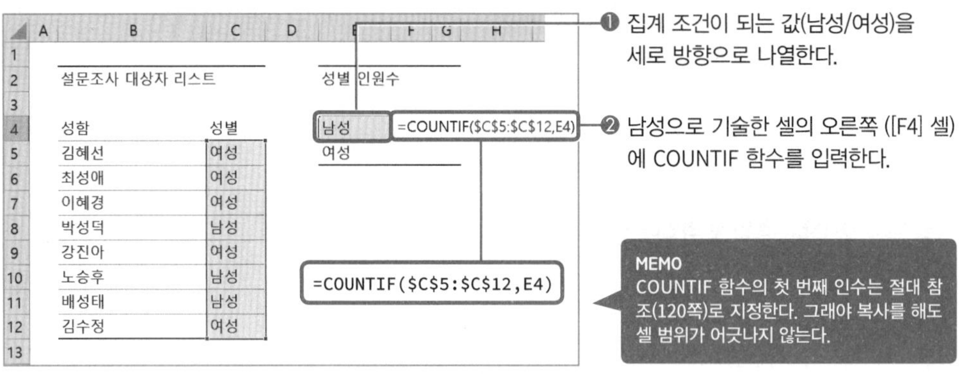

설문조사 대상자 리스트
성함
성별
김혜선
최성애
이혜경
박성덕
강진아
노승후
배성태
김수정
여성
남성
성별 인원수
=COUNTIF($C$5:$C$12,E4)
❶ 집계 조건이 되는 값(남성/여성)을 세로 방향으로 나열한다.
❷ 남성으로 기술한 셀의 오른쪽 ([F4] 셀)에 COUNTIF 함수를 입력한다.
MEMO
COUNTIF 함수의 첫 번째 인수는 절대 참조(120쪽)로 지정한다. 그래야 복사를 해도 셀 범위가 어긋나지 않는다.

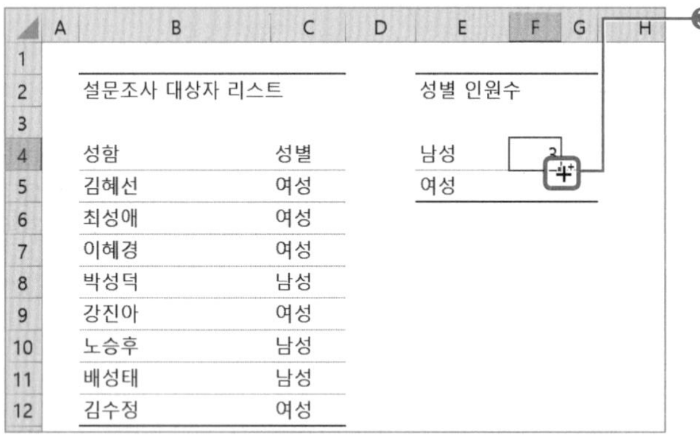

❸ 함수를 작성한 셀([F4] 셀)을 선택하여 셀 오른쪽 아래의 작은 사각형 부분(■, 채우기 핸들)을 더블 클릭한다. 그러면 바로 아래 셀에 함수가 복사된다.

위와 같이 집계 대상의 셀 범위가 같은 경우는 그 범위를 절대 참조로 지정한다. 그러면 간단한 조작으로 수식을 복사할 수 있다.

서식 복사가 필요 없는 경우

채우기 핸들을 더블 클릭하여 셀을 복사할 때, 서식까지 복사할 필요가 없다면 복사 후 표시되는 아이콘을 클릭하여 [서식 없이 채우기]를 선택한다.

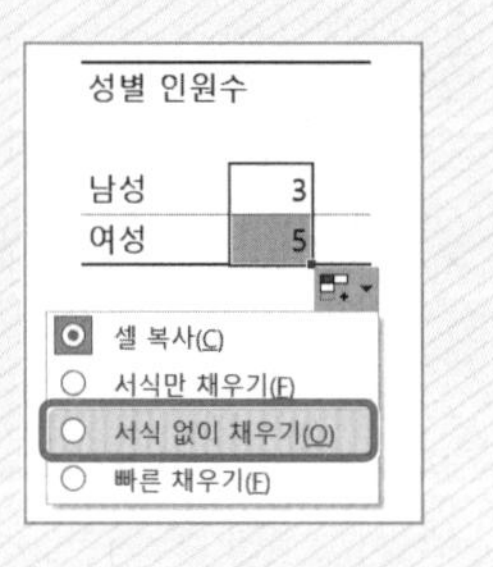

숫자 셀, 문자 셀, 미입력 셀 세기

다음 표의 성장률 열에는 ① **성장률 값** ② **계산할 수 없음을 나타내는 문자열 N.M.** ③ **공백** 중 하나가 입력되어 있다. 각 값의 종류별로 개수를 집계하면 다음과 같다.

● **값, N.M., 미입력 셀 개수 세기**

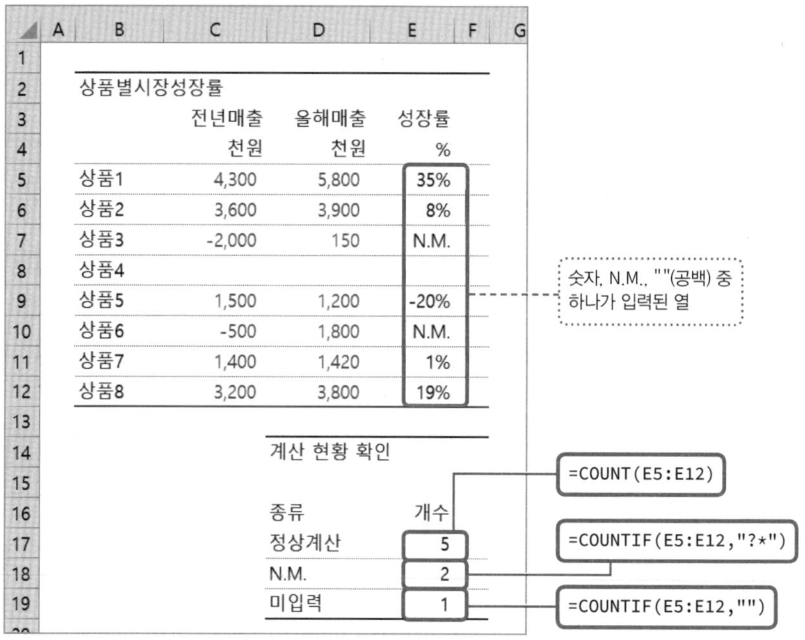

	A	B	C	D	E	F	G
1							
2		상품별시장성장률					
3			전년매출	올해매출	성장률		
4			천원	천원	%		
5		상품1	4,300	5,800	35%		
6		상품2	3,600	3,900	8%		
7		상품3	-2,000	150	N.M.		
8		상품4					
9		상품5	1,500	1,200	-20%		
10		상품6	-500	1,800	N.M.		
11		상품7	1,400	1,420	1%		
12		상품8	3,200	3,800	19%		
13							
14				계산 현황 확인			
15							
16				종류	개수		
17				정상계산	5		
18				N.M.	2		
19				미입력	1		

숫자가 입력된 셀의 개수를 세려면 **COUNT 함수**가 적합하다. 위 예에서는 '=COUNT(E5:E12)'로 제대로 계산할 수 있는 셀 수를 세고 있다.

다음으로 성장률을 계산할 수 없는 셀(N.M.이 입력된 셀)의 수는 **'=COUNTIF(셀 범위, "N.M.")'**으로도 셀 수 있지만, 와일드 카드(82쪽)를 사용하여 **'=COUNTIF(셀 범위, "?*")'**로도 셀 수 있다. 이렇게 지정하면 하나 이상의 문자열이 입력된 셀의 수가 표시된다.

빈 셀의 수는 '=COUNTIF(E5:E12, "")'로 계산한다. 빈 셀은 COUNTBLANK 함수(91쪽)로도 셀 수 있다.

관련 항목 셀 범위 지정과 개별 지정 ⇨ 72쪽 / IF 함수 ⇨ 76쪽 / COUNTIFS 함수 ⇨ 94쪽

CHAPTER 3

10 여러 조건을 충족하는 데이터 수 계산하기 — COUNTIFS 함수

실수 없이 빠르게 계산하기

예제 파일 chapter3_10.xlsx

여러 조건식을 동시에 만족하는 데이터 수

여러 조건을 동시에 충족하는 셀 수를 계산하려면 **COUNTIFS 함수**를 사용한다. COUNTIF 함수(90쪽)로는 조건을 하나밖에 지정할 수 없었지만 COUNTIFS 함수는 **최대 127개**까지 지정할 수 있다. 따라서 COUNTIFS 함수는 COUNTIF 함수의 상위 함수라고 할 수 있다.

```
=COUNTIFS(검색 조건 범위 1, 검색 조건 1, 검색 조건 범위 2, 검색 조건2, …)
```

COUNTIFS 함수를 사용하여 다음 조건에 해당하는 셀의 수를 세는 예를 살펴보자.

- 서울본점의 태블릿PC 판매량
- 서울본점의 노트북 판매량
- 서울본점의 PC용 책상 판매량

● **COUNTIFS 함수 사용 예**

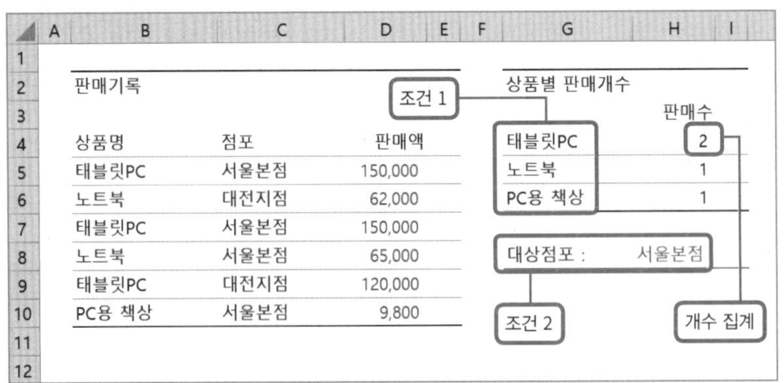

서울 본점에서의 상품별 판매 개수를 산출했다. 상품명과 점포 열에 동시에 조건을 지정하여 계산하였다.

셀 범위와 조건 쌍을 차례로 지정한다

COUNTIFS 함수를 사용하는 방법은 다음과 같다. 함수의 인수에 **조건을 확인할 범위와 조건 쌍을 차례로 지정**하면 된다. 따라서 COUNTIFS 함수의 인수 개수는 무조건 짝수다.

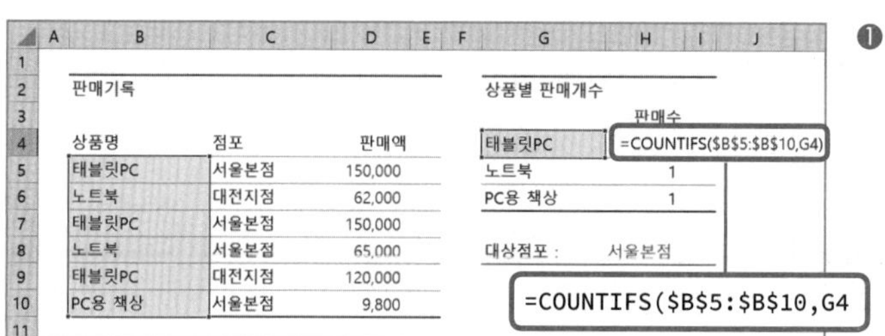

❶ [H4] 셀에 '=COUNTIFS()'를 입력한 후 첫 번째 셀 범위와 조건 쌍을 지정한다.

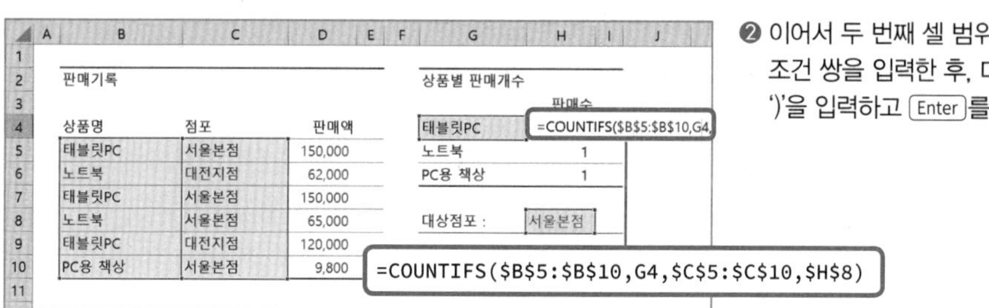

❷ 이어서 두 번째 셀 범위와 조건 쌍을 입력한 후, 마지막으로 ')'을 입력하고 Enter 를 누른다.

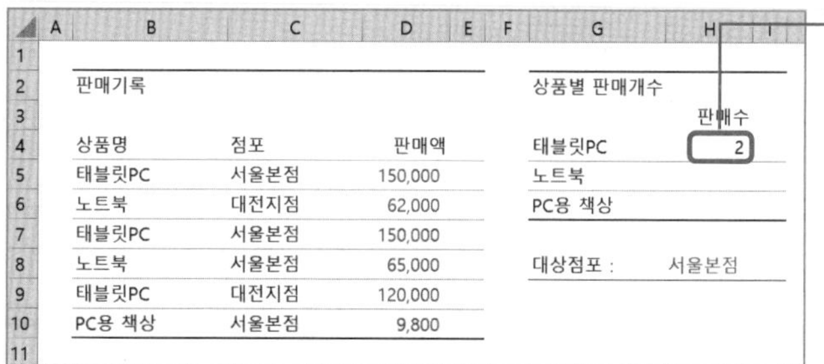

❸ 조건 쌍 2개, 총 4개의 인수를 지정하여 2개의 조건을 동시에 만족하는 셀의 개수를 계산하였다.

한 가지 더!

매우 유용한 COUNTIFS 함수

COUNTIFS 함수는 여러 조건을 동시에 만족하는 셀의 개수를 세는 함수다. 책에서 설명한 사용법을 기반으로 실무에서 아주 유용하게 사용할 수 있을 것이다. 여러 조건에 해당하는 데이터가 몇 개인지 확인하는 일이 자주 발생하기 때문이다.

참조 형식을 구분하는 것이 중요하다

COUNTIFS 함수를 입력한 셀을 복사해서 붙여 넣으면서 재사용하기 위해서는 셀 참조 형식(120쪽)을 잘 사용해야 한다. 검색할 **셀 범위는 절대 참조로 지정하고, 조건 셀은 경우에 따라 절대 참조와 상대 참조를 구분하여 사용하도록 한다.**

예를 들어, 앞의 예에서 '점포=서울본점'은 공통 검색 기준이므로 절대 참조로 지정한다. 한편, 또 다른 검색 조건인 상품명은 행마다 다르므로 상대 참조로 한다.

```
= COUNTIFS (B5:B10, G4, C5:C10, H8)
= COUNTIFS ($B$5:$B$10, G4, $C$5:$C$10, $H$8)
```

이런 식으로 참조 형식을 지정해 두면 [H4] 셀을 다른 셀에 복사하는 것만으로 빠르게 표를 완성할 수 있다. 또한, 셀을 복사할 때는 채우기 핸들을 더블 클릭하는 방법(92쪽)이 편리하다.

● **참조 형식을 적절히 지정한다**

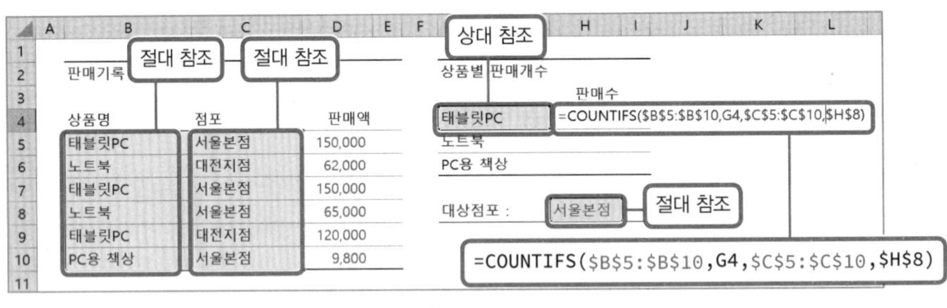

↓

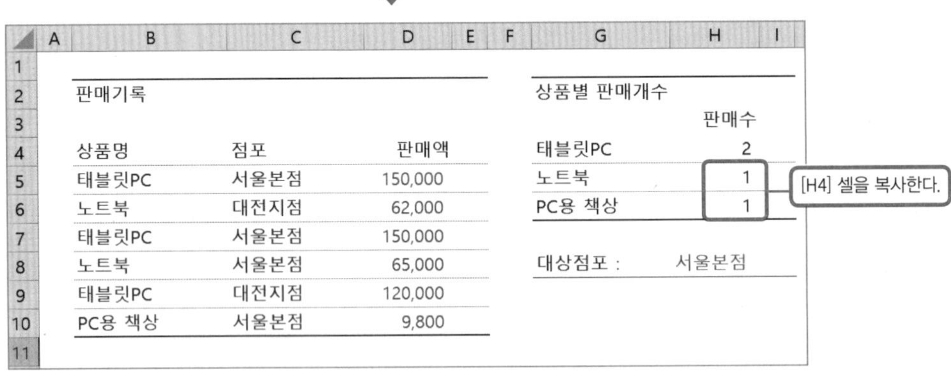

	A	B	C	D	E	F	G	H	I
1									
2		판매기록					상품별 판매개수		
3								판매수	
4		상품명	점포	판매액			태블릿PC	2	
5		태블릿PC	서울본점	150,000			노트북	1	
6		노트북	대전지점	62,000			PC용 책상	1	
7		태블릿PC	서울본점	150,000					
8		노트북	서울본점	65,000			대상점포 :	서울본점	
9		태블릿PC	대전지점	120,000					
10		PC용 책상	서울본점	9,800					
11									

항상 같은 범위(값)를 참조하게 하려면 절대 참조로 지정한다. 그러면 셀을 복사하여 원하는 표를 빠르게 완성할 수 있다.

‘서울’과 ‘영업’을 모두 포함하는지 판정하기

COUNTIFS 함수는 일반적으로 여러 셀에서 조건에 맞는 셀을 세기 위해 사용하지만, **하나의 셀을 대상으로 조건을 만족하는지 판정하는 데도 사용할 수 있다.**

예를 들어, 어떤 셀이 ‘서울’과 ‘영업’ 두 문자열을 모두 포함하는지를 판정하고 싶다면 판정할 조건 셀을 준비하고(❶), 다음과 같이 COUNTIFS 함수를 지정하면 된다.

```
=COUNTIFS(C4,$H$2,C4,$H$3)
```

서울 *영업*

그러면 대상 셀에 두 개의 문자열이 포함된 경우에만 ‘1’로 표시되므로 지정한 조건에 맞는지 한눈에 확인할 수 있다. 이 방식을 사용하여 필요한 데이터를 찾거나 집계할 수 있다.

- **2개 이상의 조건식으로 단일 셀의 내용 판정하기**

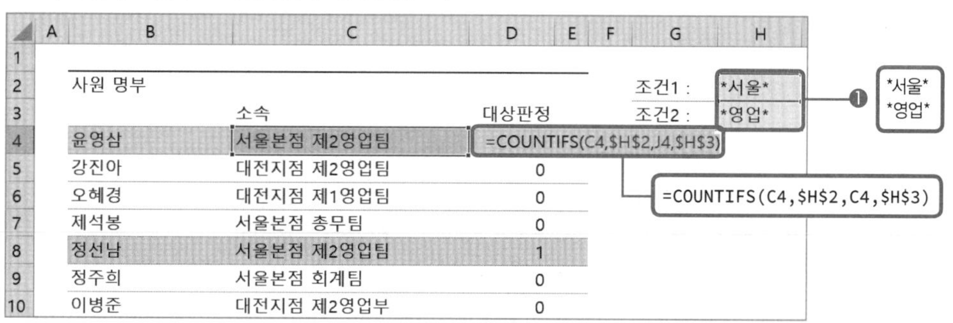

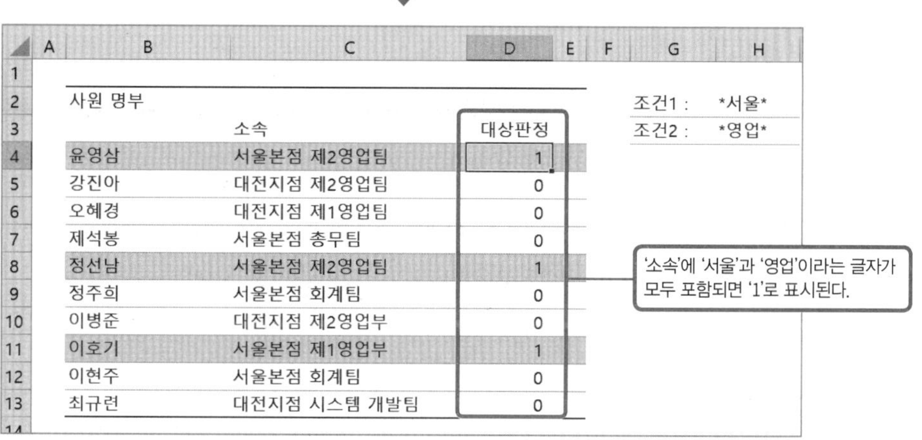

하나의 셀에 대해 확인할 조건들을 [H2], [H3]에 작성했다. 와일드 카드 문자열(82쪽)을 사용하여 ‘서울’과 ‘영업’을 모두 포함하면 1로 표시하도록 했다.

점포별, 성별, 연도별 데이터를 집계하여 비율 구하기

COUNTIFS 함수를 사용하면 **점포별, 성별, 연도별 인원수와 비율을 계산하는** 소위 크로스 집계표를 쉽게 만들 수 있다.

여기서는 판매 기록 데이터를 바탕으로 점포별, 성별, 연도별 데이터의 개수를 산출하여 각각의 비율을 계산하는 방법을 알아보겠다(❶).

- **COUNTIFS 함수를 사용하여 크로스 집계표 만들기**

판매기록

점포	성별	년도	판매액
부산	남성	2016	264,300
서울	남성	2016	152,900
대전	남성	2016	203,100
대전	남성	2016	247,100
대전	여성	2016	102,700
서울	여성	2016	262,900
부산	여성	2016	215,700
부산	여성	2016	171,200
부산	여성	2016	157,500
부산	여성	2016	272,500
대전	여성	2016	247,100

판매 비교 집계

		2016		2017	
		인수	비율	인수	비율
		명	%	명	%
서울	남성	4	40%	14	67%
	여성	6	60%	7	33%
대전	남성	8	44%	10	50%
	여성	10	56%	10	50%
부산	남성	7	41%	11	79%
	여성	10	59%	3	21%

❶

집계할 조건들을 오른쪽 표의 H열과 I열, 3행에 정리하고 크로스 집계표를 작성했다. 먼저 COUNTIFS 함수로 3가지 조건에 맞는 데이터의 수를 집계하고, 그 집계 결과를 바탕으로 비율을 산출했다.

크로스 집계표를 빠르게 만드는 방법

크로스 집계표를 만들 때는 **검색 조건이 되는 값을 표의 왼쪽(H열과 I열)과 상단(3행)에 기재한다**. 이때 **항목 수가 많은 것을 열 방향(세로 방향)으로 나열하는 것이 좋다.**

그리고 크로스 집계표를 빠르게 생성하려면 **열 전체를 검색 조건 범위에 지정하고**(89쪽), **셀 특성에 따라 참조 형식을 구분하여 사용하는 것도 중요하다**(120쪽). 이들은 SUMIFS를 비롯하여 일반적으로 많이 적용되는 원리이므로 잘 습득할 필요가 있다.

그러면 구체적으로 식을 살펴보자. 인원수를 세는 [J6] 셀과 비율을 계산하는 [K6] 셀에 입력된 식은 각각 다음과 같다.

=J5/SUM(J$6:J$7) —— 비율

비율은 집계 수/총수

- **크로스 집계표**

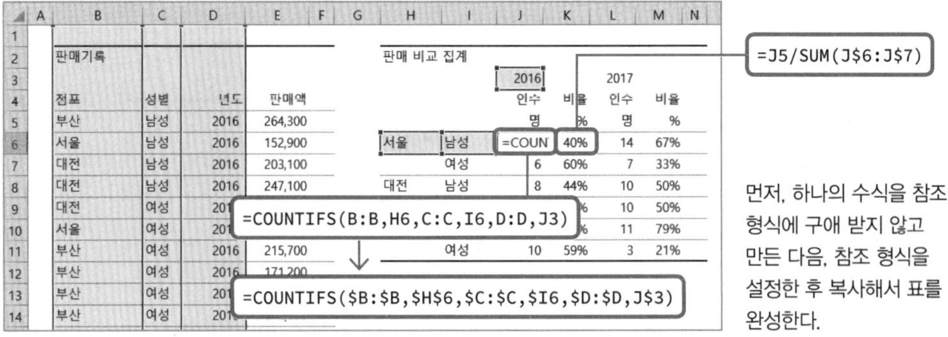

먼저, 하나의 수식을 참조 형식에 구애 받지 않고 만든 다음, 참조 형식을 설정한 후 복사해서 표를 완성한다.

또한 크로스 집계표 같은 표를 만들 때는 **반드시 검산을 하는 것이 좋다.** 검산을 하기 위해서는 **SUM 함수**(68쪽)나 **COUNTA 함수**(비어 있지 않은 셀의 개수를 세는 함수)를 사용하여 크로스 집계표의 각 집계와 원본 데이터의 개수가 일치하는지 확인한다.

- **크로스 집계표를 작성할 때는 검산이 필수**

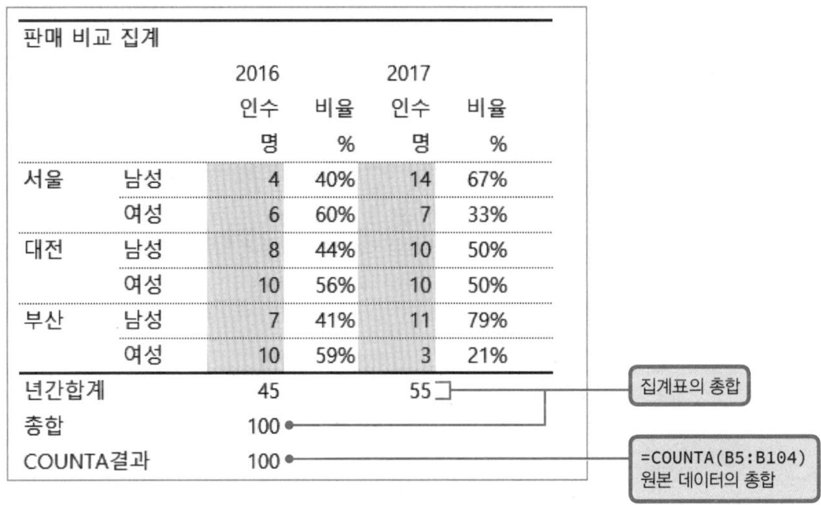

판매 비교 집계					
		2016		2017	
		인수	비율	인수	비율
		명	%	명	%
서울	남성	4	40%	14	67%
	여성	6	60%	7	33%
대전	남성	8	44%	10	50%
	여성	10	56%	10	50%
부산	남성	7	41%	11	79%
	여성	10	59%	3	21%
년간합계		45		55	
총합		100			
COUNTA결과		100			

관련 항목 셀 범위 지정과 개별 지정 ⇨ 72쪽 / IF 함수 ⇨ 76쪽 / COUNTIF 함수 ⇨ 90쪽

CHAPTER 3

11 제품 ID로 제품명 및 단가 불러오기 — VLOOKUP 함수

실수 없이 빠르게 계산하기

예제 파일 chapter3_11.xlsx

다른 표의 값을 불러오는 구조 이해하기

견적서에 제품 정보를 입력할 때 제품 ID를 입력하면 자동으로 상품명이나 가격이 표시된다면 참 편리할 것이다. 이러한 구조를 **다른 표의 값 불러오기**라고 한다.

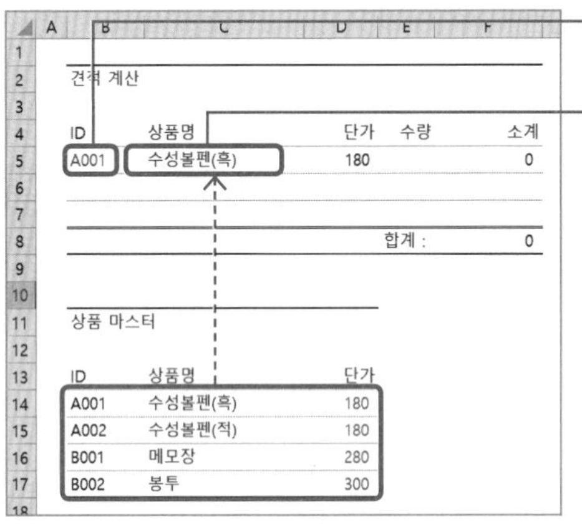

❶ 견적서 작성 시 상품 ID만 입력한다.

❷ ID를 입력하면 상품명과 단가는 마스터 데이터에 입력된 값이 자동으로 입력된다.

견적 계산

ID	상품명	단가	수량	소계
A001	수성볼펜(흑)	180	25	4,500
A002	수성볼펜(적)	180	30	5,400
B001	메모장	280	20	5,600
			합계 :	15,500

상품 마스터

ID	상품명	단가
A001	수성볼펜(흑)	180
A002	수성볼펜(적)	180
B001	메모장	280
B002	봉투	300

❸ 이어서 수량을 넣고 소계와 합계 수식을 입력하면 표가 완성된다. 상품명과 단가가 자동으로 입력되기 때문에 입력 실수를 방지할 수 있다.

다른 표의 값을 불러오기 위한 VLOOKUP 함수

VLOOKUP 함수를 사용하면 다른 표의 값을 불러올 수 있다.

```
=VLOOKUP(검색 키, 검색할 표의 범위, 열 번호, FALSE)
```

첫 번째 인수에는 **검색 키**를 지정한다. 예를 들면, 제품 ID를 들 수 있다. 두 번째 인수에는 **마스터 데이터가 입력된 표의 셀 범위**를 지정한다. 그리고 세 번째 인수에는 **마스터 데이터의 몇 번째 열의 값을 표시할지** 지정한다. 네 번째 인수에는 **데이터의 검색 방법**을 지정할 수 있는데 일반적으로 FALSE를 지정하여 사용한다.

구체적인 예를 살펴보자. 다음 예에서는 [B5] 셀에 입력된 값(상품 ID)을 검색 키로 마스터 데이터(셀 범위 [B13:D17])를 검색하여 그에 해당하는 상품명(2번째 열)과 단가(3번째 열)가 자동으로 입력되게 하였다.

```
=VLOOKUP(B5,B13:D17,2,FALSE) —— 상품명
```

마스터 데이터에서 2번째 열의 값을 불러온다.

```
=VLOOKUP(B5,B13:D17,3,FALSE) —— 단가
```

마스터 데이터에서 3번째 열의 값을 불러온다.

● **VLOOKUP 함수를 사용하여 다른 표의 값 불러오기**

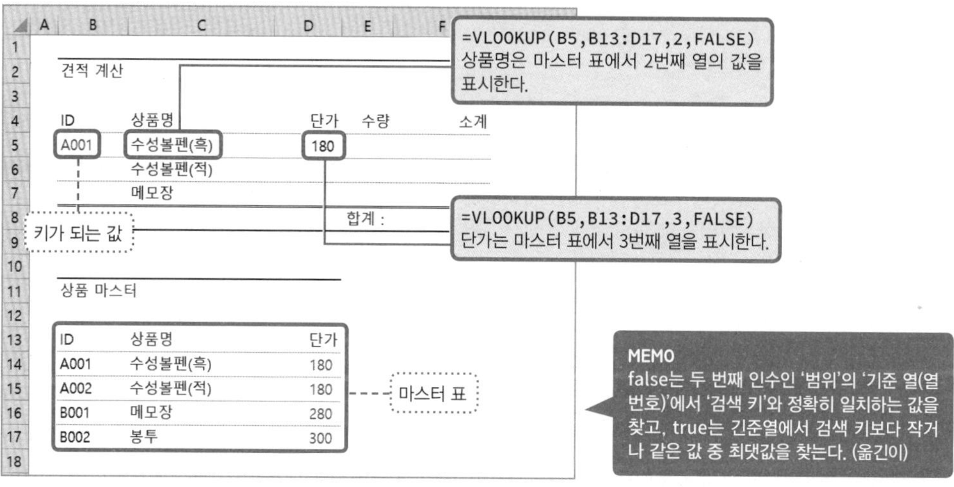

마스터 데이터는 첫 번째 열에 검색 키를 배치한다.

> **MEMO**
> false는 두 번째 인수인 '범위'의 '기준 열(열 번호)'에서 '검색 키'와 정확히 일치하는 값을 찾고, true는 긴준열에서 검색 키보다 작거나 같은 값 중 최댓값을 찾는다. (옮긴이)

오류 값의 의미와 오류 값 숨기기

VLOOKUP 함수는 검색 키가 마스터 데이터에 없는 경우 대상을 찾을 수 없다는 뜻의 '#N/A' 오류를 표시한다. **이 오류는 수식에 '#N/A' 오류 값을 참조한 경우에도 표시된다.**

● **처리 결과에 오류가 있으면 '#N/A'가 표시된다**

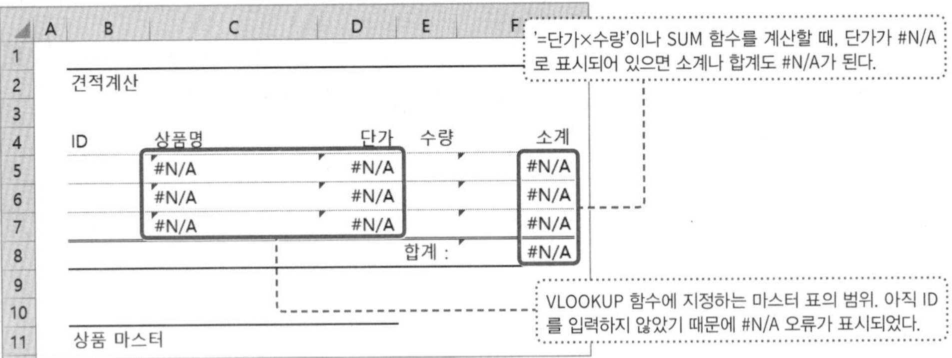

IF 함수(76쪽)나 IFERROR 함수(75쪽)를 사용하면 오류 부분을 공백으로 바꿔 #N/A를 숨길 수 있다.

```
=IF(B5<>"",VLOOKUP(B5,B13:D17,2,FALSE),"")
```

[B5] 셀이 공백이 아닐 때에만 VLOOKUP 함수를 수행하고, 공백이면 공백 문자를 반환한다.

```
=IFERROR(D5*E5, “”)
```

[D5XE5]가 에러인 경우 공백 문자를 표시한다.

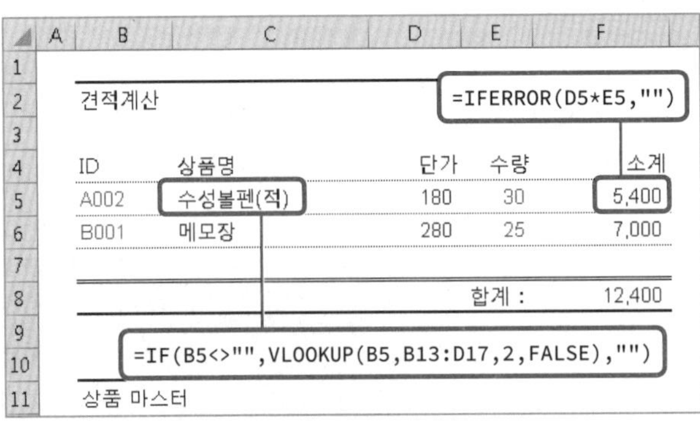

필요한 값이 입력되지 않은 경우 VLOOKUP 함수가 '#N/A' 오류를 표시한다. 이런 오류를 표시하고 싶지 않다면 IF 함수나 IFERROR 함수를 사용한다.

마스터 데이터의 중복을 체크하는 방법

VLOOKUP 함수가 참조하는 마스터 표에 중복된 키가 존재하면 항상 위에 있는 데이터가 사용된다. 그러나 키 값이 중복되는 것 자체가 잘못이고, 그런 상황은 매우 위험하다. 미리 **COUNTIF 함수**(90쪽)나 조건부 서식(42쪽)으로 **중복된 값이 있는지** 확인하는 것이 좋다.

● COUNTIF 함수를 사용하여 중복 키 체크하기

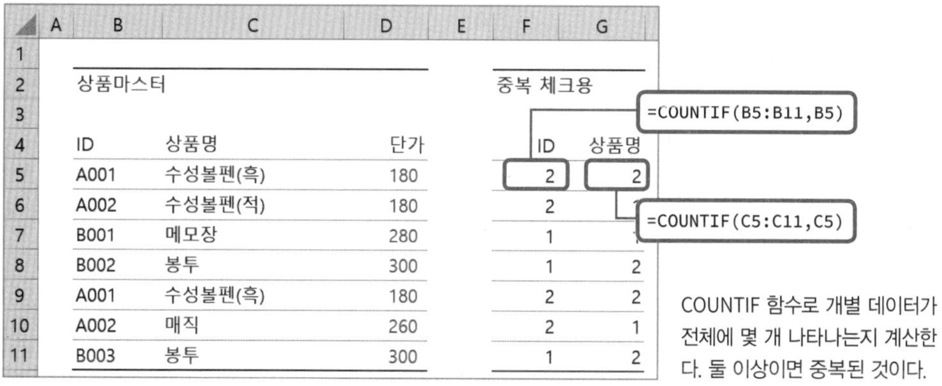

	A	B	C	D	E	F	G
1							
2		상품마스터				중복 체크용	
3							
4		ID	상품명	단가		ID	상품명
5		A001	수성볼펜(흑)	180		2	2
6		A002	수성볼펜(적)	180		2	1
7		B001	메모장	280		1	1
8		B002	봉투	300		1	2
9		A001	수성볼펜(흑)	180		2	2
10		A002	매직	260		2	1
11		B003	봉투	300		1	2

COUNTIF 함수로 개별 데이터가 전체에 몇 개 나타나는지 계산한다. 둘 이상이면 중복된 것이다.

● 조건부 서식을 사용하여 중복 키 체크하기

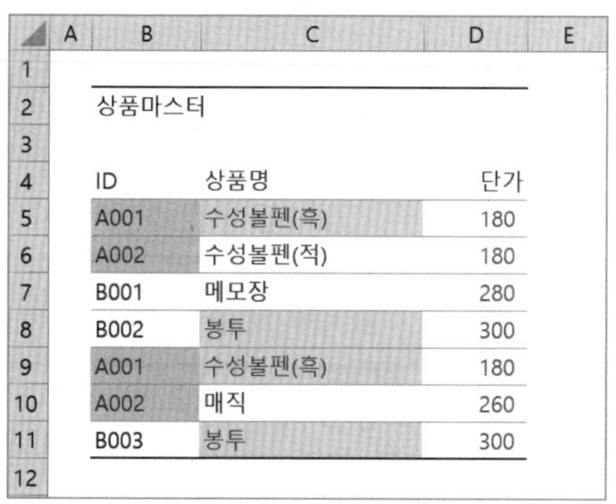

	A	B	C	D	E
1					
2		상품마스터			
3					
4		ID	상품명	단가	
5		A001	수성볼펜(흑)	180	
6		A002	수성볼펜(적)	180	
7		B001	메모장	280	
8		B002	봉투	300	
9		A001	수성볼펜(흑)	180	
10		A002	매직	260	
11		B003	봉투	300	
12					

[홈] 탭 ➡ [조건부 서식] ➡ [셀 강조 규칙] ➡ [중복 값]을 클릭해서 중복된 셀에 색을 넣는다. 열별로 서식을 바꾸면 더욱 알기 쉽다.

관련 항목 COUNTIF 함수 ⇨ 90쪽 / 조건부 서식 ⇨ 42쪽 / IF 함수 ⇨ 76쪽 / IFERROR 함수 ⇨ 75쪽 / #N/A ⇨ 30쪽

CHAPTER 3

12 달의 마지막 날짜를 자동으로 입력하기 — EOMONTH 함수

실수 없이 빠르게 계산하기

예제 파일 chapter3_12.xlsx

마감일을 정확하게 입력하는 방법

거래처에 보내는 청구서에는 계약일을 기준으로 월말 지불 혹은 다음달 말일 지불 등을 명기해야 하는 경우가 많다. 달의 마지막 날짜는 **EOMONTH 함수**를 사용하면 쉽게 표시할 수 있다.

```
=EOMONTH(특정일, N개월)
```

EOMONTH 함수의 첫 번째 인수에는 **기준이 되는 날짜**를 지정하고, 두 번째 인수에는 **기준일로부터 몇 개월 후의 월말을 구할지** 지정한다. '0'을 지정하면 당월, '-1'을 지정하면 지난달 월말이 표시된다.

다음 표에서는 [F2] 셀에 입력된 청구일(기준일)을 바탕으로 다음 달 말일을 산출하고 있다. 해가 넘어가도 정확하게 계산된다.

● **EOMONTH 함수로 다음달 말의 날짜를 산출**

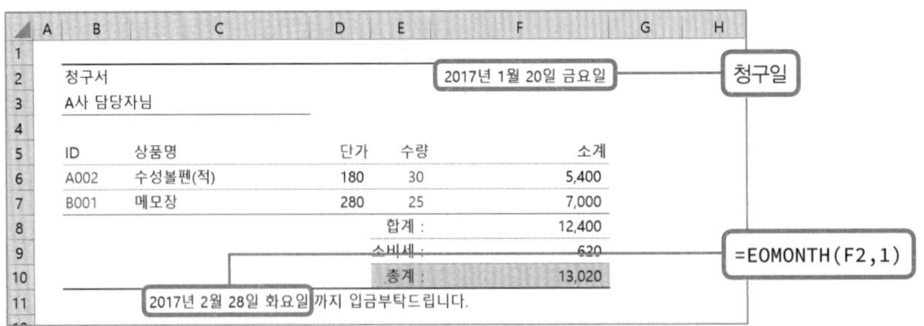

EOMONTH 함수를 사용할 셀에는 **날짜 서식**(60쪽)을 설정한다. 이때 청구일 날짜 서식도 같은 서식으로 통일해야 한다.

관련 항목 현재 날짜와 시간 입력 ⇨ 54쪽 / 경과 일수와 일련번호 ⇨ 60쪽 / 절대 참조와 상대 참조 ⇨ 120쪽

CHAPTER

4

실수를 줄이는 노하우와 셀 참조 방식 제대로 이해하기

CHAPTER 4

01 F2를 사용하여 작업 실수 줄이기

검산의 기술

예제 파일 chapter4_1.xlsx

F2를 사용하여 셀 내용 확인하기

표를 작성할 때는 **셀에 입력한 내용을 자주 확인하면서 진행해야 실수를 줄일 수 있다.** 셀에 입력된 값을 신속하게 확인하려면 **셀을 선택한 상태에서 F2를 누르면 된다.** 그러면 **셀이 편집 모드**로 전환되어 직접 입력한 값은 그대로 표시되고, 수식은 **입력한 수식**과 **수식에서 참조한 셀들이 테두리로 묶여** 표시된다.

● **F2를 누르면 셀 편집 모드로 전환된다**

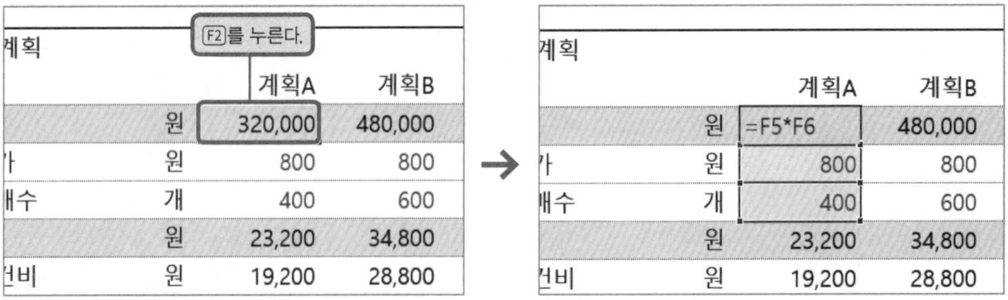

F2를 누른다.

계획			
		계획A	계획B
	원	320,000	480,000
ㅏ	원	800	800
ㅐ수	개	400	600
	원	23,200	34,800
ㅓ비	원	19,200	28,800

→

계획			
		계획A	계획B
	원	=F5*F6	480,000
ㅏ	원	800	800
ㅐ수	개	400	600
	원	23,200	34,800
ㅓ비	원	19,200	28,800

F2를 누르면 셀 편집 모드가 된다. 셀에 입력된 값이 수식인 경우 수식과 수식이 참조하는 셀들이 테두리로 묶여 표시된다. 셀을 더블 클릭하는 방법도 있지만 F2를 누르는 쪽이 빠르고 편하다.

필요할 때마다 F2를 눌러 각 셀의 내용을 확인한다. 수식의 경우에는 참조된 셀이 정확한지 확인해야 하며, **직접 입력한 숫자와 계산된 결과를 색으로 구분하는 규칙**(26쪽)이 올바로 적용되었는지도 확인한다. 규칙에 맞지 않는 셀이 있다면 실수 여부를 확인하여 올바로 수정한다.

셀 편집 모드 해제 및 셀 이동 방법

셀에 입력된 내용을 확인하는 작업은 마우스보다는 키보드만으로 수행하는 편이 훨씬 효율적이다. [F2]를 눌러 셀의 내용을 확인한 후 **오른쪽으로 이동하려면** [Tab]을 누르고, **아래로 이동하려면** [Enter]를 누른다. 반면, 위쪽이나 왼쪽으로 이동하려는 경우에는 [ESC]를 눌러 셀 편집 모드를 해제한 후, 화살표 키([↑]나 [←])로 원하는 셀로 이동한다.

● **[F2]와 [Tab]을 반복해서 누르면 가로 방향으로 빠르게 이동할 수 있다**

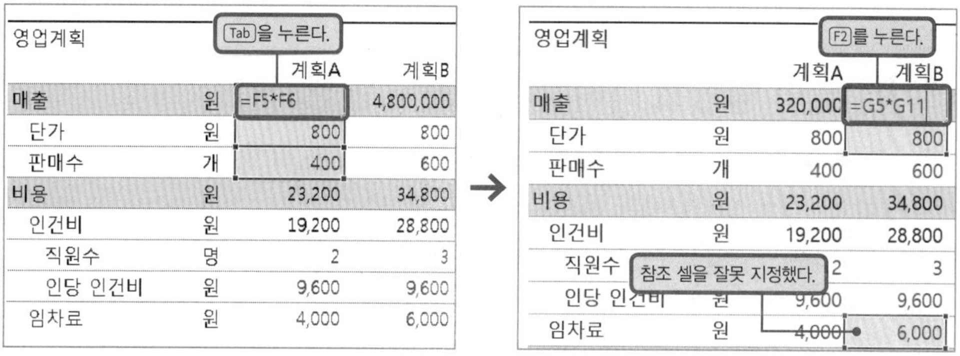

[Tab]을 누른다.

영업계획		계획A	계획B
매출	원	=F5*F6	4,800,000
단가	원	800	800
판매수	개	400	600
비용	원	23,200	34,800
인건비	원	19,200	28,800
직원수	명	2	3
인당 인건비	원	9,600	9,600
임차료	원	4,000	6,000

→

[F2]를 누른다.

영업계획		계획A	계획B
매출	원	320,000	=G5*G11
단가	원	800	800
판매수	개	400	600
비용	원	23,200	34,800
인건비	원	19,200	28,800
직원수		2	3
인당 인건비	원	9,600	9,600
임차료	원	4,000	6,000

참조 셀을 잘못 지정했다.

[F2]를 눌러 셀의 내용을 확인하고 [Tab]을 눌러 오른쪽 셀로 이동한 후 다시 [F2]를 눌러 셀의 내용을 확인했다. 이 예에서는 계획B의 매출이 잘못 계산되었음을 알 수 있다.

셀을 가로 방향으로 이동하며 확인할 때(표가 가로로 긴 경우)는 미리 손가락을 [F2]와 [Tab]에 올려놓고 번갈아 누르며 빠르게 확인하도록 한다. 마찬가지로, **세로 방향으로 확인할 때(표가 세로로 긴 경우)**는 [F2]와 [Enter]에 올려놓고 번갈아 누르며 확인한다. 이 방법에 익숙해지면 마우스를 사용할 때와는 비교가 되지 않을 정도로 빠르게 셀의 내용을 확인할 수 있다.

셀의 내용을 확인할 때는 표의 **계산 흐름**에 맞춰 셀을 이동하며 확인하는 것이 좋다. 그러면 잘못된 내용의 셀을 발견할 가능성이 높아진다. 참조하는 셀의 범위가 갑자기 달라진다면 해당 셀을 주의 깊게 살펴볼 필요가 있다.

관련 항목 가로 방향 데이터 빨리 입력 ⇨ 108쪽 / 추적 기능 ⇨ 110쪽 / 효과적인 파일 저장 ⇨ 118쪽

데이터 빨리 입력하기

검산의 기술

예제 파일 chapter4_2.xlsx

데이터 입력 방향에 따라 Enter 동작 변경하기

엑셀의 기본 설정은 **셀에 값을 입력하고 Enter를 누르면 한 칸 밑의 셀로 이동한다.** 이 설정은 세로 방향으로 값을 입력할 때는 편리하지만 가로 방향으로 값을 입력할 때는 다소 불편하다. 따라서 가로 방향으로 데이터를 입력할 경우에는 미리 [Excel 옵션]의 [고급] 탭에 있는 **[<Enter> 키를 누른 후 다음 셀로 이동]**에서 **[방향]**을 **오른쪽**으로 선택하거나 **체크를 해제한다.** 방향을 오른쪽으로 설정하면 입력 후 Enter를 입력하면 자동으로 오른쪽 셀로 이동한다. 그러나 체크를 해제하면 Enter를 눌렀을 때 입력 값만 확정될 뿐 셀이 바뀌지 않는다. 그러면 값을 입력한 후 방향 키를 반드시 입력해야 셀을 이동할 수 있지만, 이동 방향이 자주 바뀔 때는 오히려 그것이 편리할 수도 있다. 결론적으로 중요한 것은 **Enter를 눌러 셀 이동 방향을 작업 스타일에 맞게 변경할 수 있다**는 것이다.

● **Enter를 눌러 셀 이동 방향을 설정할 수 있다**

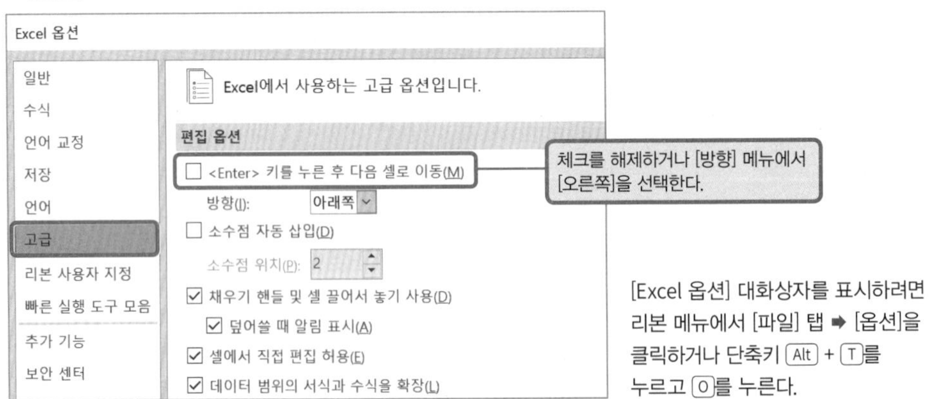

[Excel 옵션] 대화상자를 표시하려면 리본 메뉴에서 [파일] 탭 ➡ [옵션]을 클릭하거나 단축키 Alt + T를 누르고 O를 누른다.

Enter 사용하여 셀 내용 확인하기

앞에서 셀의 입력 값을 가로 방향으로 확인하는 방법으로 F2와 Tab을 사용하는 방법(107쪽)을 소개했다. 이 방법은 F2와 Tab이 모두 키보드의 왼쪽 상단에 배치되어 있기 때문에 조금 불편하다.

이때 앞 페이지에서 설명한 대로 Enter 설정을 변경하면 더욱 편리하게 조작할 수 있다. [Excel 옵션]에서 [<Enter> 키를 누른 후 다음 셀로 이동]의 [방향]을 **[오른쪽]**으로 선택한 경우에는 F2와 Enter로 확인할 수 있고, **체크를 해제**한 경우에는 F2와 Enter 그리고 →를 반복하여 눌러 셀의 내용을 확인할 수 있다.

● **Enter 누른 후 셀 이동 방향을 오른쪽으로 설정한 경우**

F2 → Enter → →를 누른다.

영업계획		계획A	계획B
매출	원	=F5*F6	480,000
단가	원	800	800
판매수	개	400	600
비용	원	23,200	34,800
인건비	원	19,200	28,800
직원수	명	2	3
인당 인건비	원	9,600	9,600
임차료	원	4,000	6,000
이익	원	296,800	445,200

→

F2를 누른다.

영업계획		계획A	계획B
매출	원	320,000	=G5*G6
단가	원	800	800
판매수	개	400	600
비용	원	23,200	34,800
인건비	원	19,200	28,800
직원수	명	2	3
인당 인건비	원	9,600	9,600
임차료	원	4,000	6,000
이익	원	296,800	445,200

Enter 입력 후의 셀 이동 방향을 오른쪽으로 설정하면 F2와 Enter를 반복으로 입력하며 효율적으로 셀의 내용을 확인할 수 있다.

Enter와 관련된 설정은 사소한 것처럼 보이지만, 확인해야 할 셀이나 시트의 수가 많은 경우에는 이러한 **작은 설정에서도 큰 차이가 생긴다.** 작업 소요 시간과 피로도가 크게 달라지기 때문이다. 무엇보다 여러분의 스타일에 맞게 설정하고 업무를 진행하는 것이 좋다.

한 가지 더!

Enter 설정은 수식을 복사할 때도 편리하다

셀의 내용을 입력한 후 Enter를 눌러도 셀이 이동하지 않도록 설정하면 수식을 복사할 때도 편리하다. 수식을 입력한 후 Enter를 눌러도 셀의 위치가 변하지 않기 때문에 그 자리에서 Ctrl + C를 눌러 수식을 복사할 수 있다.

관련 항목 셀 범위 지정과 개별 지정 ⇨ 72쪽 / F2 사용법 ⇨ 106쪽 / 추적 기능 ⇨ 110쪽

03 추적 기능으로 참조 셀 확인하기

검산의 기술

예제 파일 chapter4_3.xlsx

추적 기능으로 실수 확인하기

추적 기능을 사용하면 각 수식이 참조하고 있는 셀을 한눈에 확인할 수 있다. 아래 그림을 보면 셀 옆에 화살표가 보인다. 참조 관계는 파란색 화살표와 '•'로 표시된다. '•'가 **참조되는 셀**, 화살표가 가리키는 부분이 **수식이 입력된 셀**이다. 아래 표를 보면 [F4] 셀이 [F5]와 [F6] 셀을 참조하고 있음을 알 수 있다. 즉, 매출은 단가와 판매량을 참조한 계산식에 의해 산출된 것이다. 이와 같이 추적 기능을 사용하면 빠르게 수식의 참조가 어긋나지 않았는지 확인할 수 있다.

• **추적 기능을 사용하면 참조 관계를 확인할 수 있다**

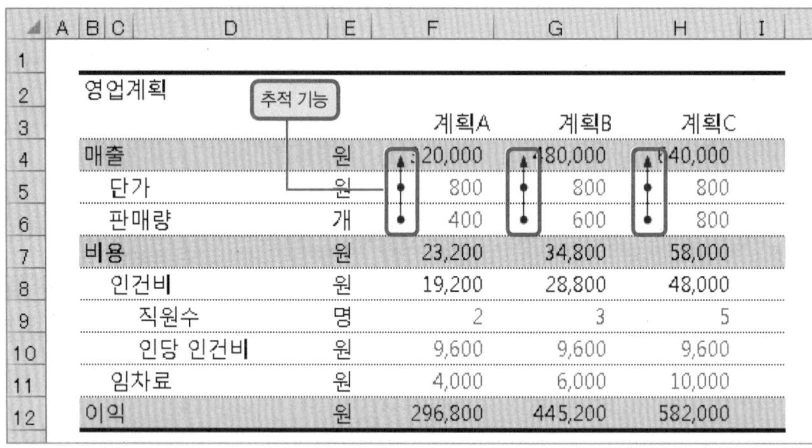

	A	B	C	D	E	F	G	H	I
1									
2		영업계획							
3						계획A	계획B	계획C	
4		매출			원	20,000	480,000	40,000	
5			단가		원	800	800	800	
6			판매량		개	400	600	800	
7		비용			원	23,200	34,800	58,000	
8			인건비		원	19,200	28,800	48,000	
9				직원수	명	2	3	5	
10				인당 인건비	원	9,600	9,600	9,600	
11			임차료		원	4,000	6,000	10,000	
12		이익			원	296,800	445,200	582,000	

추적 기능을 사용하면 수식이 참조하는 셀들을 쉽게 확인할 수 있다.

추적 화살표 표시하기

추적 화살표를 표시하려면 수식이 입력된 셀을 선택한 상태에서 [수식] 탭의 **[참조되는 셀 추적]**을 클릭한다. 단축키는 Alt → M → P이다. 단축키는 동시에 누르지 말고 차례로 누른다.

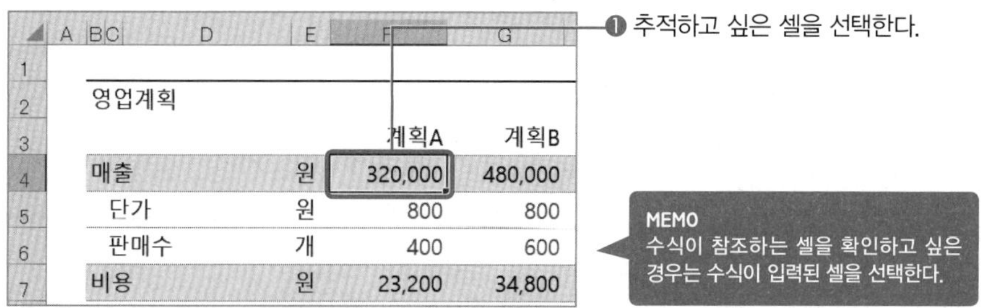

A B C D E F G
영업계획
계획A 계획B
매출 원 320,000 480,000
단가 원 800 800
판매수 개 400 600
비용 원 23,200 34,800
❶ 추적하고 싶은 셀을 선택한다.
MEMO
수식이 참조하는 셀을 확인하고 싶은 경우는 수식이 입력된 셀을 선택한다.

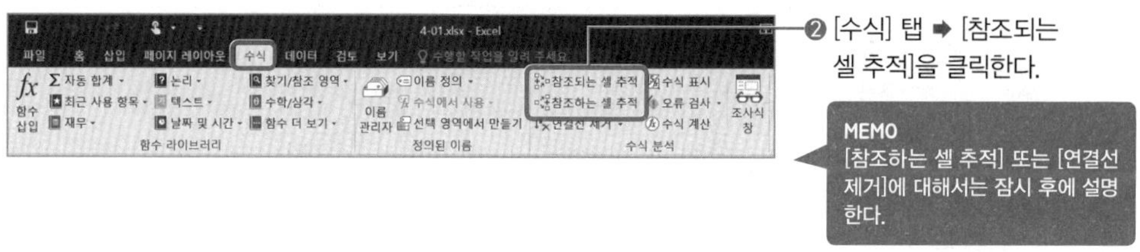

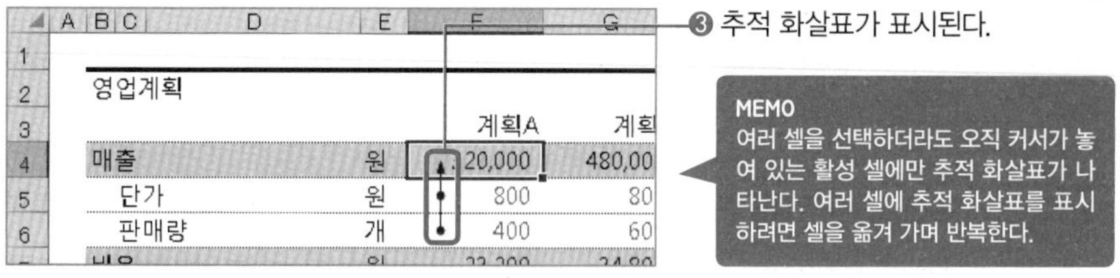

A B C D E F G
영업계획
계획A
매출 원 20,000 480,00
단가 원 800 80
판매량 개 400 60
❸ 추적 화살표가 표시된다.
MEMO
여러 셀을 선택하더라도 오직 커서가 놓여 있는 활성 셀에만 추적 화살표가 나타난다. 여러 셀에 추적 화살표를 표시하려면 셀을 옮겨 가며 반복한다.

다른 워크 시트의 값을 참조하는 경우

수식이 다른 워크 시트의 값을 참조하는 경우에는 검은 화살표와 워크 시트 아이콘이 표시된다.

비용	원	23,200
인건비	원	19,200
직원수	명	2
인당 인건비	원	9,600

효과적인 추적 기능 사용법

여러 셀에 추적 표시를 하면 숨어 있는 실수를 발견하기 쉽다. 다음 표에서는 [F7], [G7], [H7] 셀에 참조되는 셀을 표시했는데, 다른 셀에 비해 [H7] 셀의 추적 선이 짧아 참조 셀이 잘못 설정되어 있음을 알 수 있다.

● **같은 계산을 하는 여러 셀에 추적 기능을 사용한 결과**

	A	B	C	D	E	F	G	H	I
1									
2		영업계획							
3						계획A	계획B	계획C	
4		매출			원	320,000	480,000	640,000	
5			단가		원	800	800	800	
6			판매량		개	400	600	800	
7		비용			원	23,200	34,800	57,600	
8			인건비		원	19,200	28,800	48,000	
9				직원수	인	2	3	5	
10				1인당 인건비	원	9,600	9,600	9,600	
11			임차료		원	4,000	6,000	10,000	
12		이익			원	296,800	445,200	582,400	
13									

같은 수식이 입력된 셀에 참조 추적 화살표를 표시하면 실수를 쉽게 발견할 수 있다.

추적 화살표의 길이가 다른 [H7] 셀의 수식을 살펴보니, 비용이 '인건비[H8] + 임차료[H11]'가 아닌 '인건비[H8] + 1인당 인건비[H10]'로 계산되고 있었다. **이런 참조 셀 지정 실수는 수식을 복사하고 나서 행과 열을 삽입하거나 삭제할 때 발생할 수 있다.** 따라서 복잡한 수식이 포함된 표를 편집한 후에는 반드시 추적 기능을 사용하여 이런 실수가 발생하지 않았는지 확인하는 것이 좋다. 그리고 확인이 완료되었으면 [수식] 탭의 [연결선 제거]를 눌러 화살표 표시를 지운다. 단축키는 Alt → M → A이다. 단축키는 동시에 누르지 말고 차례로 눌러야 한다.

특정 셀을 참조하고 있는 셀 확인하기

[참조되는 셀 추적](111쪽) 버튼 밑에 있는 [참조하는 셀 추적]을 클릭하면 **특정 셀을 참조하고 있는 셀들**을 확인할 수 있다. 다음 그림을 보자. [B4] 셀을 선택하고 [수식] 탭 ➡ [참조하는 셀 추적]을 누르면 소비세율 '1.08'을 참조하고 있는 셀이 모두 표시된다. 이 예에서는 합계 열인 D열의 모든 셀이 [B4] 셀을 참조하고 있다. 이를 통해 의도치 않은 셀을 참조하고 있지는 않은지 확인할 수 있다.

● **참조하는 셀 추적**

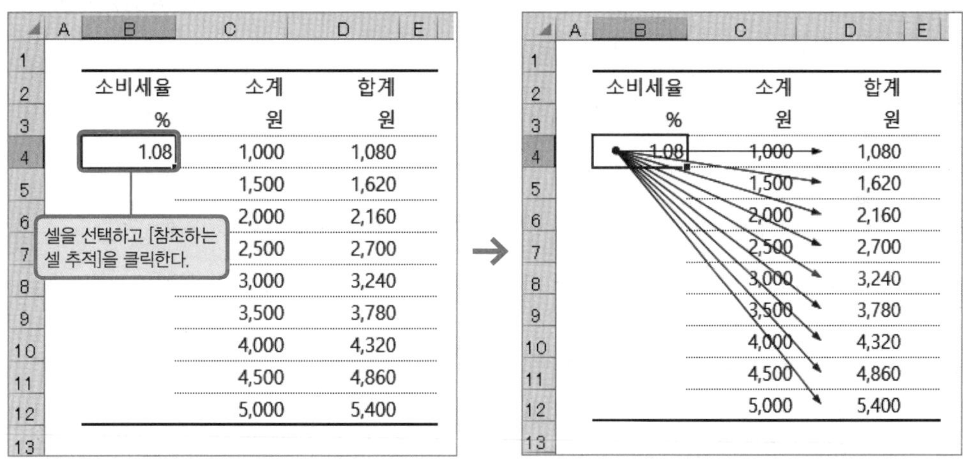

	소비세율	소계	합계
	%	원	원
4	1.08	1,000	1,080
5		1,500	1,620
6		2,000	2,160
7		2,500	2,700
8		3,000	3,240
9		3,500	3,780
10		4,000	4,320
11		4,500	4,860
12		5,000	5,400

[B4] 셀을 선택한 상태에서 [참조하는 셀 추적]을 표시했다. 소비세율 '1.08'을 참조하는 셀들이 화살표로 표시된다.

이와 같이 참조 셀 추적 기능을 이용하면 계산식의 참조 관계를 쉽게 파악할 수 있다. 복잡한 수식을 사용하거나 시트를 반복해서 수정하다 보면 참조 셀이 잘못 지정될 수 있다. **실수를 빠르게 확인하기 위해 참조 셀 추적 기능을 적극 활용하도록 한다.**

한 가지 더!

참조 셀 반복 추적

[참조되는 셀 추적] 이나 [참조하는 셀 추적] 버튼을 여러 번 누르면 기준 셀의 계층 구조에 따라 추적 화살표가 추가된다. 어떤 계산식의 결과를 또 다른 계산식에 사용하는 경우 추적 버튼을 여러 번 눌러 계산의 흐름을 파악할 수 있다.

관련 항목 F2 사용법 ⇨ 106쪽 / 가로 방향 데이터 빨리 입력 ⇨ 108쪽

CHAPTER 4

04 꺾은선형 차트로 비정상 값 찾기

검산의 기술

예제 파일 chapter4_4.xlsx

차트로 비정상 값 확인하기

일별, 월별, 연도별처럼 연속성이 있는 데이터를 **꺾은선형 차트**로 작성하면 데이터에 이상한 값이 있는지 신속하게 확인할 수 있다.

다음은 월별 매출/비용/이익 데이터를 바탕으로 작성한 꺾은선형 차트다. 수치상으로는 쉽게 확인하기 어렵지만, 차트로 보면 비정상으로 의심되는 부분이 한눈에 들어온다.

● **꺾은선형 차트를 작성해서 시각적으로 확인한다**

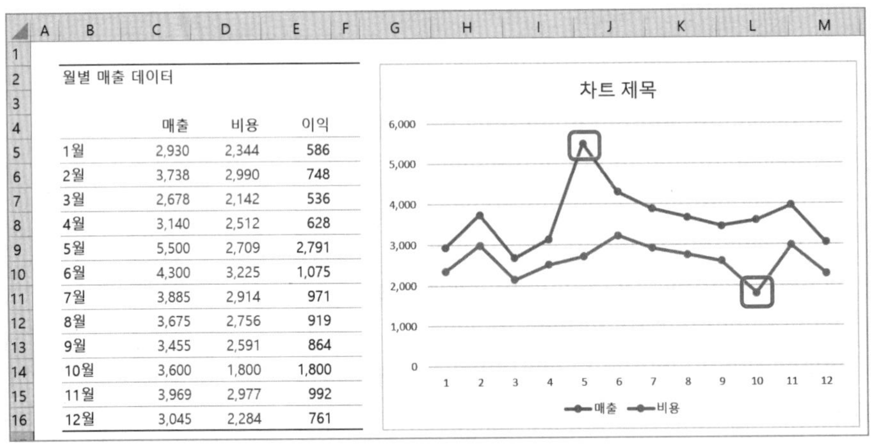

월별 매출 데이터

	매출	비용	이익
1월	2,930	2,344	586
2월	3,738	2,990	748
3월	2,678	2,142	536
4월	3,140	2,512	628
5월	5,500	2,709	2,791
6월	4,300	3,225	1,075
7월	3,885	2,914	971
8월	3,675	2,756	919
9월	3,455	2,591	864
10월	3,600	1,800	1,800
11월	3,969	2,977	992
12월	3,045	2,284	761

차트를 그려 보면 전체 흐름에서 벗어난 부분이 눈에 들어온다.

차트를 통해 비정상 값을 찾을 때는 크게 2가지 특징에 주목한다. 첫 번째는 **다른 부분에 비해 매우 크거나 작은 부분이다.** 위 그림의 경우 5월 매출 데이터가 이에 해당한다. 두 번째는 **상관관계가 맞지 않는 부분**이다. 예를 들어, 위 그림의 10월에는 매출은 상승했는데 비용은 낮아졌다. 이러한 부분은 데이터가 잘못 입력되었을 가능성이 높다.

차트를 만드는 방법

데이터 확인용 차트는 보고용으로 차트처럼 외형에 신경 쓸 필요가 없다(266쪽). 단지, 차트 종류를 **꺾은선형 차트**로 선택하는 것과 비정상 값의 위치와 값을 빠르게 확인할 수 있도록 **표식을 붙이는 것**만 신경 쓰면 된다. 표식을 붙이면 마우스를 표식 위에 올려놓는 것으로 요소의 번호와 값을 확인할 수 있다. 차트상에 비정상 값이 보이면 표식 정보를 바탕으로 셀을 파악하여 수정하면 된다.

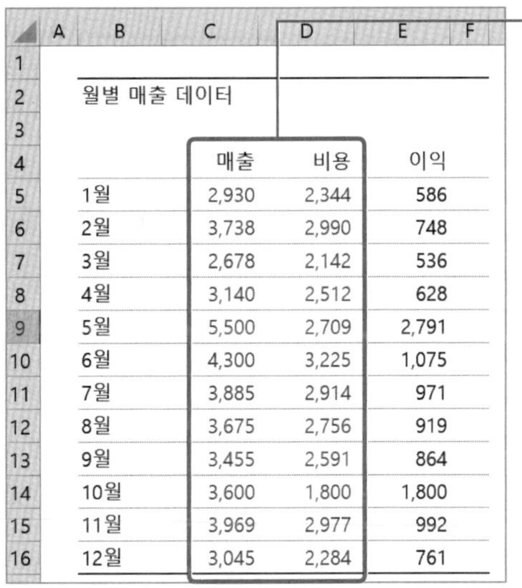

	매출	비용	이익
1월	2,930	2,344	586
2월	3,738	2,990	748
3월	2,678	2,142	536
4월	3,140	2,512	628
5월	5,500	2,709	2,791
6월	4,300	3,225	1,075
7월	3,885	2,914	971
8월	3,675	2,756	919
9월	3,455	2,591	864
10월	3,600	1,800	1,800
11월	3,969	2,977	992
12월	3,045	2,284	761

❶ 값을 확인하려는 셀 범위를 선택한다.

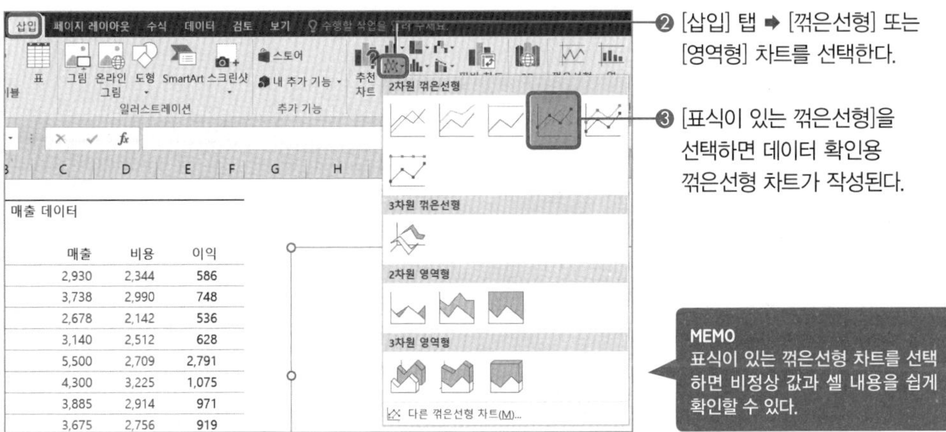

❷ [삽입] 탭 ➡ [꺾은선형] 또는 [영역형] 차트를 선택한다.

❸ [표식이 있는 꺾은선형]을 선택하면 데이터 확인용 꺾은선형 차트가 작성된다.

MEMO
표식이 있는 꺾은선형 차트를 선택하면 비정상 값과 셀 내용을 쉽게 확인할 수 있다.

관련 항목 F2 사용법 ⇨ 106쪽 / 추적 기능 ⇨ 110쪽 / 차트의 기본 기능 ⇨ 266쪽

CHAPTER 4

05 작업을 시작하기 전에 반드시 파일을 복사해 둔다

실수 예방하기

언제든지 이전 상태로 돌아갈 수 있어야 한다

엑셀 파일을 편집할 때, 예기치 않은 조작 실수나 시스템 오류로 다시 작업을 해야 하는 경우가 발생할 수 있다. 이러한 불상사로 인한 재작업을 막기 위한 가장 좋은 방법은 **작업을 시작하기 전에 파일을 복사해 두는 것**이다. 이때, 복사한 파일의 이름에는 날짜와 관리 번호를 입력하고(118쪽) 별도의 폴더에 저장함으로써 현재 작업 중인 파일과 구분하는 것이 좋다. 그러면 작업 중에 문제가 발생해도 이전 파일을 찾아서 쉽게 복구할 수 있다.

● **올바른 파일 저장 예**

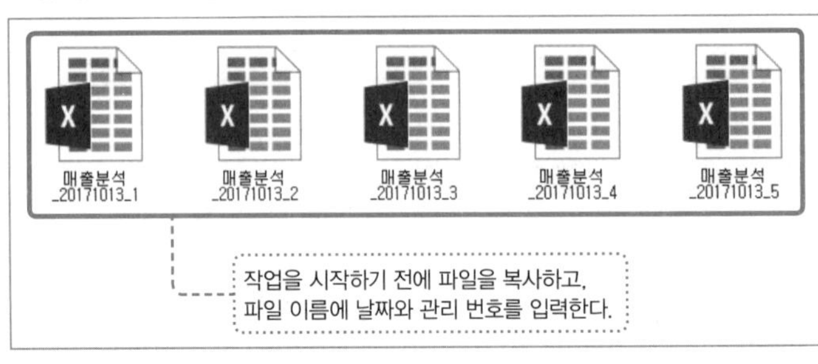

조작 실수나 파일의 손상을 대비하여 작업을 시작하기 전에 파일을 복사해 둔다. 복사한 파일 이름은 그 파일이 어느 시점의 파일인지 알 수 있도록 이름을 붙이고, 백업 전용 폴더에 저장하는 것이 관리하기에 좋다.

파일 복사본은 작업을 시작하기 전뿐만 아니라 비교적 큰 변경 작업을 수행한 후에도 만들어 두는 것이 좋다. 그러면 문제가 발생하더라도 다시 작업하는 수고를 줄일 수 있다.

작업 흐름에 따라 파일 저장하기

실제 작업 흐름을 살펴보자. 먼저, 처음으로 문서를 만들 때는 파일 이름을 '**내용_날짜_해당일의 버전번호**'라는 규칙에 따라 만든다. 가령 2017년 2월 20일에 매출 분석 파일을 작성한다면 '**매출분석_20170220_1.xlsx**'로 저장한다. 이어서 백업 폴더(아래 예에서는 'old')를 만들고 작업을 시작한다.

● **작업 흐름에 따른 파일 저장 예**

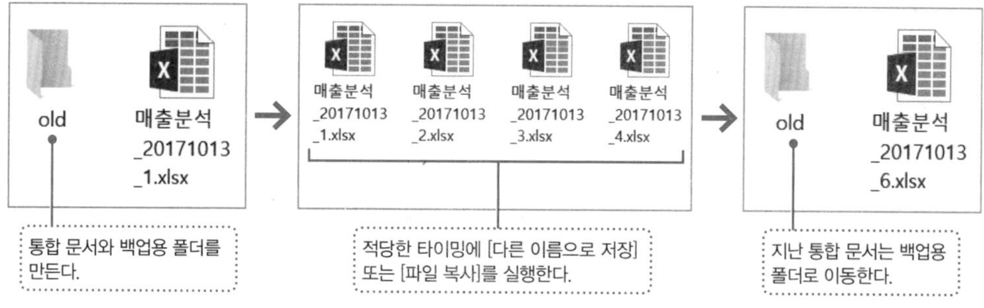

작업을 할 때는 필요에 따라 저장하면서 진행하고, 작업이 일단락되면 [다른 이름으로 저장]을 클릭하여 파일명을 '매출분석_20170220_**2**.xlsx'로 저장한다. 이전 버전인 '매출분석_20170220_1.xlsx'은 old 폴더로 옮긴다. 이와 같은 방법으로 작업을 진행한다.

그리고 다음 날에는 전날 작업한 최종 파일을 복사하여 파일 이름을 '매출분석_201702**21**_1'로 변경한 후 전날 작업한 최종 파일은 old 폴더로 옮긴다. old 폴더는 주기적으로 별도의 하드 디스크에 백업하면 더욱 안정적이다.

한 가지 더!

다른 이름으로 저장하는 빈도는 어느 정도가 적절한가?

다른 이름으로 저장하는 빈도는 작업 내용에 따라 다르다. 나는 보통 한두 시간에 한 번씩 다른 이름으로 저장하는데, 실수할 가능성이 높은 복잡한 작업을 할 때는 작업 시간에 관계없이 자주 다른 이름으로 저장한다.

관련 항목 파일 작성자 이름 삭제 ⇨ 58쪽 / 파일 자동 저장 ⇨ 63쪽

CHAPTER 4

06 파일 이름에 날짜와 버전 번호 포함하기

실수 예방하기

효율적인 파일 이름 짓기

파일 이름을 잘 짓는 것은 효율적인 관리를 위해 매우 중요하다. 그때그때 되는대로 이름을 붙이면 파일을 효율적으로 관리할 수 없으므로 명명 규칙을 미리 정하는 것이 좋다. 이러한 명명 규칙은 팀으로 작업할 때뿐만 아니라 혼자서 작업하는 경우에도 지키는 것이 효율적이다.

명명 규칙을 정할 때 중요한 점은 파일 이름을 통해 **그 파일이 언제 만들어졌는지 알 수 있어야 하고, 파일들을 의도한 대로 정렬할 수 있어야 한다는 점이다.** 내가 사용하는 파일 명명 규칙은 다음과 같다.

내용_날짜_버전번호.xlsx

날짜는 yyyymmdd 형식으로 월과 일이 한 자리인 경우에는 앞에 0을 채워 두 자리로 만든다.

2017년 2월 20일 → 20170220

이렇게 해야 파일 이름으로 정렬했을 때 작업한 시간순으로 정렬된다. 또한, 날짜 뒤에 붙이는 **버전 번호**는 매일 새롭게 01부터 시작하는 것이 좋다.

● **명명 규칙에 따라 저장된 파일들**

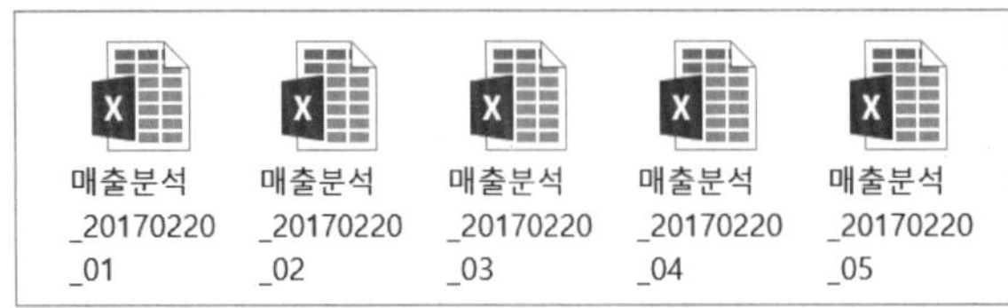

탐색기 표시 방법 변경하기

윈도우 탐색기를 사용하여 파일이나 폴더를 확인할 때 **탐색기의 표시 방법**을 적절히 바꾸면 보다 효율적으로 작업할 수 있다. 탐색기의 표시 방법은 다음 그림처럼 [보기] 탭에서 변경할 수 있다.

- **탐색기의 [보기] 탭**

내가 권하는 레이아웃은 [자세히]이지만, 마우스를 많이 사용하는 사람은 [큰 아이콘]으로 설정하는 것이 다루기 쉬울 수 있다. 그러나 파일 생성순으로 정렬하여 보고 싶다면 [작은 아이콘]이나 [자세히]로 표시한 후 이름순으로 정렬하는 편이 보기 쉽다.

- **여러 표시 방법**

[큰 아이콘] 표시

[자세히] 표시. 상단의 이름을 클릭하면 정렬된다.

관련 항목 파일 작성자 이름 삭제 ⇨ 58쪽 / 파일에 암호 설정 ⇨ 64쪽

CHAPTER 4

07 상대 참조와 절대 참조 이해하기

실수 예방하기

예제 파일 chapter4_7.xlsx

참조가 움직이는 셀과 움직이지 않는 셀

엑셀을 잘 다루기 위해서는 **상대 참조와 절대 참조를 잘 이해하는 것이 중요하다. 수식 안의 상대 참조**는 그 수식을 복사하여 다른 셀에 붙여넣으면 **참조 위치가 자동으로 바뀐다.** 예를 들어, [D4] 셀에 '=D5+D6'라고 입력하고, 이 수식을 복사하여 [E4] 셀에 붙여 넣으면 자동으로 '=E5+E6'으로 바뀐다.

한편, **절대 참조를 사용하면 어떠한 경우에도 셀 참조가 바뀌지 않는다.** 절대 참조로 지정하는 방법은 기호 '$'를 열이나 행 앞에 추가하면 된다. 예를 들어, [J5] 셀을 절대 참조로 하려면 [$J$5]라고 기입한다. 또한, 열만 고정[$J5]하거나 행만 고정[J$5]하는 혼합 참조(122쪽)도 가능하다.

● **상대 참조와 절대 참조**

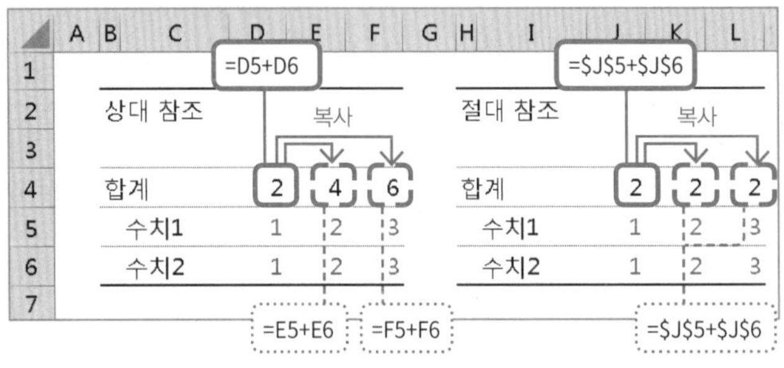

[D4] 셀에는 '=D5+D6'라고 상대 참조를 사용하여 수식을 입력하고 [J4] 셀에는 '$J$5+$J$6'와 같이 절대 참조를 사용하여 수식을 입력했다. 이 수식을 각각 가로 방향으로 복사했을 때 상대 참조를 사용한 경우에는 참조가 자동으로 변하여 합계 결과도 변했다. 반면, 절대 참조를 사용한 경우에는 참조가 고정되어 합계 결과가 모두 같다.

제품별 매출액과 그 비중을 표로 작성한다고 생각해 보자. 제품별 매출액이 [D6]에서 [D9]까지 입력되어 있고, 총 매출액이 [D5] 셀에 입력되어 있다. 그러면 제품A의 매출액이 전체에서 차지하는 비중은 'D6/D5'이므로 [E6] 셀에 '=D6/D5'라고 입력했다.

이어서 [E7], [E8], [E9] 셀에는 [E6] 셀의 수식을 복사했다. 자동 완성 기능(182쪽)을 사용하여 아래 방향으로 복사했다. 그러나 [E6] 셀에서 [D5] 셀에 대한 참조를 상대 참조로 지정했기 때문에 엉뚱한 계산이 수행된다.

● **상대 참조를 사용한 상태에서 복사했기 때문에 발생한 계산 실수**

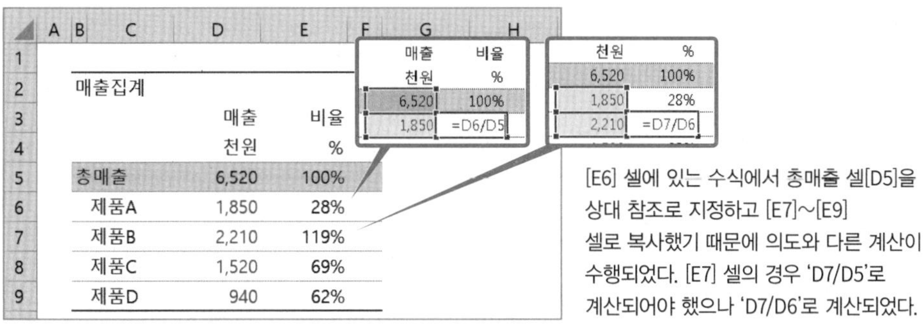

	A	B	C	D	E
1					
2			매출집계		
3				매출	비율
4				천원	%
5			총매출	6,520	100%
6			제품A	1,850	28%
7			제품B	2,210	119%
8			제품C	1,520	69%
9			제품D	940	62%

[E6] 셀에 있는 수식에서 총매출 셀[D5]을 상대 참조로 지정하고 [E7]~[E9] 셀로 복사했기 때문에 의도와 다른 계산이 수행되었다. [E7] 셀의 경우 'D7/D5'로 계산되어야 했으나 'D7/D6'로 계산되었다.

고정 셀이나 셀 범위는 절대 참조로 지정한다

수식에 있는 상대 참조를 절대 참조로 변경하고 싶으면, 식에서 변경하고 싶은 부분을 선택하고 [F4]를 누른다. [F4]를 누를 때마다 참조 방식이 바뀐다. **여러 계산에서 공통으로 사용하는 고정 셀이나 셀 범위는 절대 참조로 지정해야 한다.**

● **[F4]로 상대 참조와 절대 참조 전환**

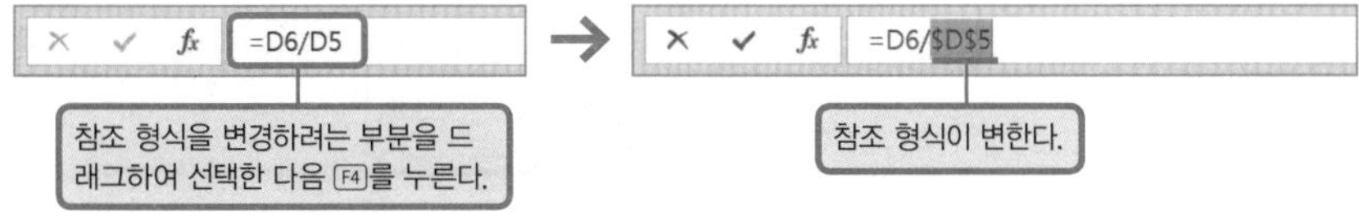

	A	B	C	D	E
1					
2			매출집계		
3				매출	비율
4				천원	%
5			총매출	6,520	100%
6			제품A	1,850	28%
7			제품B	2,210	34%
8			제품C	1,520	23%
9			제품D	940	14%

=D6/$D$5
=D7/$D$5
=D8/$D$5
=D9/$D$5

[E6] 셀의 식에서 [D5] 셀을 절대 참조하도록 변경하고 [E7]~[E9] 셀에 복사해 붙여넣기했다. 절대 참조 부분은 고정되어 있고, 상대 참조 부분만 변경되어 의도한 대로 계산이 수행되었다.

관련 항목 셀 범위 지정과 개별 지정 ⇨ 72쪽 / 혼합 참조 ⇨ 122쪽 / 다른 시트 참조 ⇨ 124쪽

CHAPTER 4

08 혼합 참조

실수 예방하기

예제 파일 chapter4_8.xlsx

행(또는 열)만 절대 참조인 경우

이전 항목에서 설명한 절대 참조는 행과 열을 모두 고정하는 참조 방식이었다(120쪽). 이번에 알아볼 **혼합 참조**는 **행과 열 중 하나만 고정하는 참조 방식**이다. 혼합 참조는 **행과 열 각각에 계산의 기준이 되는 값을 나열하고, 교차하는 위치에 계산 결과를 표시하는 매트릭스 표**를 만들 때 유용하다.

혼합 참조를 사용하는 구체적인 예를 살펴보자. 다음 그림에서는 C열에 판매량을 배치하고, 4행에 가격을 배치하여 두 조건에 따른 매출액을 계산하였다. 두 종류의 데이터가 교차하는 셀 범위 [D5:G10]에는 '판매량 × 가격'으로 수식이 입력되어 있다. 이 셀 범위의 수식도 [D5] 셀에 입력한 혼합 참조 수식을 복사해서 붙여넣는 것으로 일괄 입력할 수 있다.

● **혼합 참조를 이용해서 만든 표**

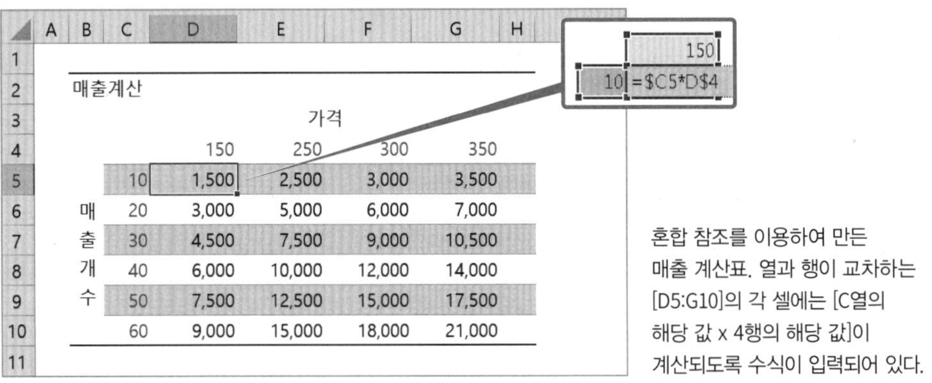

	A	B	C	D	E	F	G	H
1								
2		매출계산						
3					가격			
4				150	250	300	350	
5			10	1,500	2,500	3,000	3,500	
6		매	20	3,000	5,000	6,000	7,000	
7		출	30	4,500	7,500	9,000	10,500	
8		개	40	6,000	10,000	12,000	14,000	
9		수	50	7,500	12,500	15,000	17,500	
10			60	9,000	15,000	18,000	21,000	
11								

혼합 참조를 이용하여 만든 매출 계산표. 열과 행이 교차하는 [D5:G10]의 각 셀에는 [C열의 해당 값 x 4행의 해당 값]이 계산되도록 수식이 입력되어 있다.

[F4]를 여러 번 눌러 참조 형식 변환하기

참조 방식을 혼합 참조로 변경하려면, 변경하고 싶은 부분을 선택한 상태에서 [F4]를 반복해서 누른다. 그러면 참조 방식이 **상대 참조 → 절대 참조 → 혼합 참조(행만 고정) → 혼합 참조(열만 고정)** 순서로 바뀐다. 원하는 참조 형식이 될 때까지 [F4]를 누르면 된다.

앞에서 매출 계산표를 만들 때, [D5] 셀에 '=C5*D4'를 입력한 후 C5 부분을 $C5(열만 고정)로 바꾸고 D4 부분을 D$4(행만 고정)로 바꾼다. 그리고 이 셀을 [D5:G10]의 다른 셀에 복사하면 완성된다.

● 혼합 참조를 사용해서 매출 계산표를 작성하는 방법

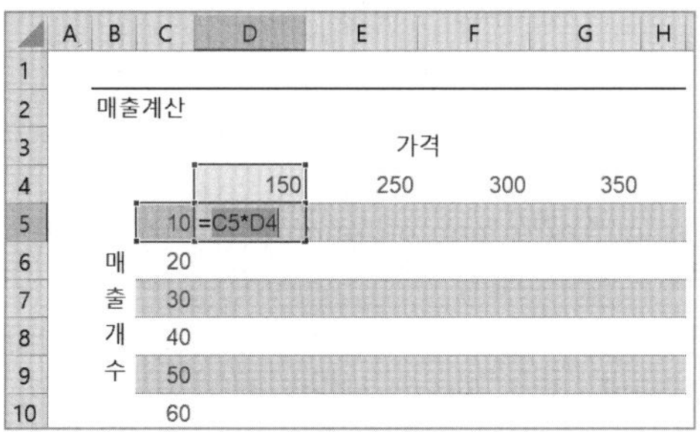

❶ =C5*D4라는 식을 입력한다.

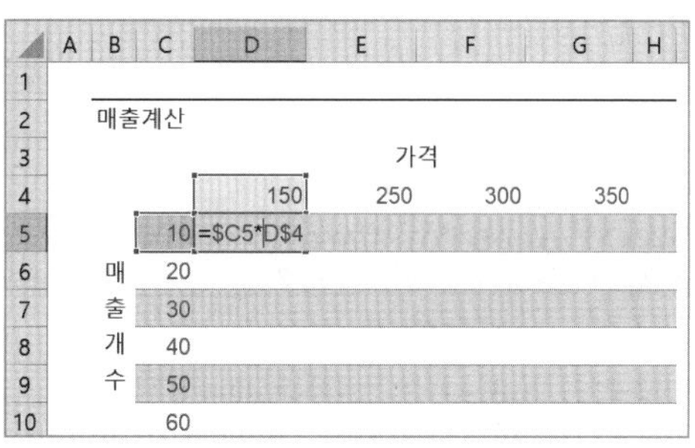

❷ [F4]를 여러 번 눌러 =$C5*D$4로 변환하여 C열과 4행을 고정시킨다.

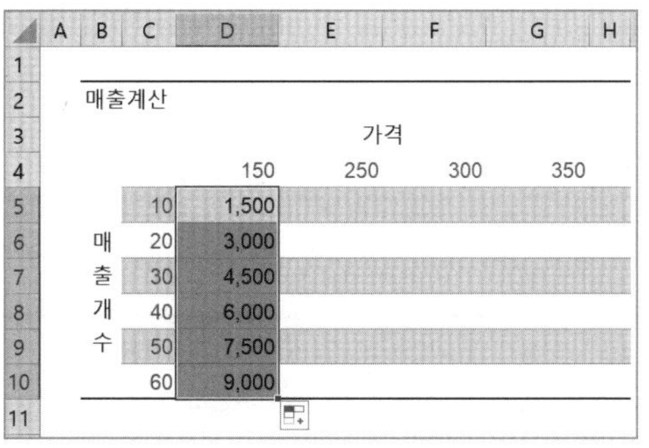

❸ 세로 방향으로 복사한다.

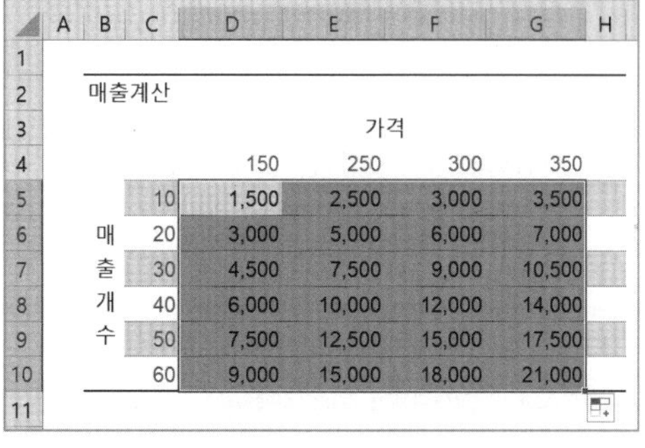

❹ 이어서 가로 방향으로 복사해서 완성한다.

한 가지 더!

참조를 고정하는 기호는 왜 $일까?

절대 참조나 혼합 참조에서 $ 기호를 사용한다. 왜 $일까? 일설에 의하면 $의 모양이 배를 고정하는 닻을 닮았기 때문이라고 한다.

관련 항목 절대 및 상대 참조 ⇨ 120쪽 / 다른 시트 참조 ⇨ 124쪽

다른 시트의 데이터 참조하기

실수 예방하기

예제 파일 chapter4_9.xlsx

다른 시트의 데이터를 참조하는 방법

엑셀에서는 다른 시트의 셀도 참조할 수 있다. 수식을 입력할 때 시트를 전환하여 원하는 셀을 선택하면 된다. 그러면 다음과 같이 '시트명!셀주소' 형식으로 셀 주소가 지정된다.

```
sheet1!B4
```

키보드로 직접 시트명!셀주소 형식으로 입력해도 된다. 또한, 다른 시트의 셀을 참조할 때도 절대 참조(120쪽)나 혼합 참조(122쪽)를 사용할 수 있다.

다음은 상품 시트에 입력한 내용을 견적 계산 시트에서 VLOOKUP 함수(100쪽)를 통해 참조하는 예다.

```
=VLOOKUP($B5,상품!$B$4:$D$9,2,FALSE)
```

'상품' 시트의 셀 범위 [B4:D9]를 참조하고 있다.

● 다른 시트의 값을 참조하는 예

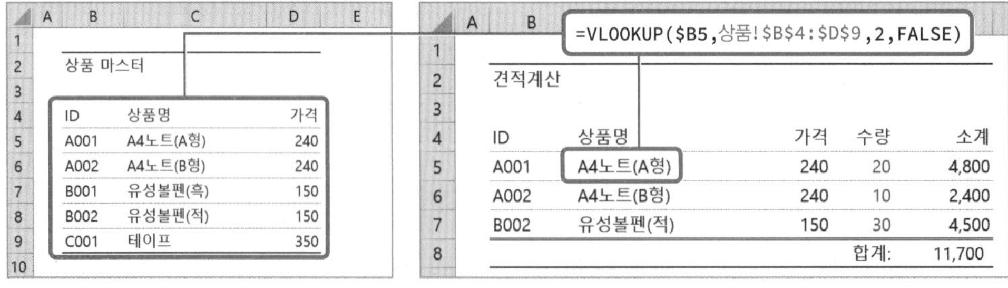

상품 시트에 입력되어 있는 상품명과 가격을 다른 시트에서 참조하고 있다.

시트 이름이 숫자로 시작하는 경우에는 큰따옴표(")로 둘러싼다

시트 이름이 숫자로 시작하는 경우에는 **"1월 매출"!A1**처럼 시트명 전체를 큰따옴표(")로 감싸야 한다.

자주 사용하는 데이터를 시트에 모아 두고 참조하기

데이터를 입력하는 과정에서 오타 같은 입력 실수는 아무리 주의를 기울여도 발생한다. 또 이러한 실수는 찾기도 어렵다.

- **다른 시트의 값을 참조하는 예**

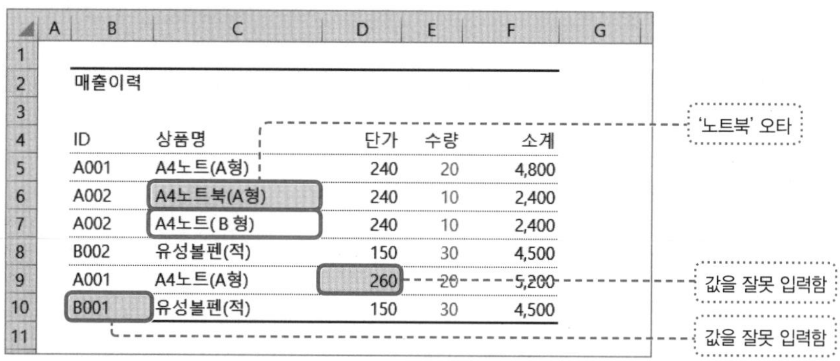

	A	B	C	D	E	F	G
1							
2		매출이력					
3							
4		ID	상품명	단가	수량	소계	
5		A001	A4노트(A형)	240	20	4,800	
6		A002	A4노트북(A형)	240	10	2,400	
7		A002	A4노트(B형)	240	10	2,400	
8		B002	유성볼펜(적)	150	30	4,500	
9		A001	A4노트(A형)	260	20	5,200	
10		B001	유성볼펜(적)	150	30	4,500	
11							

입력 실수는 쉽게 알아차리기 어렵다. 나중에 집계 결과가 이상해서 원인을 찾으려고 하면 많은 시간이 걸린다.

위와 같은 단순한 입력 실수를 방지하기 위해서는 여러 번 사용되는 데이터를 별도의 시트에 모아 놓고 해당 시트에서 참조하는 것이 좋다. 그러면 입력 실수를 사전에 방지할 수 있다. 또한, 데이터를 수정해야 할 때도 한 곳에서만 수정하면 되므로 편리하다. 만약 시트마다 직접 입력했다면 전부 찾아서 수정해야 하고, 그 과정에서 오탈자 등의 실수가 발생하기 쉽다.

사소한 입력이라도 집계 결과에 크게 영향을 미칠 수 있으므로 엑셀 문서를 만드는 시작 단계부터 다른 시트 참조 기능을 적극 사용하는 것이 좋다.

관련 항목 셀 범위 지정과 개별 지정 ⇨ 72쪽 / 절대 참조와 상대 참조 ⇨ 120쪽 / 혼합 참조 ⇨ 122쪽

CHAPTER 4

10 셀에 이름 붙이기

실수 예방하기

예제 파일 chapter4_10.xlsx

주소 대신 셀 이름 사용하기

엑셀에서 임의의 셀 또는 셀 범위에 **이름**을 지정할 수 있다. 그러면 붙인 이름을 수식에서 그대로 사용할 수 있다. 예를 들어, 특정 셀에 소비세율을 나타내는 '0.08'이라는 값을 입력하고, 해당 셀에 '소비세'라는 이름을 붙였다고 하자. 그러면 다음과 같이 수식을 사용할 수 있다.

```
= B1 * 소비세
```

셀에 붙인 이름을 수식에서 사용하면 훨씬 의미를 파악하기 쉽다.

- **셀에 이름을 붙인다**

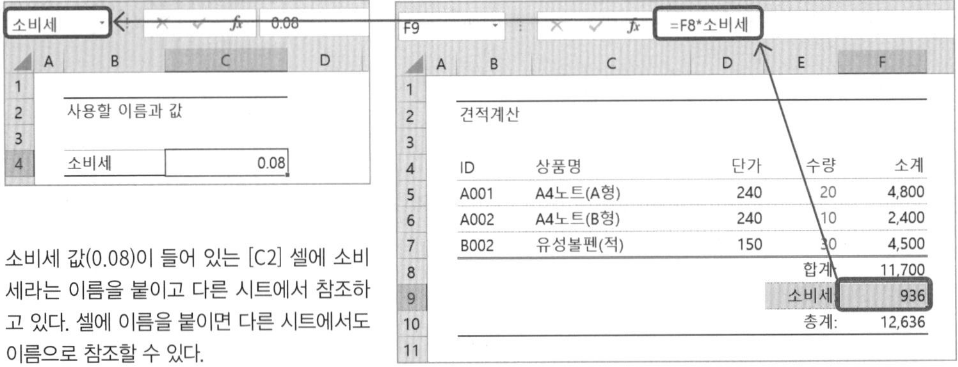

소비세 값(0.08)이 들어 있는 [C2] 셀에 소비세라는 이름을 붙이고 다른 시트에서 참조하고 있다. 셀에 이름을 붙이면 다른 시트에서도 이름으로 참조할 수 있다.

이름을 붙여 편리하게 사용할 수 있는 수치는 소비세율 이외에도 여러 가지가 있다. 예를 들어, 자릿수를 나타내는 데 사용하는 수치(천 원, 만 원, 백만 원 등)나 환율, 단위(1인치 = 2.54cm) 등이 있다. 이름을 잘 붙이면 수식의 내용을 훨씬 알기 쉽다.

첫 번째 시트에 셀 이름을 정리한다

어느 시트의 어느 위치에도 셀 이름을 붙일 수 있지만, 여기저기에 이름을 설정해 놓으면 관리하기가 어렵다. 실수로 같은 이름을 설정할 위험도 있다. 따라서 **셀의 이름을 첫 번째 시트에 모아서 정의**하는 것이 좋다.

한 시트에서 설정한 이름은 다른 시트에서도 참조할 수 있으므로 여러 시트에 나눠서 이름을 설정할 이유가 전혀 없다. 특별한 이유가 없는 한 셀의 이름은 첫 번째 시트에 모두 정리한다.

셀에 이름을 지정하는 방법은 다음과 같다. 이름을 붙일 셀을 선택한 후 시트 왼쪽 위에 있는 이름 상자에 이름을 입력하고 Enter를 누른다.

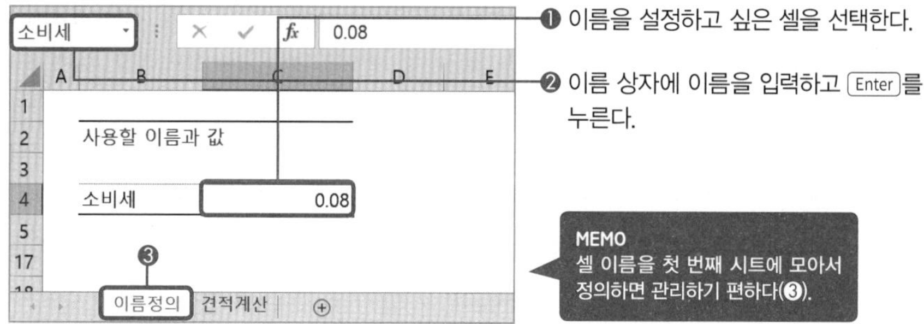

한 가지 더!

값 자체에 이름을 붙일 수도 있다

엑셀에서는 셀이 아닌 값 자체에 이름을 붙일 수도 있다. 값 자체에 이름을 지정하려면 [수식] 탭의 [이름 정의]를 클릭한다. '새 이름' 대화상자에서 [이름] 란에 이름을 입력하고(❶) [참조 대상]에 값을 입력한 후(❷) [확인] 버튼을 클릭한다. 그러나 이 방법보다는 첫 번째 시트에 모든 이름과 값을 정리하는 것이 좋다. 그 이유는 [이름 관리자] 메뉴를 모르는 사람은 이름이 어디에 정의되어 있고, 어떤 값인지 찾을 수 없기 때문이다. 명확하게 첫 번째 시트에 이름과 값이 정의되어 있으면 누구나 쉽게 이름에 해당하는 값을 확인하고 수정할 수 있다.

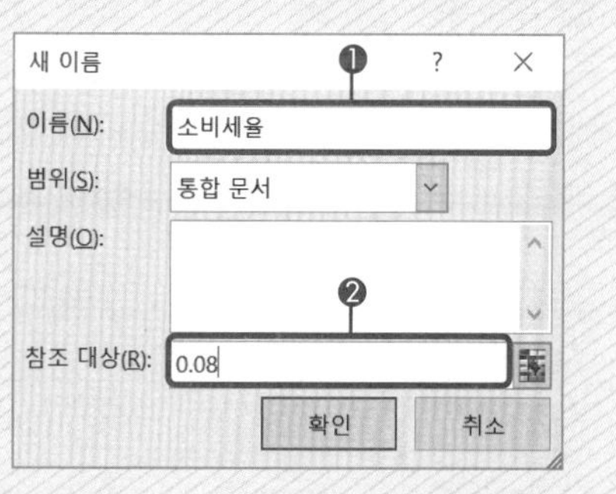

관련 항목 셀에 메모 작성 ⇨ 41쪽 / 셀에 붙인 이름 해제 ⇨ 128쪽

CHAPTER 4

11 셀 이름 삭제하기

실수 예방하기

예제 파일 chapter4_11.xlsx

이름 관리자 대화상자 사용하기

통합 문서에서 사용하는 이름(126쪽)을 확인하거나 수정하려면, **[수식]** 탭의 **[이름 관리자]**를 클릭하여 **이름 관리자 대화상자**를 표시한다. 여기서 지금까지 정의한 이름을 확인하고 수정 및 삭제가 가능하다.

특히 다른 통합 문서에서 복사해 온 수식에 이름이 사용된 경우에는 **원본 통합 문서에 대한 링크가 설정된 상태로** 이름이 복사된다. 그러나 **엑셀에서는 통합 문서 간 링크는 가능한 한 사용하지 않고 하나의 통합 문서 안에서 동작하도록 만드는 것이 안전하다**(134쪽). 따라서 다른 통합 문서에 링크가 설정되어 있는 이름이 있으면 [이름 관리자] 대화상자에서 편집하거나 삭제하는 것이 좋다.

❶ [수식] 탭 ➡ [이름 관리자]를 클릭한다.

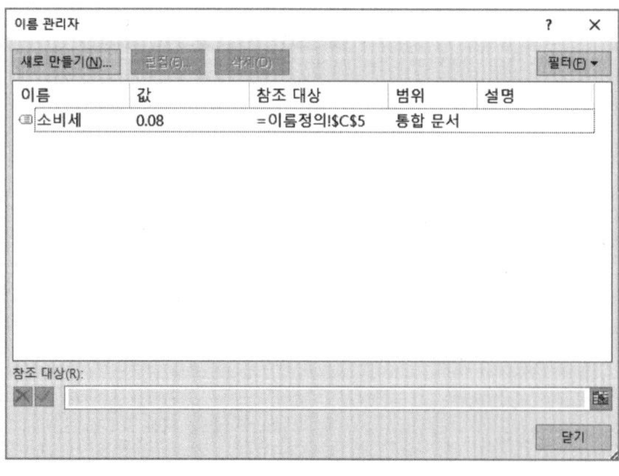

❷ [이름 관리자] 대화상자가 표시된다. 이 대화상자에서 지금까지 정의한 이름 목록을 확인, 편집, 삭제할 수 있다.

이름 편집 및 삭제하기

이름을 편집 및 삭제하려면 [이름 관리자] 대화상자에서 이름을 선택한 후, 대화상자의 맨 위에 있는 **[편집]** 버튼 또는 **[삭제]** 버튼을 클릭한다. [편집] 버튼을 클릭하여 새로운 셀이나 셀 범위를 재지정할 수 있다.

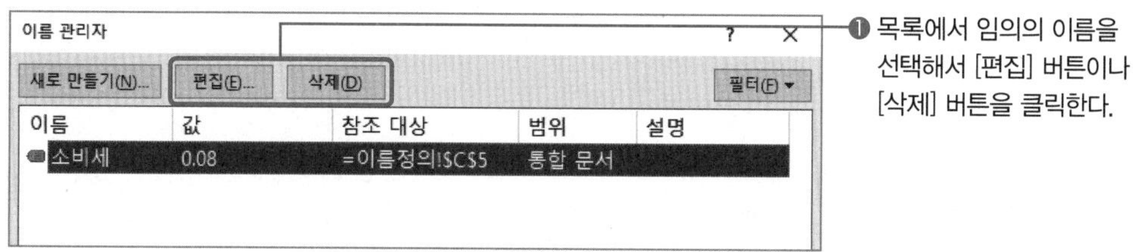

이름을 삭제하면 그 이름을 사용하는 수식 셀에 '#NAME?' 오류가 표시된다. 이름의 정의를 찾을 수 없어 발생한 오류다. 이 오류를 수정하려면 삭제한 이름과 같은 이름을 다시 정의하거나 수식 내의 이름 부분을 셀 주소로 고쳐야 한다.

● **이름을 삭제하면 그 이름을 사용하고 있는 수식에 오류가 발생한다**

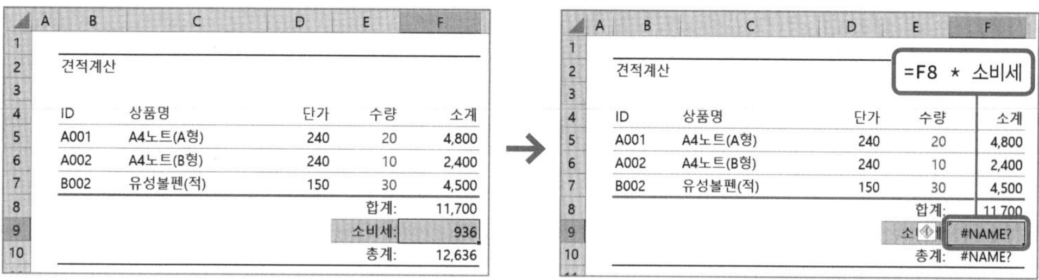

'소비세'라는 이름을 삭제하면 그 이름을 사용하고 있는 수식에서 이름의 정의를 찾을 수 없어 '#NAME' 오류가 발생한다.

한 가지 더!

자동으로 정의되는 이름

인쇄 범위를 정의하면 'Print_Area'라는 이름이 자동으로 정의된다. 또한, 외부 데이터를 가져올 때도 자동으로 이름이 추가될 수 있다.

관련 항목 셀에 메모 작성 ⇨ 41쪽 / 셀 이름 지정 ⇨ 126쪽

실수 예방하기

목록에서 선택하여 데이터 입력하기 — 데이터 유효성 검사 기능

예제 파일 chapter4_12.xlsx

입력 가능한 값의 목록에서 데이터 선택하기

입력 실수를 방지하려면 **데이터를 직접 입력하게 하지 말고 입력 가능한 목록에서 선택하게 하는 것이 좋다.** 그러면 오타 같은 입력 실수를 미리 방지할 수 있다.

셀에 입력할 수 있는 데이터를 제한하려면 **[데이터 유효성 검사] 기능**을 사용한다. 자주 사용하는 데이터에 사용하면 매우 효과적이다.

● **[데이터 유효성 검사] 기능으로 셀에 입력할 수 있는 값을 제한할 수 있다**

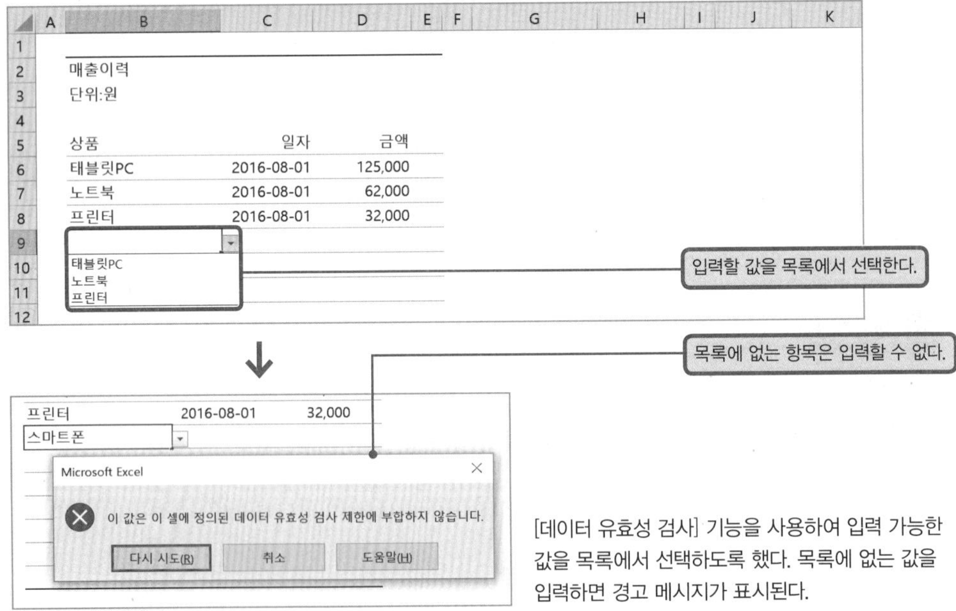

[데이터 유효성 검사] 기능을 사용하여 입력 가능한 값을 목록에서 선택하도록 했다. 목록에 없는 값을 입력하면 경고 메시지가 표시된다.

데이터 유효성 검사 설정하기

임의의 셀 또는 셀 범위에 [데이터 유효성 검사]를 설정하면 해당 셀에는 지정된 값만 입력할 수 있다. [데이터 유효성 검사] 기능을 설정하는 방법은 다음과 같다.

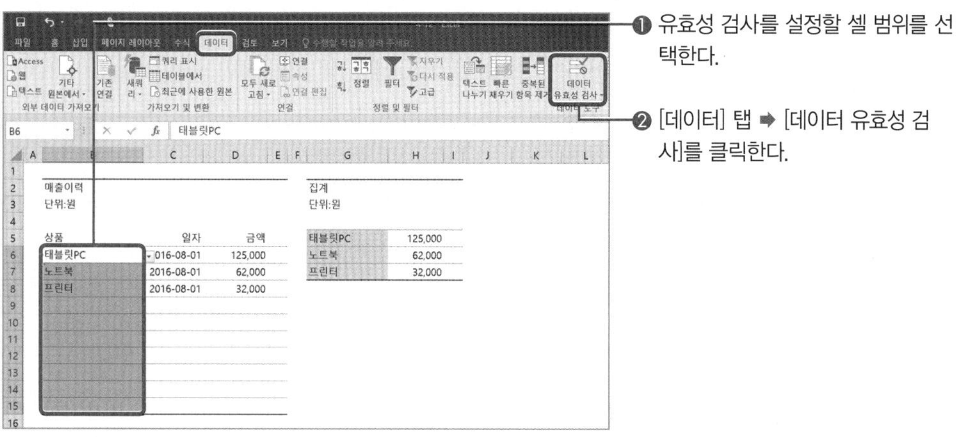

❶ 유효성 검사를 설정할 셀 범위를 선택한다.
❷ [데이터] 탭 ➡ [데이터 유효성 검사]를 클릭한다.

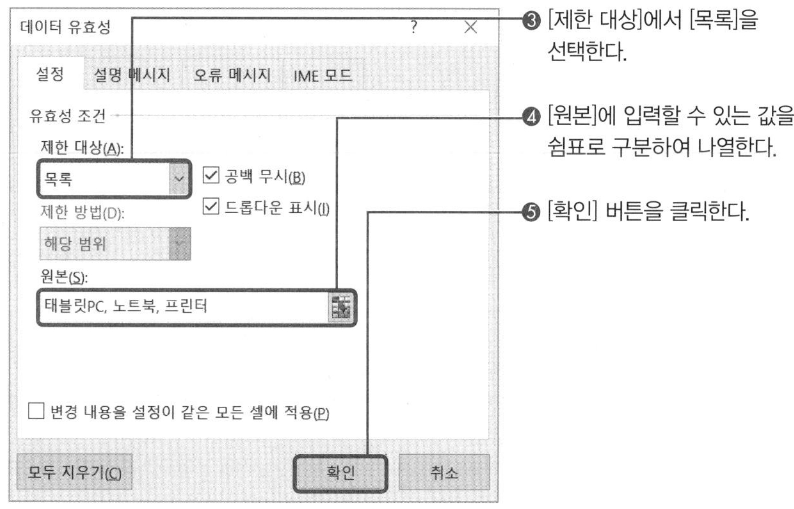

한 가지 더!

데이터 유효성 검사 해제 방법

[데이터 유효성 검사]를 해제하려면 [데이터 유효성 검사] 대화상자의 왼쪽 아래에 있는 [모두 지우기] 버튼을 클릭한다.

선택 목록을 셀 범위로 지정하기

유효성 검사에서 사용할 데이터의 목록은 쉼표로 구분하여 직접 입력할 수도 있지만 셀 범위를 지정할 수도 있다. [데이터 유효성 검사] 대화상자의 [원본]에 셀 범위를 절대 참조(120쪽)로 지정하면 된다. 이때 셀 범위에 붙은 이름(126쪽)을 사용할 수도 있는데, '=' 다음에 이름을 넣으면 된다.

● **유효성 검사의 제한 대상을 셈 범위로 지정**

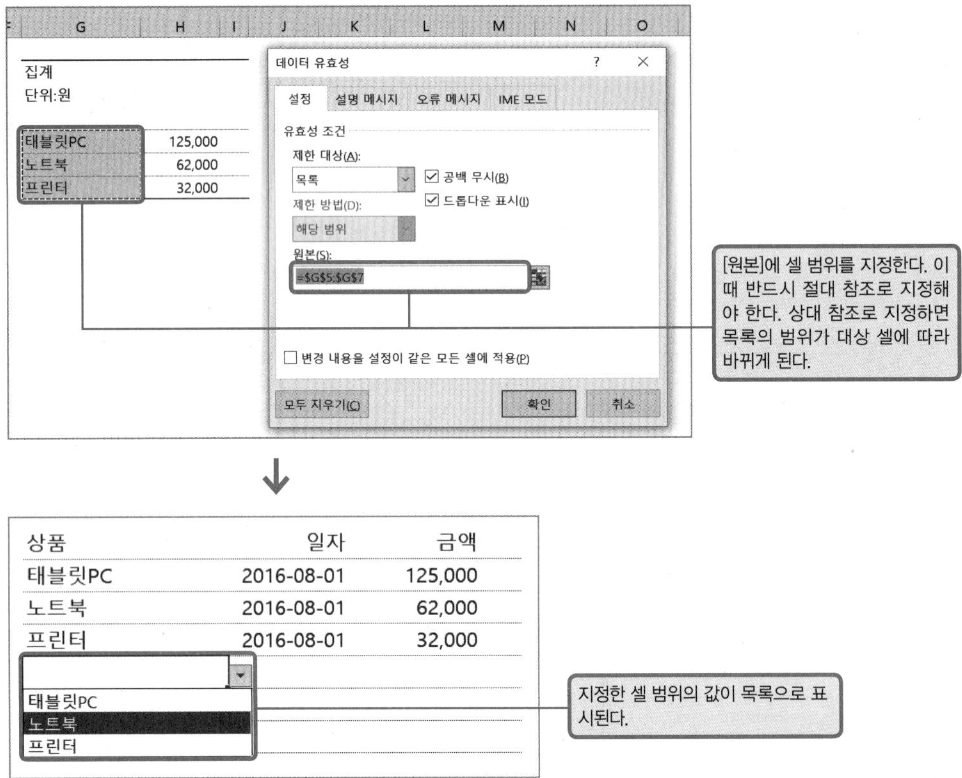

한 가지 더!

키보드로 목록을 선택하는 단축키

[데이터 유효성 검사]가 설정되어 있는 셀에서는 드롭다운 목록을 여는 단축키인 Alt + ↓로 목록을 열고 ↑나 ↓로 값을 선택할 수 있다. 선택 후 Enter를 누르면 입력된다.

목록 이외의 값도 입력할 수 있도록 설정하기

[데이터의 유효성 검사]를 설정하면 기본적으로 목록 이외의 값은 입력할 수 없다. **우선적으로 목록에서 값을 선택하여 입력하지만 종종 목록에 없는 값도 입력하고 싶은 경우가** 있다. 그런 경우에는 오류 메시지의 [스타일]을 변경하면 된다. 오류 메시지의 스타일을 변경하는 방법은 다음과 같다.

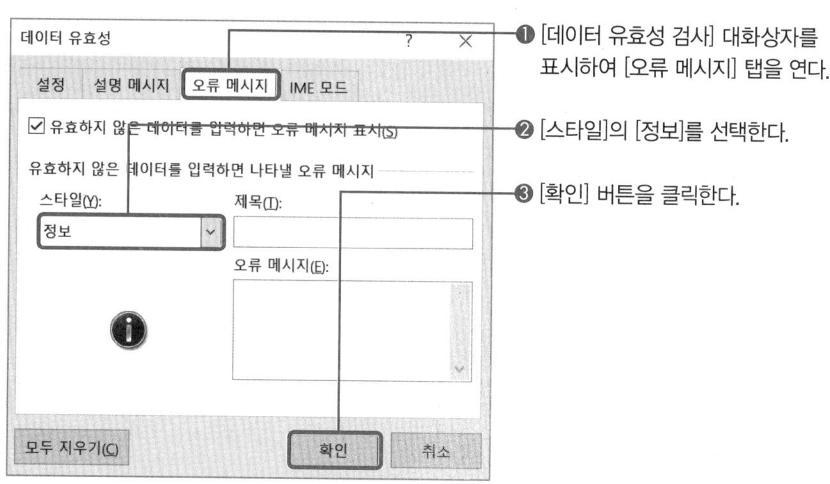

❶ [데이터 유효성 검사] 대화상자를 표시하여 [오류 메시지] 탭을 연다.

❷ [스타일]의 [정보]를 선택한다.

❸ [확인] 버튼을 클릭한다.

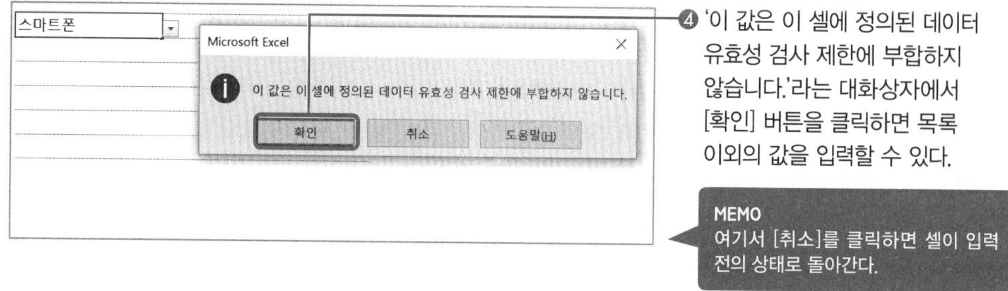

❹ '이 값은 이 셀에 정의된 데이터 유효성 검사 제한에 부합하지 않습니다.'라는 대화상자에서 [확인] 버튼을 클릭하면 목록 이외의 값을 입력할 수 있다.

MEMO
여기서 [취소]를 클릭하면 셀이 입력 전의 상태로 돌아간다.

한 가지 더!

오류 메시지의 [스타일]에 설정 가능한 항목

[오류 메시지] 탭의 [스타일]에는 [정보] 외에 [중지], [경고]를 선택할 수 있다. [중지]를 선택하면 목록 이외의 값을 입력할 수 없다. 또한, [경고]를 선택하면 [예], [아니오], [취소] 버튼이 나열된 대화상자가 표시된다. [예]를 선택하면 잘못된 값을 그대로 입력할 수 있고, [아니오]를 선택하면 잘못된 값을 수정할 수 있는 상태로 돌아간다. 또한, [취소]를 선택하면 입력을 취소하고 셀의 원래의 상태로 돌아간다.

관련 항목 셀 범위 지정과 개별 지정 ⇨ 72쪽 / 절대 참조와 상대 참조 ⇨ 120쪽 / 혼합 참조 ⇨ 122쪽

CHAPTER 4

13 다른 통합 문서는 참조하지 않는다

파일 참조와 원본 데이터

통합 문서는 단독으로 사용하는 것이 원칙

엑셀에서는 다른 통합 문서의 셀을 참조하는 것이 가능하다.

- 두 개의 통합 문서를 열어 두고 수식을 입력할 때 다른 통합 문서의 셀을 선택한다.
- 셀 참조를 '**[통합문서이름.xlsx]시트이름!셀주소**' 형식으로 지정한다.
- VLOOKUP 함수(100쪽) 등으로 다른 시트의 값을 참조하고 있는 표를 별도의 통합 문서에 복사한다.

다른 통합 문서를 참조하는 기능(링크 기능)은 편리한 것처럼 보이지만, 참조된 통합 문서가 없어지거나 문서 이름이 변경되면 오류가 발생한다. 또한, 통합 문서를 열 때마다 외부 참조에 대한 경고 메시지가 나타나기도 하고, 링크된 데이터에 대한 업데이트도 수행해야 한다. 따라서 **다른 통합 문서를 참조하지 않는 것이 좋다.** 기본적으로 **통합 문서는 단독으로 사용하는 것이 가장 좋다.**

● **다른 통합 문서를 참조한 예**

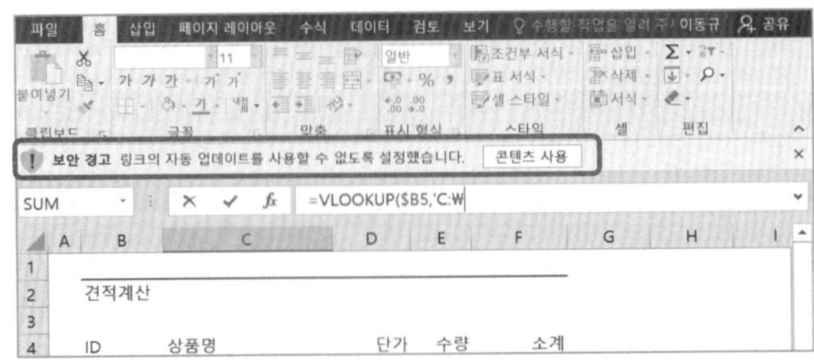

다른 통합 문서를 참조하고 있으면, 통합 문서를 열 때 경고 메세지가 표시된다.

다른 통합 문서의 데이터를 복사한 후 참조한다

하지만 때때로 **다른 통합 문서에 있는 데이터나 집계/분석한 결과를 활용해야 하는 경우**도 있다. 이미 다른 통합 문서에서 충분히 작업하고 검증한 결과를 그대로 활용하는 것이 빠르고 정확할 수 있기 때문이다. 이러한 경우에는 다른 통합 문서의 값을 복사한 후 참조하는 것이 좋다. 특히, **값 붙여넣기 기능**(172쪽)을 사용하여 수식을 제외한 후 복사하는 것이 안전하다.

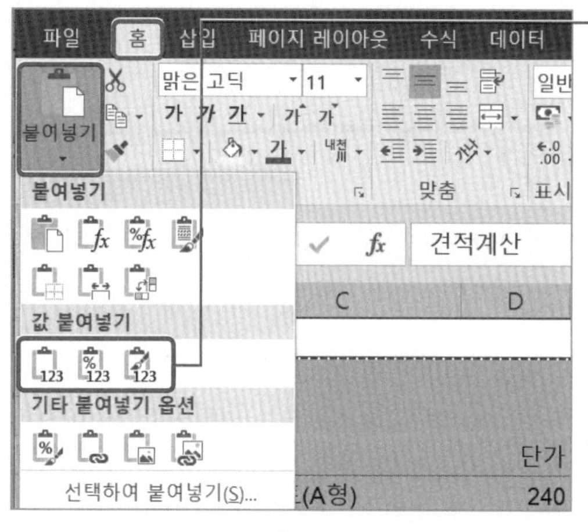

❶ 다른 통합 문서의 데이터를 복사한 후, 현재 통합 문서에 붙여넣는다.
[홈] 탭 ➡ [붙여넣기] ➡ [값 붙여넣기]를 선택하여 붙여넣는다.

MEMO
[값 붙여넣기]에 있는 3개의 아이콘에 대해서는 173쪽을 참조하기 바란다. 여기서는 어떠한 아이콘을 선택해도 괜찮다.

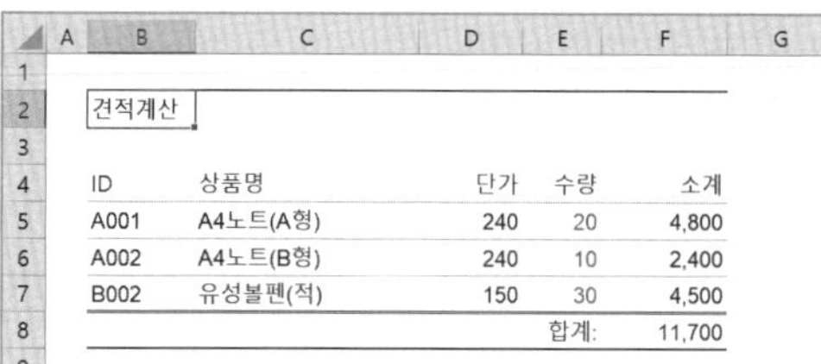

견적계산

ID	상품명	단가	수량	소계
A001	A4노트(A형)	240	20	4,800
A002	A4노트(B형)	240	10	2,400
B002	유성볼펜(적)	150	30	4,500
			합계:	11,700

❷ 복사해 온 데이터를 참조하여 사용한다.

다른 통합 문서의 수식까지 복사하고 싶은 경우

다른 통합 문서에서 값이 아닌 수식까지 복사해서 사용하고 싶다면, 수식이 참조하고 있는 시트를 모두 복사해야 한다.

관련 항목 절대 참조와 상대 참조 ⇨ 120쪽 / 다른 시트 참조 ⇨ 124쪽

CHAPTER 4

14 다른 통합 문서를 참조하는지 확인하는 방법

파일 참조와
원본 데이터

[검색과 바꾸기] 기능으로 확인하기

다른 통합 문서를 참조하고 있는 수식이 있는지 일일이 확인하면서 찾기는 너무 번거롭다. 한 가지 돌파구는 다른 통합 문서를 참조할 때는 항상 다음과 같이 대괄호([ ])를 사용한다는 점이다.

[통합문서이름.xlsx]시트이름!셀주소

따라서 대괄호가 포함된 식을 검색하면 좀 더 쉽게 다른 통합 문서를 참조하는 수식을 찾을 수 있다.

● **다른 통합 문서를 참조하고 있는 수식을 찾는 방법**

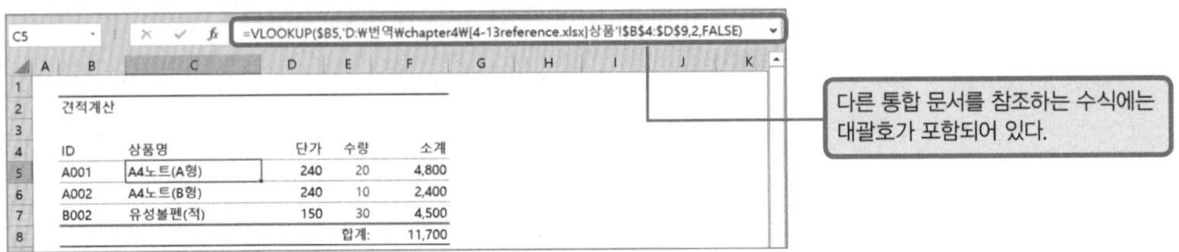

한 가지 더!

이름 정의도 확인한다

다른 통합 문서를 참조하는 식을 찾을 때는 이름 정의 목록도 반드시 확인하기 바란다(128쪽). 이름을 사용한 수식을 다른 통합 문서에서 복사해 오면 해당 문서에 대한 링크와 함께 이름이 생성된다. 따라서 모든 수식에서 다른 통합 문서 참조를 제거해도 경고 메시지가 사라지지 않는다면 이름 정의도 확인해 보기 바란다.

통합 문서 전체를 대상으로 찾기

다른 통합 문서에 대한 참조가 있는지 확인할 때 Ctrl + F를 눌러 [찾기와 바꾸기] 대화상자를 표시한 다음, 옵션을 표시한 상태에서 **범위를 '통합 문서'**로, **찾는 위치는 '수식'**으로 설정한다. 또한, **'전체 셀 내용 일치'** 항목의 체크를 해제한다.

위와 같이 설정한 후 찾을 내용에 대괄호([)를 입력하고 [모두 찾기] 버튼을 클릭한다. 그러면 다른 통합 문서를 참조하고 있는 셀의 목록이 표시된다. 이 셀의 수식을 사용하려면 참조된 시트를 현재 통합 문서 내에 복사하고 수식을 현재 통합 문서의 셀을 참조하는 상태로 만든다(문서 이름은 삭제).

검색 결과로 나열된 목록을 클릭하면 해당 셀로 이동하므로 빠르게 수정할 수 있다.

● **[검색과 바꾸기]로 다른 통합 문서 참조 찾기**

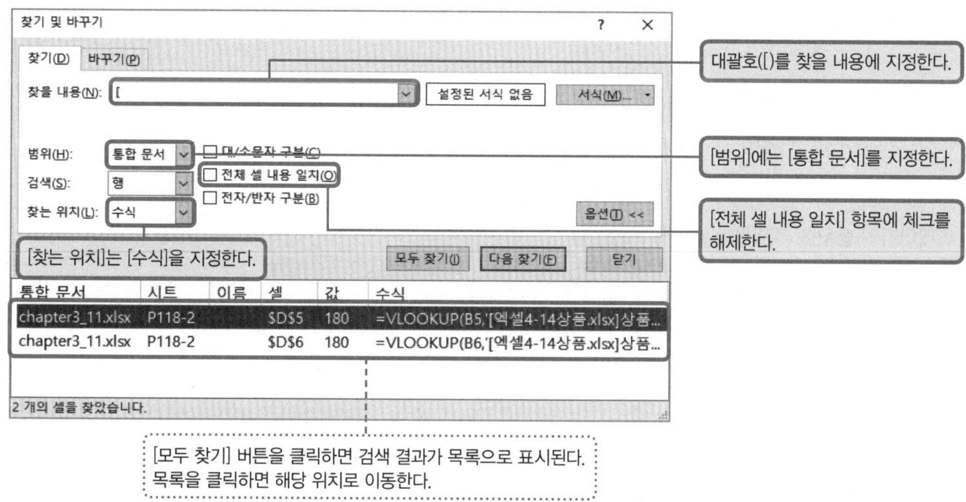

한 가지 더!

연결 끊기 기능

다른 통합 문서에 대한 참조는 [데이터] 탭의 [연결 편집]에서 한꺼번에 해제할 수 있다. 연결이 끊어진 셀은 연결이 끊어지기 전에 표시된 값으로 남아 있지만 수식은 사라진다. 수식을 남겨 둘 필요가 없다면 이렇게 연결을 끊는 것이 간단하다.

관련 항목 절대 참조와 상대 참조 ⇨ 120쪽 / 다른 시트 참조 ⇨ 124쪽 / 다른 통합 문서 참조 ⇨ 134쪽

CHAPTER 4

15 데이터 출처 명시하기

파일 참조와
원본 데이터

수치의 타당성 및 근거를 위한 정보 남기기

표를 작성할 때 수치의 출처를 가능한 한 자세히 기록하는 습관을 들이는 것이 좋다. 보통 정부 발표 자료나 회계 자료 등 다양한 출처를 바탕으로 자료를 작성한다. 그런데 출처가 기재되어 있지 않으면 나중에 수치의 유효성을 확인할 수 없어 근거가 빈약한 자료가 될 수 있다.

출처를 기재할 때는 출처를 위한 열을 표 안에 마련하되, 문자 수가 길어지는 경우에는 각주를 사용하여 표기하면 더 잘 알아볼 수 있다.

● **데이터의 출처를 기재한다**

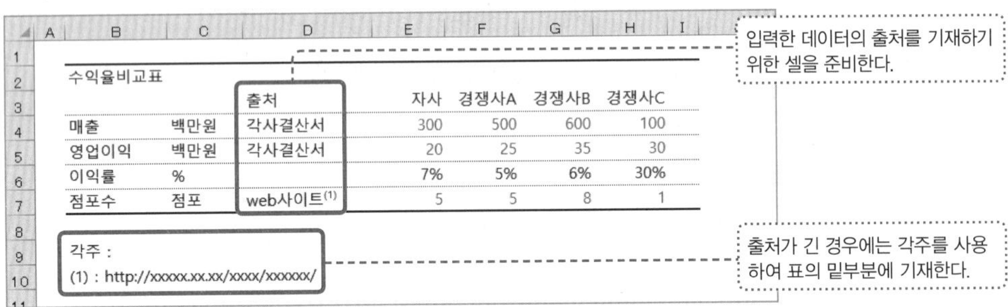

수익율비교표		출처	자사	경쟁사A	경쟁사B	경쟁사C
매출	백만원	각사결산서	300	500	600	100
영업이익	백만원	각사결산서	20	25	35	30
이익률	%		7%	5%	6%	30%
점포수	점포	web사이트(1)	5	5	8	1

각주 :
(1) : http://xxxxx.xx.xx/xxxx/xxxxxx/

입력한 데이터의 출처를 기재하기 위한 셀을 준비한다.
출처가 긴 경우에는 각주를 사용하여 표의 밑부분에 기재한다.

한 가지 더!

위 첨자를 사용하는 방법

웹사이트(1)처럼 위 첨자를 사용하려면 위 첨자를 적용할 내용을 선택한 후 [셀 서식] ➡ [글꼴] 탭➡ [효과] ➡ [위 첨자]를 체크한다.

관련 항목 숫자의 색상 사용 ⇨ 26쪽 / 다른 시트 참조 ⇨ 124쪽

CHAPTER

5

단축키 활용하여 작업 속도 높이기

CHAPTER 5

01 단축키는 필수!

단축키 사용하기

단축키를 사용하여 빠르게 작업하기

엑셀에는 작업 효율을 높이기 위한 기능이 많은데, 그중에서도 가장 중요한 것이 **단축키**다. 단축키 몇 개를 기억하는 것만으로 사람에 따라서는 작업 속도가 10배, 20배나 빨라진다.

엑셀은 마우스를 사용하지 않을수록 작업 속도가 빨라진다. 작업 중간중간 마우스로 손을 옮기고, 또 마우스 커서를 원하는 곳으로 이동시키는 것은 확실히 시간과 에너지가 소비되는 일이다. 작업이 느리다고 생각하는 사람은 되도록 마우스를 사용하지 않도록 노력해 볼 필요가 있다.

단축키를 사용하면 **마우스를 사용해야 하는 작업을 키보드 입력으로 빠르게 수행할 수 있다.** 대표적인 단축키로 복사하기(Ctrl + C)와 붙여넣기(Ctrl + V)가 있다. 엑셀에는 모든 작업에 단축키가 할당되어 있다. 따라서 **자주 사용하는 기능을 중심으로 단축키를 기억해 두면 키보드 조작만으로도 많은 작업을 수행할 수 있다.**

- **컨텍스트 메뉴(팝업 메뉴)도 키보드로 표시한다**

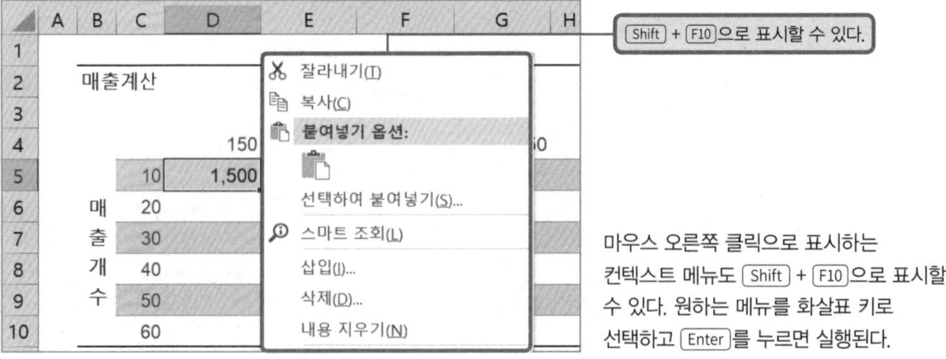

마우스 오른쪽 클릭으로 표시하는 컨텍스트 메뉴도 Shift + F10으로 표시할 수 있다. 원하는 메뉴를 화살표 키로 선택하고 Enter를 누르면 실행된다.

작업 효율을 개선하면 실수를 줄일 수 있다

단축키를 활용함으로써 얻는 최대의 장점은 작업 속도 향상이지만, 그로 인해 입력 내용을 확인하기 위한 시간적인 여유를 얻게 되어 결과적으로 더 정확한 표를 작성할 수 있다.

- **새로운 통합 문서를 여는 작업은 단축키가 훨씬 빠르다**

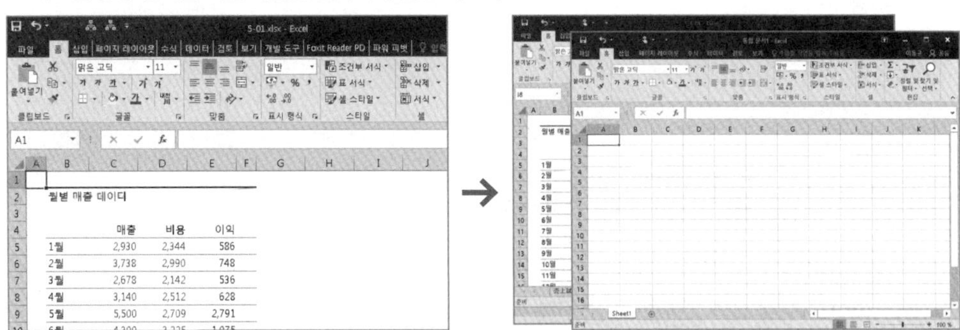

마우스를 사용하여 새로운 통합 문서를 만들려면 리본 메뉴의 [파일] ➡ [새로 만들기] ➡ [새 통합 문서]를 클릭해야 하므로 총 3단계가 필요하다. 단축키를 사용하면 Ctrl + N을 한 번 누르기만 하면 끝이다.

단축키 기능의 대부분은 **표를 알아보기 쉽게 하는 데 도움**이 된다. 또한, 값을 직접 입력하거나 계산식의 색 구분(26쪽), 테두리 설정(21쪽) 등의 번거로운 조작도 단축키를 기억하면 손쉽게 설정하거나 변경할 수 있다. 약간의 노력으로 업무 효율을 향상시킬 수 있다.

이 장에서는 **반드시 기억해야 하는 필수 단축키**를 엄선하여 소개한다. 또한, 여기에 언급되지 않은 단축키라도 여러분의 업무에 필요한 단축키가 있다면 꼭 기억해 두었다가 사용하길 바란다.

한 가지 더!

오른쪽 Ctrl 사용하기

보통 데스크톱 키보드에는 오른쪽에도 Ctrl가 있다. 손이 작은 사람은 왼손 하나로는 Ctrl + T 같은 단축키를 누르는 것이 힘들 수도 있다. 이때는 오른손으로 오른쪽 Ctrl를 누르고 왼손으로 T를 누르는 게 더 편할 것이다.

관련 항목 Alt 사용법 ⇨ 142쪽 / 수고나 실수를 대폭 줄이는 단축키 ⇨ 164쪽

02 Alt는 유용한 파트너

단축키 사용하기

단축키는 Ctrl와 Alt로 시작한다

엑셀의 단축키는 크게 Ctrl을 사용하는 것과 Alt를 사용하는 두 가지 유형으로 분류할 수 있다. Ctrl 계열의 단축키는 **Ctrl과 다른 키를 동시에 눌러** 특정 기능을 수행한다. 예를 들어, Ctrl + C는 Ctrl을 누른 상태로 C를 누르는 것이다.

● Ctrl을 누르면 셀 편집 모드로 전환된다

단축키	기능과 설명
Ctrl + C	복사. Copy의 'C'이다. 붙여넣기는 V, 잘라내기는 X이다.
Ctrl + S	저장. Save의 'S'이다. 다른 이름으로 저장은 F12이다.
Ctrl + F	검색. Find의 'F'이다. 바꾸기는 H이다.
Ctrl + : (Ctrl + Shift + ;)	현재 시각 입력. 12:00처럼 시간 표시에 쓰는 :이다. 날짜 입력은 ;이다.
Ctrl + Home	[A1] 셀로 이동. Home Position(기본 위치)의 Home이다. 사용 중인 최종 셀로 이동하는 단축키는 End이다.

위 표를 보면 알 수 있듯이, Ctrl 계열의 단축키는 **기능의 머리글자나 관련 기호가 단축키로 할당된 경우가 많다.** 예를 들어, 복사(Copy)는 C, 검색(Find)은 F이다. 또한, 어떤 단축키와 비슷한 기능이거나 연관성이 있는 단축키는 해당 단축키 주변의 키에 단축키가 할당된 경우도 많다. 예를 들어, 복사(C)의 오른쪽 옆에는 붙여넣기(V), 왼쪽 옆에는 잘라내기(X)가 할당되어 있다.

Alt를 누르면 단축키 힌트가 표시된다

Alt를 사용하면 **리본 메뉴를 호출할 수 있다.** Alt를 한 번 누르면 리본 메뉴의 탭 부분에 다음 그림과 같이 문자가 표시된다. 표시된 문자 키를 누르면 이번에는 해당 탭 내의 각 버튼에 문자가 표시된다.

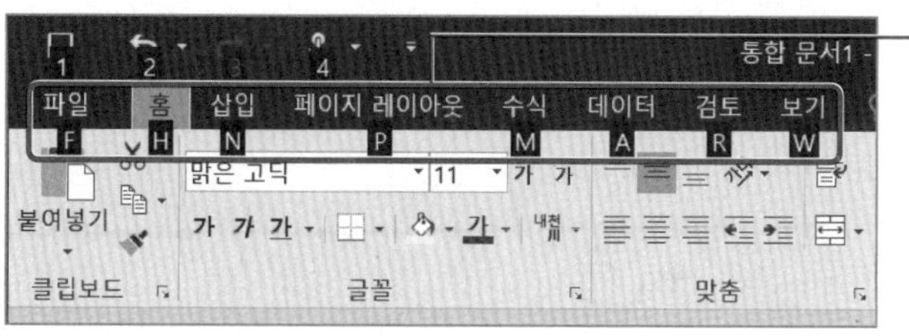

❶ Alt를 한 번 누르면, 리본 메뉴 탭 부분에 문자가 표시된다.

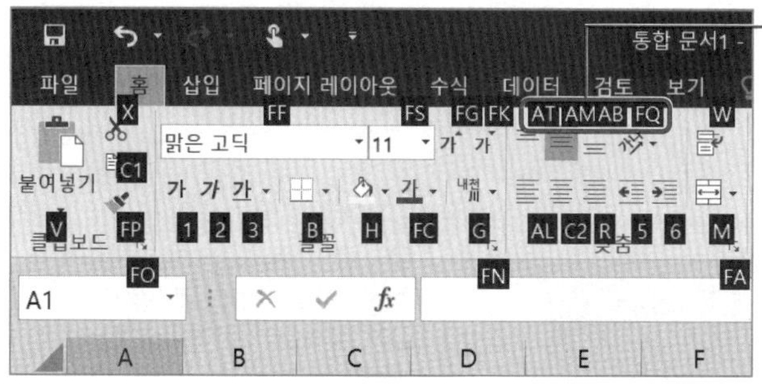

❷ 홈 탭의 H를 누르면, 홈 탭 내의 각 명령어에 다시 문자가 표시된다.

❸ 원하는 키를 입력하면 해당 기능이 실행된다.

예를 들어, [홈] 탭에서 [글꼴 유형]을 변경하려면, Alt → H → F → F를 차례로 누르면 된다. 여기서 주의해야 할 점은 Alt 계열의 단축키는 **키를 하나씩 눌러야 한다는 점**이다. Ctrl 단축키처럼 동시에 입력해야 하는 것과 다르다. 이 책에서는 Ctrl 계열 단축키를 표시할 때 '+'를 사용하고, Alt 계열의 단축키를 표기할 때는 '→'를 사용했다. 또한, Alt 계열의 단축키를 입력하다가 취소하려면 ESC를 누르면 된다.

Alt 계열의 단축키의 가장 큰 장점은 외울 필요가 없다는 것이다. Alt를 눌러서 나타나는 문자를 보면서 원하는 기능을 호출할 수 있다.

관련 항목 표 디자인을 수정하는 단축키 ⇨ 144쪽 / 행과 열을 조작하는 단축키 ⇨ 148쪽

CHAPTER 5

03 필수 단축키 6개로 표 다루기

단축키 사용하기 — 고급

예제 파일 chapter5_3.xlsx

표 및 모든 셀 선택하기 — Ctrl + A

값이 입력되어 있는 하나의 셀을 선택하고 Ctrl + A를 누르면, 그 셀에 인접해 있으면서 값이 입력되어 있는 셀이 모두 선택된다. 또한, 이 상태에서 다시 한 번 Ctrl + A를 누르면 이번에는 전체 셀이 선택된다.

● **표 선택/모든 셀 선택 단축키**

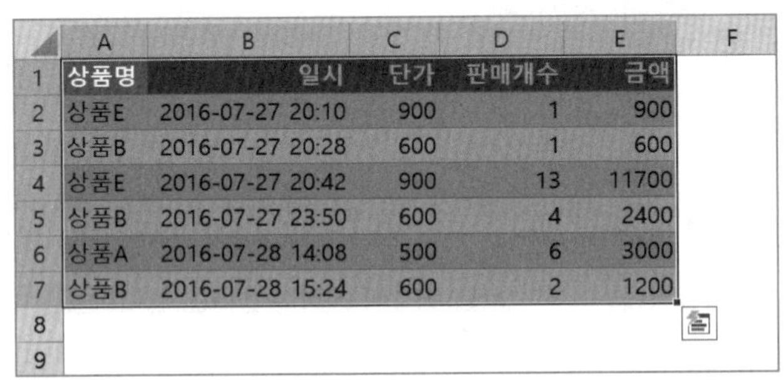

	A	B	C	D	E	F
1	상품명	일시	단가	판매개수	금액	
2	상품E	2016-07-27 20:10	900	1	900	
3	상품B	2016-07-27 20:28	600	1	600	
4	상품E	2016-07-27 20:42	900	13	11700	
5	상품B	2016-07-27 23:50	600	4	2400	
6	상품A	2016-07-28 14:08	500	6	3000	
7	상품B	2016-07-28 15:24	600	2	1200	
8						
9						

값이 입력되어 있는 셀을 선택하고 Ctrl + A를 누르면, 해당 셀 주위에 값이 입력되어 있는 셀이 전부 선택된다.

MEMO
여기서 다시 한 번 Ctrl + A를 누르면 전체 셀이 선택된다.

텍스트 맞춤 — Alt → H → A → L / Alt → H → R / Alt → H → 2 → C

셀의 텍스트를 왼쪽으로 맞추려면 Alt → H → A → L을 누르고, 오른쪽으로 맞추려면 Alt → H → R을 누른다. 엑셀에서는 **문자는 왼쪽에, 숫자는 오른쪽**에 맞추는 것이 보기 좋다(13쪽). 텍스트를 가운데로 맞추려면 Alt → H → 2 → C를 누른다.

- **오른쪽 맞춤/왼쪽 맞춤 단축키**

		계획A	계획B	계획C
영업계획				
매출	원	320,000	480,000	640,000
단가	원	800	800	800
판매수	개	400	600	800

숫자가 입력되어 있는 열을 선택해서 Alt → H → A → R을 누르면, 모두 오른쪽 맞춤으로 설정된다.

문자색 변경하기 — Alt → H → F → C

문자색을 변경하려면 Alt → H → F → C를 눌러 팔레트를 표시하고, 화살표 키로 색상을 선택한 후 Enter를 눌러 결정한다. 처음에는 팔레트 상단의 [자동]으로 선택되어 있다. ↓를 눌러 팔레트로 이동한 후 색을 선택하도록 한다.

- **문자색 변경**

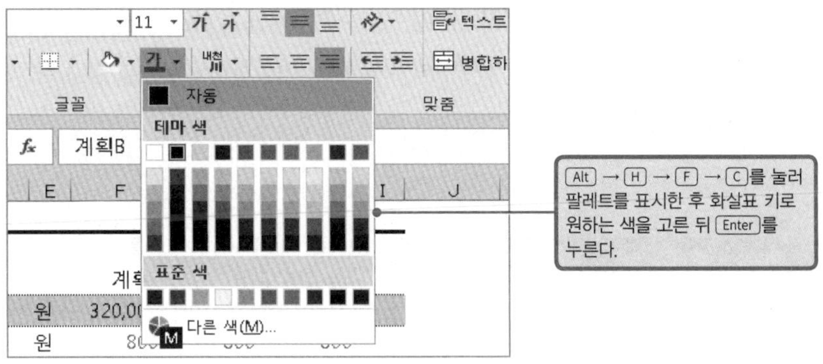
11
텍스트
병합하
글꼴
자동
맞춤
테마 색
계획B
표준 색
다른 색(M)...
Alt → H → F → C를 눌러 팔레트를 표시한 후 화살표 키로 원하는 색을 고른 뒤 Enter를 누른다.

배경색 변경하기 — Alt → H → H

셀의 배경색을 설정하려면 Alt → H → H를 눌러 팔레트를 표시하고, 화살표 키로 색상을 선택한 후 Enter를 눌러 결정한다. **배경색은 가급적 옅은 색상을 설정하는 것이 좋다**(28쪽). 원색에 가까운 색을 설정하면 표를 알아보기 어렵다.

• **배경색 변경**

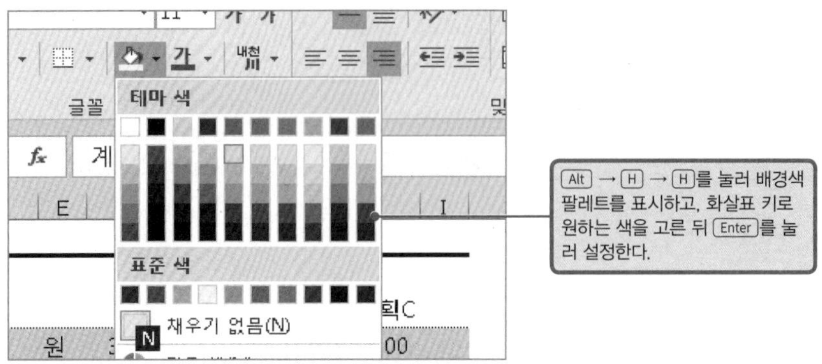
테마 색
표준 색
채우기 없음(N)
Alt → H → H를 눌러 배경색 팔레트를 표시하고, 화살표 키로 원하는 색을 고른 뒤 Enter를 눌러 설정한다.

글꼴 변경하기 — Alt → H → F → F

글꼴을 변경하려면 Alt → H → F → F를 누른다. 글꼴 드롭다운 박스가 활성화되면 ↓를 눌러 목록을 열 수 있다. 목록에서 글꼴의 첫 글자를 입력하면 해당 문자로 시작하는 글꼴로 이동한다. 예를 들어, 목록을 연 후 '바'를 입력하면 '바탕체'로 이동한다. 목록을 열지 않고 직접 글꼴 이름을 입력하여 설정할 수도 있다.

• **글꼴 변경**

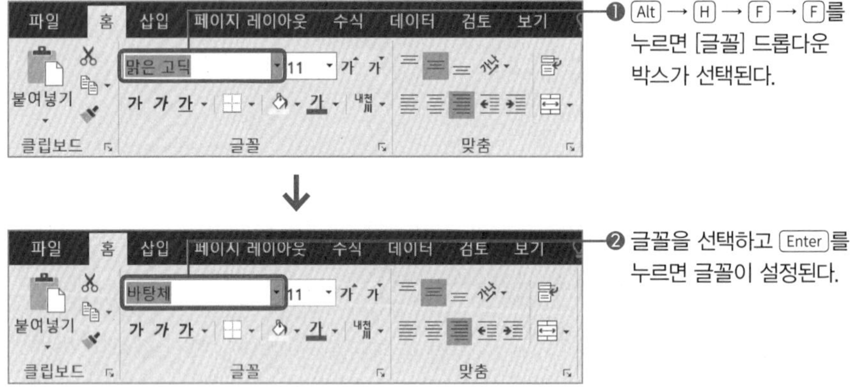
파일
홈
삽입
페이지 레이아웃
수식
데이터
검토
보기
맑은 고딕
바탕체
붙여넣기
클립보드
글꼴
맞춤
❶ Alt → H → F → F를 누르면 [글꼴] 드롭다운 박스가 선택된다.
❷ 글꼴을 선택하고 Enter를 누르면 글꼴이 설정된다.

셀 서식 대화상자 — Ctrl + 1

표시 형식, 맞춤, 글꼴, 테두리 등의 서식을 설정할 수 있는 **[셀 서식] 대화상자**를 표시하려면, Ctrl + 1을 누른다. 대화상자에서 탭 간 이동이나 설정도 단축키로 조작할 수 있다.

● **[셀 서식] 대화상자의 단축키**

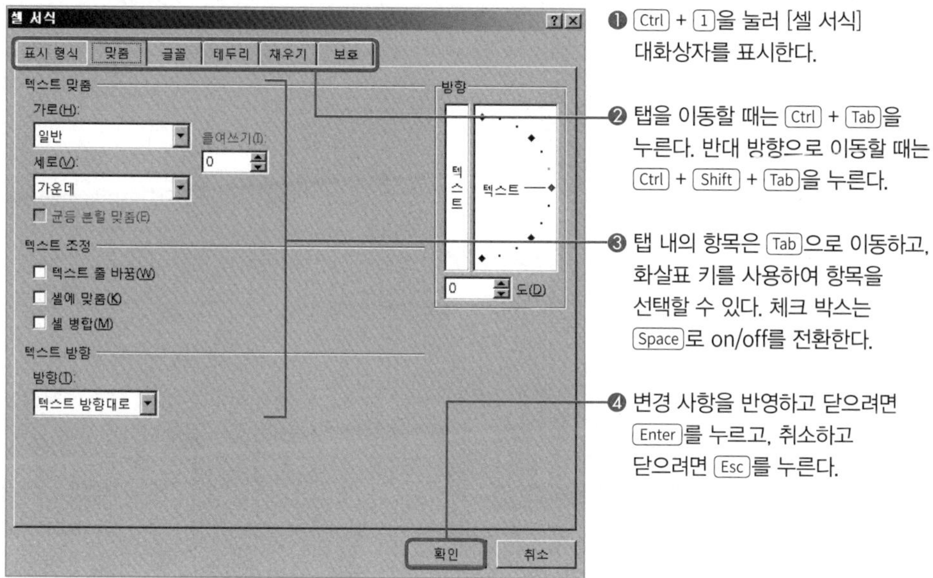

❶ Ctrl + 1을 눌러 [셀 서식] 대화상자를 표시한다.

❷ 탭을 이동할 때는 Ctrl + Tab을 누른다. 반대 방향으로 이동할 때는 Ctrl + Shift + Tab을 누른다.

❸ 탭 내의 항목은 Tab으로 이동하고, 화살표 키를 사용하여 항목을 선택할 수 있다. 체크 박스는 Space로 on/off를 전환한다.

❹ 변경 사항을 반영하고 닫으려면 Enter를 누르고, 취소하고 닫으려면 Esc를 누른다.

키를 사용해서 메뉴나 탭을 이동하고 조작하는 방식이 낯설 수도 있지만, **기본적인 키 조작은 3~4가지 키로 이루어진다.** 조금만 익숙해지면 원하는 작업을 단축키를 사용하여 매우 빠르게 수행할 수 있을 것이다.

한 가지 더!

숫자 키 패드의 1은 단축키로 사용하지 않는다

Ctrl + 1에서 1은 키보드 왼쪽 상단에 있는 1을 사용한다. 숫자 키 패드의 1은 단축키로 동작하지 않는다. 단축키에 포함된 숫자를 숫자 키 패드로 입력하면 동작하지 않거나 아예 다른 동작이 수행되는 경우가 있으니 주의하도록 한다.

관련 항목 행과 열을 조작하는 단축키 ⇨ 148쪽 / 수고나 실수를 줄이는 단축키 ⇨ 164쪽

CHAPTER 5

04 단축키 10개로 행/열 다루기

단축키 사용하기 — 고급

예제 파일 chapter5_4.xlsx

행 전체/열 전체 선택하기

행 전체를 선택하는 단축키는 Shift + Space이고, 열 전체를 선택하는 단축키는 Ctrl + Space이다. 행이나 열 단위로 서식을 설정할 때 자주 사용되는 단축키다.

● 행 전체/열 전체 선택

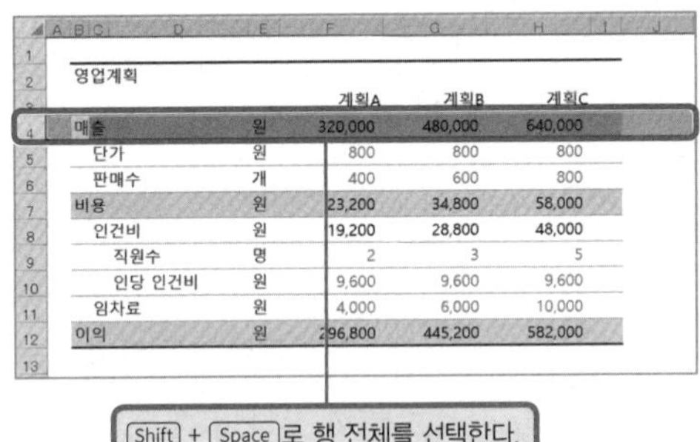
Shift + Space로 행 전체를 선택한다.

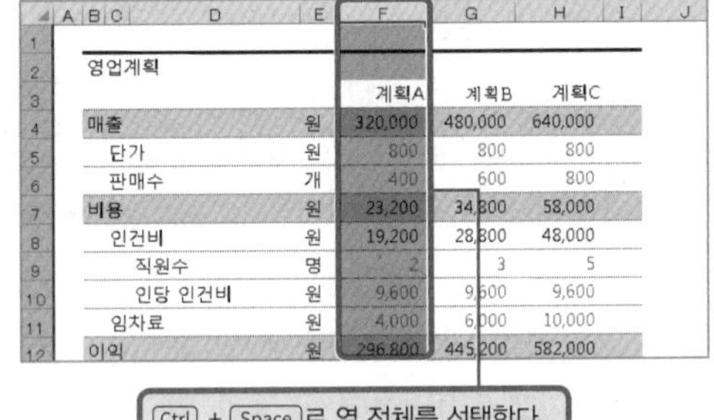
Ctrl + Space로 열 전체를 선택한다.

셀/행/열 삽입하기

셀을 삽입하려면 Ctrl + +(즉, Ctrl + Shift + +)를 눌러 셀 [삽입] 대화상자를 표시한다. 삽입 대화상자가 표시되면 화살표 키나 단축키(I, D, R, C)를 사용하여 삽입 방식을 선택한 후 Enter를 누른다.

● **셀 [삽입] 대화상자**

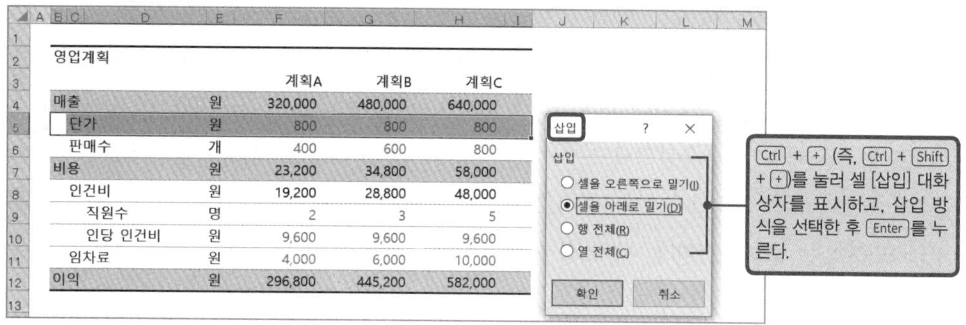

영업계획		계획A	계획B	계획C
매출	원	320,000	480,000	640,000
단가	원	800	800	800
판매수	개	400	600	800
비용	원	23,200	34,800	58,000
인건비	원	19,200	28,800	48,000
직원수	명	2	3	5
인당 인건비	원	9,600	9,600	9,600
임차료	원	4,000	6,000	10,000
이익	원	296,800	445,200	582,000

행 전체 삭제하기

Ctrl + -를 누르면 셀 [삭제] 대화상자가 표시된다. 이 대화상자에서 셀의 삭제 방법을 지정할 수 있다. 사전에 Shift + Space를 눌러 행 전체를 선택해 두면(148쪽), 대화상자를 표시하지 않고 행 전체를 삭제할 수 있다.

열 전체 삭제하기

열 전체를 삭제하려면 Ctrl + Space로 열 전체를 선택(148쪽)한 후 Ctrl + -를 누른다.

이렇게 행 또는 열 전체를 선택하고 삭제하면 대화상자 없이 바로 삭제할 수 있는데, 이는 삽입 시에도 마찬가지다. Ctrl + Space를 눌러 열 전체를 선택한 상태에서 Ctrl + +를 누르면 셀 [삽입] 대화상자 없이 열을 삽입할 수 있다.

한 가지 더!

행이나 열을 삽입할 수 있는 또 다른 단축키

엑셀에는 전체 행이나 열을 선택하지 않고도 행이나 열을 삽입할 수 있는 또 다른 단축키가 있다. 행을 삽입하려면 Alt → I → R을, 열을 삽입하려면 Alt → I → L → C를 누르면 된다. 이 단축키는 엑셀의 구 버전에서 사용하던 것이지만 호환성을 위해 엑셀 2010 이후 버전에서도 사용할 수 있다. 정식 단축키가 아니기 때문에 Alt를 눌러도 문자가 표시되지는 않지만, 행이나 열을 쉽게 삽입할 수 있어 편리하다.

데이터가 입력된 마지막 셀로 이동하기 — Ctrl + 화살표

데이터가 입력된 셀을 선택한 상태에서 Ctrl + 화살표 키를 누르면 **해당 방향의 '연속으로 데이터가 입력된 마지막 셀'로 이동한다.** 예를 들어, Ctrl + ↓를 누르면 아래 방향으로 데이터가 연속으로 입력된 마지막 셀이 선택되고 Ctrl + →를 누르면 오른쪽 방향으로 데이터가 연속으로 입력된 마지막 셀이 선택된다. 그리고 바로 옆 셀이 비어 있는 경우에는 해당 방향에서 **처음 값이 입력되어 있는 셀로 이동한다.** 이 특징을 이용하면 표에서 항목과 항목 사이를 빠르게 이동할 수 있다.

● **떨어진 항목으로 이동할 때 편리한 단축키**

Ctrl + ↓를 누른다.

	A	B	C	D	E	F	G
1							
2		영업계획					
3						계획A	계획B
4		매출			원	320,000	480,000
5			단가		원	800	800
6			판매수		개	400	600
7		비용			원	23,200	34,800
8			인건비		원	19,200	28,800
9				직원수	명	2	3
10				인당 인건비	원	9,600	9,600

→

	A	B	C	D	E	F	G
1							
2		영업계획					
3						계획A	계획B
4		매출			원	320,000	480,000
5			단가		원	800	800
6			판매수		개	400	600
7		비용			원	23,200	34,800
8			인건비		원	19,200	28,800
9				직원수	명	2	3
10				인당 인건비	원	9,600	9,600

Ctrl + ↓로 셀을 이동할 때, 현재 셀의 바로 다음 셀이 공백이면 값이 처음 나타나는 셀까지 이동한다.

그러나 이 단축키로 셀을 이동하다 보면 종종 시트의 끝까지 이동하기도 한다. 그래서 표 오른쪽 끝이나 하단에 ▼ 등의 기호로 더미 값을 입력해서 여기가 표의 마지막이라는 것을 알 수 있도록 표시하는 것이 좋다. 표가 완성된 후에는 [바꾸기] 기능으로 더미 값을 일괄 삭제하는 것도 잊지 않도록 한다(156쪽).

● **더미 값을 입력하여 표의 끝을 표시한다**

	A	B	C	D	E	F	G	H	I	J
1										
2		영업계획								▼
3						계획A	계획B	계획C		▼
4		매출			원	320,000	480,000	640,000		▼
5			단가		원	800	800	800		▼
6			판매수		개	400	600	800		▼
7		비용			원	23,200	34,800	58,000		▼
8			인건비		원	19,200	28,800	48,000		▼
9				직원수	명	2	3	5		▼

표의 끝에 더미 값을 입력해 두면 이곳이 표의 끝이란 것을 알 수 있어 커서를 시트 끝까지 이동하는 것을 막을 수 있다.

데이터의 끝까지 선택하기 — Shift + Ctrl + 화살표

Shift를 누른 상태에서 화살표 키를 조작하면 **셀 범위**를 선택할 수 있다. 예를 들어, [F5] 셀에서 시작하여 Shift를 누른 채로 ↓ → → → → → → 를 누르면 밑으로 1행, 오른쪽으로 3열만큼의 셀 범위인 [F5:H6]를 선택할 수 있다.

● **Shift를 누른 채로 화살표 키를 누르면 셀 범위를 선택할 수 있다**

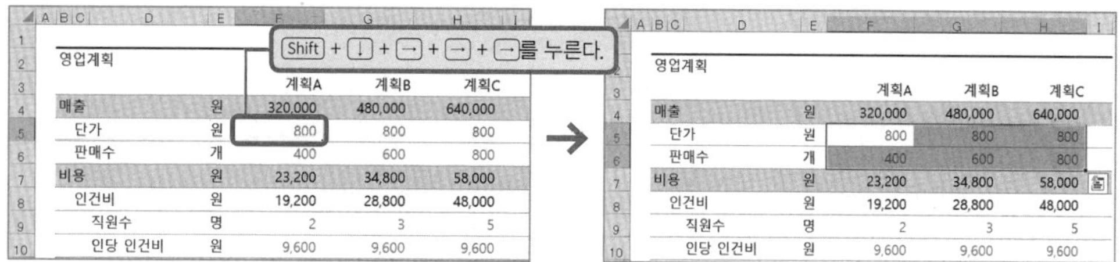
Shift + ↓ + → + → + →를 누른다.

Shift와 **Ctrl**, **화살표 키**를 조합하면 연속적으로 입력된 데이터를 한 번에 끝까지 선택할 수 있다. 즉, Shift를 누른 채로 여러 번 화살표 키를 누르는 대신 한 번에 선택할 수 있다. Ctrl + Shift + ↓를 누르고, Ctrl + Shift + →를 누르면 데이터가 입력된 연속적인 셀 범위를 한 번에 선택할 수 있다.

● **데이터의 왼쪽 상단에서 오른쪽 하단까지 한 번에 선택**

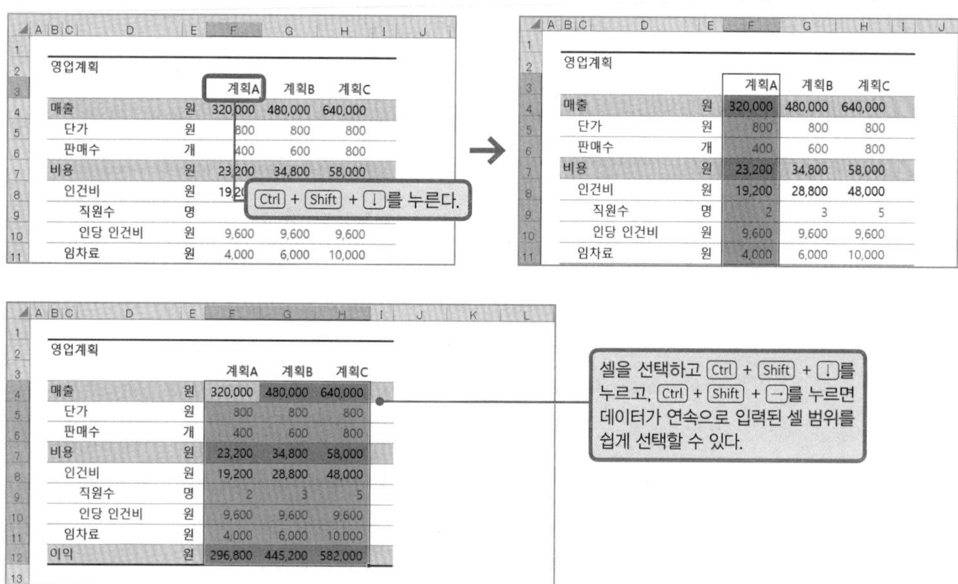
Ctrl + Shift + ↓를 누른다.
셀을 선택하고 Ctrl + Shift + ↓를 누르고, Ctrl + Shift + →를 누르면 데이터가 연속으로 입력된 셀 범위를 쉽게 선택할 수 있다.

열 너비 자동 조정하기 — Alt → H → O → I

셀의 문자 수에 맞추어 열 너비를 자동으로 조정하려면 Alt → H → O → I를 누른다. 여러 셀을 선택해서 동시에 조정할 수도 있다. 단, 자동 조정한 셀의 너비가 데이터에 꼭 맞아 좁게 느껴진다면 자동 조정한 셀 너비를 참고로 하여 조금 더 넓게 셀 너비를 변경하면 된다.

● **열 너비 자동으로 조정하기**

E	F	G	H
	계획A	계획B	계획C
원	#####	#####	#####
원	800	800	800
개	400	600	800
원			
원	19,200	28,800	48,000

Alt → H → O → I를 누른다.

→

E	F	G	H
	계획A	계획B	계획C
원	320,000	480,000	640,000
원	800	800	800
개	400	600	800
원	23,200	34,800	58,000
원	19,200	28,800	48,000

[A1] 셀로 이동하기 — Ctrl + Home

다른 사람에게 엑셀 문서를 보낼 때는 **선택된 셀의 위치를 [A1] 셀로 해서 보내는 것이 좋다.** 그래야 상대방이 엑셀을 열었을 때 [A1] 셀, 즉 시트의 첫 부분부터 볼 수 있기 때문이다.

[A1] 셀로 이동하려면 Ctrl + Home을 누른다. 그러면 현재 커서가 시트의 어느 위치에 있더라도 즉각 [A1] 셀로 이동한다. 또한, 동시에 스크롤바도 초기 위치로 돌아간다. 아주 큰 표를 처음부터 확인하고 싶은 경우에도 이 단축키를 기억해 두면 편리하다.

● **[A1] 셀로 이동하기**

그룹화하기 — Shift + Alt + →

셀 그룹(38쪽) 기능을 단축키로 실행하려면, 셀 범위를 선택한 상태에서 Shift + Alt + →를 누른다. 그러면 [그룹] 대화상자가 나타나는데, 열 또는 행을 선택해서 Enter를 누른다.

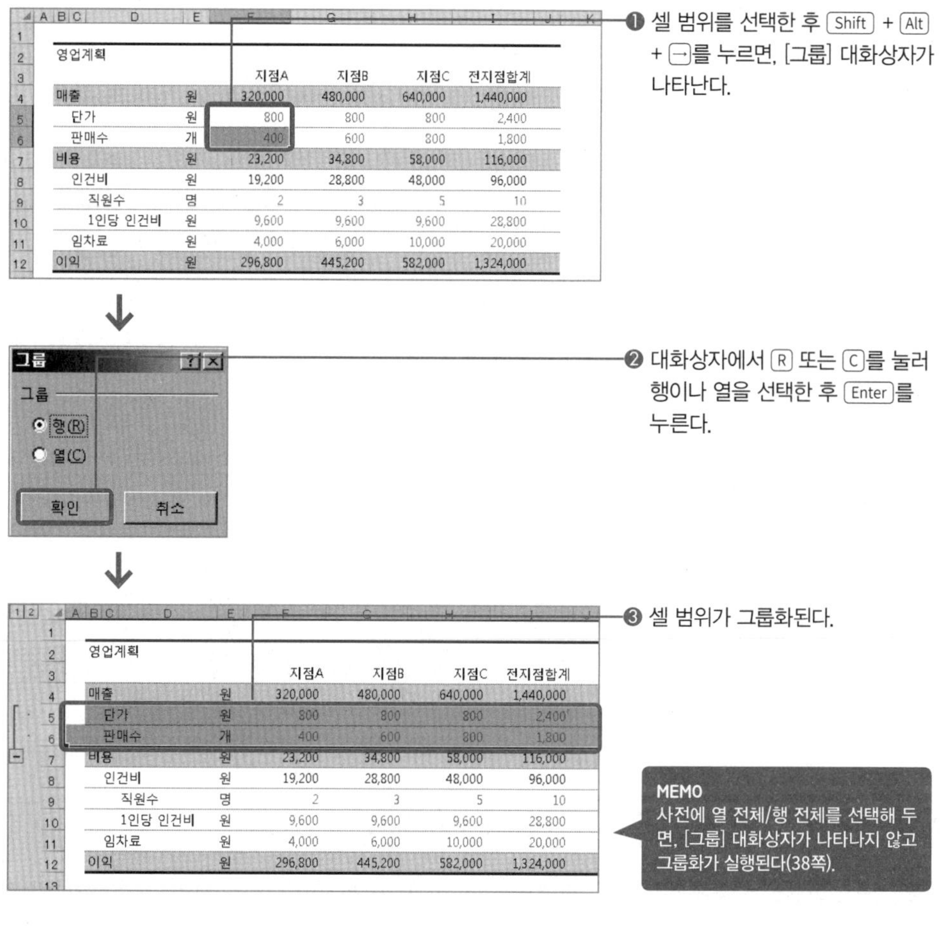

MEMO
사전에 열 전체/행 전체를 선택해 두면, [그룹] 대화상자가 나타나지 않고 그룹화가 실행된다(38쪽).

한 가지 더!

그룹화 해제 방법

그룹 해제를 위한 단축키는 Shift + Alt + ←이다. 그룹화 단축키와 화살표 방향이 반대다.

관련 항목 표의 디자인을 조작하는 단축키 ⇨ 144쪽 / 데이터를 조작하는 단축키 ⇨ 154쪽

CHAPTER 5

05 단축키 10개로 데이터 다루기

단축키 사용하기 — 고급

예제 파일 chapter5_5.xlsx

숫자에 천 단위 구분 쉼표 입력하기 — Ctrl + Shift + 1

숫자에 천 단위 구분을 위한 쉼표(,)를 입력하려면 Ctrl + Shift + 1을 누른다(숫자 키 패드의 숫자 1은 사용 불가). 이 기능은 4자리 이상의 숫자를 다룰 때 사용 빈도가 높아 작업 속도 향상에 크게 기여한다.

● 숫자에 천 단위 구분 쉼표 넣기

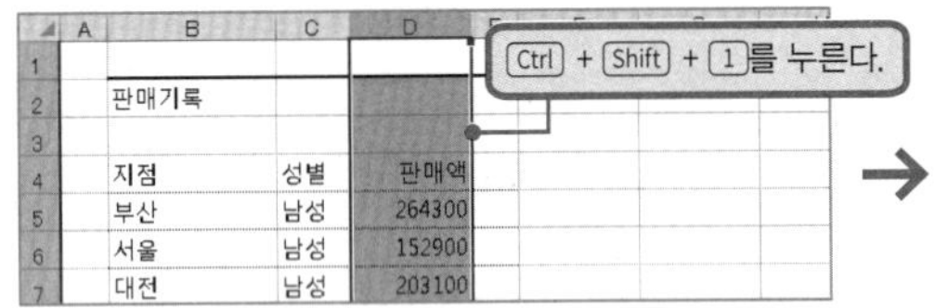

숫자 끝에 % 추가하기 — Ctrl + Shift + 5

숫자의 끝에 퍼센트 기호(%)를 추가하려면 Ctrl + Shift + 5를 누른다. Shift + 화살표 키로 셀 범위를 선택하거나 Shift + Space 또는 Ctrl + Space로 행 전체 또는 열 전체를 선택하여 사용하면 더욱 편리하다.

● 숫자 끝에 % 기호 추가하기

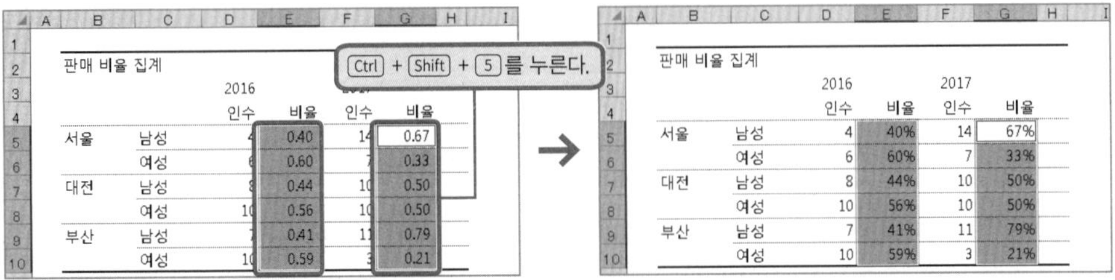

소수점 자릿수 조정하기 — Alt → H → 0/9

소수점 이하 자릿수를 한 자리 늘리려면 Alt → H → 0을 누른다. 서식에 관한 단축키이므로 Alt → H가 시작점이 되고(142쪽), '0 이하의 소수점 자릿수'를 조정한다는 의미로 0을 누른다.

반대로 소수점을 한 자리 줄이려면 Alt → H → 9를 누른다. 9는 자릿수를 늘리는 0의 왼쪽에 있다. 키 위치에 따라 소수점 자릿수를 늘리려면 0, 줄이려면 9를 누른다고 기억하면 된다.

● **소수점 이하 자릿수 변경하기**

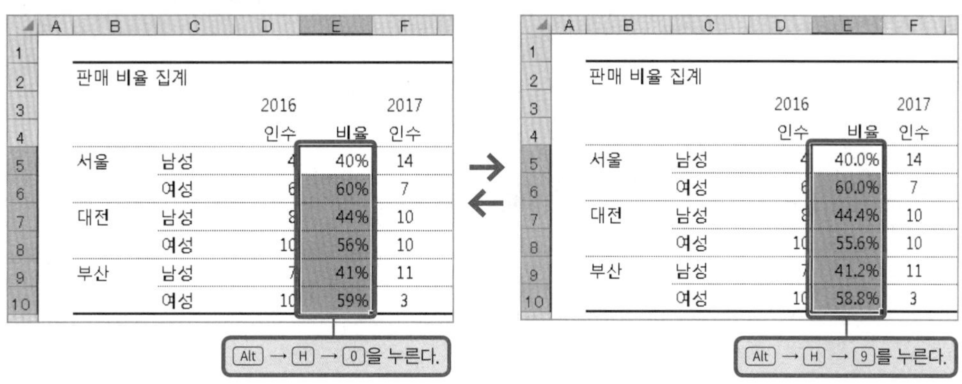

실행 취소와 다시 실행 — Ctrl + Z/Ctrl + Y

실수로 잘못 실행한 내용을 취소(undo)하려면 Ctrl + Z를 누른다. 또한, 취소한 실행을 다시 실행(redo)하려면 Ctrl + Y를 누른다. 이 기능은 엑셀 창 가장 위에 있는 **[빠른 실행 도구 모음]**에도 준비되어 있다.

● **실행 취소 및 다시 실행**

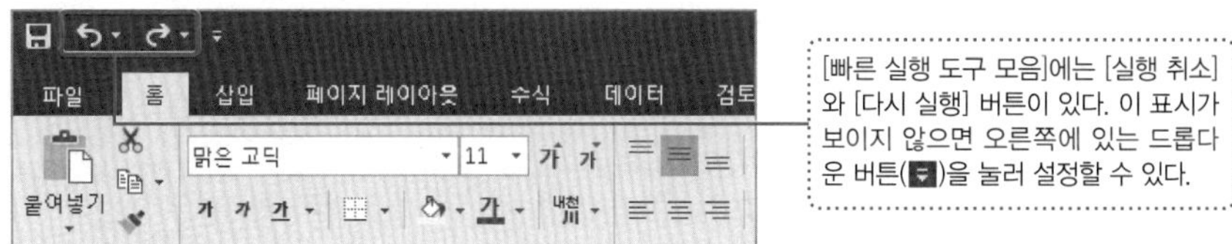

파일
홈
삽입
페이지 레이아웃
수식
데이터
검토
붙여넣기
맑은 고딕
11
[빠른 실행 도구 모음]에는 [실행 취소]와 [다시 실행] 버튼이 있다. 이 표시가 보이지 않으면 오른쪽에 있는 드롭다운 버튼(▼)을 눌러 설정할 수 있다.

통합 문서나 시트에서 찾기 — Ctrl + F

통합 문서나 시트에 입력된 내용을 찾으려면 Ctrl + F를 눌러서 [찾기 및 바꾸기] 대화상자를 표시한다. 이 대화상자를 잘 사용하면 데이터를 빠르게 찾을 수 있다.

- [찾기 및 바꾸기] 대화상자

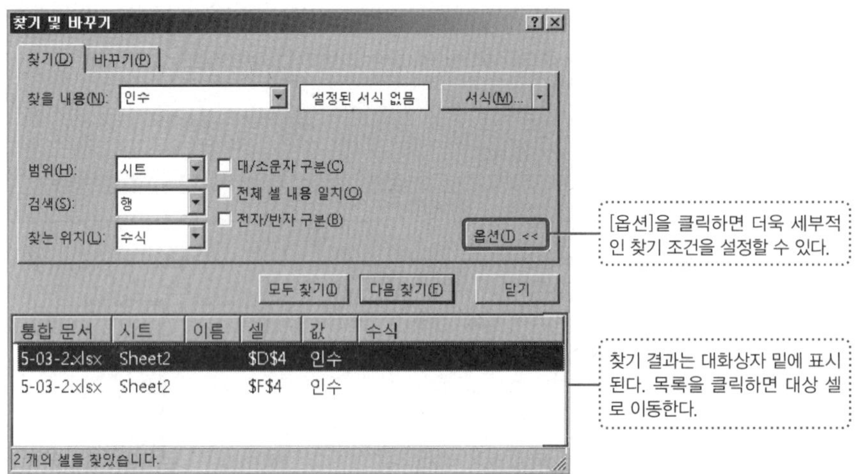

- [찾기 및 바꾸기] 대화상자 설정 항목

설정 항목	내용
찾을 내용	찾을 값을 입력한다
서식	지정한 셀 서식이 적용된 셀에서만 찾는다.
범위	찾을 범위를 시트, 통합 문서 중에서 선택할 수 있다. 현재 시트에서만 찾으려면 시트를 선택한다.
검색	찾기 진행 방향을 행과 열 중에서 선택할 수 있다. 검색 결과 목록이 표시되는 순서에 영향을 미친다.
찾는 위치	검색 데이터의 종류를 수식, 값, 메모(41쪽) 중에서 선택할 수 있다.
체크박스 3개	각각의 내용에 따라 검색 조건을 제한할 수 있다. [전체 셀 내용 일치]를 체크하면 셀의 전체 내용과 일치해야만 검색이 된다.

한 가지 더!

찾기 결과 목록에서 여러 개 선택하기

[찾기 및 바꾸기] 대화상자의 찾기 결과 목록에서 셀을 여러 개 선택하려면 Shift를 누르고 선택하거나 Ctrl을 누르고 선택한다. Ctrl + A를 누르면 전체 결과를 선택할 수 있다.

특정 문자를 다른 문자로 바꾸기 — Ctrl + H

셀의 값이나 수식 내의 일부를 바꾸려면 Ctrl + H를 누른다. 그러면 [찾기 및 바꾸기] 대화상자가 [바꾸기] 탭이 선택된 상태로 표시된다.

● [찾기 및 바꾸기] 대화상자의 [바꾸기] 탭

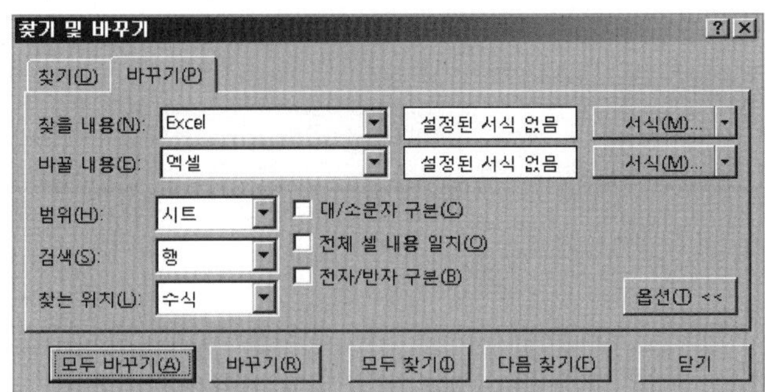

Ctrl + H를 누르면 [바꾸기] 탭이 열린 상태로 [찾기 및 바꾸기] 대화상자가 표시된다.

[찾을 내용]에 찾을 값을 입력하고, **[바꿀 내용]**에는 바꿀 내용을 입력한 후 [모두 바꾸기] 버튼을 클릭하면 대상의 값이 바뀐다. [옵션]을 클릭하면 [찾기]와 마찬가지로 범위나 검색 조건 등을 구체적으로 설정할 수 있다(156쪽).

● 'Excel'을 '엑셀'로 한꺼번에 바꾸기

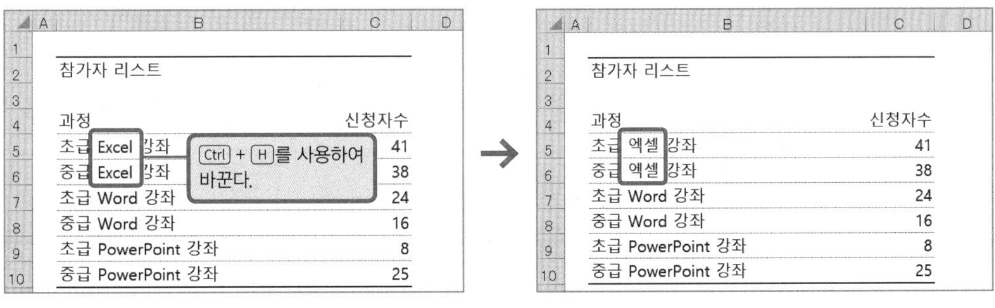

한 가지 더!

특정 데이터를 한꺼번에 지우기

[찾기 및 바꾸기] 대화상자에서 [바꿀 내용]을 공란으로 비우고 바꾸기를 실행하면, 찾을 내용에 해당하는 셀이 공란이 된다. 즉, 특정 조건에 해당하는 셀의 내용을 일괄로 삭제할 수 있다.

선택하여 붙여넣기 — Alt → H → V → S

복사를 위한 단축키는 Ctrl + C이고, 붙여넣기는 Ctrl + V이다. 그런데 이렇게 복사하면 **값**뿐만 아니라 **서식이나 수식** 등이 함께 복사된다. 해당 셀의 값만 복사하기 위해서는 Alt → H → V를 눌러 붙여넣기 옵션(170쪽)을 표시한다.

● 단축키로 붙여넣기 옵션 표시하기

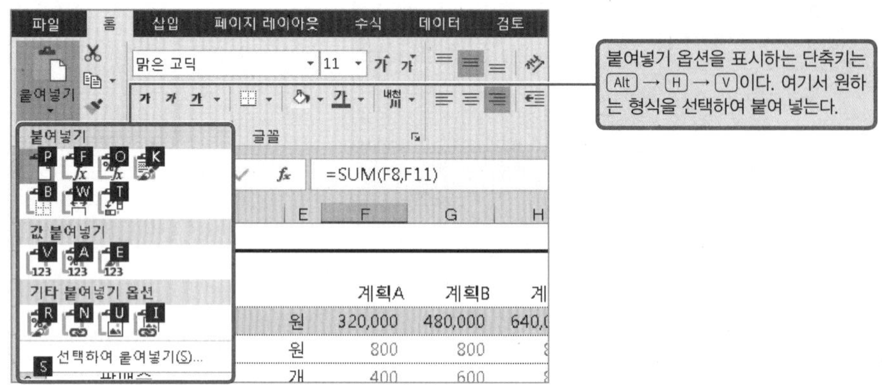

Alt → H → V에 이어서 S를 누르면 **[선택하여 붙여넣기]** 대화상자가 표시된다(170쪽). 이 대화상자에서는 값의 붙여넣기 방법을 구체적으로 지정할 수 있다. Ctrl + Alt + V 또는 Alt → E → S를 통해서도 대화상자를 표시할 수 있다.

● [선택하여 붙여넣기] 대화상자

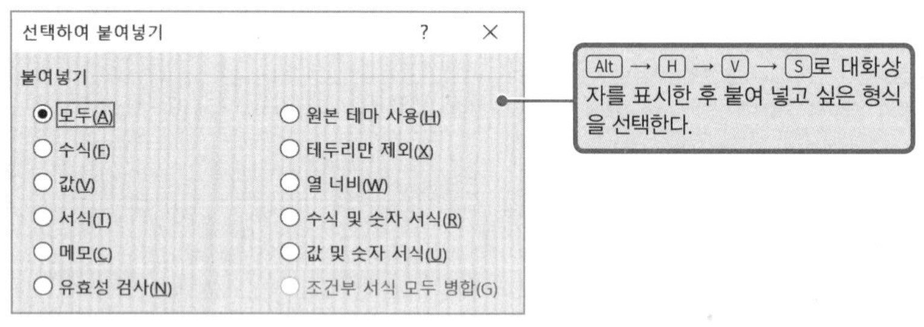

한 가지 더!

Ctrl로 붙여넣기 옵션 표시하기

Ctrl + V로 붙여 넣은 직후에 Ctrl을 누르면 '붙여넣기' 옵션이 표시된다. 여기서 화살표 키로 원하는 형식을 선택할 수 있다.

데이터 목록에 필터 설정하기 — Ctrl + Shift + L

데이터 목록에 필터(192쪽)를 설정하려면, 대상 목록 표에 커서를 위치하고 Ctrl + Shift + L 를 누른다. 필터의 화살표가 있는 셀에서 Alt + ↓를 누르면 필터 옵션을 표시할 수 있다.

● **필터 설정하기**

상품 판매량 기록

지점 ▾	판매 ▾	년 ▾	▾	판매 ▾
서울	2016-01-04	2016	1	593
인천	2016-01-08	2016	1	323
서울	2016-01-10	2016	1	282
서울	2016-02-05	2016	2	161
인천	2016-02-22	2016	2	268
인천	2016-03-07	2016	3	385

표 안에 커서를 놓은 후 Ctrl + Shift + L을 누르면 필터가 설정된다. 제목 부분에서 Alt + ↓를 누르면 필터 옵션을 표시할 수 있다.

꺾은선형 차트 만들기 — Alt → N → N

꺾은선형 차트를 작성하려면 데이터를 선택한 후 Alt → N → N을 사용한다. Alt → N → C는 **세로 막대형 차트**, Alt → N → Q는 **원형 차트**를 삽입할 때 사용한다.

● **꺾은선형 차트 만들기**

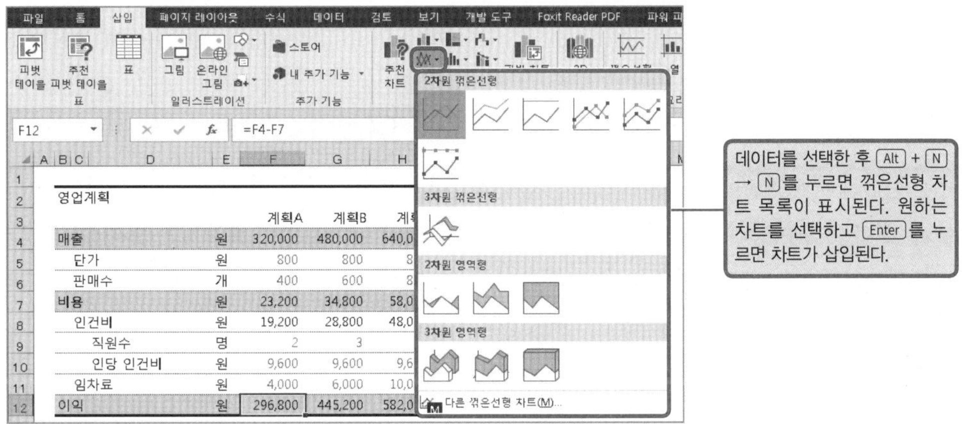
2차원 꺾은선형
3차원 꺾은선형
2차원 영역형
3차원 영역형
다른 꺾은선형 차트(M)...
데이터를 선택한 후 Alt + N → N를 누르면 꺾은선형 차트 목록이 표시된다. 원하는 차트를 선택하고 Enter를 누르면 차트가 삽입된다.

관련 항목 표의 디자인을 조작하는 단축키 ⇨ 144쪽 / 파일을 다루는 단축키 ⇨ 160쪽

단축키 8개로 파일 다루기

단축키 사용하기
— 고급

다른 시트로 이동하기 — Ctrl + PageDown / PageUp

통합 문서 내에 시트가 여러 개 있는 경우 Ctrl + PageDown을 누르면 오른쪽 시트로 이동하고 Ctrl + PageUp을 누르면 왼쪽 시트로 이동한다.

● 다른 시트로 이동하는 단축키

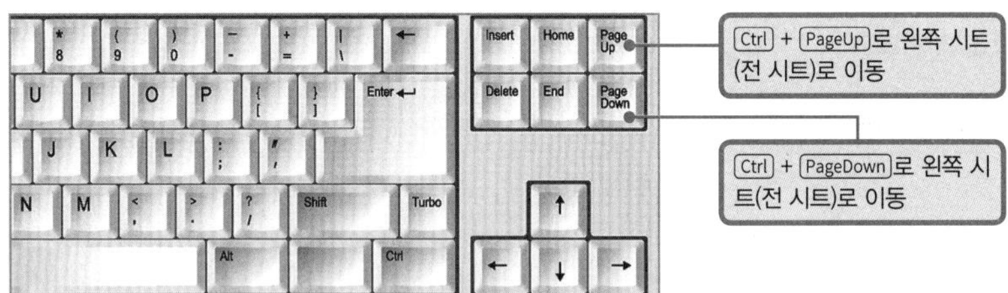

다른 통합 문서로 이동하기 — Ctrl + Tab

통합 문서가 동시에 여러 개 펼쳐져 있는 경우에 Ctrl + Tab을 누르면 다른 통합 문서로 이동할 수 있다. 3개 이상의 통합 문서가 열려 있는 경우 Ctrl + Tab으로 **열려 있는 순서에 따라 다른 통합 문서로 이동할 수 있고,** Shift + Ctrl + Tab으로 역순으로 이동할 수 있다.

한 가지 더!

키보드의 종류에 따라 작업 효율이 다르다

키보드에 따라서는 숫자 키 패드나 PageDown, PageUp이 없는 경우도 있다. 숫자나 데이터를 취급하는 일이 많은 경우에는 이러한 키의 유무에 따라 작업 효율이 달라진다. 작업 효율을 생각한다면 다양한 키가 있는 키보드를 사용하는 것이 좋다.

다른 이름으로 저장하기 — F12

파일을 [저장]이 아닌 **[다른 이름으로 저장]**하려면 F12를 누른다. 큰 작업일수록 일정 시간마다 [다른 이름으로 저장]을 실행해서 백업을 만들어 놓는 것이 좋다(116쪽).

● **[다른 이름으로 저장] 대화상자**

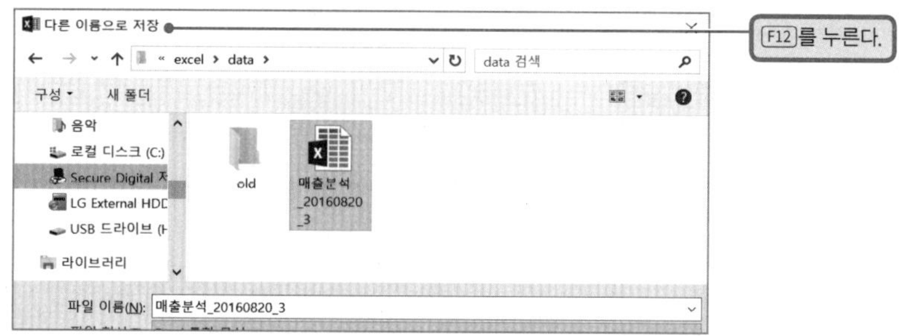

저장하기 — Ctrl + S

대표적인 단축키인 [저장]을 실행하려면 Ctrl + S를 누른다. 저장을 자주 해 두면 엑셀에서 문제가 발생하여 갑자기 작동되지 않는 경우에도 문제가 생기기 직전의 상태로 돌아가 작업을 다시 할 수 있다.

한 가지 더!

[다른 이름으로 저장] 대화상자의 아이콘 표시 형식 설정하기

[다른 이름으로 저장] 대화상자의 아이콘 표시 형식을 탐색기처럼 보통 아이콘, 자세히 등으로 변경할 수 있다. 표시 형식을 변경하려면 대화상자의 빈 부분을 마우스 오른쪽 클릭하여 [보기]를 클릭한다.

여러 문서 중에서 현재 작성 중인 문서 닫기 — Ctrl + W

여러 개의 통합 문서가 열려 있는 상황에서 현재 작성 중인 통합 문서만을 닫으려면 Ctrl + W를 누른다. 이때 저장하지 않은 변경 사항이 있으면 확인 메시지가 표시된다.

● 여러 문서 중 현재 작성 중인 문서 닫기

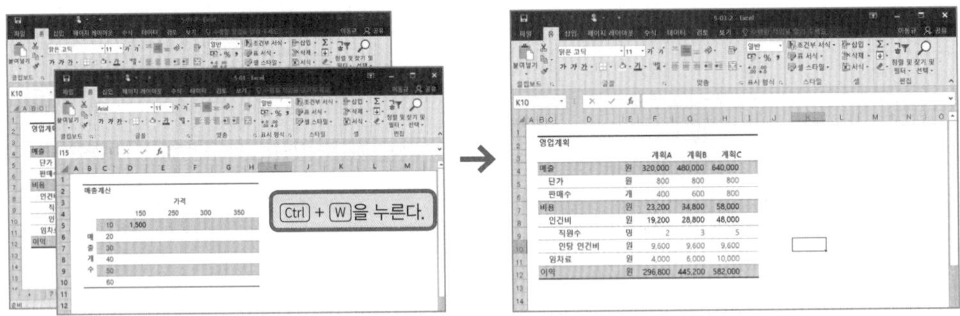

통합 문서 모두 닫기 — Alt → F → X

여러 개의 통합 문서가 열려 있는 상황에서 모든 통합 문서를 한꺼번에 닫아 엑셀을 종료하려면 Alt → F → X를 누른다. 엑셀 2010 이전 버전에서는 Alt + F4를 누른다.

● 엑셀 끝내기

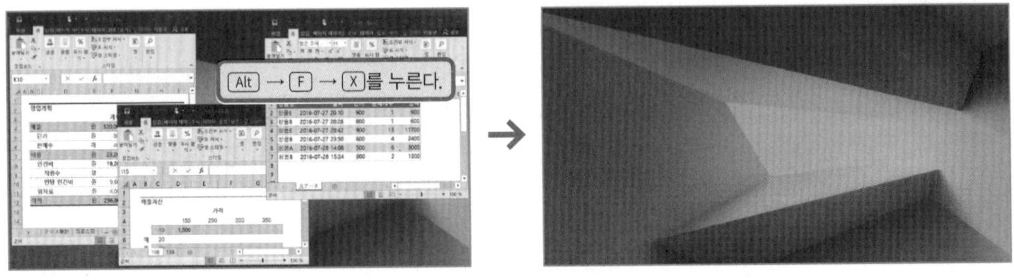

한 가지 더!

엑셀은 그대로 두고 모든 통합 문서를 닫는 방법

엑셀 자체는 종료하지 않고 열려 있는 모든 통합 문서를 닫으려면, 통합 문서의 수만큼 Ctrl + W를 누른다. 그러면 마지막 통합 문서를 닫은 후에도 빈 엑셀이 남아 있다. 이 방법은 새로 다른 작업을 시작할 때 도움이 된다. 이 상태에서 저장된 별도의 통합 문서를 열려면 Ctrl + O를 누른다.

새로운 통합 문서 열기 — Ctrl + N

신규 통합 문서를 열려면 Ctrl + N을 누른다. 단축키 N은 'New'의 머리글자로 기억하면 된다. 신규 통합 문서를 연 후 Ctrl + S(저장)를 누르면 '다른 이름으로 저장' 대화상자가 표시된다. **신규 통합 문서를 열자마자 파일을 저장하고 주기적으로 저장하는 것이 좋다.**

- **신규 통합 문서 열기**

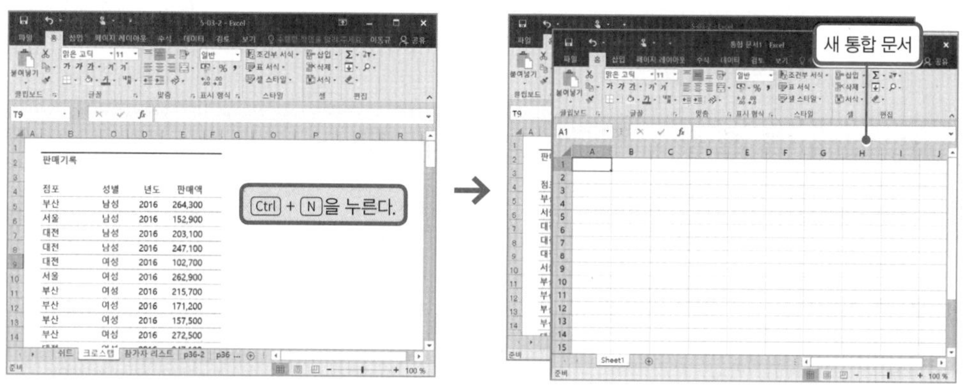

실행 중인 응용프로그램 전환하기 — Alt + Tab

엑셀과 파워포인트가 모두 실행 중일 때 엑셀 표를 파워포인트로 복사해서 붙여 넣으려면, Alt + Tab을 눌러 화면을 파워포인트로 전환한다.

Alt + Tab을 누르면 실행 중인 응용프로그램 목록이 표시되는데, Alt를 누른 상태에서 Tab을 눌러 원하는 응용프로그램을 선택한 후 Alt를 놓는다. 그러면 선택된 응용프로그램이 표시된다.

- **실행 중인 응용프로그램 화면 전환하기**

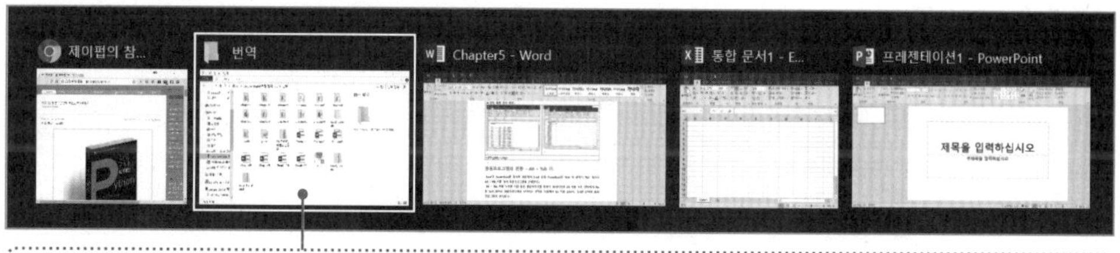

Alt + Tab을 누르면 열려 있는 응용프로그램 목록이 표시된다. 그 상태에서 Tab을 여러 번 눌러 응용프로그램을 선택한 후 Alt 버튼을 놓으면 선택된 응용프로그램 화면이 표시된다.

관련 항목 표 디자인 관련 단축키 ⇨ 144쪽 / 데이터 관련 단축키 ⇨ 154쪽

CHAPTER 5

07 단축키 10개로 작업 시간 줄이기

단축키 사용하기 — 고급

예제 파일 chapter5_7.xlsx

시트 확대 및 축소 — Ctrl + 마우스 휠

시트를 확대하거나 축소하고 싶은 경우에는 Ctrl을 누른 상태에서 마우스 휠을 스크롤한다.

● 확대 및 축소

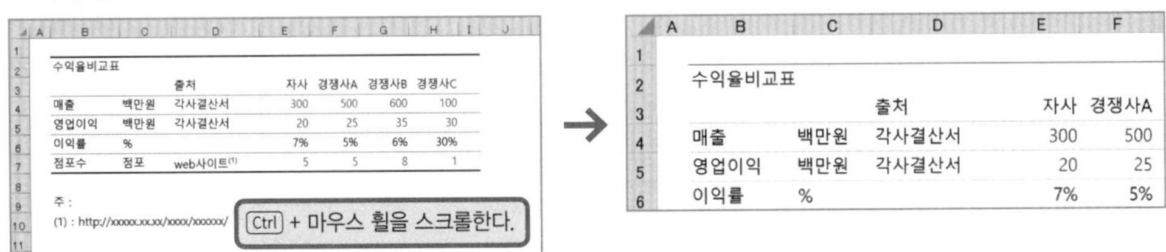

틀 고정 — Alt → W → F → F

틀을 고정(51쪽)하려면 기준이 되는 셀을 선택하고 Alt → W → F → F를 누른다. 다시 한 번 같은 단축키를 누르면 설정한 틀 고정이 해제된다.

● 틀 고정

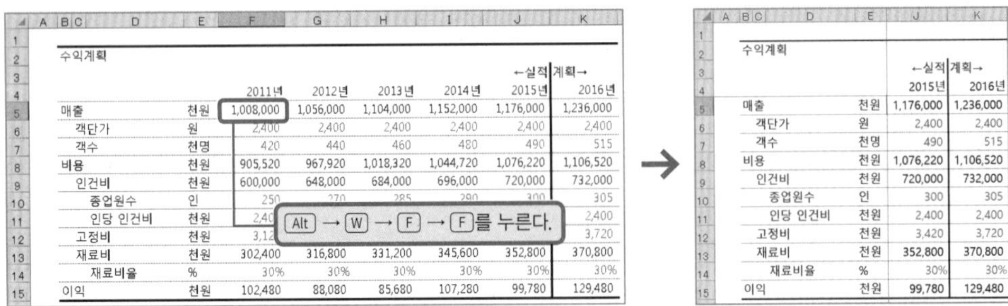

같은 동작 반복하기 — [F4]

같은 동작을 반복하려면 [F4]를 누른다. 예를 들어, 셀 범위를 선택해서 색상 팔레트를 표시하고 배경색에 옅은 청색을 설정(28쪽)했다고 하자. 그 후 다른 셀 범위를 선택하고 [F4]를 누르면 배경색을 같은 색으로 변경할 수 있다. 이와 같이 [F4]는 같은 동작을 반복할 때 작업 효율을 대폭 향상시킬 수 있다. 색상 팔레트를 마우스로 조작했던 사람이라면 [F4]가 더욱 유용할 것이다.

● [F4]로 같은 동작을 반복한다

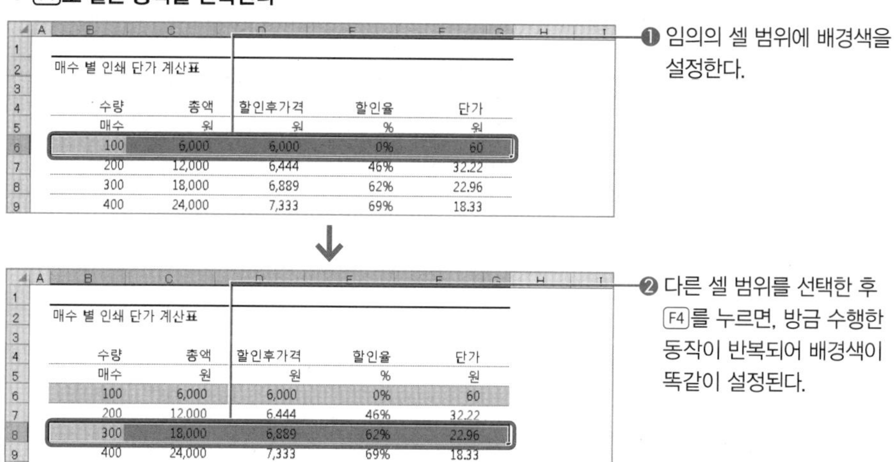

매수 별 인쇄 단가 계산표

수량	총액	할인후가격	할인율	단가
매수	원	원	%	원
100	6,000	6,000	0%	60
200	12,000	6,444	46%	32.22
300	18,000	6,889	62%	22.96
400	24,000	7,333	69%	18.33

❶ 임의의 셀 범위에 배경색을 설정한다.
❷ 다른 셀 범위를 선택한 후 [F4]를 누르면, 방금 수행한 동작이 반복되어 배경색이 똑같이 설정된다.

한 가지 더!

[빠른 실행 도구 모음]을 이용한 단축키 설정

리본 메뉴에 없는 일부 기능은 단축키가 할당되어 있지 않다. 대표적으로 표 확대 및 축소 기능이 그렇다. 이러한 기능에 단축키를 설정하려면 화면 왼쪽 위에 있는 **[빠른 실행 도구 모음]** 아이콘 중 하나를 마우스 오른쪽 클릭해서 **[빠른 실행 도구 모음 사용자 지정]**을 클릭한다. 대화상자에서 [명령 선택]을 [리본 메뉴에 없는 명령]으로 하고 단축키를 등록하고 싶은 기능을 선택하면 빠른 실행 도구 모음 아이콘으로 등록된다. 그러면 등록된 순서대로 단축키 [Alt] → [1]~[9]가 할당된다.

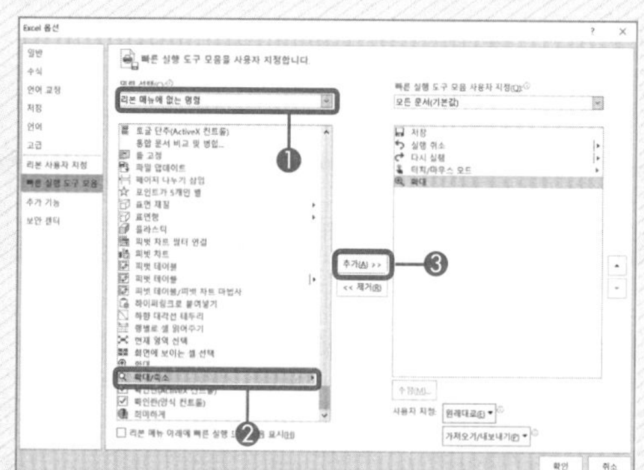

[명령 선택]에서 [리본 메뉴에 없는 명령]을 선택하고(❶) 원하는 기능을 선택한 후(❷) [추가]를 클릭하면(❸) 빠른 실행 도구 모음에 명령이 추가된다.

참조되는 셀 선택하기 — Ctrl + [

수식이 입력되어 있는 셀을 선택하고 Ctrl + [를 누르면 해당 수식이 참조하고 있는 셀이 선택된다. 수식이 여러 개의 셀을 참조하고 있는 경우에는 여러 셀 범위가 선택된다. 반대로 Ctrl +]를 누르면 해당 셀을 수식 안에서 참조하고 있는 셀이 선택된다.

● **참조되는 셀 선택하기**

	A	B	C	D	E	F	G
1							
2	영업계획						
3						계획A	계획
4	매출				원	320,000	480,00
5		단가			원	800	80
6		판매수			개	400	60
7	비용				원	23,200	34,80
8		인건비					,80
9			직원수				
10			인당 인건비		원	9,600	9,60

=F5*F6

Ctrl + [를 누른다.

→

	A	B	C	D	E	F	G
1							
2	영업계획						
3						계획A	계획B
4	매출				원	320,000	480,000
5		단가			원	800	800
6		판매수			개	400	600
7	비용				원	23,200	34,800
8		인건비			원	19,200	28,800
9			직원수		명	2	3
10			인당 인건비		원	9,600	9,600
11		임차료			원	4,000	6,000

현재 셀이 참조하는 셀 추적하기 — Alt → M → P

선택한 셀이 참조하는 셀에 추적 선(111쪽)을 표시하려면 Alt → M → P를 누른다. 이 기능은 셀마다 지정해야 한다. 또한, F4로 반복 조작(165쪽)할 수 없는 점에 주의한다.

● **참조되는 내용 추적 표시**

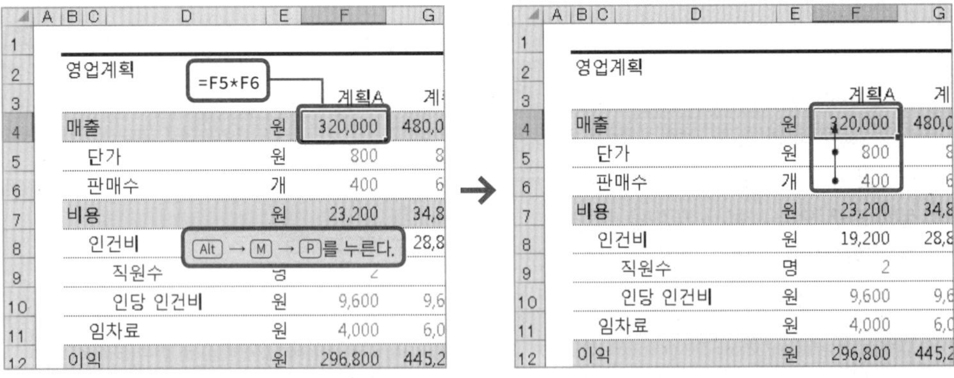

현재 셀을 참조하는 셀 추적하기 — Alt → M → D

현재 셀을 참조하는 셀에 대한 추적 선을 표시하려면 Alt → M → D를 누른다. 이 기능은 고정값(세율 등)이 어디서 이용되며, 정확히 이용되고 있는지 확인할 때 사용한다.

● **참조하는 내용 추적 표시**

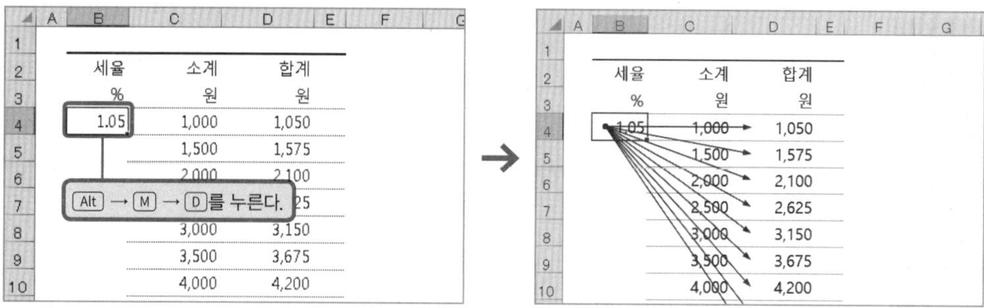

추적 화살표 삭제하기 — Alt → M → A → A

셀 추적 화살표(연결선)를 모두 삭제하려면 Alt → M → A → A를 누른다. 이 단축키를 누르면 현재 커서의 위치에 상관없이 시트 내의 추적 화살표가 전부 삭제된다.

● **추적 화살표 삭제**

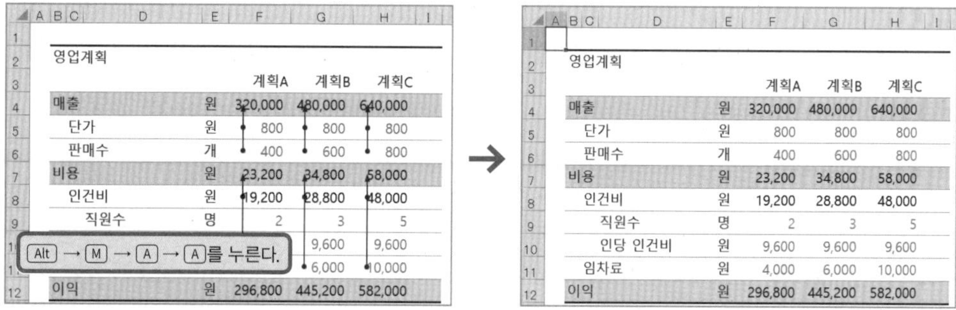

한 가지 더!

선택 범위의 추적 화살표만 삭제하기

시트 내의 모든 추적 화살표를 삭제하지 않고 선택한 셀 범위에 대한 추적 화살표만 제거하고 싶다면 Alt → M → A → P(참조되는 내용 추적 화살표 삭제) 또는 Alt → M → A → D(참조하는 내용 추적 화살표 삭제)를 실행한다.

인쇄하기 — Ctrl + P

Ctrl + P를 누르면 [인쇄] 화면이 표시된다. 인쇄 범위나 용지 크기 등을 설정한 후 Enter를 누르거나 [인쇄] 버튼을 클릭하면 인쇄가 시작된다(316쪽).

- **시트 인쇄하기**

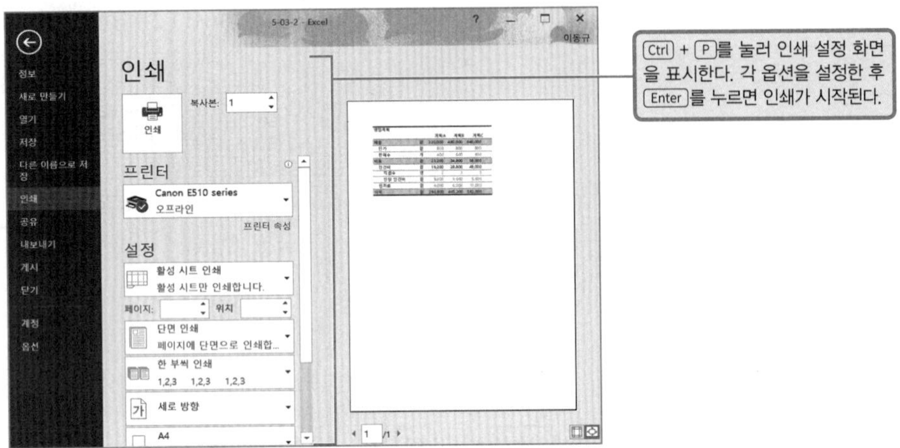

인쇄 범위 지정하기 — Alt → P → P → S

인쇄 범위를 지정하려면 셀 범위를 선택한 후 Alt → P → P → S를 누른다. **고객이나 동료에게 엑셀 파일을 전달하기 전에 인쇄 범위를 미리 설정해서 전달하면 상대방이 자료를 쉽게 인쇄할 수 있다.**

페이지 설정 대화상자 표시하기 — Alt → P → S → P

인쇄 설정을 변경하려면 Alt → P → S → P를 누른다. 그러면 **[페이지 설정] 대화상자**가 표시된다. 이 대화상자에서 인쇄와 관련하여 상세한 설정 항목을 변경할 수 있다.

관련 항목 행이나 열을 조작하는 단축키 ⇨ 148쪽 / 파일 관련 단축키 ⇨ 160쪽

CHAPTER

6

복사해서 붙여넣기, 자동 채우기, 정렬 기능

CHAPTER 6

01 복사/붙여넣기 기능으로 작업 효율성 높이기

복사/붙여넣기 완벽 마스터

복사/붙여넣기의 다양한 기능 이해하기

엑셀에는 하나의 셀에도 다양한 정보가 담겨 있다. 값의 종류만 해도 문자, 숫자, 수식, 날짜 등이 있고, 그 밖에도 배경색, 테두리, 글꼴, 문자 크기, 너비 등 여러 속성이 설정되어 있다. 따라서 **셀을 복사해서 붙여 넣을 때 무엇을 복사하는지에 따라 결과가 달라진다.** 값만 붙여 넣을 수도 있고, 배경색이나 테두리 설정도 함께 붙여 넣을 수도 있다.

엑셀에서 복사하여 붙여 넣으면(Ctrl + C → Ctrl + V) **기본적으로 모든 설정이 복사된다.** 이 때문에 값만 복사하고 싶은데 의도치 않게 서식까지 바뀌거나 수식 결과를 복사하고 싶은데 수식이 복사되어 엉뚱한 값이 표시되는 경우가 발생한다.

- **의도하지 않은 설정까지 붙여 넣어진 예**

항목	본점	지점A	지점B
객단가	2,800	1,600	1,800
회전수	800	550	370
매출	2,240,000	880,000	666,000

복사해서 붙여넣기

매출일람

		본점	지점A	지점B
매출	원	2,240,000	880,000	666,000
객단가	원	2,800	1,600	1,800
회전수	회	800	550	370

서식이 다른 셀을 복사하여 붙여 넣으면 서식까지 복사되어 애써 정리한 표 디자인이 달라진다.

따라서 '복사해서 붙여넣기'를 의도한 대로 효율적으로 사용하기 위해서는 먼저 그 메커니즘을 이해할 필요가 있다. 엑셀에서는 **셀의 다양한 설정 중 무엇을 붙여 넣을 것인지**를 지정할 수 있다.

무엇을 붙여 넣을지 생각하기

셀을 복사한 후 [홈] 탭의 **[붙여넣기]** 아래의 ▼를 클릭하면 다양한 붙여넣기 방식을 선택할 수 있다. 또한, 하단의 [선택하여 붙여넣기]를 클릭하면 **대화상자가 표시되어 붙여넣기 방식을 선택할 수 있다.**

● **붙여넣기 옵션(왼쪽 그림)과 [선택하여 붙여넣기] 대화상자(오른쪽 그림)**

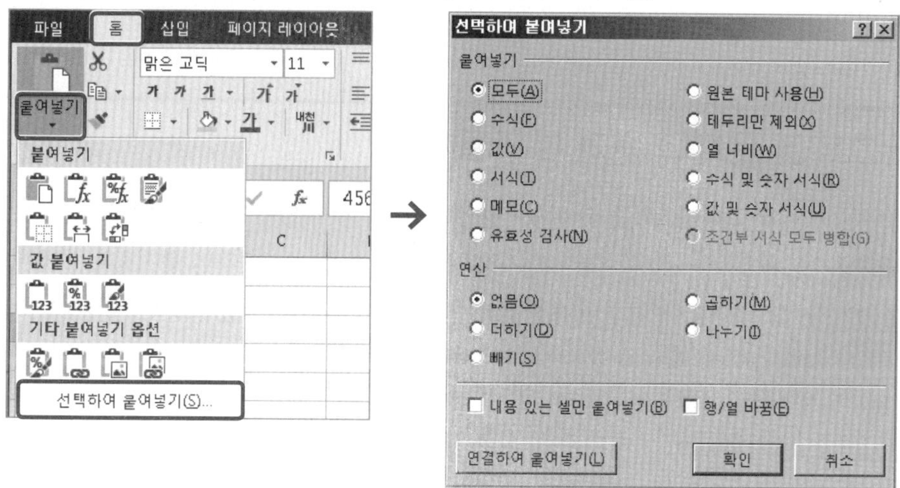

복사해서 붙여 넣을 때는 우선 **무엇을 붙여 넣을지 생각해야 한다.** 값인지 수식인지 서식인지 생각하고, 만약 서식이면 배경색, 숫자 형식, 테두리 등을 붙여 넣을지 결정해야 한다. 무작정 모든 걸 붙여 넣고 수정하지 말고 정확하게 원하는 것을 복사해서 붙여 넣는 것에 익숙해질 필요가 있다. 계속해서 여러 가지 붙여넣기 방법을 하나씩 자세히 설명하도록 하겠다.

한 가지 더!

셀의 너비는 기본으로 복사되지 않는다

일반적으로 복사해서 붙여넣기(Ctrl + C → Ctrl + V)를 하면 값, 수식, 서식이 모두 복사되지만 **셀의 너비(열 너비)만은 복사되지 않는다.** 셀 너비를 복사해서 붙여 넣으려면 [선택해서 붙여넣기] 대화상자에서 '열 너비'를 선택해야 한다.

관련 항목 테두리 기능 마스터하기 ⇨ 21쪽

CHAPTER 6
02

값 붙여넣기

복사/붙여넣기
완벽 마스터

예제 파일 chapter6_2.xlsx

서식 그대로 문자나 숫자 복사하기

서식이 다른 표나 웹상의 데이터를 복사해서 붙여 넣을 때, 서식 없이 값만 붙여 넣고 싶을 때는 **값 붙여넣기**를 이용한다. 값 붙여넣기를 사용하면 오로지 문자나 숫자만 붙여진다. 수식이 있는 셀을 복사하고 '값 붙여넣기'하면 **계산 결과**인 숫자만 복사된다. 일반적으로 Ctrl + C → Ctrl + V를 하면 수식과 셀 디자인이 모두 복사된다.

● **값 붙여넣기로 데이터 붙여넣기**

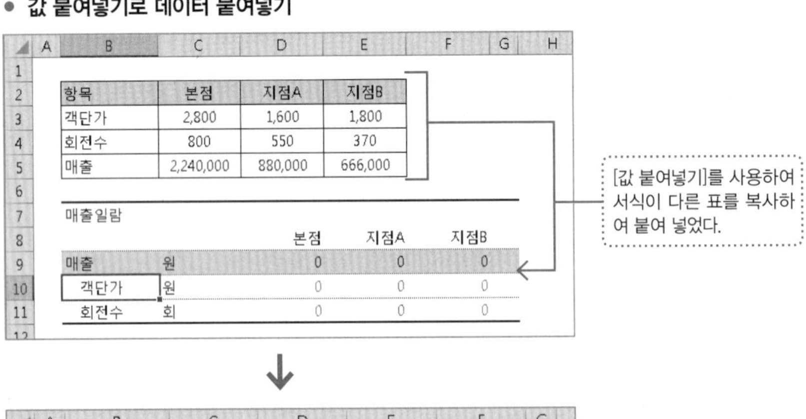

항목	본점	지점A	지점B
객단가	2,800	1,600	1,800
회전수	800	550	370
매출	2,240,000	880,000	666,000

매출일람

		본점	지점A	지점B
매출	원	0	0	0
객단가	원	0	0	0
회전수	회	0	0	0

[값 붙여넣기]를 사용하여 서식이 다른 표를 복사하여 붙여 넣었다.

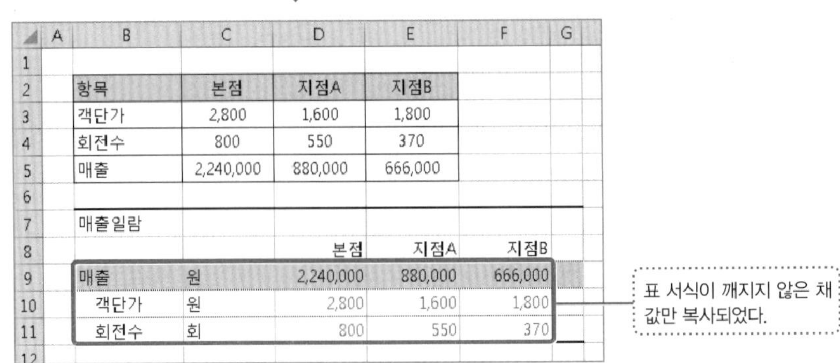

항목	본점	지점A	지점B
객단가	2,800	1,600	1,800
회전수	800	550	370
매출	2,240,000	880,000	666,000

매출일람

		본점	지점A	지점B
매출	원	2,240,000	880,000	666,000
객단가	원	2,800	1,600	1,800
회전수	회	800	550	370

표 서식이 깨지지 않은 채 값만 복사되었다.

값 붙여넣기 실행 방법

값 붙여넣기는 셀을 복사한 다음 [붙여넣기] 옵션의 **값 붙여넣기** 란에 있는 세 개의 버튼 중에서 왼쪽의 두 개 중 하나를 클릭하거나 Ctrl + Alt + V를 눌러 [선택하여 붙여넣기] 대화상자를 표시한 뒤 '값'을 선택하고 [확인] 버튼을 클릭한다.

- **값 붙여넣기**

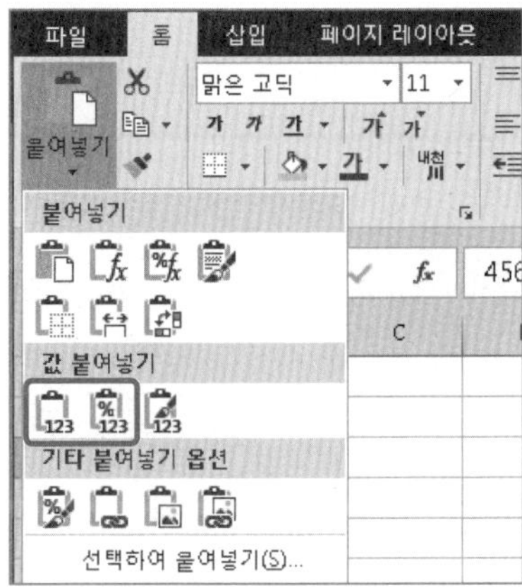

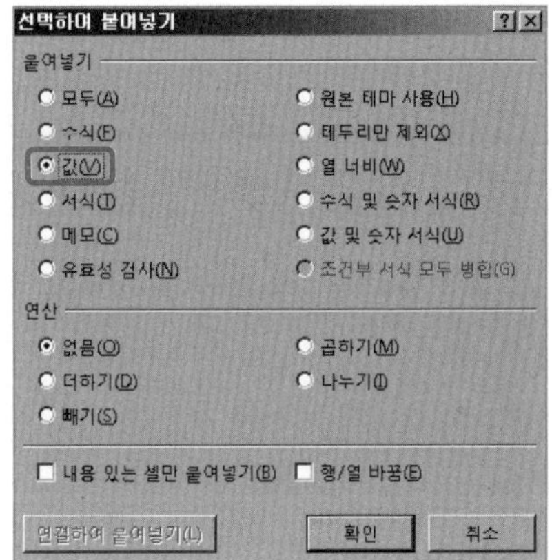

- **'값 붙여넣기'의 세 버튼**

버튼	설명
(값)	오로지 값만 붙여 넣는다. 숫자 표시 형식이나 문자색, 배경색 등은 변하지 않는다.
(값 및 숫자 서식)	값과 숫자 표시 형식까지 붙여 넣는다. 문자색, 배경색 등은 변하지 않는다.
(값 및 원본 서식)	값과 숫자 표시 형식 등 모든 서식을 붙여 넣는다.

- **수식 결과만 복사하기**

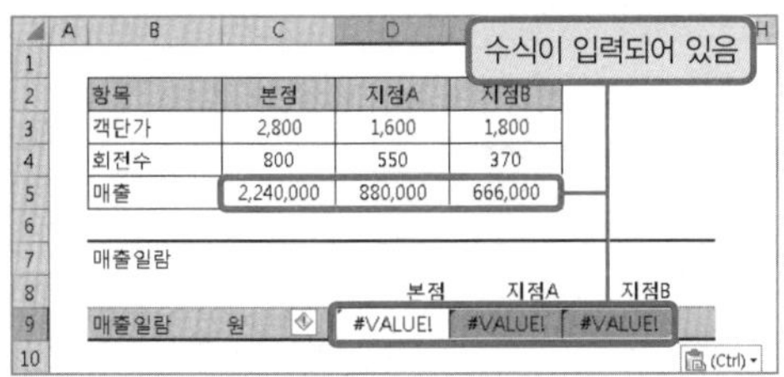

보통의 [복사해서 붙여넣기]는 수식까지 붙여 넣어지기 때문에 참조 위치가 어긋나서 오류가 발생할 수 있다.

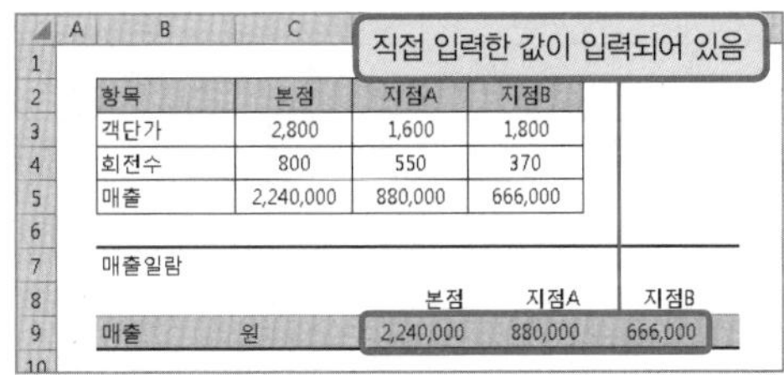

[값 붙여넣기]를 실행하면 오로지 숫자 값만 복사된다. 따라서 단가나 회전수가 바뀌어도 값이 변경되지 않는다.

관련 항목 서식 붙여넣기 ⇨ 174쪽 / 수식 붙여넣기 ⇨ 176쪽 / 나누기 붙여넣기 ⇨ 178쪽

CHAPTER 6

03 서식 붙여넣기

복사/붙여넣기 완벽 마스터

예제 파일 chapter6_3.xlsx

값은 붙여 넣지 않고 서식만 붙여넣기

표나 셀의 값은 그대로 두고, 글꼴 종류나 문자색, 셀 배경색, 테두리 등 서식만을 복사하고 싶은 경우에는 **서식 붙여넣기**를 사용한다. 이 기능은 보고서처럼 정해진 서식을 맞춰야 할 때 유용하다.

- **서식만 붙여넣기**

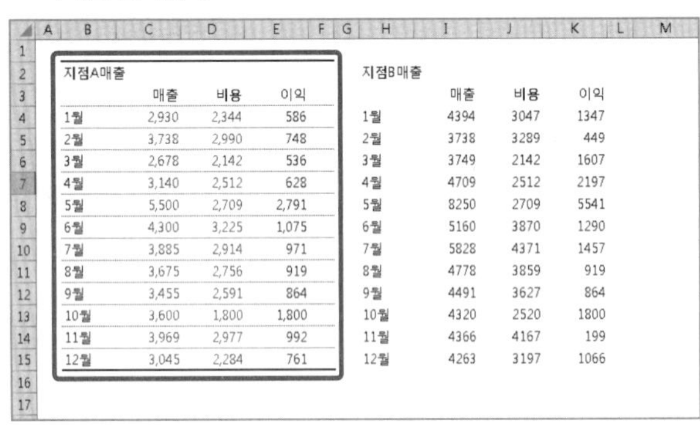

지점A매출

	매출	비용	이익
1월	2,930	2,344	586
2월	3,738	2,990	748
3월	2,678	2,142	536
4월	3,140	2,512	628
5월	5,500	2,709	2,791
6월	4,300	3,225	1,075
7월	3,885	2,914	971
8월	3,675	2,756	919
9월	3,455	2,591	864
10월	3,600	1,800	1,800
11월	3,969	2,977	992
12월	3,045	2,284	761

지점B매출

	매출	비용	이익
1월	4394	3047	1347
2월	3738	3289	449
3월	3749	2142	1607
4월	4709	2512	2197
5월	8250	2709	5541
6월	5160	3870	1290
7월	5828	4371	1457
8월	4778	3859	919
9월	4491	3627	864
10월	4320	2520	1800
11월	4366	4167	199
12월	4263	3197	1066

왼쪽 표의 문자색이나 숫자 표시 형식과 같은 서식만을 복사해서 오른쪽 표에 붙여 넣으려고 한다.

↓

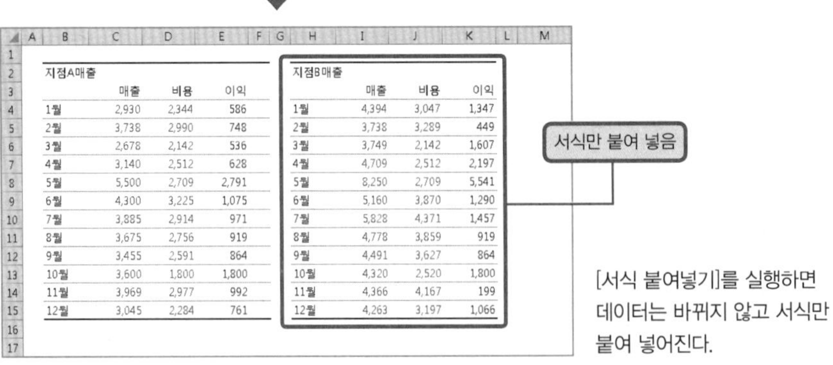

지점A매출

	매출	비용	이익
1월	2,930	2,344	586
2월	3,738	2,990	748
3월	2,678	2,142	536
4월	3,140	2,512	628
5월	5,500	2,709	2,791
6월	4,300	3,225	1,075
7월	3,885	2,914	971
8월	3,675	2,756	919
9월	3,455	2,591	864
10월	3,600	1,800	1,800
11월	3,969	2,977	992
12월	3,045	2,284	761

지점B매출

	매출	비용	이익
1월	4,394	3,047	1,347
2월	3,738	3,289	449
3월	3,749	2,142	1,607
4월	4,709	2,512	2,197
5월	8,250	2,709	5,541
6월	5,160	3,870	1,290
7월	5,828	4,371	1,457
8월	4,778	3,859	919
9월	4,491	3,627	864
10월	4,320	2,520	1,800
11월	4,366	4,167	199
12월	4,263	3,197	1,066

[서식 붙여넣기]를 실행하면 데이터는 바뀌지 않고 서식만 붙여 넣어진다.

서식 붙여넣기 실행 방법

서식을 복사할 셀 범위를 복사한 후 붙여 넣을 셀 범위를 선택하고 **[붙여넣기] 옵션 ➡ [기타 붙여넣기 옵션]**에서 **[서식] 버튼**을 클릭한다. 또는 Ctrl + Alt + V를 눌러 [선택하여 붙여넣기] 대화상자를 표시한 후 [서식]을 선택하고 [확인] 버튼을 클릭한다.

● **서식 붙여넣기 실행 방법**

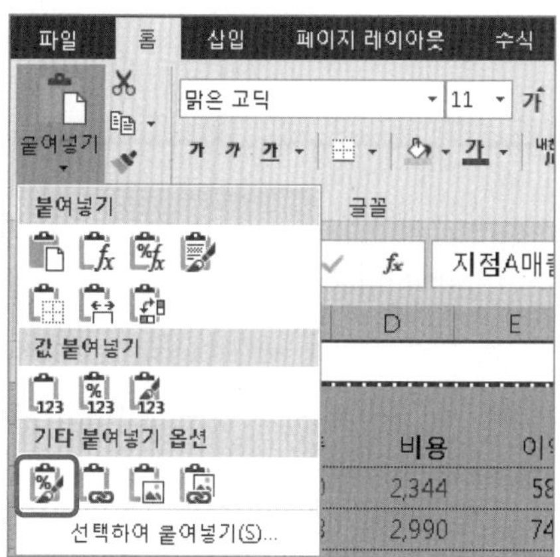

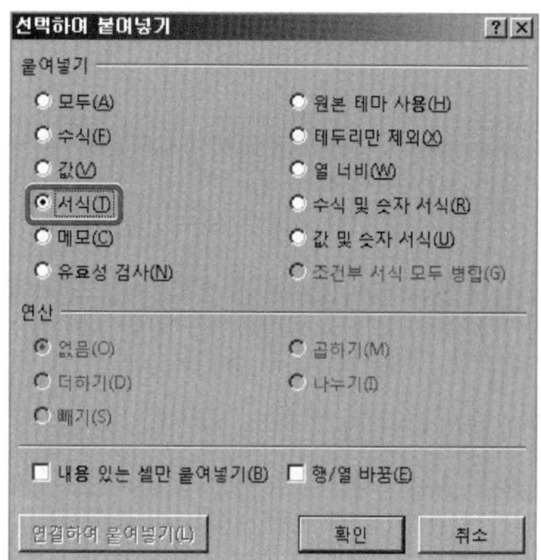

이 방법 외에도 [홈] 탭의 [서식 복사] 버튼을 사용해도 서식을 붙여 넣을 수 있다. 셀 범위를 선택하고 [서식 복사] 버튼을 클릭한 후 붙여 넣을 셀을 클릭하면 서식이 복사된다. **다른 방법과 달리, 복사할 때만 버튼을 클릭하고 붙여 넣을 때는 셀 범위를 선택하기만 하면 붙여넣기가 수행된다.**

● **[서식 복사] 버튼**

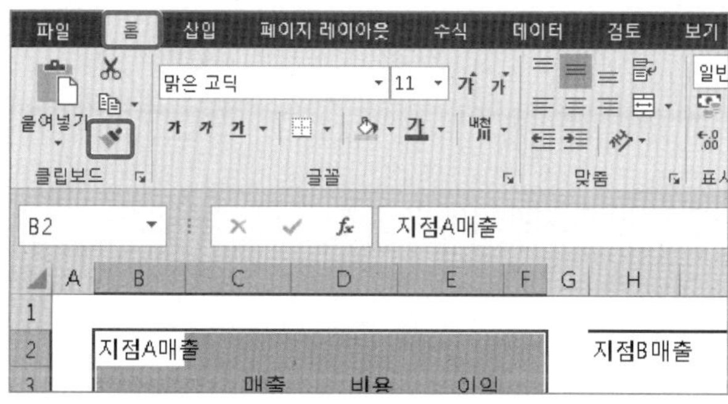

복사 대상 셀 범위를 선택하고 [홈] 탭의 [서식 복사] 버튼을 클릭한 후, 붙여 넣을 표의 셀을 선택하면 서식만 붙여 넣어진다.

관련 항목 값 붙여넣기 ⇨ 172쪽 / 수식 붙여넣기 ⇨ 176쪽 / 나누기 붙여넣기 ⇨ 178쪽

CHAPTER 6

04 수식 붙여넣기

복사/붙여넣기 완벽 마스터

예제 파일 chapter6_4.xlsx

수식만 복사하기

서식은 복사하지 않고 수식만 붙여 넣으려는 경우에는 [수식 붙여넣기]를 사용한다. 이때 주의해야 할 점은 수식 내에 다른 셀 참조가 포함되어 있으면, 셀 참조 방식에 따라(120쪽) 자동으로 참조 주소가 변경된다는 점이다. 또한, 직접 입력한 값은 [수식 붙여넣기]를 통해 값이 그대로 복사되어 붙여 넣어진다.

- **수식만 붙여넣기(서식 미포함)**

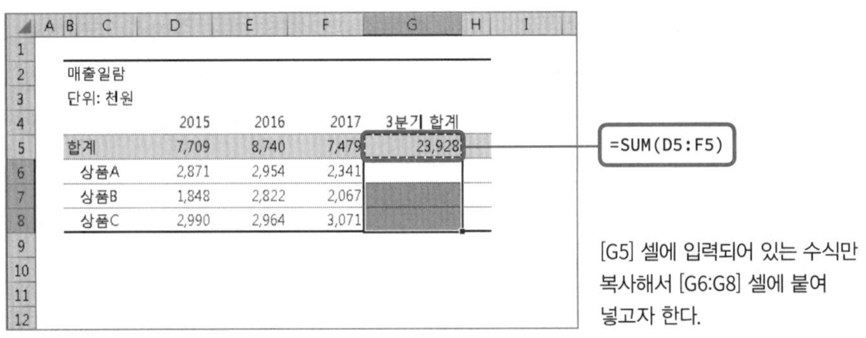

	A	B	C	D	E	F	G	H	I
1									
2		매출일람							
3		단위: 천원							
4				2015	2016	2017	3분기 합계		
5		합계		7,709	8,740	7,479	23,928		
6			상품A	2,871	2,954	2,341			
7			상품B	1,848	2,822	2,067			
8			상품C	2,990	2,964	3,071			
9									
10									
11									
12									

[G5] 셀에 입력되어 있는 수식만 복사해서 [G6:G8] 셀에 붙여 넣고자 한다.

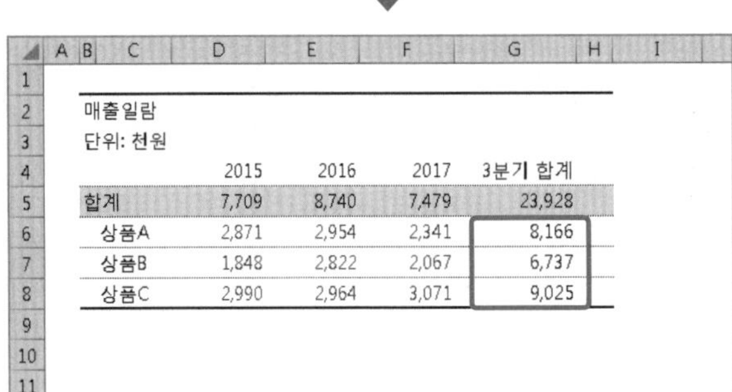

	A	B	C	D	E	F	G	H	I
1									
2		매출일람							
3		단위: 천원							
4				2015	2016	2017	3분기 합계		
5		합계		7,709	8,740	7,479	23,928		
6			상품A	2,871	2,954	2,341	8,166		
7			상품B	1,848	2,822	2,067	6,737		
8			상품C	2,990	2,964	3,071	9,025		
9									
10									
11									

[수식 붙여넣기]를 실행하면 서식 없이 수식만 붙여 넣어진다.

숫자 서식은 수식과 함께 복사된다

[수식 붙여넣기]를 실행하려면 대상 셀을 복사한 후 붙여 넣을 셀을 선택하고 **[붙여넣기] 옵션 ➡ [붙여넣기] ➡ [수식] 버튼**을 클릭한다. 혹은 Ctrl + Alt + V를 눌러 [선택하여 붙여넣기] 대화상자에서 [수식]을 선택한 후 [확인] 버튼을 클릭한다.

- **[수식 붙여넣기] 실행 방법**

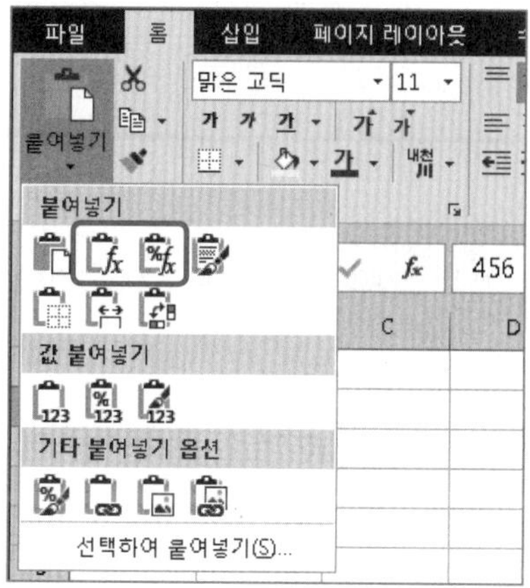

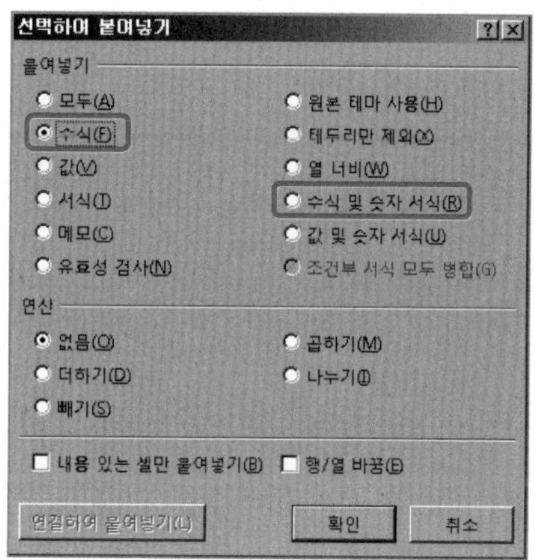

이때 수식뿐만 아니라 계산 결과의 표시 형식(% 자릿수나 천 단위 구분 등)도 붙여 넣으려면 [수식] 버튼 옆에 있는 [수식 및 숫자 서식] 버튼이나 [선택하여 붙여넣기] 대화상자의 [수식 및 숫자 서식]을 사용한다. **이 방법을 사용하면 셀의 배경색이나 테두리 등은 무시되고 수식과 표시 형식만 복사된다.**

한 가지 더!

서식 없이 자동 채우기

자동 채우기 기능(182쪽)으로 수식을 복사할 때 '서식 없이 채우기'를 누르면 서식 없이 수식만 복사할 수 있다.

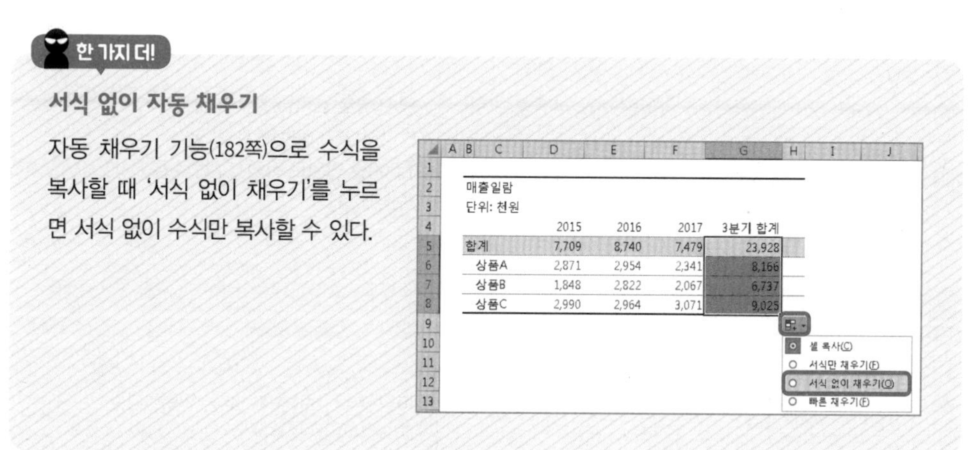

관련 항목 값 붙여넣기 ⇨ 172쪽 / 서식 붙여넣기 ⇨ 174쪽 / 나누기 붙여넣기 ⇨ 178쪽

CHAPTER 6

05 나누기 붙여넣기로 표 단위 변경하기

복사/붙여넣기 완벽 마스터

예제 파일 chapter6_5.xlsx

원 단위 숫자를 천 원 단위로 변경하기

[나누기 붙여넣기]나 **[곱하기 붙여넣기]**를 사용하면 입력이 끝난 숫자의 단위를 빠르게 변경할 수 있다.

[나누기 붙여넣기]는 **입력된 숫자를 특정 값으로 나눈 결과로 덮어쓰는 기능이다.** 예를 들면, 1000이 입력된 셀을 복사해서 원 단위로 입력된 셀에 [나누기 붙여넣기]를 하면 각 셀의 값이 1000으로 나눈 값으로 변경된다. 즉, 원 단위 값이 천원 단위 값이 되는 것이다.

[곱하기 붙여넣기]는 **입력된 숫자를 특정 값으로 곱한 결과로 덮어쓰는 기능이다.** [나누기 붙여넣기]와는 반대로 천 원 단위로 입력되어 있는 값을 원 단위 값으로 변환할 수 있다.

● **숫자의 단위를 일괄로 변환하기**

	A	B	C	D	E	F	G
1							
2		매출일람					
3		단위:원					
4			2015	2016	2017		
5		상품A	2,871,000	2,954,000	2,341,000		
6		상품B	1,848,000	2,822,000	2,067,000		
7		상품C	2,990,000	2,964,000	3,071,000		

원 단위로 표기된 경우 자릿수가 많아서 읽기 어려울 수 있다. 1,000원 단위로 바꿔서 자릿수를 축소해 보자.

	A	B	C	D	E	F	G	H
1								
2		매출일람						
3		단위:천원						
4			2015	2016	2017			
5		상품A	2,871	2,954	2,341			
6		상품B	1,848	2,822	2,067			
7		상품C	2,990	2,964	3,071			
8								
9		1000						

적당한 셀 [B9]에 '1000'을 입력한다. 이 셀 [B9]를 복사한 후, 대상 셀에 [나누기 붙여넣기]를 실행하면 모든 값이 1000으로 나눈 값으로 업데이트된다.

나누기 붙여넣기 실행 방법

[나누기 붙여넣기]를 실행하려면 우선 적당한 셀에 나눌 숫자(1000이나 10000000등)를 입력한다. 그리고 그 셀을 복사한 후 단위를 변경하고자 하는 셀 범위를 선택하고 [선택하여 붙여넣기] 대화상자를 연다. 대화상자에서 [붙여넣기] ➡ **[값]**을 선택하고 [연산] ➡ **[나누기]**를 선택한 후 [확인] 버튼을 클릭하면 나누기 붙여넣기가 적용된다.

표시 단위를 변경했으면 단위 표기를 '단위: 원'에서 '단위: 천 원'으로 수정하는 것을 잊지 않도록 한다. 또한, 나눗셈을 위해 사용된 1000이나 10000000 등의 값은 삭제해도 된다.

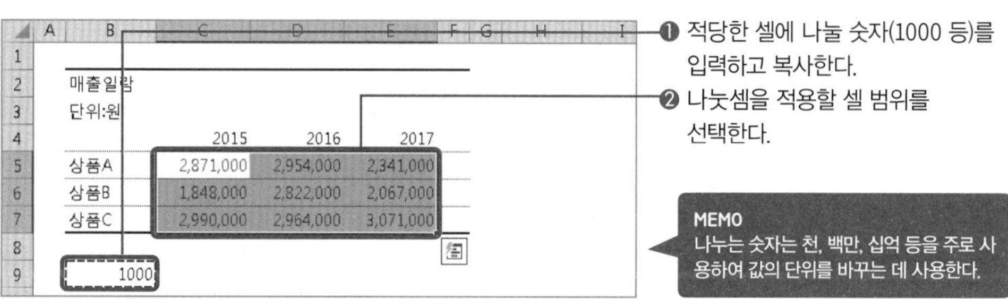

	A	B	C	D	E	F
1						
2		매출일람				
3		단위:원				
4			2015	2016	2017	
5		상품A	2,871,000	2,954,000	2,341,000	
6		상품B	1,848,000	2,822,000	2,067,000	
7		상품C	2,990,000	2,964,000	3,071,000	
8						
9		1000				

❶ 적당한 셀에 나눌 숫자(1000 등)를 입력하고 복사한다.

❷ 나눗셈을 적용할 셀 범위를 선택한다.

MEMO
나누는 숫자는 천, 백만, 십억 등을 주로 사용하여 값의 단위를 바꾸는 데 사용한다.

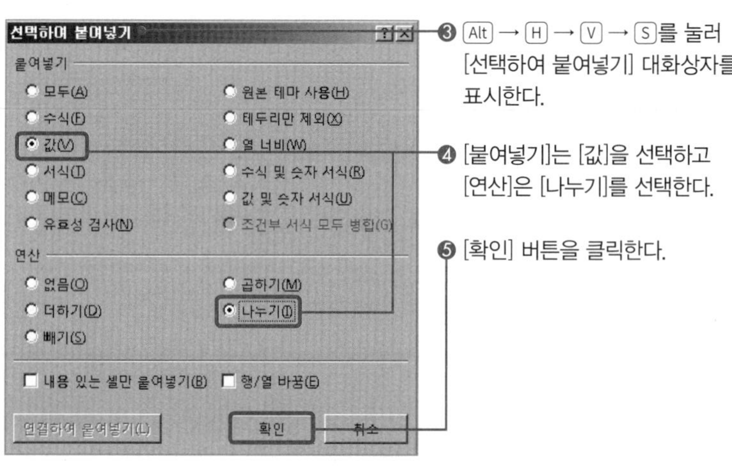

❸ Alt → H → V → S를 눌러 [선택하여 붙여넣기] 대화상자를 표시한다.

❹ [붙여넣기]는 [값]을 선택하고 [연산]은 [나누기]를 선택한다.

❺ [확인] 버튼을 클릭한다.

	A	B	C	D	E
1					
2		매출일람			
3		단위:천원			
4			2015	2016	2017
5		상품A	2,871	2,954	2,341
6		상품B	1,848	2,822	2,067
7		상품C	2,990	2,964	3,071

❻ [나누기 붙여넣기]가 적용된 셀의 값이 전부 1000으로 나누어졌다. 표의 단위를 '천 원'으로 변경하고, 나누기 붙여넣기를 위해 입력한 1000은 삭제한다.

관련 항목 값 붙여넣기 ⇨ 172쪽 / 서식 붙여넣기 ⇨ 174쪽 / 수식 붙여넣기 ⇨ 176쪽

행과 열 바꾸기

외워 두면 편리한 기능

예제 파일 chapter6_6.xlsx

행과 열을 바꾸면 새로운 관점으로 볼 수 있다

세로 방향으로 배치된 데이터를 가로 방향으로 정렬하거나 **가로 방향으로 배치된 데이터를 세로 방향으로 정렬하면**, 지금까지와는 다른 형태로 데이터를 볼 수 있어 데이터를 좀 더 쉽게 비교하거나 지금까지 보지 못한 새로운 관점에 눈뜨기도 한다. 또한, 그 외에도 필터 기능(191쪽)으로 추출한 항목을 세로 방향으로 정렬하는 등 작업 내용이나 목적, 용도에 따라 데이터의 방향을 변경하는 경우도 있다. 이러한 경우에는 [선택하여 붙여넣기] 대화상자의 **[행/열 바꿈] 옵션**을 사용한다.

● **표의 행과 열을 바꾸는 가장 간단한 방법**

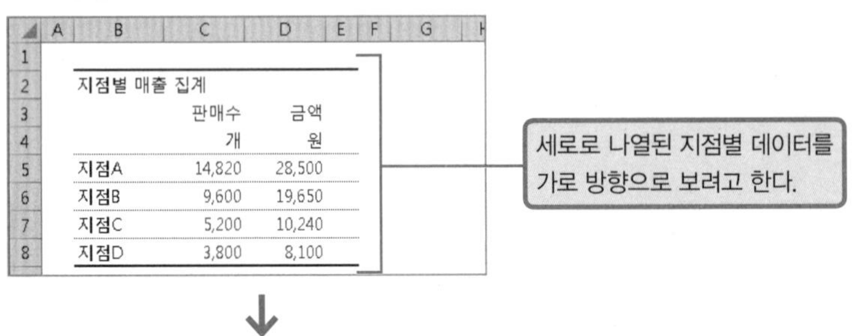

지점별 매출 집계	판매수	금액
	개	원
지점A	14,820	28,500
지점B	9,600	19,650
지점C	5,200	10,240
지점D	3,800	8,100

세로로 나열된 지점별 데이터를
가로 방향으로 보려고 한다.

↓

지점별 매출 집계	판매수	금액
	개	원
지점A	14,820	28,500
지점B	9,600	19,650
지점C	5,200	10,240
지점D	3,800	8,100

지점별 매출 집계		지점A	지점B	지점C	지점D
판매수	개	14,820	9,600	5,200	3,800
금액	원	28,500	19,650	10,240	8,100

데이터를 복사한 후 [행/열 바꿈] 옵션을 사용하여 붙여 넣으면 데이터의 방향을 바꿔 붙여 넣을 수가 있다.

[행/열 바꿈] 옵션에 체크 표시하기

데이터를 붙여 넣을 때에 행과 열을 바꾸려면, 셀 범위를 복사하고 붙여 넣을 셀을 선택한 다음 [선택하여 붙여넣기] 대화상자를 표시한 뒤 **[행/열 바꿈] 옵션**에 체크한다. 이때 **표의 제목은 복사 대상에 포함시키지 않는다.** 데이터 부분만 복사하면 된다. 표의 테두리는 붙여 넣은 후에 다시 설정한다.

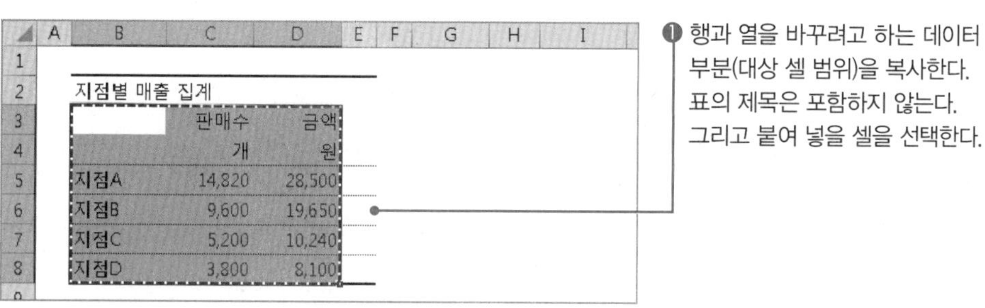

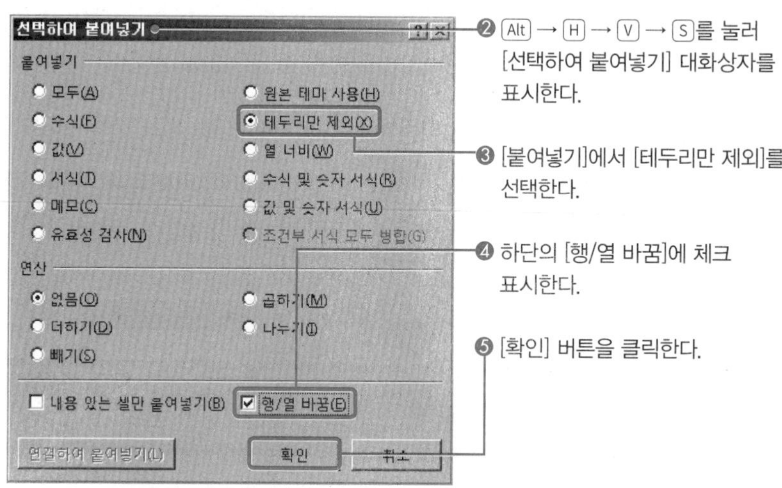

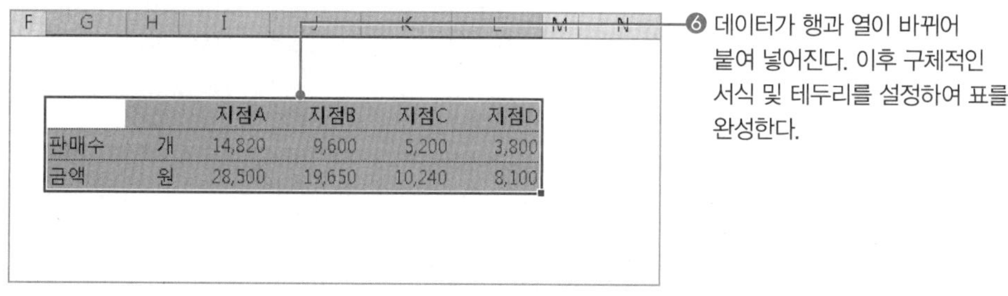

관련 항목 자동 채우기 ⇨ 182쪽 / 정렬 기능 ⇨ 187쪽 / 필터 기능 ⇨ 191쪽

자동 채우기

외워 두면 편리한 기능

예제 파일 chapter6_7.xlsx

엑셀의 입력 기능 중 가장 편리한 자동 채우기 기능

자동 채우기 기능은 엑셀이 제공하는 다양한 기능 중에서도 특히 편리한 기능 중 하나다. 이 기능을 사용하면 다음과 같은 조작을 마우스만으로 간단히 실행할 수 있다.

- 5부터 100까지 5단위로 숫자 입력하기
- 같은 수식이나 서식을 열 전체에 복사하기

자동 채우기 기능을 사용하려면 먼저 **기본 규칙**이 되는 데이터 두 개를 두 개의 셀에 입력한다. 예를 들면, 5단위로 숫자를 입력하려면 5와 10, 100단위로 입력하려면 100과 200처럼 처음 두 개의 값을 입력한다. 이 기본 규칙에 따라 3번째 이후의 데이터는 자동으로 입력된다.

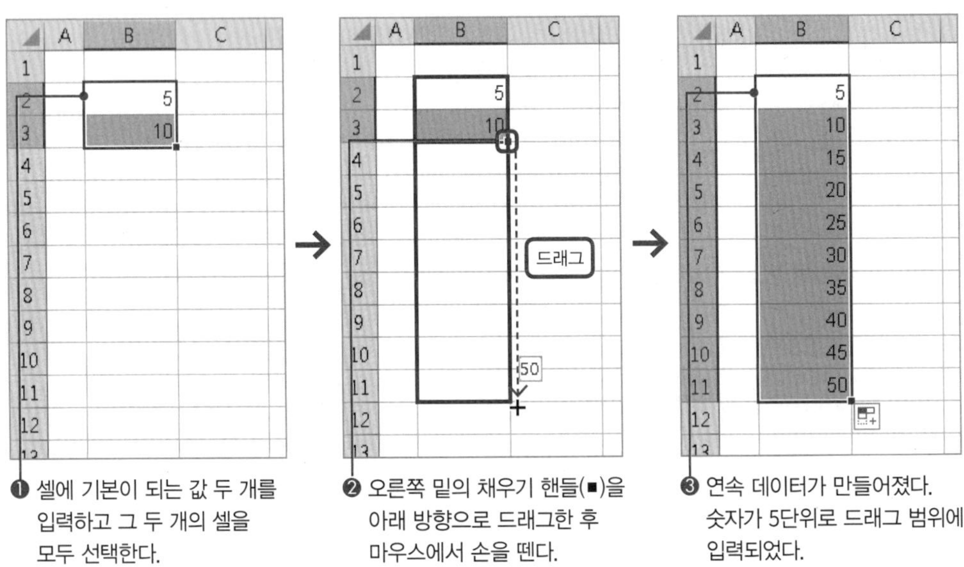

❶ 셀에 기본이 되는 값 두 개를 입력하고 그 두 개의 셀을 모두 선택한다.

❷ 오른쪽 밑의 채우기 핸들(■)을 아래 방향으로 드래그한 후 마우스에서 손을 뗀다.

❸ 연속 데이터가 만들어졌다. 숫자가 5단위로 드래그 범위에 입력되었다.

수식이나 서식을 열 전체에 빠르게 복사하기

다른 셀을 참조하는 수식을 자동 채우기 기능으로 복제하면, 그냥 복사할 때와 마찬가지로 **참조 방식**(120쪽)에 따라 자동으로 참조하는 셀이 변경된다.

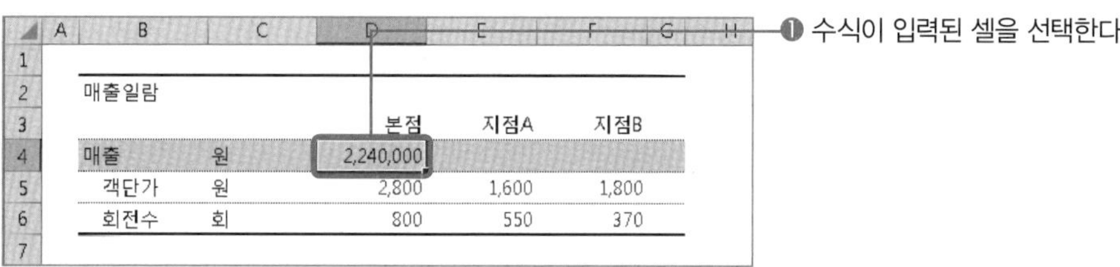

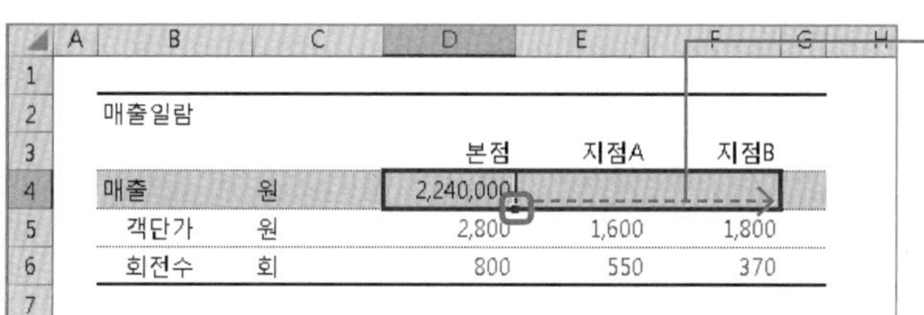

❷ 셀 오른쪽 밑에 보이는 채우기 핸들(■)을 오른쪽 방향으로 드래그한 후 마우스에서 손을 뗀다.

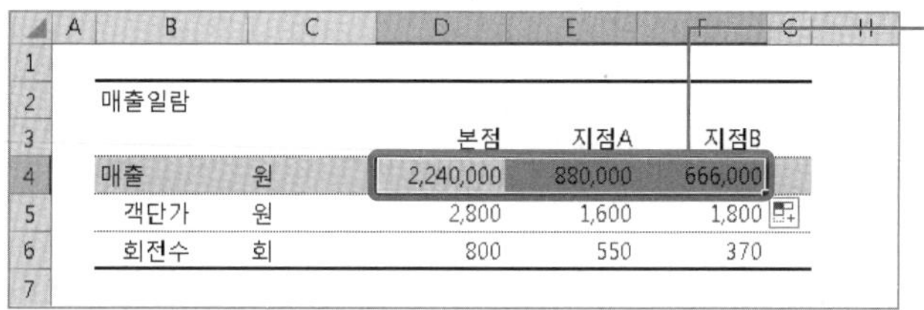

❸ 수식이 복사되어 계산 결과가 표시되었다. 수식 내의 셀 참조도 갱신되었다.

자동 채우기의 [서식만 채우기]와 [서식 없이 채우기]

일반적으로 자동 채우기로 입력하면 **서식과 데이터가 모두 복사된다**. 서식만 복사하고 싶거나 서식 없이 복사하고 싶을 때는 자동 채우기 직후에 표시되는 옵션 메뉴(❶)를 클릭하여 **[서식만 채우기]**(186쪽) 또는 **[서식 없이 채우기]**를 선택한다.

또한, [빠른 채우기]는 기존에 입력된 패턴을 자동으로 인식해서 그 패턴에 따라 값을 채운다. 예를 들어, 이름과 성이 각각의 열에 입력되었을 때 그 둘을 합친 열을 만든다고 하면 함수나 수식을 사용하지 않아도 몇 개의 예를 입력한 후 [빠른 채우기]를 하면 나머지 셀에 전부 반영된다.

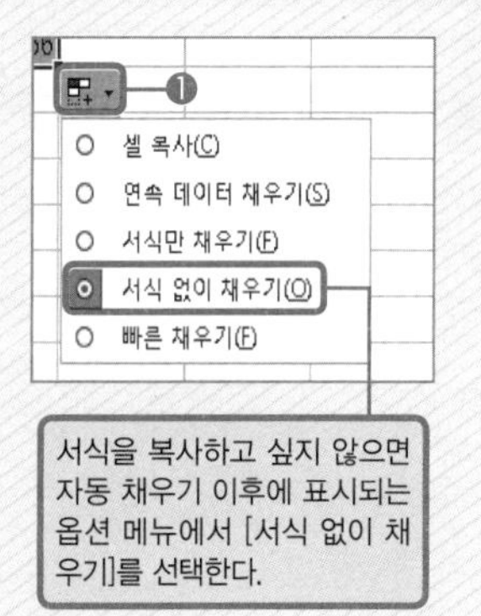

관련 항목 행과 열 교체하기 ⇨ 180쪽 / 일자와 요일을 한 번에 입력하기 ⇨ 184쪽 / 필터 기능 ⇨ 191쪽

날짜와 요일 쉽게 입력하기

외워 두면 편리한 기능

예제 파일 chapter6_8.xlsx

자동 채우기 기능으로 쉽게 입력하는 방법

자동 채우기 기능(182쪽)을 사용하면 날짜와 요일을 빠르고 정확하게 입력할 수 있다. 날짜는 월말을 넘으면 자동으로 다음달 1일이 되며, 연말을 넘으면 다음 해의 1월 1일이 정확하게 입력된다. 이때 윤년도 정확하게 반영된다. 또한, **요일도 일요일 다음에는 월요일이 정확하게 입력된다. 연속된 날짜와 요일을 입력할 때 [자동 채우기] 기능을 사용하면 편리하다.**

● 날짜나 요일은 자동 채우기 기능으로 입력하는 것이 편리하다

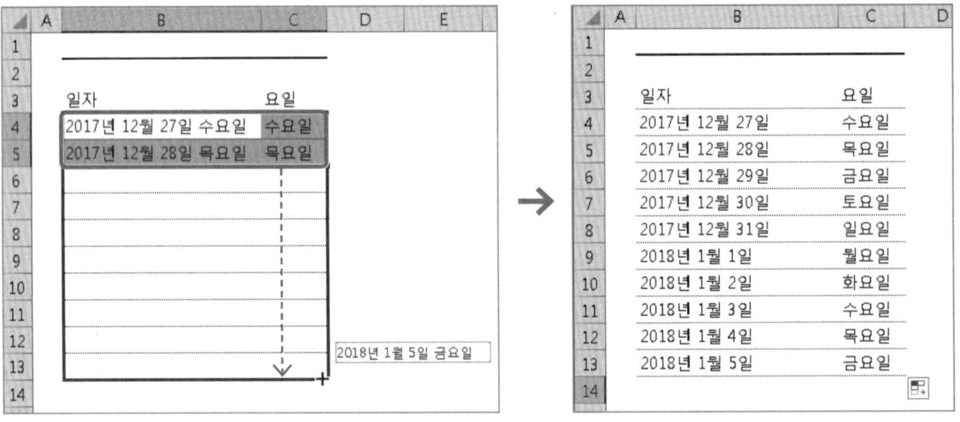

날짜와 요일을 자동 채우기 기능으로 입력했다. 월말을 넘으면 다음 달 1일이 입력되고, 일요일 다음에는 월요일이 입력된다.

매월 마지막 날짜를 쉽게 입력하는 방법

자동 채우기 기능으로 날짜를 입력한 후 [자동 채우기] 옵션 버튼을 클릭하면 [일 단위 채우기], [월 단위 채우기], [연 단위 채우기] 등 날짜 값 전용 메뉴가 표시된다. 이를 선택하면 특정 조건을 지정하여 날짜를 채워 넣을 수 있다.

예를 들어, 1월 31일, 2월 29일(윤년)처럼 말일을 입력하고 자동 채우기를 사용한 후, 옵션에서 [월 단위 채우기]를 선택하면 매월 말일을 순식간에 입력할 수 있다.

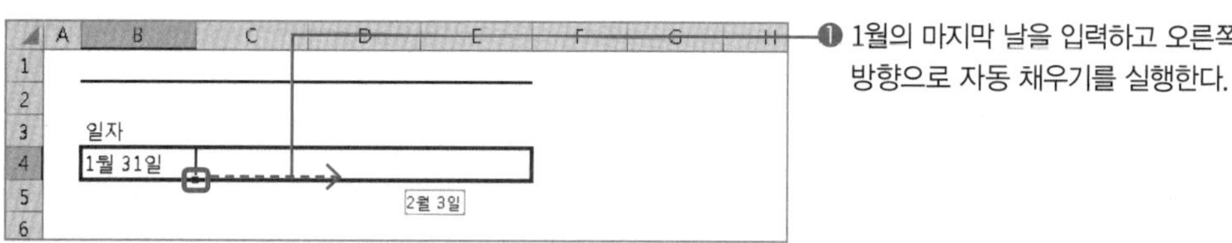

❶ 1월의 마지막 날을 입력하고 오른쪽 방향으로 자동 채우기를 실행한다.

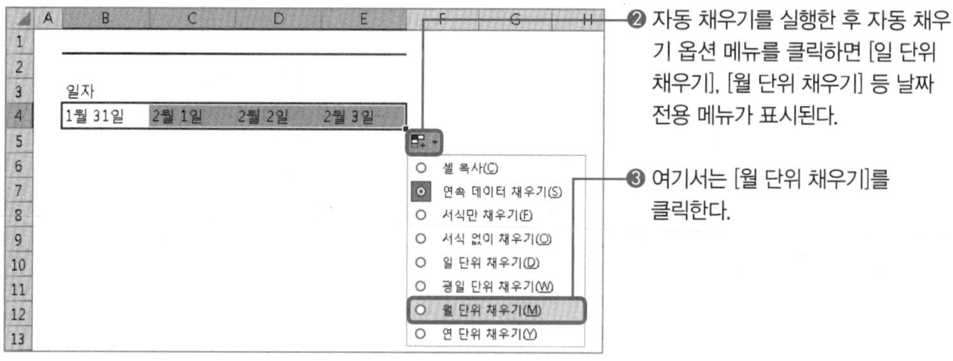

❷ 자동 채우기를 실행한 후 자동 채우기 옵션 메뉴를 클릭하면 [일 단위 채우기], [월 단위 채우기] 등 날짜 전용 메뉴가 표시된다.

❸ 여기서는 [월 단위 채우기]를 클릭한다.

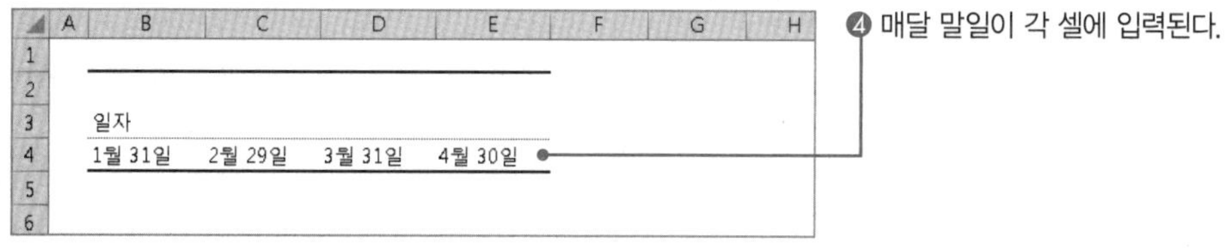

❹ 매달 말일이 각 셀에 입력된다.

한 가지 더!

마우스 오른쪽 버튼으로 드래그하여 자동 채우기 옵션 메뉴 표시하기

[자동 채우기] 기능을 사용할 때 마우스 왼쪽 버튼을 누르면서 드래그하지 않고 오른쪽 버튼을 누르면서 드래그하면 버튼을 놓을 때 자동으로 옵션 메뉴가 표시된다.

관련 항목 자동 채우기 ⇨ 182쪽 / 정렬 기능 ⇨ 187쪽 / 필터 기능 ⇨ 191쪽

CHAPTER 6

09 셀 배경색을 한 줄 간격으로 바꾸는 방법

외워 두면 편리한 기능

예제 파일 chapter6_9.xlsx

자동 채우기 기능으로 서식만 복사하기

[자동 채우기] 기능으로 값을 복사하지 않고 **서식만** 복사하는 것도 가능하다. 예를 들면, 표를 알아보기 쉽게 하기 위해 셀 배경색을 한 줄 간격으로 변경하려면 다음 단계를 수행한다.

● **자동 채우기로 서식을 복사한다**

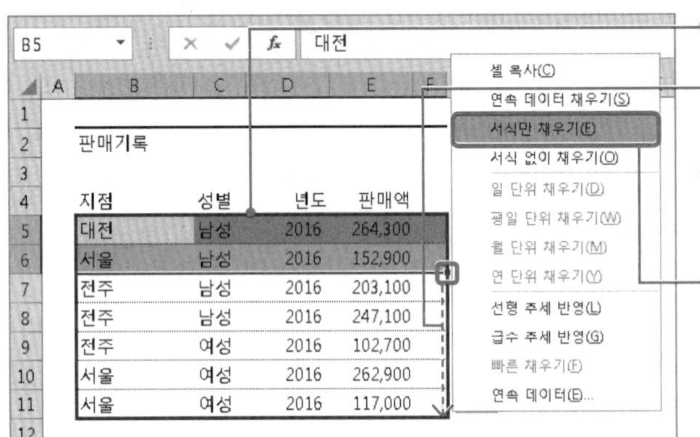

❶ 배경색을 설정한 행(5행)과 배경색을 설정하지 않은 행(6행)을 선택한다.

❷ 마우스의 오른쪽 버튼을 누르면서 채우기 핸들을 드래그한다.

❸ 마우스 오른쪽 버튼을 놓으면 표시되는 옵션 메뉴에서 [서식만 채우기]를 선택한다.

판매기록

지점	성별	년도	판매액
대전	남성	2016	264,300
서울	남성	2016	152,900
전주	남성	2016	203,100
전주	남성	2016	247,100
전주	여성	2016	102,700
서울	여성	2016	262,900
서울	여성	2016	117,000

한 가지 더!

데이터를 정렬할 필요가 있을 때는 다른 방법으로 배경색을 바꾼다

표의 배경색을 줄무늬로 하고 필터를 적용하거나 데이터를 정렬할 경우 줄무늬가 붕괴되어 오히려 보기 어렵게 되는 경우가 있다. 이러한 경우는 줄무늬를 설정하지 않거나 조건부 서식을 사용해서 줄무늬를 설정해야 한다(48쪽).

CHAPTER 6

10 정렬 기능을 완벽하게 실행하는 방법

외워 두면 편리한 기능

예제 파일 chapter6_10.xlsx

목적에 따라 데이터 정렬하기

데이터를 단순히 입력된 순서로만 보면 데이터의 관련성이나 특징을 파악하기 어렵다. **그러나 특정 필드를 기준으로 정렬해 보면 데이터 간의 연관성과 특징을 파악할 수 있는 경우가 많다.** 엑셀을 사용하면 다양한 필드를 기준으로 쉽게 데이터를 정렬할 수 있어 매우 효율적이다.

- **데이터를 파악하기 쉽게 정렬할 수 있다**

	A	B	C	D	E	F	G	H
1								
2		판매기록						
3								
4		판매지점명	상품명	매출일자	고객특성	매출금액		
5		광주	ZYL-233qbd	2017-02-01	10대여성	2,920		
6		부산	SQB-176ymx	2017-02-04	30대남성	3,340		
7		대전	NTC-116tgu	2017-02-20	50대여성	1,660		
8		대구	ZYL-233qbd	2017-02-15	20대남성	2,920		
9		서울	ZYL-233qbd	2017-02-18	50대여성	2,920		

데이터를 정렬하기 전.
데이터가 그저 입력한 순으로 나열되어 의미나 특징을 파악하기 어렵다.

	A	B	C	D	E	F	G	H
1								
2		판매기록						
3								
4		판매지점명	상품명	매출일자	고객특성	매출금액		
5		광주	ZYL-233qbd	2017-02-01	10대여성	2,920		
6		광주	KRE-254yee	2017-02-03	40대여성	2,170		
7		광주	WOM-160bhw	2017-02-18	30대남성	2,130		
8		광주	IPD-820yge	2017-02-19	10대여성	2,850		
9		광주	BKU-647bzz	2017-02-20	40대여성	2,160		
10		광주	SQB-176ymx	2017-02-25	40대남성	3,340		
11		대구	KRE-254yee	2017-02-05	20대여성	2,170		
12		대구	ZYL-233qbd	2017-02-15	20대남성	2,920		
13		대구	HPY-261lyh	2017-02-20	20대여성	2,000		
14		대전	ZYL-233qbd	2017-02-19	50대남성	2,920		

데이터를 지점명과 매출일 순으로 정렬하였다. 그러면 지점별 판매 기록과 그 추이를 쉽게 파악할 수 있다.

오름차순으로 정렬하기

데이터를 오름차순(점점 큰 값이 나타남)으로 정렬하려면, 정렬 기준이 되는 열의 **제목 셀**을 선택하고 [데이터] 탭의 **[텍스트 오름차순 정렬] 버튼**을 클릭한다. 그러면 표의 데이터가 **행 단위**로 정렬된다.

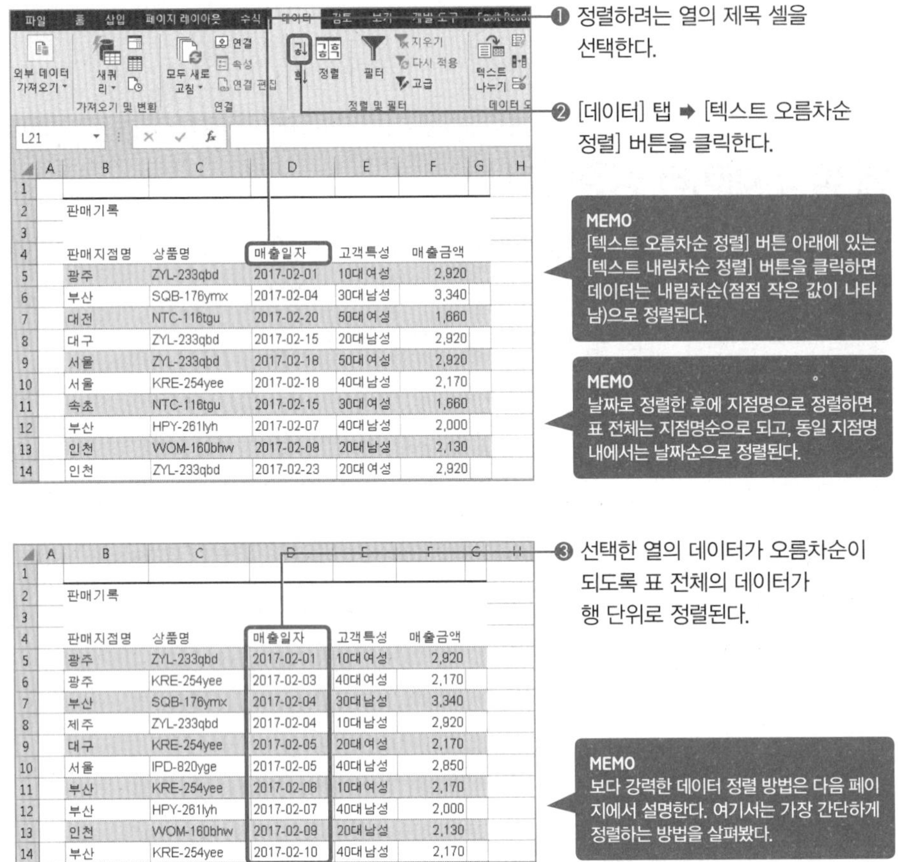

❶ 정렬하려는 열의 제목 셀을 선택한다.
❷ [데이터] 탭 ➡ [텍스트 오름차순 정렬] 버튼을 클릭한다.
MEMO
[텍스트 오름차순 정렬] 버튼 아래에 있는 [텍스트 내림차순 정렬] 버튼을 클릭하면 데이터는 내림차순(점점 작은 값이 나타남)으로 정렬된다.
MEMO
날짜로 정렬한 후에 지점명으로 정렬하면, 표 전체는 지점명순으로 되고, 동일 지점명 내에서는 날짜순으로 정렬된다.
❸ 선택한 열의 데이터가 오름차순이 되도록 표 전체의 데이터가 행 단위로 정렬된다.
MEMO
보다 강력한 데이터 정렬 방법은 다음 페이지에서 설명한다. 여기서는 가장 간단하게 정렬하는 방법을 살펴봤다.

판매기록

판매지점명	상품명	매출일자	고객특성	매출금액
광주	ZYL-233qbd	2017-02-01	10대 여성	2,920
부산	SQB-176ymx	2017-02-04	30대 남성	3,340
대전	NTC-116tgu	2017-02-20	50대 여성	1,660
대구	ZYL-233qbd	2017-02-15	20대 남성	2,920
서울	ZYL-233qbd	2017-02-18	50대 여성	2,920
서울	KRE-254yee	2017-02-18	40대 남성	2,170
속초	NTC-116tgu	2017-02-15	30대 여성	1,660
부산	HPY-261lyh	2017-02-07	40대 남성	2,000
인천	WOM-160bhw	2017-02-09	20대 남성	2,130
인천	ZYL-233qbd	2017-02-23	20대 여성	2,920

판매기록

판매지점명	상품명	매출일자	고객특성	매출금액
광주	ZYL-233qbd	2017-02-01	10대 여성	2,920
광주	KRE-254yee	2017-02-03	40대 여성	2,170
부산	SQB-176ymx	2017-02-04	30대 남성	3,340
제주	ZYL-233qbd	2017-02-04	10대 남성	2,920
대구	KRE-254yee	2017-02-05	20대 여성	2,170
서울	IPD-820yge	2017-02-05	40대 남성	2,850
부산	KRE-254yee	2017-02-06	10대 여성	2,170
부산	HPY-261lyh	2017-02-07	40대 남성	2,000
인천	WOM-160bhw	2017-02-09	20대 남성	2,130
부산	KRE-254yee	2017-02-10	40대 남성	2,170

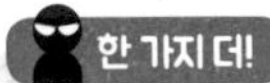

정렬하기 전에 반드시 원본 데이터를 남겨 둔다!

데이터를 정렬할 때는 **사전에 [다른 이름으로 저장]하거나 파일을 복사하여 변경 전의 원본 데이터를 확보해 둔다.** 일단 정렬을 수행하면 다시 원래의 상태로 돌아가기 힘든 경우도 있기 때문이다. 다른 사람이 나름의 의도를 가지고 작성한 표의 순서를 이리저리 정렬하다 보면 원래대로 돌아가지 못하게 되어 낭패를 볼 수도 있다. 따라서 정렬을 수행하기 전에 원본 데이터를 따로 저장해 두는 버릇을 들이는 것이 좋다.

정렬 대화상자에서 정렬 기준 자세히 지정하기

정렬 조건을 세밀하게 지정하려면 [데이터] 탭의 **[정렬] 버튼**을 클릭하여 **[정렬] 대화상자**를 표시하고 다음과 같은 흐름으로 설정한다.

❶ 정렬 기준 열을 지정한다.

❷ 기준 열의 정렬 규칙(오름차순/내림차순)을 지정한다.

❸ 기준 열이 여러 개일 경우에는 [기준 추가] 버튼을 클릭해서 추가로 설정한다.

❹ 기준 열의 우선순위는 [▲], [▼] 버튼으로 변경할 수 있다.

또한, 표 전체가 아닌 일부 데이터만 정렬할 경우 **대상 셀 범위를 선택한 후** 정렬 대화상자를 열도록 한다.

● **정렬 대화상자의 기본 조작 방법**

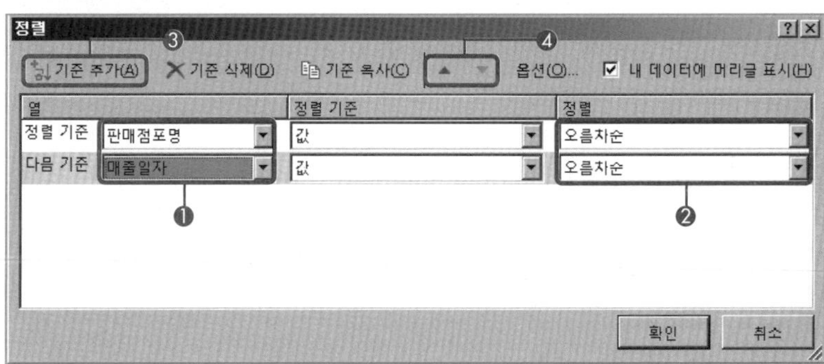

한 가지 더!

첫 번째 행을 정렬 대상에 포함하고 싶을 때

일반적으로 표의 첫 번째 줄에는 항목 이름이 배치되기 때문에 정렬 대상에 포함시키지 않는다. 첫 번째 줄을 정렬 대상에 포함시킬지는 정렬 대화상자의 오른쪽 상단에 있는 [내 데이터에 머리글 표시] 체크박스로 설정할 수 있다.

정렬 실행 단축키와 주의점

정렬 기능과 관련된 단축키는 다음과 같다.

• **정렬 기능 단축키**

정렬 방법	단축키
[오름차순 정렬] 버튼 실행	Alt → A → S → A
[내림차순 정렬] 버튼 실행	Alt → A → S → D
[정렬] 버튼 실행(대화상자 표시)	Alt → A → S → S

Alt + A로 [데이터] 탭을 선택하고 S로 정렬 기능을 선택한 후 마지막으로 오름차순(Ascending)의 A, 내림차순(Descending)의 D, 정렬(Sort) 대화상자 표시의 S 중 하나를 선택한다.

한편, 데이터를 정렬할 때의 주의해야 할 점이 몇 가지 있다. 첫 번째는 **정렬할 데이터 내에 다른 셀을 참조하는 수식이 포함되어 있는 경우에는 오류가 발생할 수 있다**. 그러므로 미리 수식의 참조 형식(120쪽)을 확인하는 것이 좋다.

두 번째는 **엑셀의 정렬 기능은 행을 한 덩어리의 데이터로 취급한다**는 점이다. 따라서 아래 그림과 같이 열 방향으로 늘어서 있는 데이터를 정렬하면 표가 무너져 버린다. 이러한 경우에는 필요에 따라 행과 열을 바꾸고 정렬을 수행한다(180쪽).

• **열 방향으로 늘어서 있는 데이터는 정렬할 수 없다**

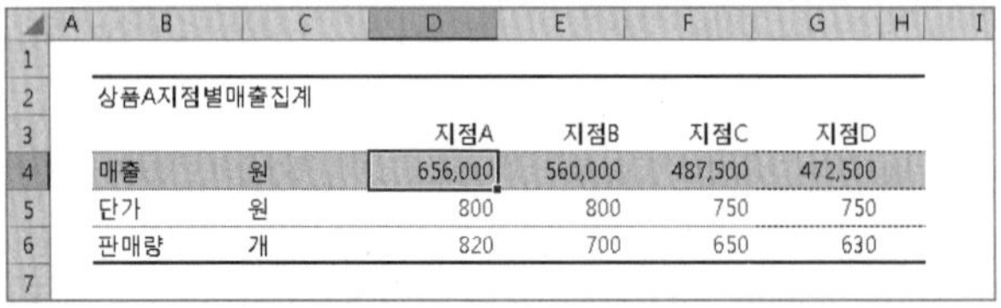

	A	B	C	D	E	F	G	H	I
1									
2		상품A지점별매출집계							
3				지점A	지점B	지점C	지점D		
4		매출	원	656,000	560,000	487,500	472,500		
5		단가	원	800	800	750	750		
6		판매량	개	820	700	650	630		
7									

열 방향(가로 방향)으로 데이터가 늘어서 있는 표

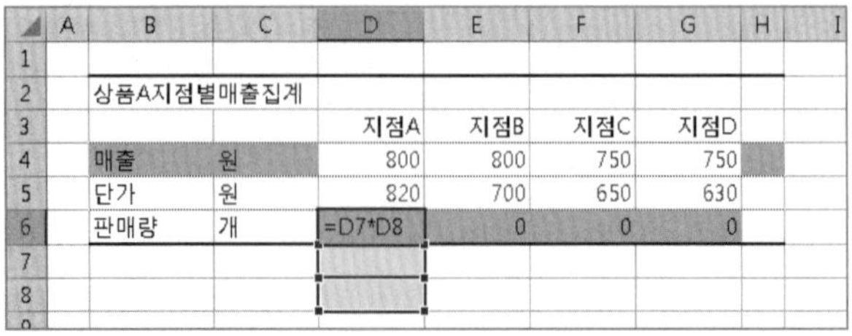

	A	B	C	D	E	F	G	H	I
1									
2		상품A지점별매출집계							
3				지점A	지점B	지점C	지점D		
4		매출	원	800	800	750	750		
5		단가	원	820	700	650	630		
6		판매량	개	=D7*D8	0	0	0		
7									
8									

정렬 기능은 행 방향으로 데이터를 취급하기 때문에 열 방향으로 입력되어 있는 데이터를 정렬하면 데이터가 깨진다.

관련 항목 '값 붙여넣기'의 기본 ⇨ 172쪽 / 자동 채우기 ⇨ 182쪽 / 필터 기능 ⇨ 191쪽

CHAPTER 6

11 필터 기능과 SUBTOTAL 함수

외워 두면 편리한 기능

예제 파일 chapter6_11.xlsx

특정 조건을 만족하는 데이터만 표시하기

엑셀이 제공하는 필터 기능을 사용하면 **대량의 데이터 중에서 특정 조건을 만족하는 데이터만을 표시할 수 있다.** 필터링 조건을 여러 열에 지정할 수도 있다. 예를 들면, '지점=서울, 판매일=2017년, 성별=여성' 등 여러 조건을 지정하여 표시되는 데이터의 범위를 축소할 수 있다(아래 그림 참조).

● **필터 기능으로 필요한 데이터만 표시한다**

	A	B	C	D	E	F
1						
2		판매기록				
3		단위:원				
4						
5		지점	일자	성별	판매액	
6		부산	2016-01-04	남성	264,300	
7		서울	2016-01-08	남성	152,900	
8		대전	2016-01-10	남성	203,100	
9		대전	2016-02-05	남성	247,100	
10		대전	2016-02-22	여성	102,700	
11		서울	2016-03-07	여성	262,900	
12		부산	2016-03-14	여성	215,700	

→

	A	B	C	D	E	F
1						
2		판매기록				
3		단위:원				
4						
5		지점	일자	성별	판매	
55		서울	2017-02-22	여성	100,100	
63		서울	2017-04-14	여성	243,900	
64		서울	2017-04-23	여성	253,700	
90		서울	2017-10-16	여성	114,400	
97		서울	2017-11-12	여성	125,800	
102		서울	2017-12-12	여성	94,300	
105		서울	2017-12-29	여성	117,000	

필터 기능을 사용하여 대량의 데이터 중에서 '지점=서울, 판매일=2017년, 성별=여성'인 데이터만 표시했다.

그러나 필터 기능은 어디까지나 **표시하는 데이터의 범위를 일시적으로 좁히는 기능이**다. 달리 말하면, **조건에 일치하지 않은 행을 표시하지 않는 기능**이기 때문에 데이터가 삭제되는 것이 아니다. 필터가 적용된 시트를 보면 행 번호가 건너뛰어져 있는 것을 확인할 수 있는데, 이것은 표시되지 않은 데이터가 존재하는 것을 의미한다. 데이터는 언제든지 원상태로 되돌아갈 수 있다.

기본적인 필터 사용 방법

필터 기능을 사용해서 표시하는 데이터 범위를 좁히려면, 우선 [데이터] 탭의 **[필터] 버튼**을 클릭한다. 그러면 표의 제목 셀에 **'필터 화살표' 버튼**이 표시된다. 이 버튼을 누르면 그 열의 추출 조건을 지정할 수 있다(단축키는 159쪽 참조).

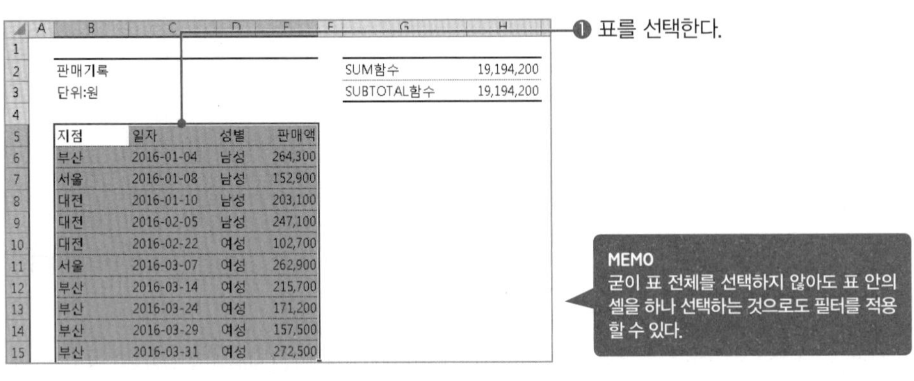

❶ 표를 선택한다.

MEMO
굳이 표 전체를 선택하지 않아도 표 안의 셀을 하나 선택하는 것으로도 필터를 적용할 수 있다.

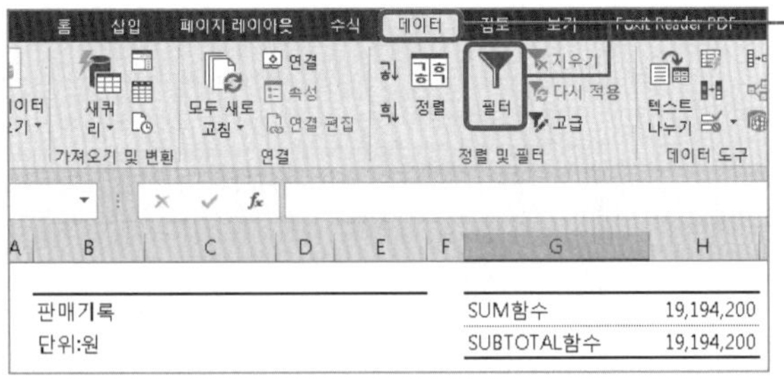

❷ [데이터] 탭 ➡ [필터]를 클릭한다.

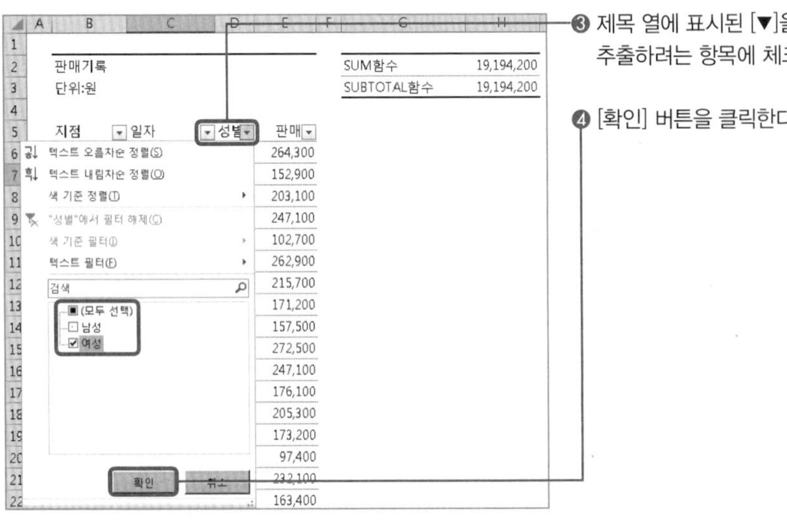

❸ 제목 열에 표시된 [▼]을 클릭해서 추출하려는 항목에 체크한다.

❹ [확인] 버튼을 클릭한다.

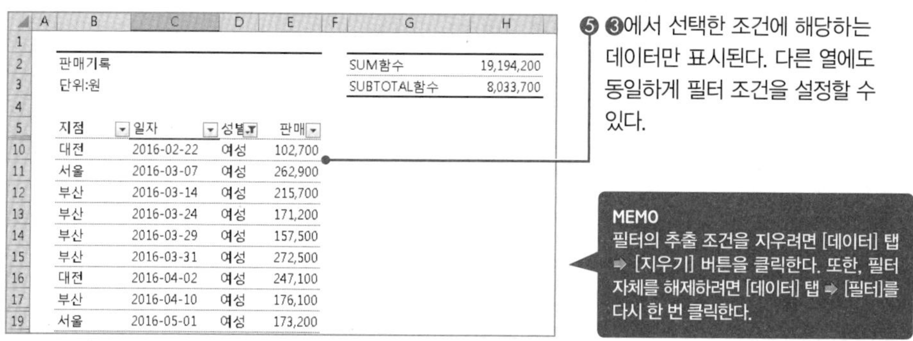

지점	일자	성별	판매
대전	2016-02-22	여성	102,700
서울	2016-03-07	여성	262,900
부산	2016-03-14	여성	215,700
부산	2016-03-24	여성	171,200
부산	2016-03-29	여성	157,500
부산	2016-03-31	여성	272,500
대전	2016-04-02	여성	247,100
부산	2016-04-10	여성	176,100
서울	2016-05-01	여성	173,200

❺ ❸에서 선택한 조건에 해당하는 데이터만 표시된다. 다른 열에도 동일하게 필터 조건을 설정할 수 있다.

MEMO
필터의 추출 조건을 지우려면 [데이터] 탭 ➡ [지우기] 버튼을 클릭한다. 또한, 필터 자체를 해제하려면 [데이터] 탭 ➡ [필터]를 다시 한 번 클릭한다.

더 자세한 조건으로 필터링하기

날짜나 숫자가 입력되어 있는 열은 더욱 상세한 조건을 지정하여 데이터를 필터링할 수 있다. 예를 들어, 숫자가 적힌 열이라면 지정한 숫자보다 큰 데이터만을 추출하거나 [상위 10]이나 [평균 초과] 등 상대적인 조건을 지정할 수도 있다. 날짜가 적힌 열의 경우에도 [이번 주], [지난 달], [지난 분기] 등의 조건으로 데이터를 추출할 수 있다.

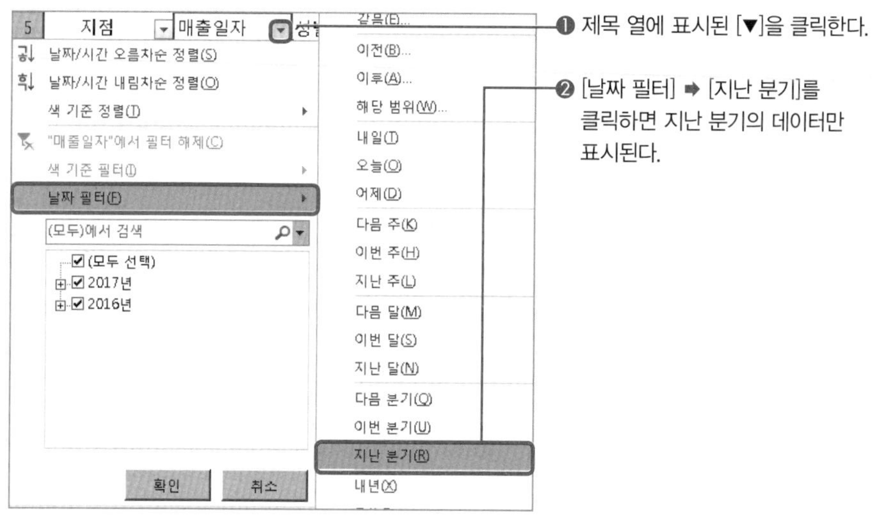

❶ 제목 열에 표시된 [▼]을 클릭한다.

❷ [날짜 필터] ➡ [지난 분기]를 클릭하면 지난 분기의 데이터만 표시된다.

필터를 사용할 때 알아 두면 편리한 팁

필터 기능에 의해 추출된 데이터만 복사하려면 표시된 셀들을 선택하여 그대로 복사해서 붙여 넣으면 된다. 그러면 필터링된 셀들만 복사된다.

한편, **필터링 기능과 집계 함수를 함께 사용할 때는 주의가 필요하다.** 필터링된 데이터에 대해 SUM 함수나 COUNT 함수(93쪽)를 사용하면 필터링된 데이터가 아닌 전체 데이터가 집계 대상이 된다. 필터링된 데이터에 대해서만 집계하려면 먼저 필터링된 데이터를 복사해서 다른 위치에 붙여 넣은 다음에 집계해야 한다.

또는 SUBTOTAL 함수를 사용하는 방법도 있다. SUBTOTAL 함수의 첫 번째 인수에 적용할 계산을 지정하면, SUM 함수나 COUNT 함수와 동일한 집계를 필터링된 데이터를 대상으로 수행할 수 있다. SUBTOTAL 함수의 첫 번째 인수에는 계산 방법을 지정하고, 두 번째 인수에 집계 셀 범위를 지정한다.

=SUBTOTAL(계산 방법, 셀 범위)

- **SUBTOTAL 함수와 SUM 함수의 집계 결과 차이**

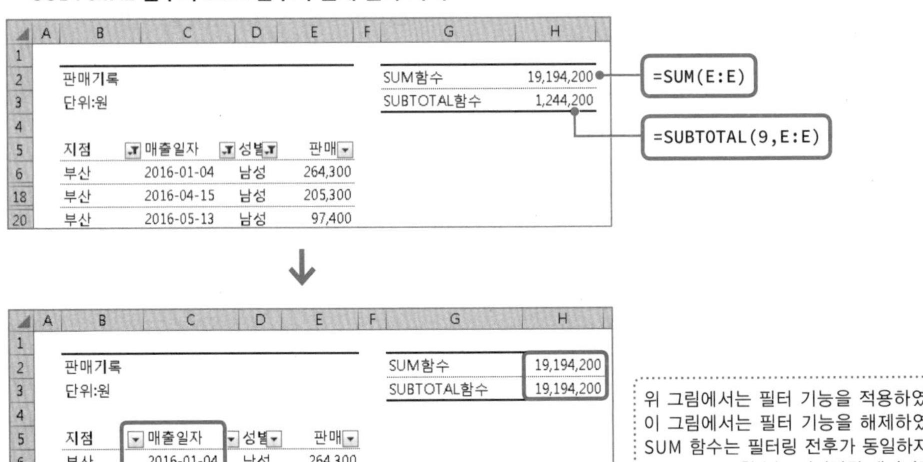

SUBTOTAL 함수의 첫 번째 인수의 의미

SUBTOTAL 함수의 첫 번째 인수에는 계산 방법을 지정하는데, 이 계산 방법은 1에서 11까지의 숫자로 지정한다. 예를 들면, SUM 함수와 동일한 처리(합계 산출)를 하려면 9를 지정한다. 이외에 COUNT 함수와 동일한 처리를 하려면 2를 지정한다. 이와 같이 SUBTOTAL 함수는 하나의 함수로 여러 가지 집계 처리를 할 수 있어 매우 편리하다. 다른 번호에 부여된 계산 방법에 대해서는 엑셀의 도움말이나 Microsoft의 웹사이트 등을 참고하기 바란다.

관련 항목 값 붙여넣기 ⇨ 172쪽 / 자동 채우기 ⇨ 182쪽 / 정렬 기능 ⇨ 187쪽

CHAPTER

7

실전 데이터 분석의 시작

CHAPTER 7

01 데이터 표를 활용한 민감도 분석

데이터 표 고급 기술

예제 파일 chapter7_1.xlsx

여러 조건의 변화에 따른 계산 결과 검토하기

영업 계획을 세우거나 장비 임대 요금을 결정할 때는 **여러 조건에 따라 충분히 검토하여 의사결정을 해야 한다.** 이때 유용한 기능이 **데이터 표**다. 데이터 표를 사용하면 쉽게 민감도 분석을 실시할 수 있다. **민감도 분석**이란, 여러 조건을 바꿔 가면서 결과를 분석하는 것을 말한다.

여기서는 은행 대출금과 월 상환금을 검토하기 위해 데이터 표를 사용해 보고자 한다. 고려할 조건은 다음과 같다.

- 총 상환 기간은 3, 4, 5년 중 하나
- 총 차입 금액은 1,000만 원, 1,300만 원, 1,500만 원 중 하나
- 금리는 연 2%
- 매월 상환 금액은 30만 원 이내

상환 기간에 3가지 선택지가 있고 차입 금액도 3가지 선택지가 있으므로 총 9가지 선택지가 있다. **만약, 매월 상환 금액을 30만 원보다 적게 하면서 가장 큰 금액을 대출하고 싶다면 어떤 조건을 선택해야 할까?**

● **대출/상환 계획**

	차입 금액 (이자율 연리 2%)		
	1,000만 원	**1,300만 원**	**1,500만 원**
3년	1,000만 원을 3년에 상환	1,300만 원을 3년에 상환	1,500만 원을 3년에 상환
4년	1,000만 원을 4년에 상환	1,300만 원을 4년에 상환	1,500만 원을 4년에 상환
5년	1,000만 원을 5년에 상환	1,300만 원을 5년에 상환	1,500만 원을 5년에 상환

이 문제를 해결하기 위해 9가지 조건을 하나씩 검토해 보는 다소 무식한 방법이 있다. 이를테면 다음과 같다.

● **상환 기간 4년, 차입 금액 1,000만 원의 경우**

	A	B	C	D	E	F	G
1							
2		대출금 상환계획					
3							
4		월별 상환액			원	216,951	
5			차입금액		원	10,000,000	
6			금리		%	2.0%	
7			상환기간		년	4	
8							

상환 기간 4년, 차입 금액 1,000만 원에 대해 계산해 보니 월별 상환액은 216,951원이다.

이렇게 조건별로 하나씩 계산하는 것은 꽤나 번거로운 일이다. **한 번에 하나의 조건만 계산할 수 있고, 계산한 내용을 메모해 두어야 하므로 조건이 많을수록 더욱 번거롭다.** 엑셀에는 이러한 계산을 효율적으로 수행해 줄 데이터 표 기능이 있다.

여러 조건에 대한 계산 결과를 하나의 표에 표시

데이터 표를 사용하면 **수식에 포함된 하나 또는 두 개의 값이 변할 때, 그 계산 결과가 어떻게 변하는지 하나의 표로 확인할 수 있다.** 위 예에서는 9개의 조건에 따라 월별 상환 금액이 하나의 표에 표시된다.

● **데이터 표를 이용한 상환 계획 계산하기**

G	H	I	J	K	L
	차입금 상환계획				
	원			차입금액(원)	
			10,000,000	13,000,000	15,000,000
	상환기간	3	286,426	372,354	429,639
	(년)	4	216,951	282,037	325,427
		5	175,278	227,861	262,916

데이터 표를 사용하면 9개의 조건에 대한 월별 상환 금액이 하나의 표에 표시된다.

데이터 표 작성 방법

그러면 실제로 데이터 표를 만들어 보자. 9개의 조건 중 하나의 조건을 임의로 선택해서 조건과 그에 따른 계산식이 포함된 표를 완성하도록 한다. 그리고 그 표에서 **조건에 해당하는 셀과 계산하고자 하는 셀이 무엇인지** 유념하면서 다음 순서에 따라 데이터 표를 만든다.

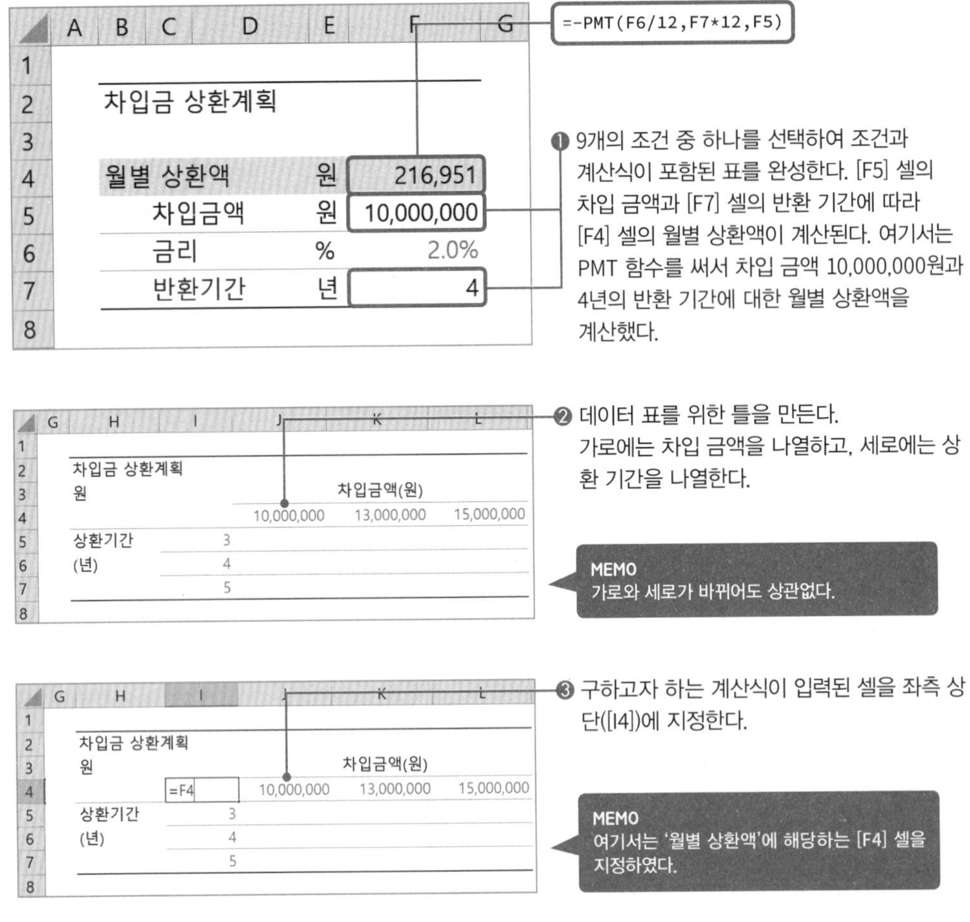

=-PMT(F6/12,F7*12,F5)
차입금 상환계획
월별 상환액 원 216,951
차입금액 원 10,000,000
금리 % 2.0%
반환기간 년 4
❶ 9개의 조건 중 하나를 선택하여 조건과 계산식이 포함된 표를 완성한다. [F5] 셀의 차입 금액과 [F7] 셀의 반환 기간에 따라 [F4] 셀의 월별 상환액이 계산된다. 여기서는 PMT 함수를 써서 차입 금액 10,000,000원과 4년의 반환 기간에 대한 월별 상환액을 계산했다.
차입금 상환계획
원
차입금액(원)
10,000,000 13,000,000 15,000,000
상환기간 (년) 3 4 5
❷ 데이터 표를 위한 틀을 만든다. 가로에는 차입 금액을 나열하고, 세로에는 상환 기간을 나열한다.
MEMO
가로와 세로가 바뀌어도 상관없다.
차입금 상환계획
원
=F4
차입금액(원)
10,000,000 13,000,000 15,000,000
상환기간 (년) 3 4 5
❸ 구하고자 하는 계산식이 입력된 셀을 좌측 상단([I4])에 지정한다.
MEMO
여기서는 '월별 상환액'에 해당하는 [F4] 셀을 지정하였다.

한 가지 더!

월별 상환 금액 계산 방법

PMT 함수는 이자율, 지불 횟수, 차입 금액을 차례로 인자로 받아들여 1회당 지불 금액을 계산하는 함수다. PMT 함수의 결과는 음수로 표시되므로 양수로 표시하고 싶으면 식 앞에 '-' 기호를 추가한다.

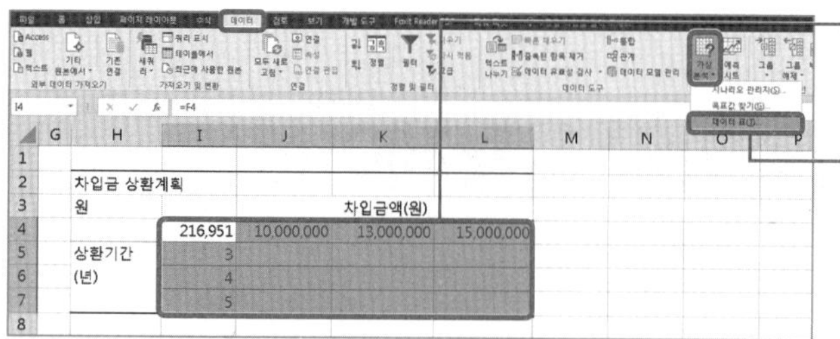

❹ 조건이 모두 선택되도록 표를 선택한다.

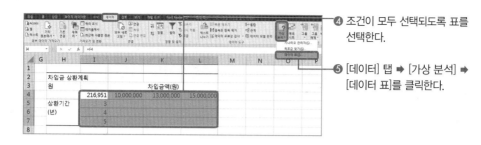

❺ [데이터] 탭 ➡ [가상 분석] ➡ [데이터 표]를 클릭한다.

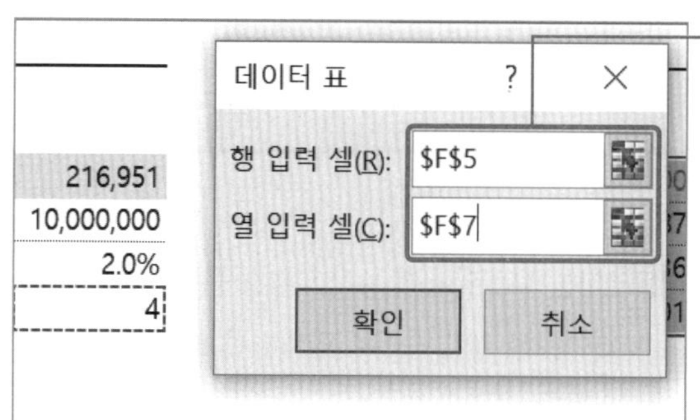

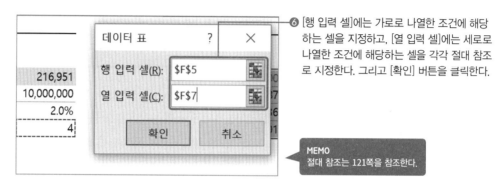

❻ [행 입력 셀]에는 가로로 나열한 조건에 해당하는 셀을 지정하고, [열 입력 셀]에는 세로로 나열한 조건에 해당하는 셀을 각각 절대 참조로 지정한다. 그리고 [확인] 버튼을 클릭한다.

MEMO
절대 참조는 121쪽을 참조한다.

	G	H	I	J	K	L
1						
2		차입금 상환계획				
3		원			차입금액(원)	
4			216,951	10,000,000	13,000,000	15,000,000
5		상환기간	3	286,426	372,354	429,639
6		(년)	4	216,951	282,037	325,427
7			5	175,278	227,861	262,916
8						

❼ 데이터 표의 계산 결과가 표시된다. 결과를 보면 매월 상환 금액 30만 원 이하일 때 차입 금액이 가장 큰 경우는 차입 금액 1,500만 원에 상환 기간 5년임을 알 수 있다.

한 가지 더!

왼쪽 끝의 숫자를 보이지 않게 하는 방법

❸에서 입력한 숫자는 데이터 표를 만들기 위해 꼭 필요한 값이지만 보고용 표 등에서는 보이지 않는 것이 더 바람직할 것이다. 문자색을 흰색으로 설정해서 보이지 않게 할 수 있다.

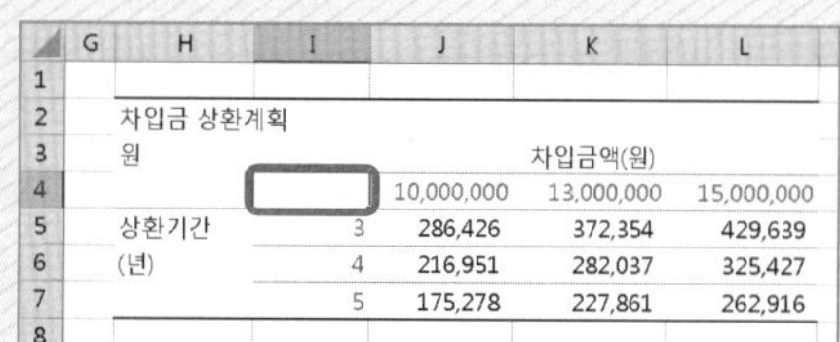

	G	H	I	J	K	L
1						
2		차입금 상환계획				
3		원			차입금액(원)	
4				10,000,000	13,000,000	15,000,000
5		상환기간	3	286,426	372,354	429,639
6		(년)	4	216,951	282,037	325,427
7			5	175,278	227,861	262,916
8						

관련 항목 이익 예측 시뮬레이션 ⇨ 202쪽 / 변동 위험 검토 ⇨ 206쪽

영업이익 시뮬레이션

데이터 표 고급 기술

예제 파일 chapter7_2.xlsx

단가를 높일까 판매량을 늘릴까

데이터 표는 **영업이익이나 매출 예측을 위한 시뮬레이션**에도 활용할 수 있다. 예를 들어, 다음과 같은 수지 계획표가 있다고 하자. 표를 보면 2015년에서 2017년까지 판매량은 순조롭게 성장했지만, 평균 단가가 계속 떨어졌다는 것을 알 수 있다.

- **수지 계획표**

수지계획		2015년	2016년	2017년
매출	원	56,000,000	66,696,000	79,248,000
판매수	개	11,200	15,880	19,812
성장률	%	N/A	42%	25%
평균단가	원	5,000	4,200	4,000
비용	원	30,000,000	39,000,000	48,000,000
인건비	원	15,000,000	24,000,000	33,000,000
직원수	명	5	8	11
인당 인건비	원	3,000,000	3,000,000	3,000,000
고정비	원	15,000,000	15,000,000	15,000,000
이익	원	26,000,000	27,696,000	31,248,000

향후 우선적으로 판매량을 늘려야 할지 평균 단가를 높여야 할지 데이터 표를 활용하여 생각해 보자.

위와 같은 상황에서 향후 이익을 더 확보하기 위해 **평균 단가를 낮춰 판매량을 늘려야 할지** 또는 **평균 단가 인상을 시도해야 할지를** 데이터 표를 활용하여 시뮬레이션해 보자.

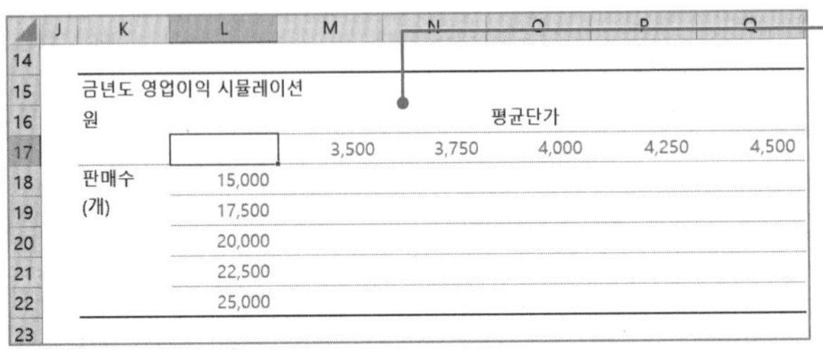

금년도 영업이익 시뮬레이션						
원				평균단가		
		3,500	3,750	4,000	4,250	4,500
판매수 (개)	15,000					
	17,500					
	20,000					
	22,500					
	25,000					

❶ 데이터 표를 위한 틀을 만든다. 세로에는 판매 수, 가로에는 평균 단가를 나열한다.

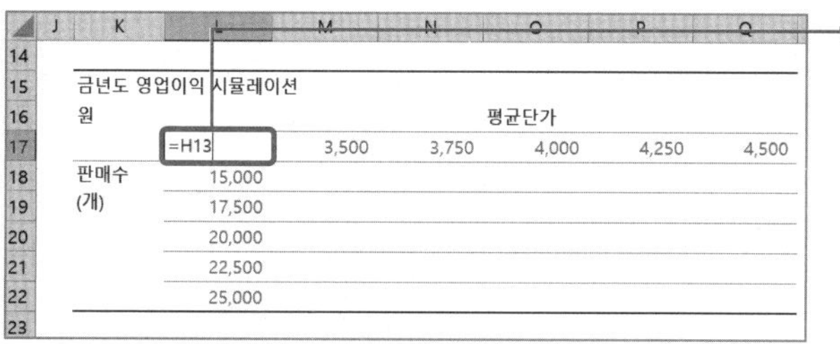

❷ 구하고자 하는 계산식이 입력된 셀을 좌측 상단 [L17] 셀에 지정한다. 여기서는 2017년의 이익이 계산된 [H13] 셀을 지정하였다. (앞의 수지 계획표 참고).

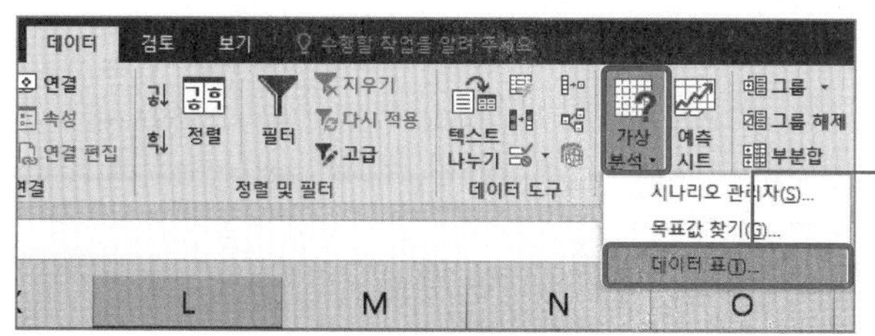

❸ 조건이 모두 포함되도록 표를 선택한다. (셀 범위 [L17 : Q22])

❹ [데이터] 탭 ➡ [가상 분석] ➡ [데이터 표]를 클릭한다.

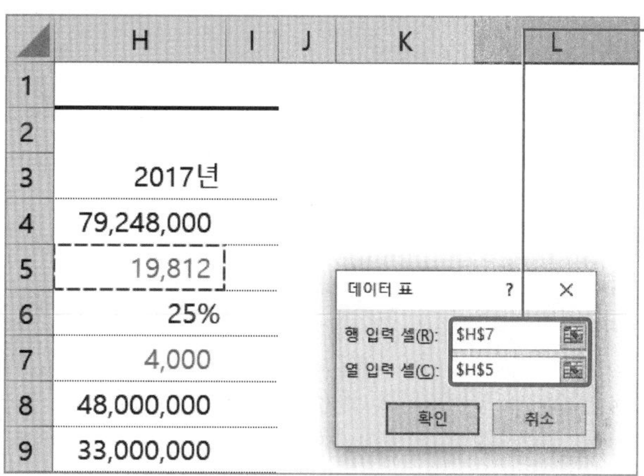

❺ [행 입력 셀]에는 가로로 나열한 조건(평균 단가)에 해당하는 셀 주소를, [열 입력 셀]에는 세로로 나열한 조건(판매 수)에 해당하는 셀 주소를 각각 절대 참조로 입력하고, [확인] 버튼을 클릭한다.

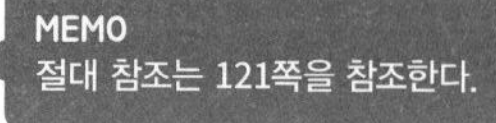
MEMO
절대 참조는 121쪽을 참조한다.

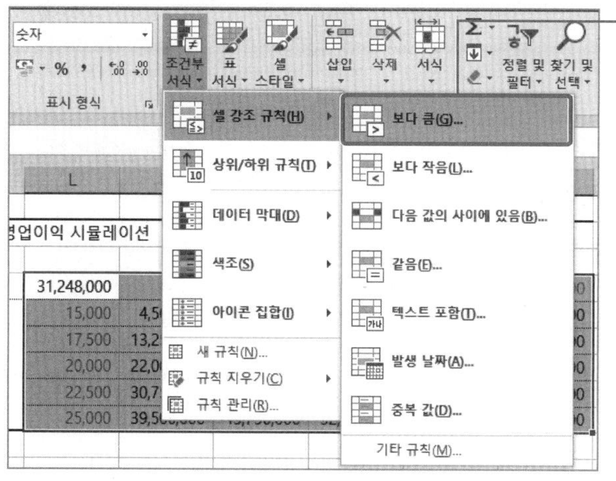

❻ 데이터 표의 계산 결과를 선택한 상태에서 [홈] 탭 ➡ [조건부 서식] ➡ [셀 강조 규칙] ➡ [보다 큼]을 클릭한다.

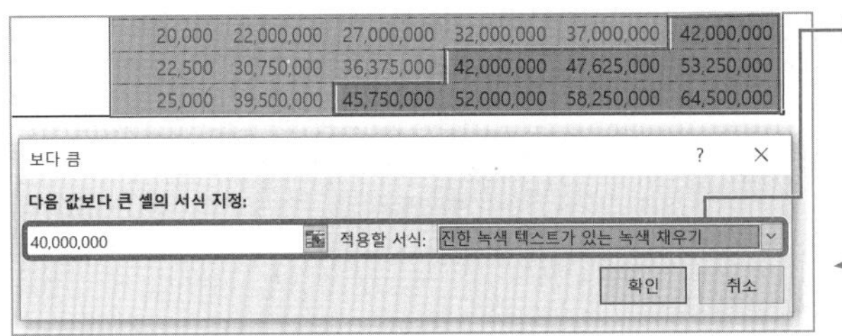

⑦ 입력란에 기준 값을 지정하고 적용할 서식을 선택한 후 [확인] 버튼을 클릭한다. 기준 값을 초과한 셀들의 서식이 변경된다.

MEMO
4천만 원 이상인 셀은 녹색 배경에 진한 녹색 글자 색이 적용된다.

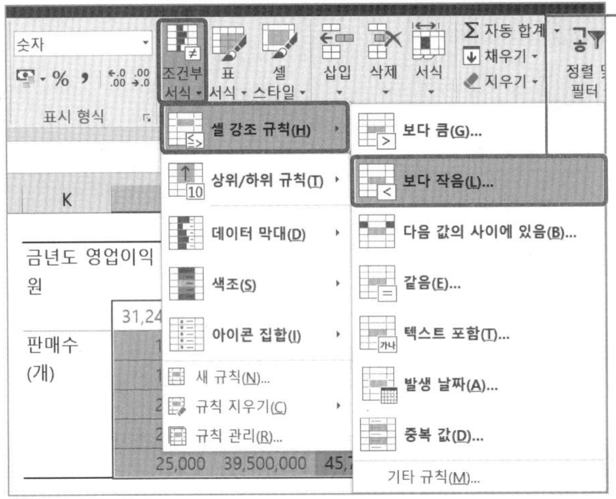

⑧ 또 다른 조건부 서식을 설정한다. 데이터 표의 계산 결과를 선택한 상태에서 [홈] 탭 ➡ [조건부 서식] ➡ [셀 강조 규칙] ➡ [보다 작음]을 클릭한다.

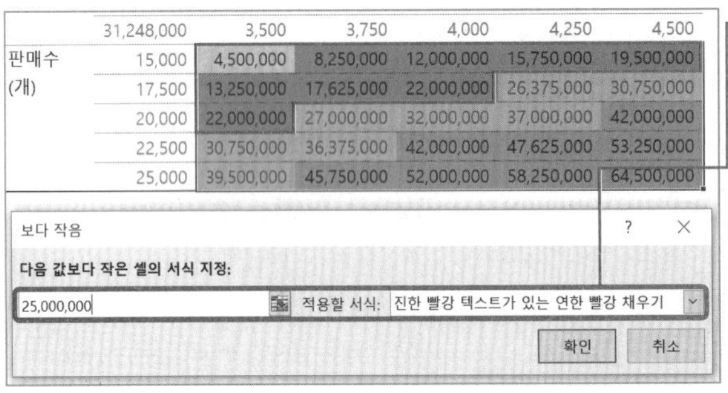

⑨ 입력란에 기준 값을 지정하고 적용할 서식을 선택한 후 [확인] 버튼을 클릭한다. 기준 값 미만인 셀들의 서식이 변경된다.

MEMO
2천 5백만 원 이하의 셀들은 빨간 배경에 진한 붉은 글자 색이 적용된다.

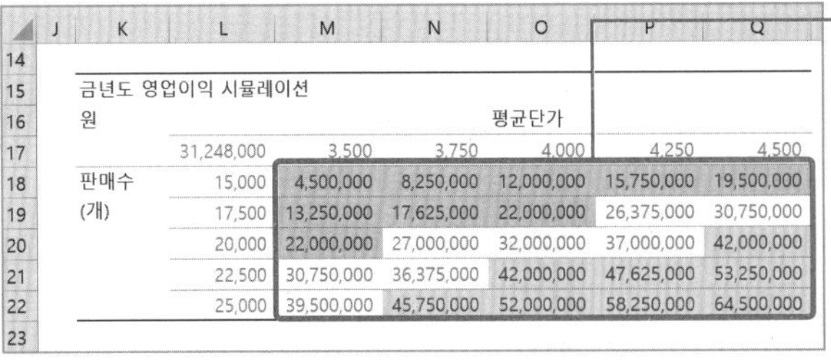

		31,248,000	3,500	3,750	4,000	4,250	4,500
판매수 (개)		15,000	4,500,000	8,250,000	12,000,000	15,750,000	19,500,000
		17,500	13,250,000	17,625,000	22,000,000	26,375,000	30,750,000
		20,000	22,000,000	27,000,000	32,000,000	37,000,000	42,000,000
		22,500	30,750,000	36,375,000	42,000,000	47,625,000	53,250,000
		25,000	39,500,000	45,750,000	52,000,000	58,250,000	64,500,000

⑩ 데이터 표가 완성되었다. 판매 수가 15,000개이면 평균 단가와 상관없이 모두 붉은 색이다. 즉, 이익이 낮다. 따라서 평균 단가를 올리기보다는 판매량 확대에 주력하는 편이 이익 확대에 효과적임을 알 수 있다.

데이터 표 사용 시 주의점

데이터 표는 두 개의 변수를 바꿔 가며 계산식을 자동으로 수행한다. 값을 바꿀 변수는 [데이터 표] 대화상자에서 지정하는데, 이때 수식이 입력된 셀을 지정하지 않도록 주의한다. 데이터 표의 변수로 지정할 수 있는 것은 **숫자가 직접 입력되어 있는 셀뿐이다.**

또한 **데이터 표는 원본 표와 같은 시트에 작성되어야 한다.** 다른 시트의 값을 참조하는 것은 불가능하다.

여기서 데이터 표의 위치를 고민해 볼 필요가 있다. 원본 표의 오른쪽에 배치하면, 원본 표의 행이 증감할 때 문제가 발생할 수 있다. 그렇다고 원본 표의 아래쪽에 배치하면 열 너비 조정이 어려워진다. 이를 고려하면, 데이터 표는 원본 표의 대각선 오른쪽 밑에 배치하는 것이 좋다. (다음 그림 참조) 대각선 오른쪽 밑에 배치하면 원본 표의 행과 열이 바뀌거나 열 너비의 변화에 영향을 받지 않는다. 엑셀을 사용할 때는 이처럼 나중에 표가 바뀔 경우를 항상 고려하여 문제가 발생하지 않도록 작성하는 것이 좋다.

- **데이터 표는 원본 표의 대각선 아래에 작성한다**

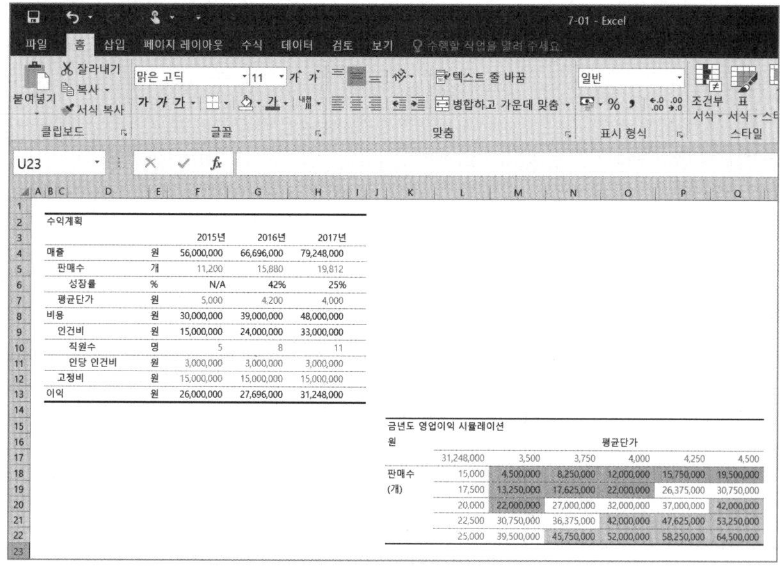

수익계획				
		2015년	2016년	2017년
매출	원	56,000,000	66,696,000	79,248,000
판매수	개	11,200	15,880	19,812
성장률	%	N/A	42%	25%
평균단가	원	5,000	4,200	4,000
비용	원	30,000,000	39,000,000	48,000,000
인건비	원	15,000,000	24,000,000	33,000,000
직원수	명	5	8	11
인당 인건비	원	3,000,000	3,000,000	3,000,000
고정비	원	15,000,000	15,000,000	15,000,000
이익	원	26,000,000	27,696,000	31,248,000

금년도 영업이익 시뮬레이션						
원		평균단가				
	31,248,000	3,500	3,750	4,000	4,250	4,500
판매수 (개)	15,000	4,500,000	8,250,000	12,000,000	15,750,000	19,500,000
	17,500	13,250,000	17,625,000	22,000,000	26,375,000	30,750,000
	20,000	22,000,000	27,000,000	32,000,000	37,000,000	42,000,000
	22,500	30,750,000	36,375,000	42,000,000	47,625,000	53,250,000
	25,000	39,500,000	45,750,000	52,000,000	58,250,000	64,500,000

관련 항목 데이터 표를 활용한 민감도 분석 ⇨ 198쪽 / 변동 위험 검토 ⇨ 206쪽

CHAPTER 7

03 비용 변동 요인에 따른 상품 단가 검토

데이터 표 고급 기술

예제 파일 chapter7_3.xlsx

재료비 상승에 따라 상품 단가를 조절했을 때의 이익 검토

소매업이나 요식업 등 필요한 경비(제조원가, 재료비 등)가 상품 원가의 대부분을 차지하는 업계에서는 기후 변화나 환율 변동 등으로 인한 비용 상승이 비즈니스에 큰 위험 요인이 된다. 비용이 오르면 그만큼 이익이 줄어들기 때문에 상품 가격을 인상하거나 고액 상품의 투입을 통해 상품 단가나 고객 단가의 향상을 검토해야 한다.

그래서 이번에는 데이터 표를 사용하여 상품 단가나 고객 단가가 변경되면 이익이 어떻게 변하는지 확인해 보는 방법을 알아보고자 한다. 데이터 표를 사용하면 간단하게 확인할 수 있다.

- **원본 표**

	A B C D	E	F	G	H
1					
2	수익계획				
3				←실적	계획→
4			2016년	2017년	2018년
5	매출	원	12,480,000	12,760,000	14,260,000
6	고객 단가	원	2,400	2,200	2,300
7	고객 수	명	5200	5800	6200
8	비용	원	9,514,000	10,104,000	11,404,000
9	인건비	원	2,650,000	2,856,000	3,406,000
10	직원수	명	1,060	1,190	1,310
11	인당 인건비	원	2,500	2,400	2,600
12	고정비	원	3,120,000	3,420,000	3,720,000
13	재료비	원	3,744,000	3,828,000	4,278,000
14	재료비율	%	30%	30%	30%
15	이익	원	2,966,000	27,696,000	2,856,000
16					

'고객 단가'와 '재료비 비율'이 바뀌면 '이익'이 어떻게 변하는지 2018년 계획을 계산해 본다.

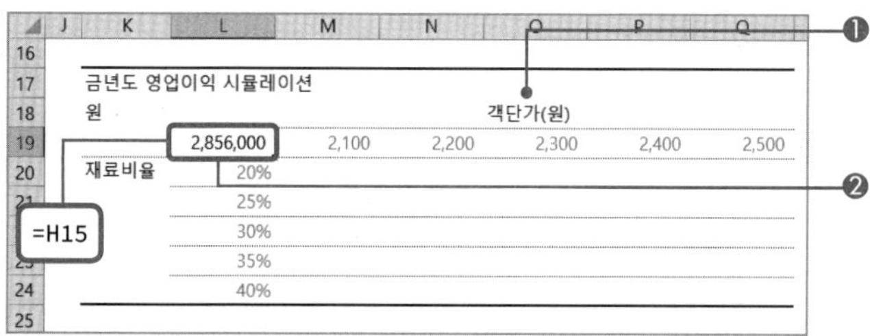

❶ 데이터 표를 위한 틀을 만든다. 가로에는 '고객 단가'를, 세로에는 '재료 비율'을 나열한다.

❷ 구하고자 하는 계산식이 입력된 셀을 좌측 상단(L19)에 지정한다. 여기서는 2018년의 이익이 계산된 셀(H15)을 지정하였다.

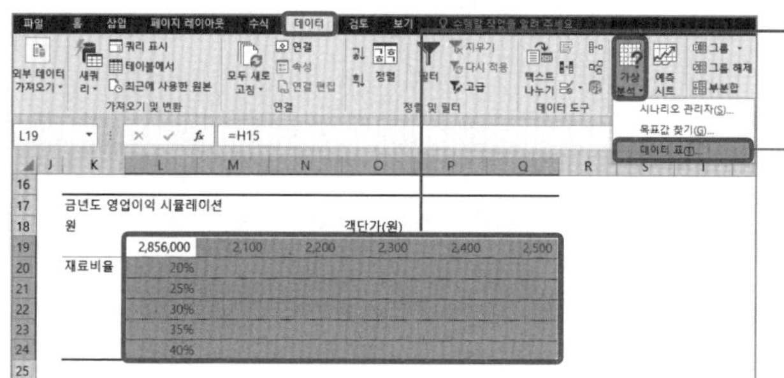

❸ 조건이 모두 포함되도록 표를 선택한다. (셀 범위 L19:Q24)

❹ [데이터] 탭 ➡ [가상 분석] ➡ [데이터 표]를 클릭한다.

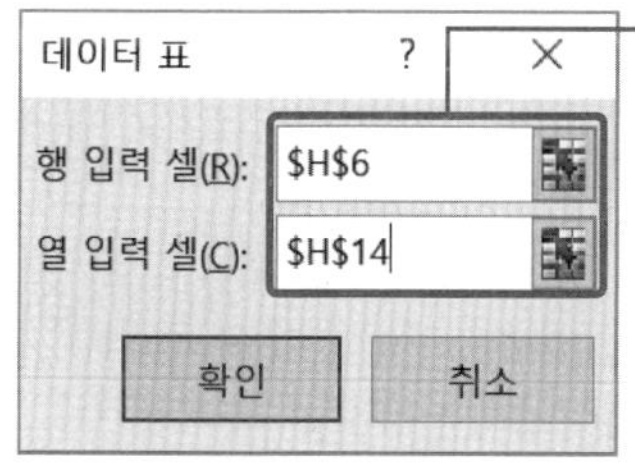

❺ [행 입력 셀]에는 가로로 나열한 조건(고객 단가)에 해당하는 셀 주소를, [열 입력 셀]에는 세로로 나열한 조건(재료 비율)에 해당하는 셀 주소를 각각 절대 참조로 입력하고 [확인] 버튼을 클릭한다.

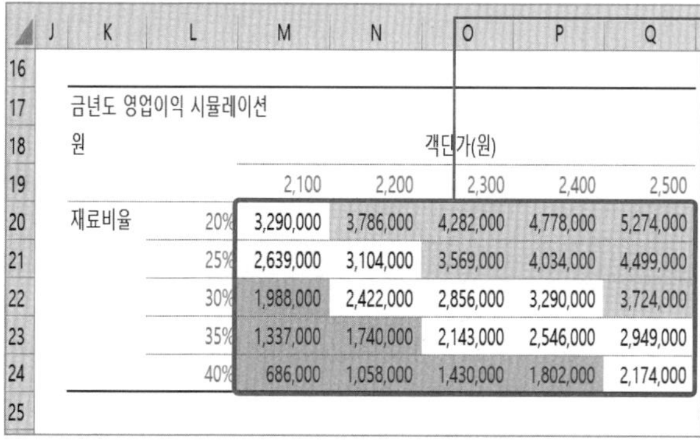

금년도 영업이익 시뮬레이션

원 / 객단가(원)

재료비율	2,100	2,200	2,300	2,400	2,500
20%	3,290,000	3,786,000	4,282,000	4,778,000	5,274,000
25%	2,639,000	3,104,000	3,569,000	4,034,000	4,499,000
30%	1,988,000	2,422,000	2,856,000	3,290,000	3,724,000
35%	1,337,000	1,740,000	2,143,000	2,546,000	2,949,000
40%	686,000	1,058,000	1,430,000	1,802,000	2,174,000

❻ 데이터 표의 계산 결과가 표시된다. 제목 행의 맨 왼쪽 숫자의 글자 색을 흰색으로 설정한다(201쪽). 조건부 서식을 설정하면 완성된다.

MEMO
데이터 표의 계산 결과에 조건부 서식을 설정하는 방법은 202쪽을 참조하기 바란다.

데이터 표와 조건부 서식 함께 활용하기

셀의 값에 따라 서식을 바꿔 주는 조건부 서식 기능(42쪽)을 데이터 표와 함께 사용하면 매우 편리하다. 지금까지 살펴본 예에서도 알 수 있듯이, 데이터 표는 여러 결괏값이 계산되어 하나의 표로 만들어지기 때문에 한눈에 결과를 파악하기 어려울 수 있다. 이때 조건부 서식을 사용하면 특징적인 결과를 쉽게 파악할 수 있다.

관련 항목 데이터 표를 활용한 민감도 분석 ⇨ 198쪽 / 이익 예측 시뮬레이션 ⇨ 202쪽

CHAPTER 7

04 데이터 표가 클 때는 자동 계산 기능 해제하기

데이터 표 고급 기술

예제 파일 chapter7_4.xlsx

데이터 표를 업데이트하느라 엑셀의 동작이 무거워진다면

데이터 표는 매우 편리한 기능이지만 조건이 늘어날수록 엑셀의 동작이 무거워진다. 예를 들어, 각각 10개의 조건으로 데이터 표를 만든다면 총 100번의 계산을 수행하게 된다. 그리고 그 계산이 끝날 때까지 엑셀을 조작할 수 없다. 이러한 무거운 계산이 데이터 표를 만들 때 딱 한 번뿐이라면 참을 만하지만 엑셀은 원본 표의 숫자가 변경될 때마다 계산을 수행한다. 따라서 조건이 많은 데이터 표를 다루다 보면 엑셀을 조작할 수 없는 시간이 늘어나게 된다.

● 데이터 표는 계산량이 많다

	J	K	L	M	N	O	P	Q	R	S	T	U	V	W
17														
18		금년도 영업이익 시뮬레이션												
19		원							객단가(원)					
20				1,500	2,050	2,100	2,150	2,200	2,250	2,300	2,350	2,400	2,450	2,500
21		재료비율	20%	2,794,000	3,042,000	3,290,000	3,538,000	3,786,000	4,034,000	4,282,000	4,530,000	4,778,000	5,026,000	5,274,000
22			22%	2,546,000	2,787,800	3,029,600	3,271,400	3,513,200	3,755,000	3,996,800	4,238,600	4,480,400	4,722,200	4,964,000
23			24%	2,298,000	2,533,600	2,769,200	3,004,800	3,240,400	3,476,000	3,711,600	3,947,200	4,182,800	4,418,400	4,654,000
24			26%	2,050,000	2,279,400	2,508,800	2,738,200	2,967,600	3,197,000	3,426,400	3,655,800	3,885,200	4,114,600	4,344,000
25			28%	1,802,000	2,025,200	2,248,400	2,471,600	2,694,800	2,918,000	3,141,200	3,364,400	3,587,600	3,810,800	4,034,000
26			30%	1,554,000	1,771,000	1,988,000	2,205,000	2,422,000	2,639,000	2,856,000	3,073,000	3,290,000	3,507,000	3,724,000
27			32%	1,306,000	1,516,800	1,727,600	1,938,400	2,149,200	2,360,000	2,570,800	2,781,600	2,992,400	3,203,200	3,414,000
28			34%	1,058,000	1,262,600	1,467,200	1,671,800	1,876,400	2,081,000	2,285,600	2,490,200	2,694,800	2,899,400	3,104,000
29			36%	810,000	1,008,400	1,206,800	1,405,200	1,603,600	1,802,000	2,000,400	2,198,800	2,397,200	2,595,600	2,794,000
30			38%	562,000	754,200	946,400	1,138,600	1,330,800	1,523,000	1,715,200	1,907,400	2,099,600	2,291,800	2,484,000
31			40%	314,000	500,000	686,000	872,000	1,058,000	1,244,000	1,430,000	1,616,000	1,802,000	1,988,000	2,174,000
32														

이 표는 총 121번의 계산이 필요하다.

따라서 데이터 표의 자동 계산 기능을 해제해 놓는 것이 좋다. 다음 내용을 참고하여 데이터 표를 포함한 다른 기능의 자동 업데이트를 필요에 따라 해제해 놓도록 한다.

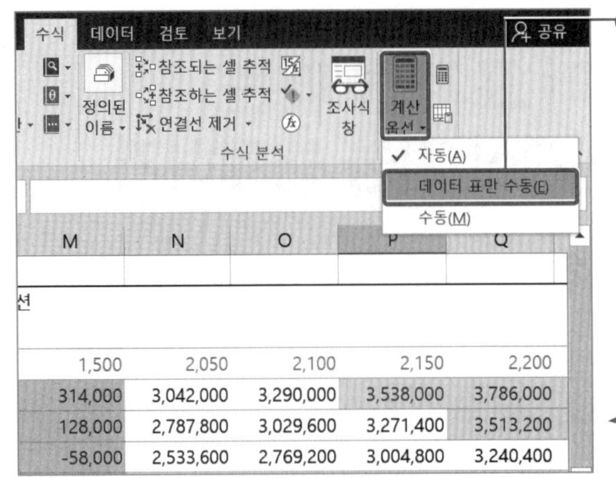

❶ 자동 계산을 해제하려면 통합 문서를 열고 [수식] 탭 ➡ [계산 옵션] ➡ [데이터 표만 수동]을 클릭한다.

MEMO
엑셀에 설정된 모든 자동 업데이트 기능을 중지하려면 [수동]을 클릭한다.

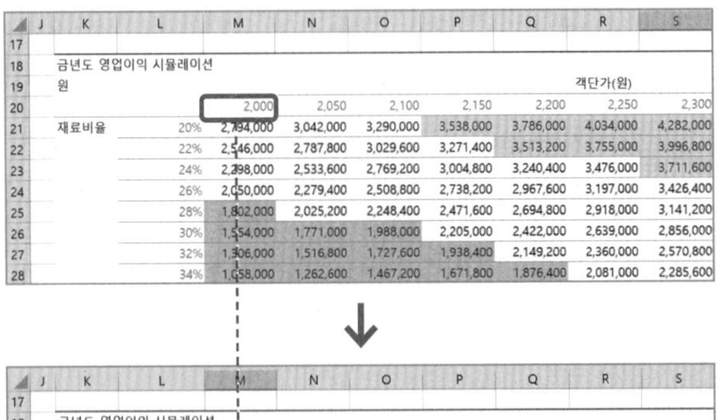

❷ 데이터 표의 자동 계산이 해제되었다.

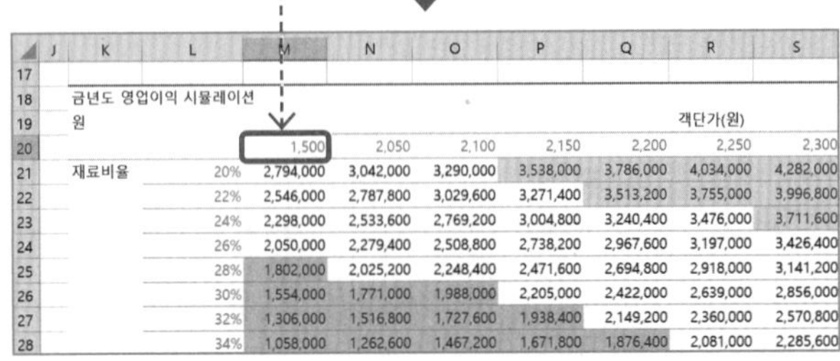

❸ 조건 값을 변경해도 다시 계산하지 않는다.

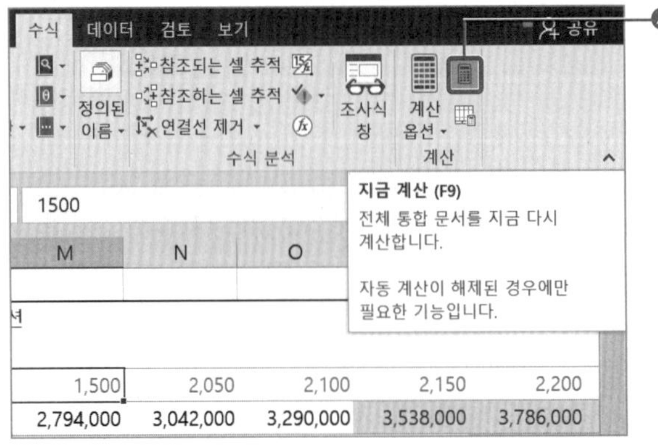

❹ 다시 계산을 수행하려면 [수식] 탭의 [지금 계산] 버튼을 클릭한다.

관련 항목 데이터 표를 활용한 민감도 분석 ⇨ 198쪽 / 이익 예측 시뮬레이션 ⇨ 202쪽

CHAPTER 7

05 목표값 찾기

실용적인
목표값 사용법

예제 파일 chapter7_5.xlsx

식의 결과로부터 거꾸로 계산해야 하는 경우

목표값 찾기 기능은 **원하는 계산 결과를 얻기 위해 필요한 값을 역산해 주는 기능**이다. 음식점 매출을 예로 들어 보겠다. 평균 고객 단가가 500원이고 하루에 방문하는 고객 수가 200명이면 하루 매출은 10만 원(=500원×200명)이다. 그렇다면 하루 매출 12만 원을 달성하려면 고객 수는 몇 명이 되어야 할까? 이러한 계산을 쉽게 해 주는 기능이 바로 목표값이다.

- **일반 엑셀 계산**

평균 고객 단가 [500원] × 고객 수 [200명] = 매출 [???원]

위와 같은 계산은 엑셀의 수식을 이용하여 쉽게 구할 수 있다.

- **목표값 찾기를 이용한 시뮬레이션**

평균 고객 단가 [500원] × 고객 수 [???명] = 매출 [12만 원]

그러나 수식과 그 결과가 있는 상황에서 수식의 요소를 역산하려면 목표값 기능을 이용한다. 목표값 찾기 기능은 폭넓게 응용할 수 있다. 예를 들어, **목표 이익을 위해 필요한 회전율 산출**(214쪽)이나 **총 예산으로 조달 가능한 인원 파악**(219쪽) 등에 사용할 수 있다. 목표값 찾기 기능은 방정식의 해를 찾는 것처럼 어떤 수식과 그 결괏값이 주어졌을 때 수식의 요소를 찾아 주는 기능이다. 여러분의 업무에 충분히 활용할 수 있도록 사용법을 익혀 두기 바란다.

목표값 찾기를 위한 표 작성하기

목표값을 구하려면 먼저 수식이 사용된 표를 작성해야 한다. 이번 경우는 평균 고객 단가와 고객 수, 그리고 두 값을 곱한 매출이 작성된 간단한 표로 충분하다. 평균 고객 단가는 임의의 숫자로 500을 입력해 둔다.

● **목표값 찾기용 표 만들기**

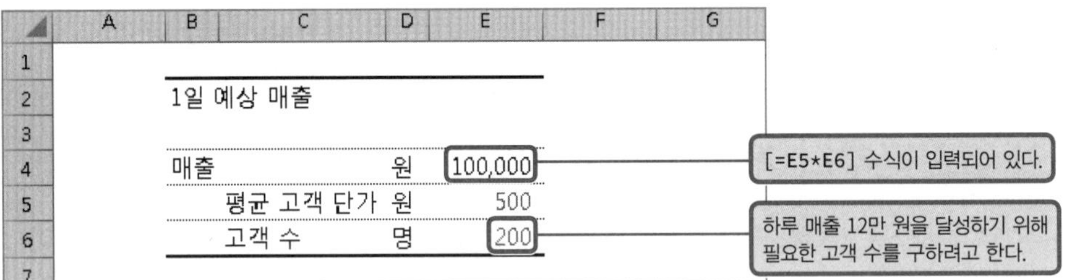

표가 준비되었으면 **[데이터] 탭 ➡ [가상 분석] ➡ [목표값 찾기]**를 클릭하여 **[목표값 찾기] 대화상자**를 연다. 이 대화상자에는 3개의 입력란이 있다. 각 입력란에 입력해야 되는 값은 다음과 같다.

● **[목표값 찾기] 대화상자**

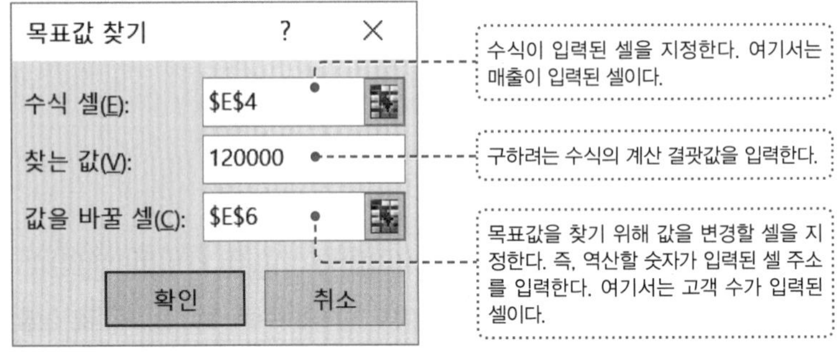

한 가지 더!

[찾는 값] 항목에 셀 참조를 지정할 수 있는가

[목표값 찾기] 대화상자의 두 번째 입력 항목인 [찾는 값]에는 셀 참조를 사용할 수 없으며, 숫자만 입력할 수 있다.

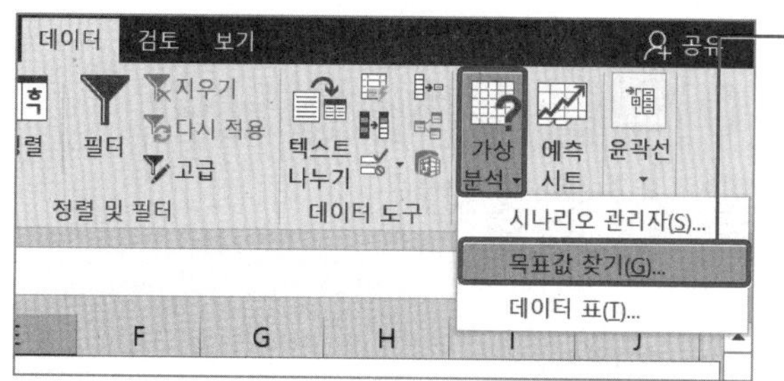

❶ [데이터] 탭 ➡ [가상 분석] ➡ [목표값 찾기]를 클릭한다.

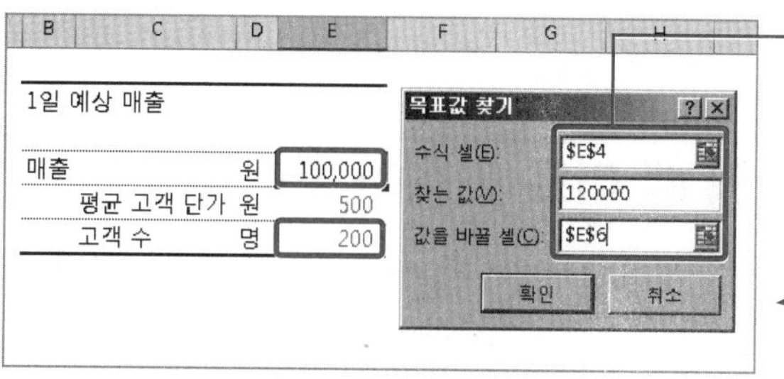

❷ [목표값 찾기] 대화상자가 표시된다. 세 개의 입력란에 셀 참조와 숫자를 입력하고 [확인] 버튼을 클릭한다.

MEMO
각각의 입력값에 대해서는 앞 페이지를 참고한다.

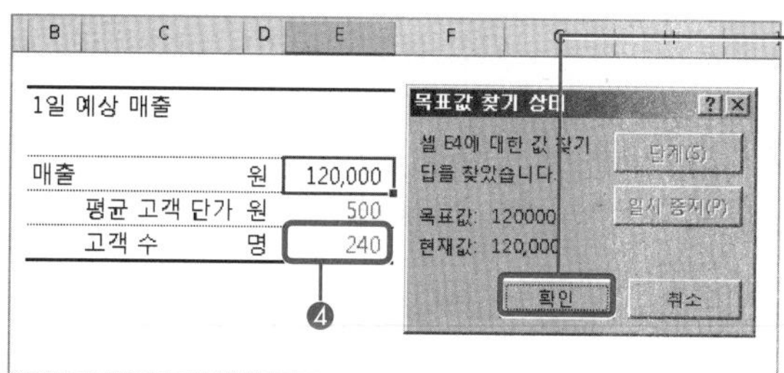

❸ 적절한 값이 발견되면 대화상자에 '답을 찾았습니다'라고 표시된다. [확인] 버튼을 클릭하면 [고객 수] 셀($E$6)의 수치가 변경된다(❹).

MEMO
표에 목표값 결과를 반영하고 싶지 않으면 결과 대화상자에서 [취소] 버튼을 클릭한다.

한 가지 더!

목표값 기능 사용 시 주의 사항

목표값 기능을 사용할 때는 두 가지 제약 사항을 숙지해 둘 필요가 있다. 하나는 [목표값]에 셀 참조를 지정할 수 없는 것, 그리고 다른 하나는 [값을 바꿀 셀]에 수식이 입력된 셀을 지정할 수 없는 것이다. [값을 바꿀 셀]에 수식이 입력되면 다음과 같이 오류가 표시된다. 이러한 경우에는 표 전체를 새 시트에 복사하여 수식을 값으로 바꾼 후 목표값 찾기를 수행한다.

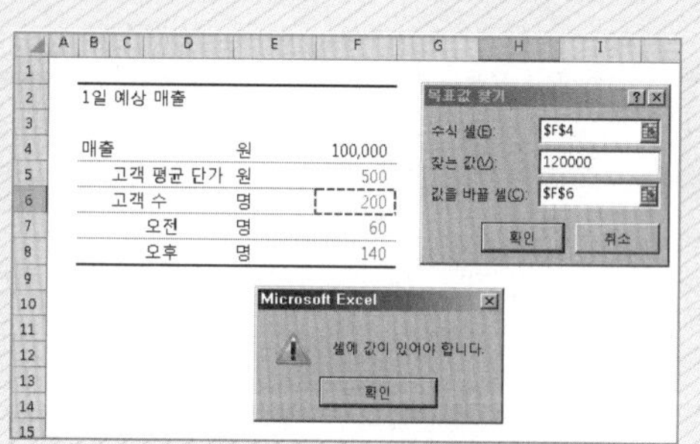

[F6] 셀에는 수식 '=F7+F8'이 입력되어 있기 때문에 목표값 찾기의 [값을 바꿀 셀]에 지정할 수 없다.

관련 항목 데이터 표를 활용한 민감도 분석 ⇨ 198쪽 / 해 찾기 기능 ⇨ 221쪽

CHAPTER 7

06 목표 이익을 위해 필요한 회전율 산출하기

실용적인 목표값 사용법

예제 파일 chapter7_6.xlsx

목표값 찾기는 복잡한 계산일 때 더욱 도움이 된다

앞에서 목표값 찾기의 기본적인 사용 방법에 대해 알아봤다. 설명에 사용된 식이 너무 간단해서 이 정도면 직접 계산하는 편이 빠르겠다고 생각한 사람도 있었을 것이다. 실제로 그렇다. 이전 항목에서 구한 고객 수는 '12,000 나누기 500'이라는 간단한 산수로 쉽게 구할 수 있다. 이는 어디까지나 목표값 찾기 기능을 쉽게 설명하기 위해 간단한 식을 사용했을 뿐이다.

목표값 찾기 기능이 진정 빛을 발할 때는 복잡한 계산식이 사용될 때다. 실무에서는 보다 복잡한 식이 사용되므로 이번에는 음식점 영업 계획표를 예로 들어 보고자 한다.

아래 표를 보면서 월 영업이익 백만 원(단위: 천 원)을 달성하려면 회전율이 몇 %이어야 하는지 생각해 보자.

● 목표 회전율 구하기

	A	B	C	D	E	F	G	H	I	J
1										
2		2016년12월 영업계획								
3							2016/10			
4		매출				천원	4,080			
5			고객 수			명	2,040			
6				자릿수		수	40			
7				회전율		%	170%			
8			고객 단가			원	2,000			
9		비용				천원	3,538			
10			원재료비			천원	1,428			
11				고객당 재료비		원	700			
12					재료비 비율	%	35%			
13			인건비			천원	1,020			
14				매출 대비 비율		%	25%			
15			집세			천원	510			
16			그외			천원	580			
17		영업이익				천원	542			

영업이익 백만 원(1,000천 원)을 달성하려면 몇 % 회전율이어야 할까?

회전율은 다양한 값과 연관이 있다

회전율이 올라가면 고객이 늘어나므로 당연히 매출이 증가한다. 하지만 고객이 늘어나면 원재료나 인건비도 증가한다. 늘어난 고객만큼 재료비도 함께 증가하기 때문이다. 즉, **회전율이 올라가면 매출과 비용이 모두 늘어나므로** 영업이익과 회전율은 단순히 정비례하지 않는다. 회전율이 바뀌면 다음과 같은 지표가 영향을 받는다.

- 회전율이 좋아지면 고객 수가 늘어난다.
- 고객 수가 늘어나면 매출과 재료비가 증가한다.
- 매출이 늘어나면 인건비도 증가한다(매출의 25%를 인건비로 사용).
- 인건비와 재료비가 증가하면 총 비용이 커진다.
- 영업이익은 매출에서 총 비용을 뺀 값이다.

이렇게 값들이 서로 연결되어 있기 때문에 목표 영업이익을 위한 회전율을 구하는 것은 쉽지 않다. **이렇게 한 수치가 다른 수치에 영향을 미칠 때 편리하게 사용할 수 있는 기능이 바로 목표값 찾기다.** 여기서 우리는 목표값 찾기 기능을 사용하여 회전율을 쉽게 구할 수 있다.

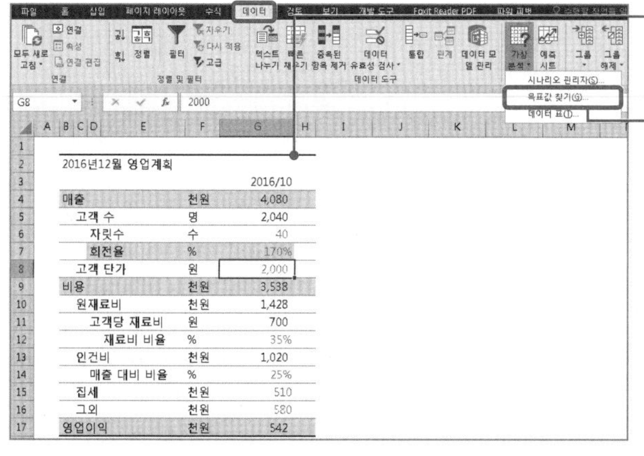

2016년12월 영업계획

		2016/10
매출	천원	4,080
고객 수	명	2,040
자릿수	수	40
회전율	%	170%
고객 단가	원	2,000
비용	천원	3,538
원재료비	천원	1,428
고객당 재료비	원	700
재료비 비율	%	35%
인건비	천원	1,020
매출 대비 비율	%	25%
집세	천원	510
그외	천원	580
영업이익	천원	542

❶ 목표값 찾기를 위한 수식이 포함된 표를 준비한다.

❷ [데이터] 탭 ➡ [가상 분석] ➡ [목표값 찾기]를 클릭한다.

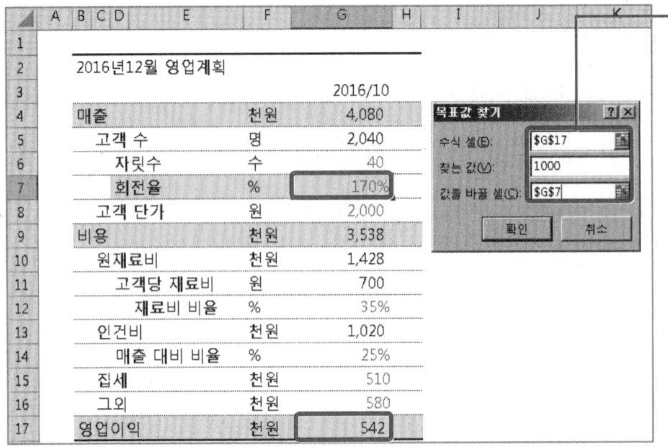

2016년12월 영업계획

		2016/10
매출	천원	4,080
고객 수	명	2,040
자릿수	수	40
회전율	%	170%
고객 단가	원	2,000
비용	천원	3,538
원재료비	천원	1,428
고객당 재료비	원	700
재료비 비율	%	35%
인건비	천원	1,020
매출 대비 비율	%	25%
집세	천원	510
그외	천원	580
영업이익	천원	542

❸ [목표값 찾기] 대화상자가 표시된다. [수식 셀]에 [$G$17](영업이익), [찾는 값]에 1000, [값을 바꿀 셀]에 [$G$7](회전율)을 입력하고 [확인] 버튼을 클릭한다.

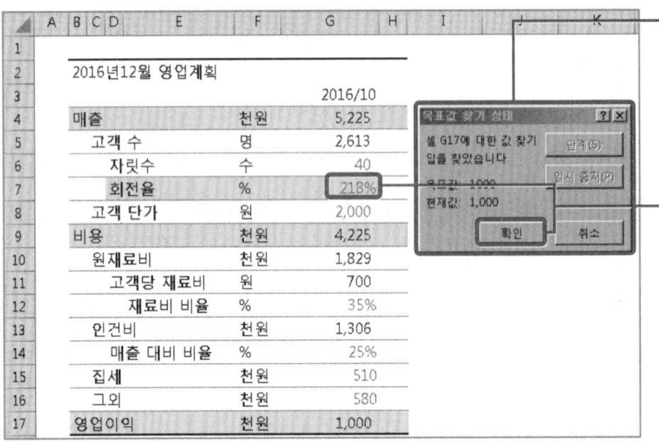

2016년12월 영업계획

		2016/10
매출	천원	5,225
고객 수	명	2,613
자릿수	수	40
회전율	%	218%
고객 단가	원	2,000
비용	천원	4,225
원재료비	천원	1,829
고객당 재료비	원	700
재료비 비율	%	35%
인건비	천원	1,306
매출 대비 비율	%	25%
집세	천원	510
그외	천원	580
영업이익	천원	1,000

❹ 적절한 값이 발견되면 대화상자에 '답을 찾았습니다'라고 표시된다. 영업이익 1000천 원을 위해서는 회전율이 218%이어야 함을 알 수 있다.

❺ [확인] 버튼을 클릭하면 회전율 셀(G7)의 값이 변경된다.

시나리오 기능으로 여러 계획 비교하기

사업계획을 수립할 때는 이익에 영향을 미치는 다양한 요인(상품 가격이나 판매량, 재료비, 인건비 등)의 값을 바꾸면서 계산을 거듭할 필요가 있다. 여기서 소개하는 **시나리오 기능**은 이러한 **여러 조건과 값들의 조합**을 엑셀에 등록해 두는 기능이다. 저장된 시나리오를 호출하면 표에 저장된 값이 즉시 반영된다. 시나리오를 등록하는 방법은 다음과 같다.

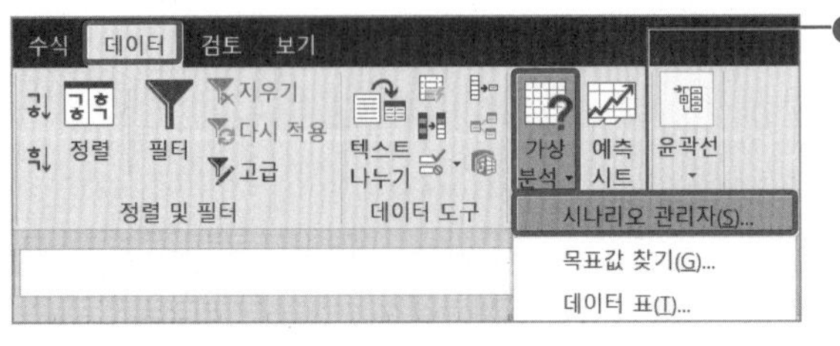

❶ [데이터] 탭 ➡ [가상 분석] ➡ [시나리오 관리자]를 클릭한다.

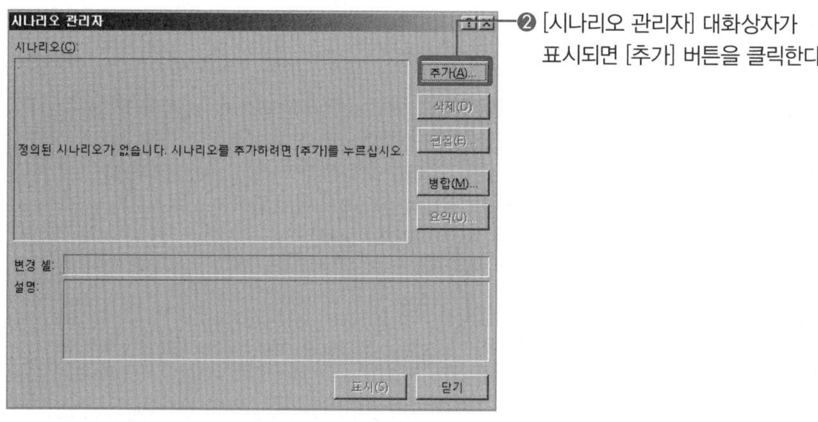

❷ [시나리오 관리자] 대화상자가 표시되면 [추가] 버튼을 클릭한다.

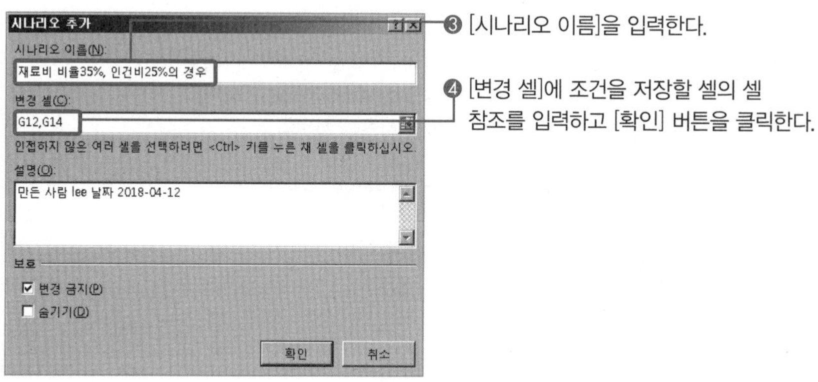

❸ [시나리오 이름]을 입력한다.

❹ [변경 셀]에 조건을 저장할 셀의 셀 참조를 입력하고 [확인] 버튼을 클릭한다.

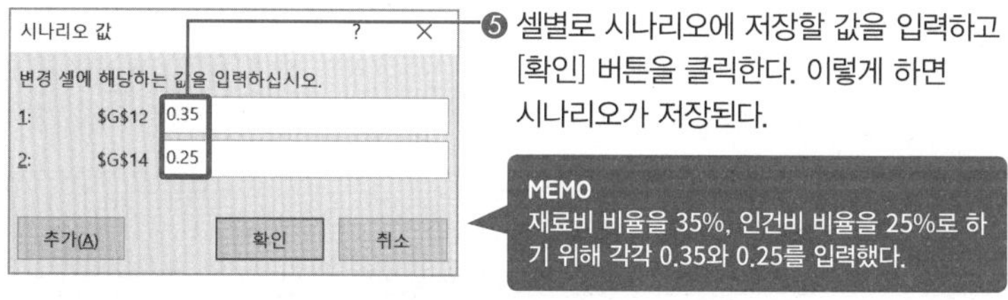

❺ 셀별로 시나리오에 저장할 값을 입력하고 [확인] 버튼을 클릭한다. 이렇게 하면 시나리오가 저장된다.

MEMO
재료비 비율을 35%, 인건비 비율을 25%로 하기 위해 각각 0.35와 0.25를 입력했다.

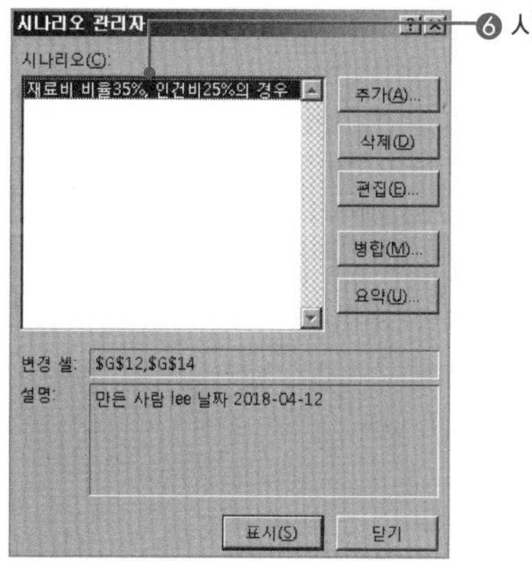

❻ 시나리오가 추가되었다.

등록한 시나리오를 불러오는 방법은 다음과 같다.

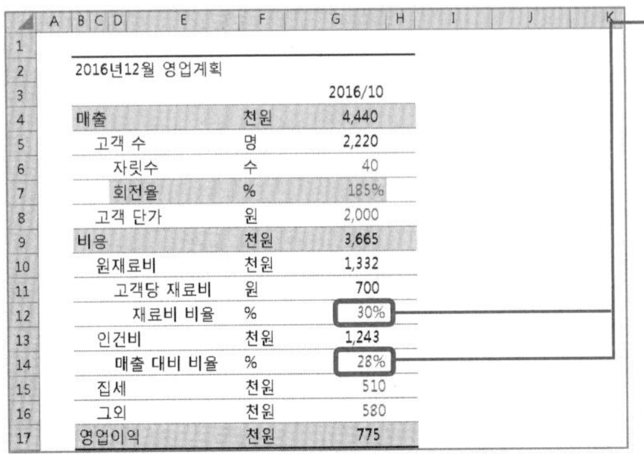

2016년12월 영업계획		
		2016/10
매출	천원	4,440
고객 수	명	2,220
자릿수	수	40
회전율	%	185%
고객 단가	원	2,000
비용	천원	3,665
원재료비	천원	1,332
고객당 재료비	원	700
재료비 비율	%	30%
인건비	천원	1,243
매출 대비 비율	%	28%
집세	천원	510
그외	천원	580
영업이익	천원	775

❶ 왼쪽 그림에서는 재료비 비율을 35%에서 30%로 낮추고, 반대로 인건비의 매출액 대비 비율을 25%에서 28%로 올렸다. 이 상태에서 앞서 등록한 시나리오를 불러와 보자.

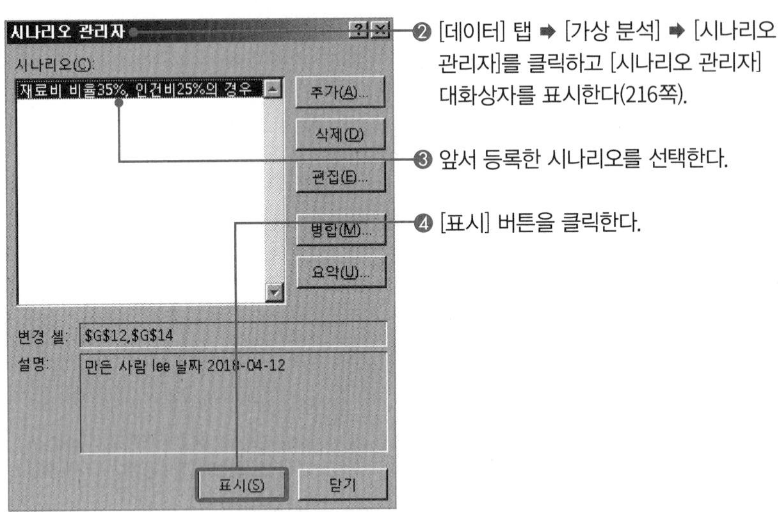

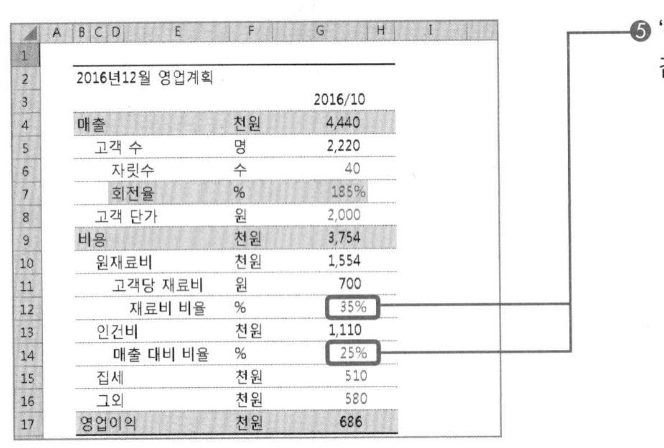

2016년12월 영업계획		
		2016/10
매출	천원	4,440
고객 수	명	2,220
자릿수	수	40
회전율	%	185%
고객 단가	원	2,000
비용	천원	3,754
원재료비	천원	1,554
고객당 재료비	원	700
재료비 비율	%	35%
인건비	천원	1,110
매출 대비 비율	%	25%
집세	천원	510
그외	천원	580
영업이익	천원	686

❺ '원재료비 비율'과 인건비의 '매출대비비율'의 값이 시나리오에 등록한 값으로 바뀌었다.

관련 항목 목표값 찾기 ⇨ 211쪽 / 해 찾기 기능 ⇨ 221쪽

CHAPTER 7

07 총 예산으로 조달할 수 있는 인원 산출하기

실용적인 목표값 사용법

예제 파일 chapter7_7.xlsx

예산 내에서 필요한 자원 역산하기

한정된 예산 안에서 자원을 얼마나 확보할 것인지를 검토할 때도 목표값 찾기가 도움이 된다. 다음 표는 어떤 기업의 2018년도 영업계획이다. 이익은 괜찮지만 관리 인력이 부족한 상태라고 하자. 그래서 총 매출의 30%까지 인건비를 조정하여 관리 직원을 최대한 늘리기로 했다면 몇 명의 직원을 더 충원할 수 있을까? 목표값 찾기를 활용하여 찾아보자.

- **적절한 직원 수 구하기**

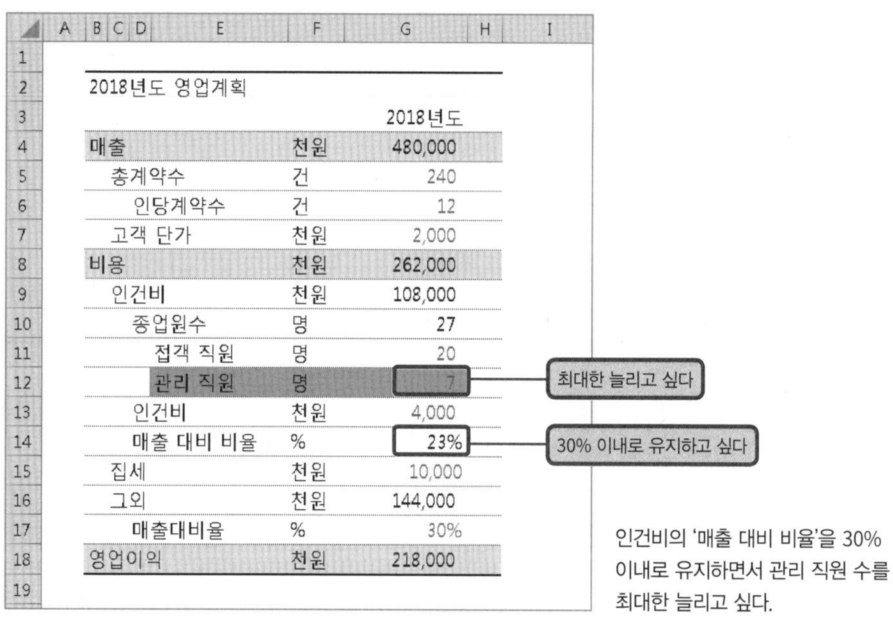

	E	F	G
1			
2	2018년도 영업계획		
3			2018년도
4	매출	천원	480,000
5	총계약수	건	240
6	인당계약수	건	12
7	고객 단가	천원	2,000
8	비용	천원	262,000
9	인건비	천원	108,000
10	종업원수	명	27
11	접객 직원	명	20
12	관리 직원	명	7
13	인건비	천원	4,000
14	매출 대비 비율	%	23%
15	집세	천원	10,000
16	그외	천원	144,000
17	매출대비비율	%	30%
18	영업이익	천원	218,000
19			

인건비의 '매출 대비 비율'을 30% 이내로 유지하면서 관리 직원 수를 최대한 늘리고 싶다.

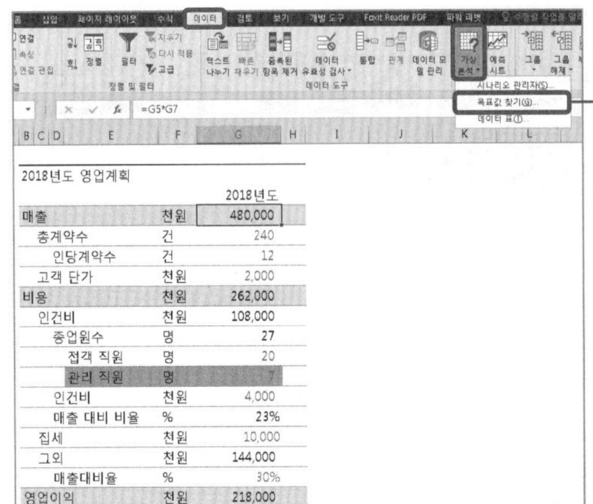

❶ 계산식이 포함된 표를 작성한다.

❷ [데이터] 탭 ➡ [가상 분석] ➡ [목표값 찾기]를 클릭한다.

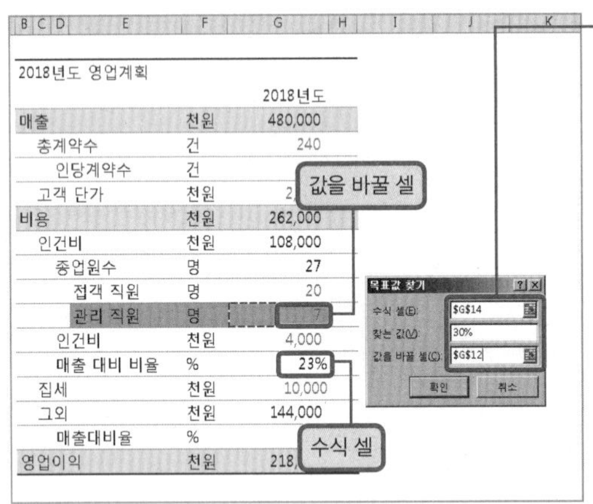

❸ [목표값 찾기] 대화상자가 표시된다. [수식 셀]에 [$G$14](매출 대비 비율)를, [찾는 값]에 30%를, [값을 바꿀 셀]에 [$G$12](관리 직원 수)를 입력하고 [확인] 버튼을 클릭한다.

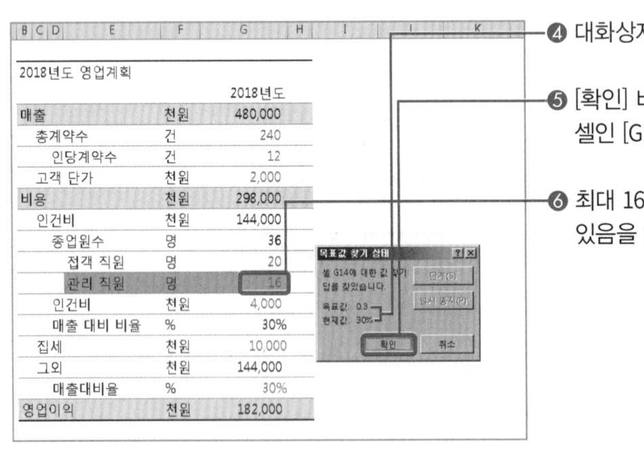

❹ 대화상자에 결과가 표시된다.

❺ [확인] 버튼을 클릭하면 관리 직원 수 셀인 [G12]의 값이 변경된다.

❻ 최대 16명까지 관리 직원을 늘릴 수 있음을 알 수 있다.

관련 항목 목표값 찾기 ⇨ 211쪽 / 해 찾기 기능 ⇨ 221쪽

CHAPTER 7

08 해 찾기 기능

가상 분석의 기본

예제 파일 chapter7_8.xlsx

목표값 찾기는 2개 이상의 변수를 역산하지 못한다

목표값 찾기 기능(211쪽)은 '매출 30만 원을 달성하기 위해 필요한 회전율은 몇 %인가?'처럼 **목표값과 얻고 싶은 변수가 1대1인 경우**에 유효한 기능으로, **얻고 싶은 변수가 여러 개 있거나 특정 조건에서 최적 값을 구하는 경우**에는 사용할 수 없다.

예를 들어, 예산 10만 원 이내에서 선물을 사야 한다고 생각해 보자. 선물의 종류가 하나뿐이라면 쉽겠지만 다음과 같은 조건이 있다고 해 보자.

- 상품의 종류는 보리빵(500원), 찹쌀떡(600원), 약과(450원)가 있다.
- 상품별 구매 개수의 차이는 최대 3개 이내로 한다.
- 가능한 한 많은 선물을 구입한다(예산 10만 원 이내).

위와 같은 조건이 주어졌을 때 각각의 상품을 얼마나 구입해야 할까? 이 경우에는 고려해야 하는 변수가 3개(보리빵, 찹쌀떡, 약과의 구매 개수)이기 때문에 목표값 찾기를 사용할 수 없다. 그 대신 **해 찾기** 기능을 사용할 수 있다.

● **해 찾기 기능으로 선물 구입 개수를 계산한다**

	A	B	C	D	E	F	G	H	I	J
1										
2		제약조건								
3		①예산은 10만원								
4		②선물간의 개수 차이는 3개 이내								
5										
6		선물 개수 계산								
7										
8					보리빵	찹쌀떡	약과	합계		
9		금액		원	1,500	2,400	2,250	6,150		
10			단가	원	500	600	450	1,550		차이
11			개수	개	3	4	5	12	<=	2
12										

예산 10만 원 이내, 상품별 개수의 차이는 3개 이내라는 조건하에 기념품을 가능한 한 많이 사고자 한다.

해 찾기란?

해 찾기는 **주어진 조건에서 어떤 양을 최대화(또는 최소화)하는 선택이나 숫자의 조합을 산출하는 기능**이다. 해 찾기를 사용하면 간단한 규칙 지정만으로 최적의 값을 구할 수 있다. 일반적으로 이러한 문제를 푸는 기법을 '수리 계획법' 혹은 '최적화 문제'라고 하며, **엑셀에서 이 기능을 사용하기 위해 우리가 특별히 알아야 할 수학적 지식은 없다.**

해 찾기 기능은 ADD-IN이라는 추가 기능으로 제공되고 있으며, 엑셀을 설치한 초기 상태에서는 사용할 수 없다. 따라서 다음과 같이 추가 기능을 활성화해야 한다.

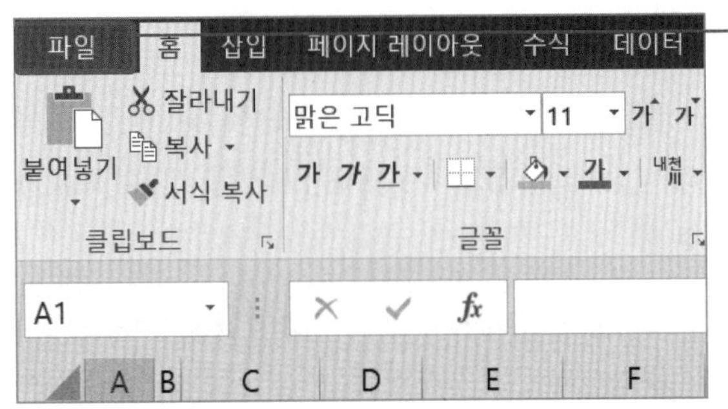

❶ 리본 메뉴의 [파일]을 클릭한다.

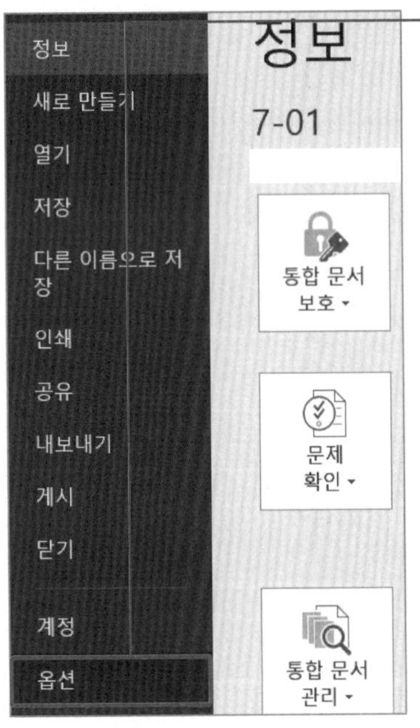

❷ 메뉴에서 [옵션]을 클릭한다.

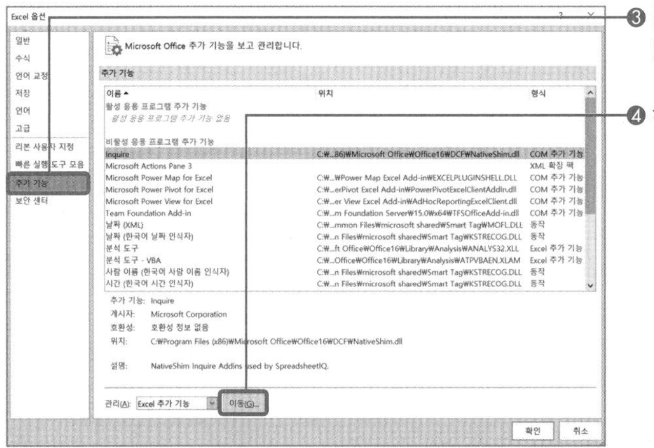

③ [Excel 옵션] 대화상자가 표시되면 [추가 기능]을 클릭한다.

④ 하단에 있는 [이동] 버튼을 클릭한다.

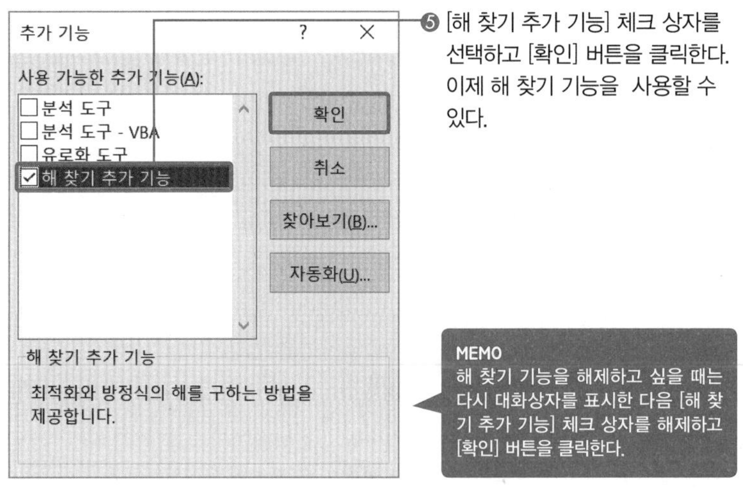

⑤ [해 찾기 추가 기능] 체크 상자를 선택하고 [확인] 버튼을 클릭한다. 이제 해 찾기 기능을 사용할 수 있다.

MEMO
해 찾기 기능을 해제하고 싶을 때는 다시 대화상자를 표시한 다음 [해 찾기 추가 기능] 체크 상자를 해제하고 [확인] 버튼을 클릭한다.

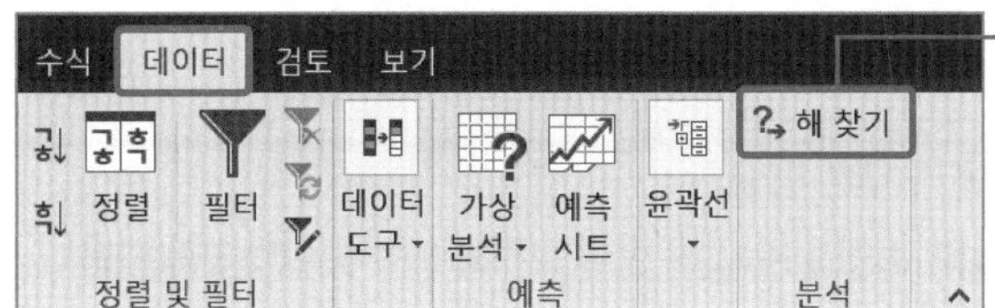

⑥ [데이터] 탭을 열면 [해 찾기] 명령이 추가된 것을 확인할 수 있다.

해 찾기용 표 만들기

해 찾기를 사용할 때는 **미리 분석할 표를 해 찾기에 적합한 상태로 유지하는 것**이 중요하다. 구체적으로는 다음 사항에 유의하여 표를 만들고 관리한다.

- 제약 조건을 표 상단에 기록한다.
- 제약 조건에 관련된 숫자는 반드시 표 안에 작성한다.

제약 조건을 표 상단에 잘 정리하여 작성해 두는 것은 매우 중요하다. 그래야 나중에 다시 보더라도 어떤 조건으로 해를 도출했는지 금방 파악할 수 있다.

또한, 제약 조건과 관련된 숫자는 반드시 표 안에 기재한다. 이 예제에서는 다음과 같이 조건 ① '예산 10만 원'은 [H9] 셀에서, 조건 ② '상품별 개수 차이는 최대 3개'를 [J11] 셀에서 판정하도록 했다.

물론, **해 찾기 기능을 위한 수식이 입력된 셀도 준비해야 한다.** 이번 예제에서는 '구입하는 상품의 총 개수'를 구하는 [H11] 셀이 이에 해당한다.

● **해 찾기용 표 준비하기**

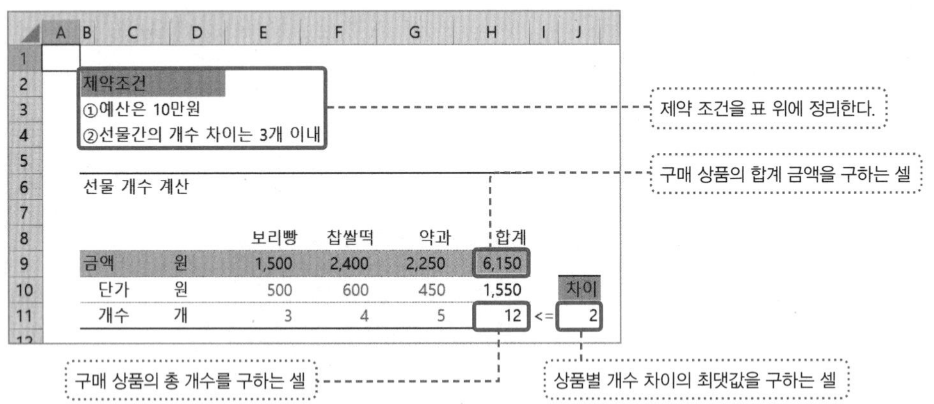

한 가지 더!

[J11] 셀에서 상품별 개수 차이의 최댓값을 구하는 방법

[J11] 셀에 입력되어 있는 '상품별 개수 차이의 최댓값'은 MAX 함수(72쪽)와 MIN 함수(72쪽)를 사용하여 구했다. 셀 범위 [E11:G11]의 최댓값과 최솟값의 차이가 이에 해당한다.

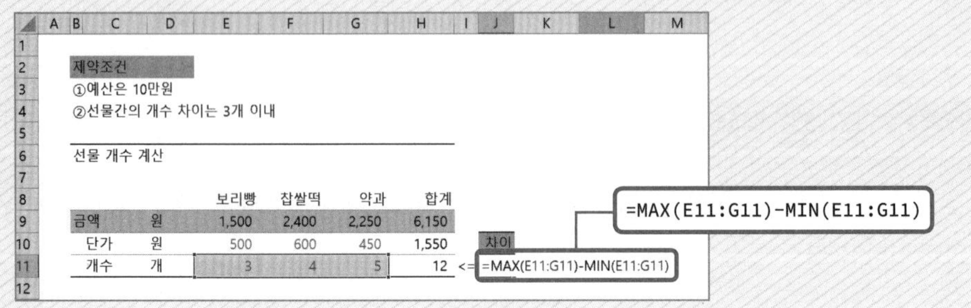

해 찾기 기능으로 최적의 개수 구하기

해 찾기용 표가 준비되었으면 실제로 해 찾기 기능을 사용해 보자. 다음 단계를 수행하면 복잡한 수식을 입력하지 않고도 순식간에 결과가 표시된다.

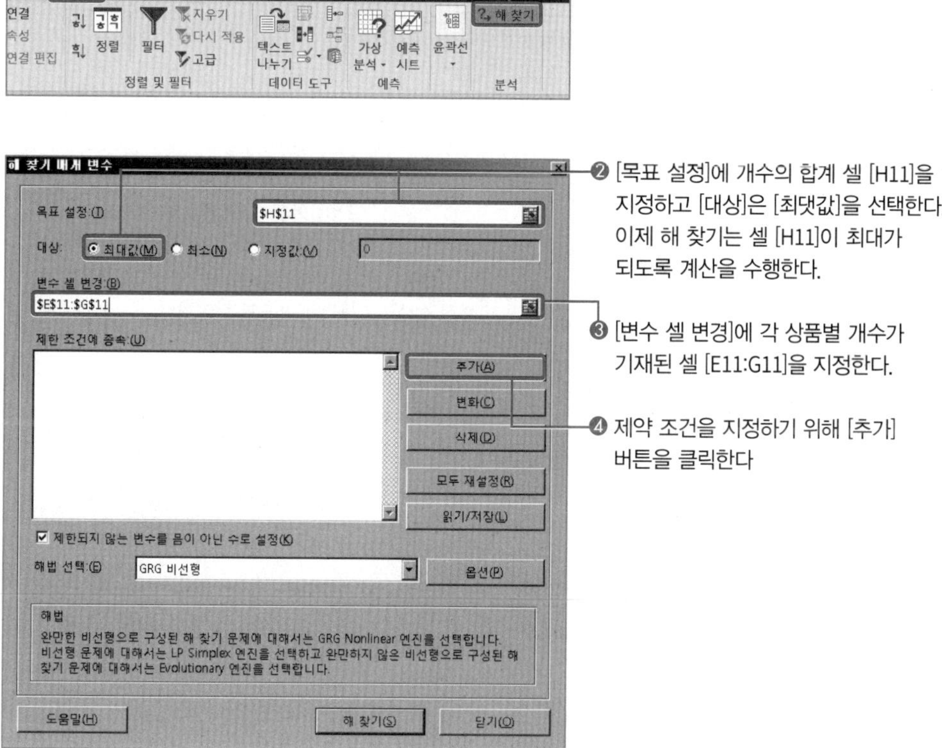

❶ [데이터] 탭 ➡ [해 찾기]를 클릭한다.

❷ [목표 설정]에 개수의 합계 셀 [H11]을 지정하고 [대상]은 [최댓값]을 선택한다. 이제 해 찾기는 셀 [H11]이 최대가 되도록 계산을 수행한다.

❸ [변수 셀 변경]에 각 상품별 개수가 기재된 셀 [E11:G11]을 지정한다.

❹ 제약 조건을 지정하기 위해 [추가] 버튼을 클릭한다

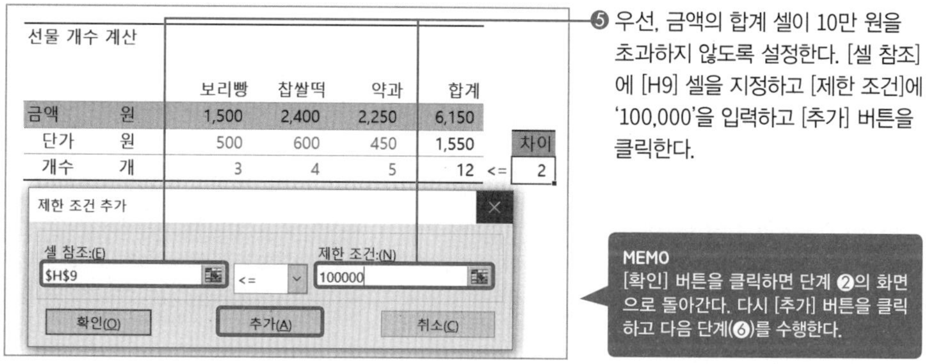

		보리빵	찹쌀떡	약과	합계		
금액	원	1,500	2,400	2,250	6,150		
단가	원	500	600	450	1,550		차이
개수	개	3	4	5	12	<=	2

❺ 우선, 금액의 합계 셀이 10만 원을 초과하지 않도록 설정한다. [셀 참조]에 [H9] 셀을 지정하고 [제한 조건]에 '100,000'을 입력하고 [추가] 버튼을 클릭한다.

MEMO
[확인] 버튼을 클릭하면 단계 ❷의 화면으로 돌아간다. 다시 [추가] 버튼을 클릭하고 다음 단계(❻)를 수행한다.

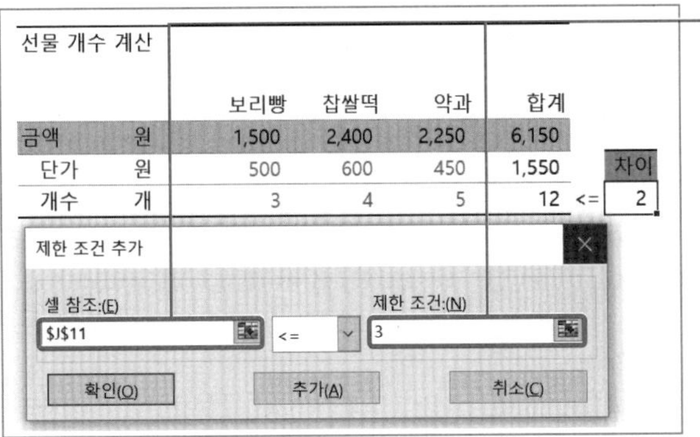

❻ 다음으로 상품별 개수의 차이가 3개 이내가 되도록 설정한다. [셀 참조]에 [J11] 셀을 지정하고 [제한 조건]에 3을 입력하고 [추가] 버튼을 클릭한다.

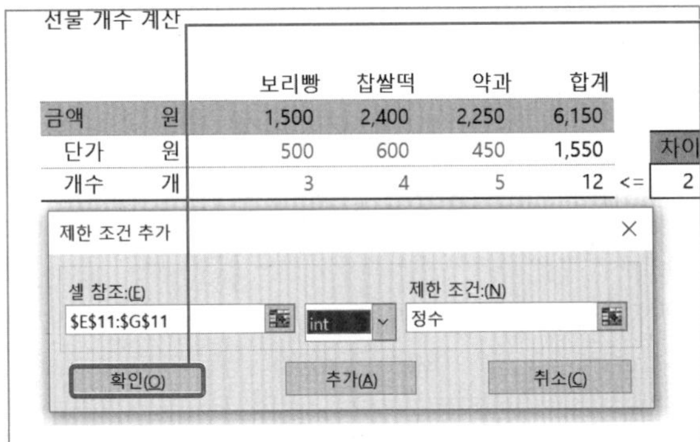

❼ 마지막으로 기념품의 개수로 계산되는 값이 정수가 되도록 설정한다. [셀 참조]에 셀 [E11:G11]을 지정하고 중앙의 콤보 박스에서 int를 선택한 후 [확인] 버튼을 클릭한다.

MEMO
int는 셀의 값이 정수가 되도록 만드는 제약 조건이다.

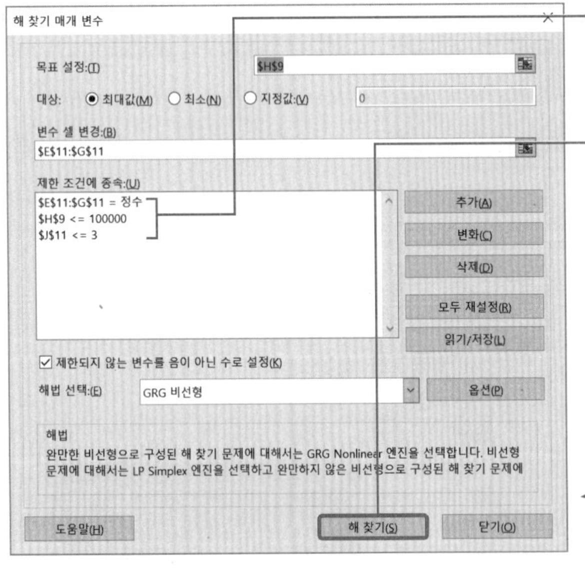

❽ [제한 조건에 종속]에 설정한 조건이 추가되어 있는 것을 확인할 수 있다. 이제 모든 설정이 완료됐다.

❾ [해 찾기] 버튼을 클릭한다.

MEMO
해 찾기 기능을 설정할 때는 셀이나 셀 범위가 자동으로 절대 참조(120쪽)로 입력된다.

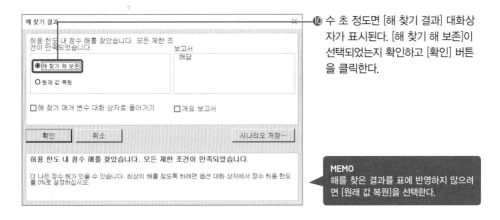

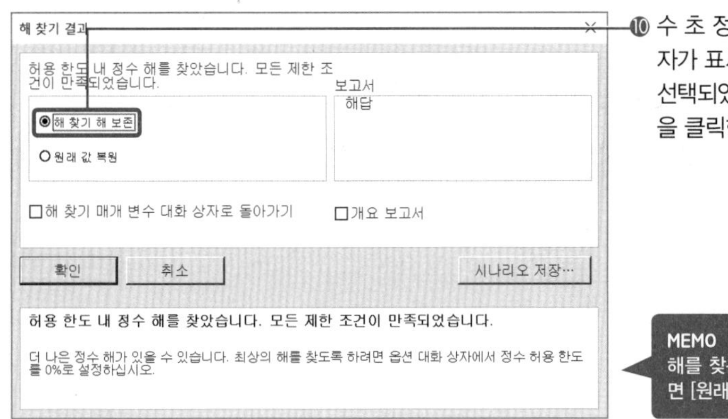

⑩ 수 초 정도면 [해 찾기 결과] 대화상자가 표시된다. [해 찾기 해 보존]이 선택되었는지 확인하고 [확인] 버튼을 클릭한다.

MEMO
해를 찾은 결과를 표에 반영하지 않으려면 [원래 값 복원]을 선택한다.

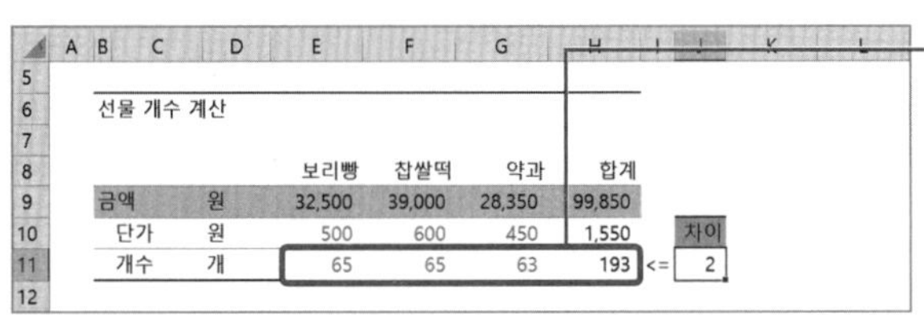

⑪ 해 찾기의 계산 결과가 표에 반영된다. 보리빵을 65개, 찹쌀떡을 65개, 약과를 63개 사면 된다.

관련 항목 목표값 찾기 ⇨ 211쪽 / 비용 최적화 ⇨ 228쪽

해 찾기 기능으로 운송 비용 최적화하기

가상 분석의 기본

예제 파일 chapter7_9.xlsx

운송 비용 최적화하기

이전 항목에서 해 찾기 기능을 사용하여 선물로 구매할 상품의 최적 개수를 구했다. 하지만 선물을 구입하기 위해 엑셀을 돌리는 사람은 많지 않을 것이다. 이번에는 좀 더 실무에 입각한 문제를 해 찾기 기능으로 해결해 보자.

다음 표는 공장에서 **각 점포로의 운송 비용**을 정리한 표다. 공장 A와 B에서 하루에 생산할 수 있는 상품의 개수는 각각 60개와 40개다. 그리고 점포 A, B, C의 주문량은 각각 20개, 30개, 50개다. 각 공장에서 **각 점포로의 운송 비용이 모두 다른 경우 어떻게 운송해야 가장 저렴할까?** 해 찾기 기능을 사용하여 답을 구해 보자.

● **운송 비용 계산을 위한 표**

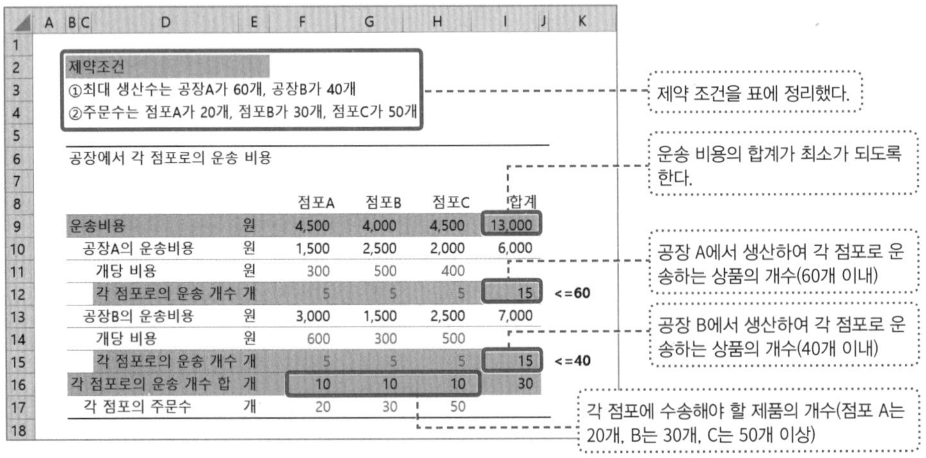

제약조건
①최대 생산수는 공장A가 60개, 공장B가 40개
②주문수는 점포A가 20개, 점포B가 30개, 점포C가 50개

공장에서 각 점포로의 운송 비용

		점포A	점포B	점포C	합계	
운송비용	원	4,500	4,000	4,500	13,000	
공장A의 운송비용	원	1,500	2,500	2,000	6,000	
개당 비용	원	300	500	400		
각 점포로의 운송 개수	개	5	5	5	15	<=60
공장B의 운송비용	원	3,000	1,500	2,500	7,000	
개당 비용	원	600	300	500		
각 점포로의 운송 개수	개	5	5	5	15	<=40
각 점포로의 운송 개수 합	개	10	10	10	30	
각 점포의 주문수	개	20	30	50		

복잡한 조건을 분해해서 차근차근 설정하기

이번 예제는 제약 조건이 많고 복잡하여 어려워 보이지만 근본적으로 이전 항목과 다르지 않다. 차근차근 하나씩 설정하면 문제없이 산출할 수 있다. 제약 조건에 대한 설정은 모두 해 찾기 대화상자에서 설정한다.

● **해 찾기 기능으로 각 점포에 수송하는 상품의 수 구하기**

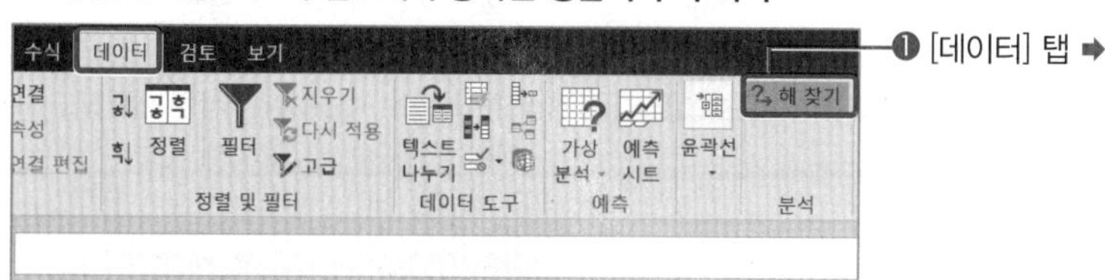

❶ [데이터] 탭 ➡ [해 찾기]를 클릭한다.

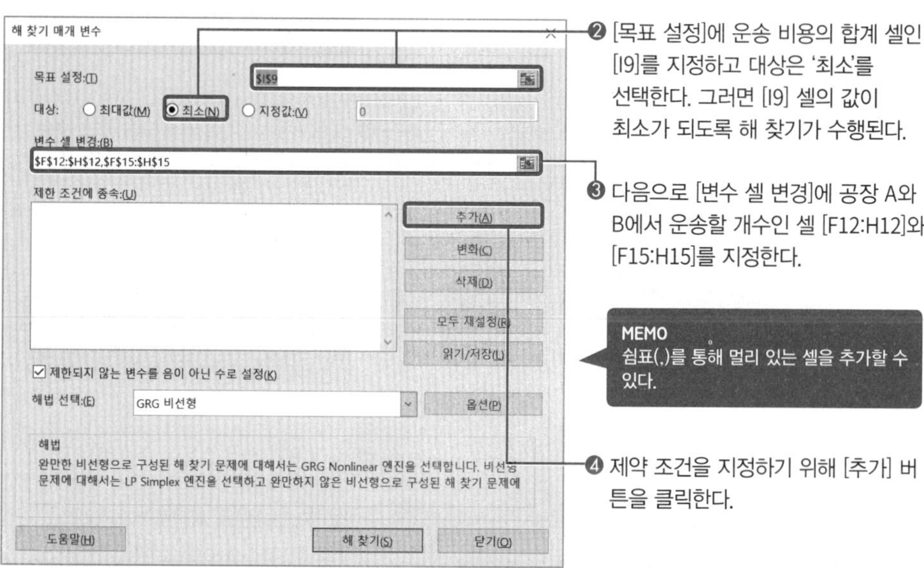

❷ [목표 설정]에 운송 비용의 합계 셀인 [I9]를 지정하고 대상은 '최소'를 선택한다. 그러면 [I9] 셀의 값이 최소가 되도록 해 찾기가 수행된다.

❸ 다음으로 [변수 셀 변경]에 공장 A와 B에서 운송할 개수인 셀 [F12:H12]와 [F15:H15]를 지정한다.

MEMO
쉼표(,)를 통해 멀리 있는 셀을 추가할 수 있다.

❹ 제약 조건을 지정하기 위해 [추가] 버튼을 클릭한다.

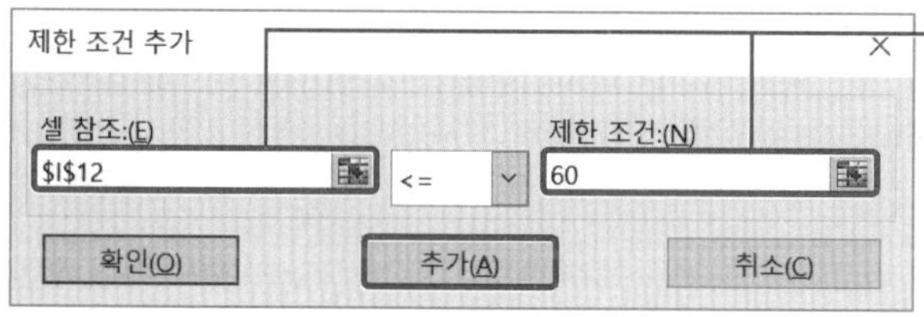

❺ 우선 공장 A에서 수송하는 상품의 합계가 60을 초과하지 않도록 설정한다. [셀 참조]는 [I12]를 지정하고 [제한 조건]에는 '60'을 입력한 후 [추가] 버튼을 누른다.

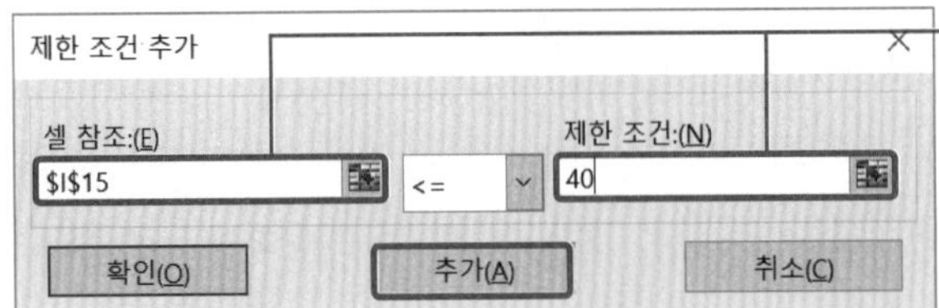

❻ 공장 B에서 수송하는 상품의 합계가 40을 초과하지 않도록 설정한다. [셀 참조]에 [I15] 셀을 지정하고 [제한 조건]에 '40'을 입력한 후 [추가] 버튼을 누른다.

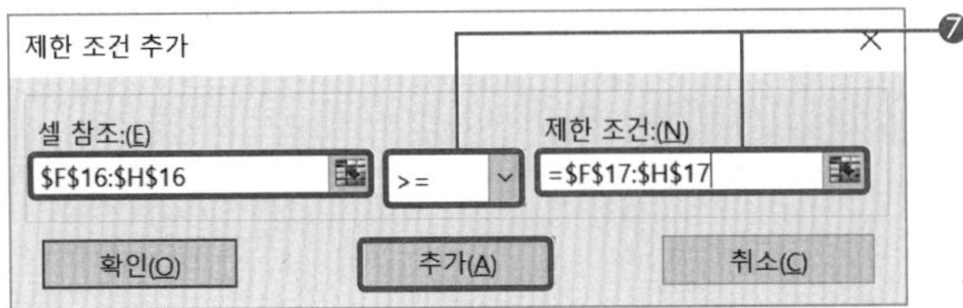

❼ 각 점포로 수송되는 상품 수가 주문 수 이상이 되도록 설정한다. [셀 참조]에 [F16:H16] 셀을 지정하고 가운데 콤보 박스에서 '>='을 선택하고 [제한 조건]에는 [F17:H17] 셀을 지정한다. 이어 [추가] 버튼을 누른다.

> **MEMO**
> [제한 조건]에는 셀 범위를 지정할 수도 있다. 이때 셀 참조 란에 지정한 셀 범위와 동일한 개수의 셀 범위를 지정해야 한다.

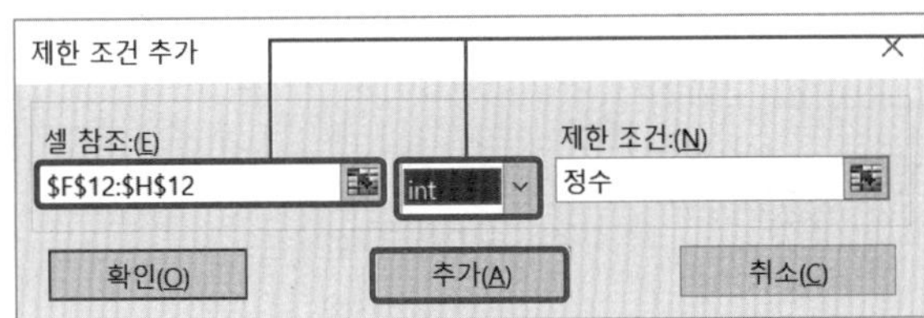

❽ 공장 A에서 각 점포에 수송하는 개수가 정수가 되도록 설정한다. [셀 참조]에 셀 [F12:H12]를 지정하고 가운데 콤보 박스에서 int를 선택한 후 [추가] 버튼을 클릭한다.

> **MEMO**
> int는 셀의 값이 정수가 되도록 하는 제한 조건이다.

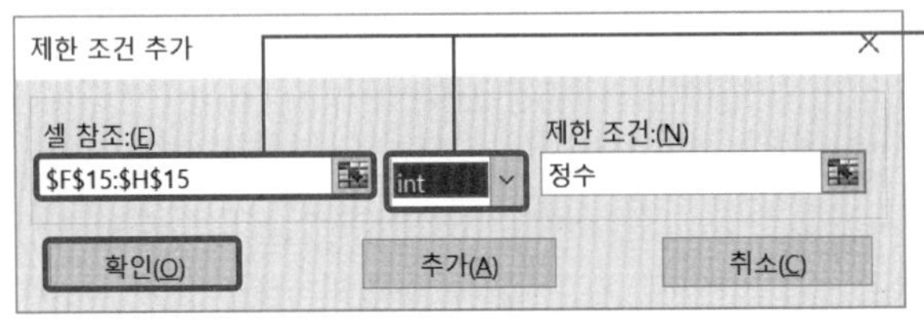

❾ 공장 B에서 각 점포에 수송하는 값이 정수가 되도록 설정한다. [셀 참조]에 셀 [F15:H15]을 지정하고 가운데 콤보 박스에서 int를 선택한 후 [확인] 버튼을 클릭한다.

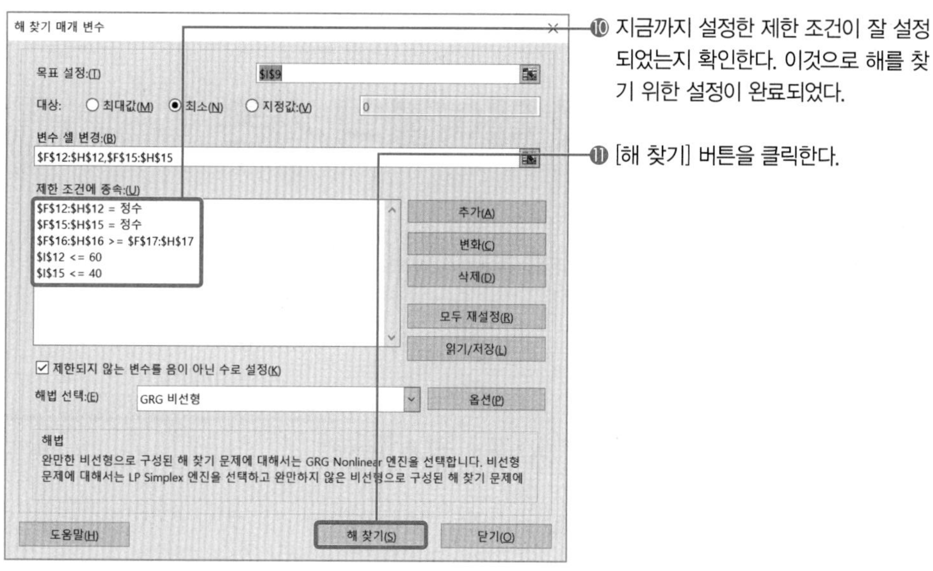

⑩ 지금까지 설정한 제한 조건이 잘 설정되었는지 확인한다. 이것으로 해를 찾기 위한 설정이 완료되었다.

⑪ [해 찾기] 버튼을 클릭한다.

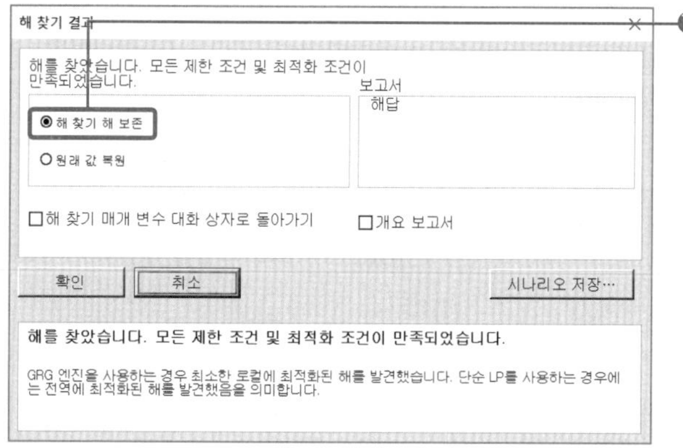

⑫ 몇 초 후 [해 찾기 결과] 대화상자가 표시된다. [해 찾기 해 보존]이 선택되었는지 확인하고 [확인] 버튼을 클릭한다.

	A B C D	E	F	G	H	I	J K
1							
2	제약조건						
3	①최대 생산수는 공장A가 60개, 공장B가 40개						
4	②주문수는 점포A가 20개, 점포B가 30개, 점포C가 50개						
5							
6	공장에서 각 점포로의 운송 비용						
7							
8			점포A	점포B	점포C	합계	
9	운송비용	원	6,000	9,000	21,000	36,000	
10	공장A의 운송비용	원	6,000	0	16,000	22,000	
11	개당 비용	원	300	500	400		
12	각 점포로의 운송 개수	개	20	0	40	60	<=60
13	공장B의 운송비용	원	0	9,000	5,000	14,000	
14	개당 비용	원	600	300	500		
15	각 점포로의 운송 개수	개	0	30	10	40	<=40
16	각 점포로의 운송 개수 합	개	20	30	50	100	
17	각 점포의 주문수	개	20	30	50		
18							

⑬ 찾기의 계산 결과가 표에 반영된다. 공장 A에서 20, 0, 40개, 공장 B에서 0, 30, 10개씩 점포 A~C에 수송하면 수송 비용이 가장 저렴하다.

관련 항목 목표값 찾기 ⇨ 211쪽 / 해 찾기 기능 ⇨ 221쪽

CHAPTER 7

10 피벗 테이블의 기본

크로스 탭의 놀라운 힘

예제 파일 chapter7_10.xlsx

크로스 탭으로 세밀하게 데이터 분석하기

아래 표를 보면 제품 이름이 가로로 나열되어 있고, 대상 연도가 세로로 나열되어 있다. 그리고 열과 행의 교차점에 해당 제품의 해당 연도 판매 수가 기입되어 있다. 이처럼 두 항목 중 하나를 세로축, 다른 하나를 가로축에 나열하여 두 항목이 교차하는 셀에 데이터를 입력하는 집계 표를 **크로스 탭**이라고 한다.

- **크로스 탭 예**

연도	판매량			
	상품A	상품B	상품C	합계
2016년도	400	400	400	1200
2017년도	300	300	650	1250

크로스 탭을 사용하면 각 데이터를 개별적으로 확인할 수 있어 정확하게 데이터 분석을 할 수 있다.

크로스 탭은 데이터 분석을 위한 필수 기술 중 하나다. 왜냐하면 크로스 집계되지 않은 데이터는 오해를 초래할 수 있기 때문이다. 예를 들어, 다음 표와 같이 상품군을 하나의 항목으로 정리하면 2016년도보다 2017년도의 판매량이 증가한 것처럼 보인다. 그러나 실제로는 상품 C 이외에는 판매량이 모두 감소했다. (위의 표 참조)

- **크로스 탭 예**

연도	판매량
2016년도	1200
2017년도	1250

모든 상품을 합계한 판매량으로 보면 지난 해 대비 순조롭게 성장하고 있는 것으로 보인다.

순조로운 성장을 나타내는 것이 목적이라면 괜찮으나, 그렇지 않은 경우에는 상품별로 분석할 필요가 있다. 상품을 합계한 판매량 데이터로는 구체적인 상황을 파악할 수 없다.

엑셀에서 크로스 탭을 만드는 피벗 테이블

크로스 탭은 데이터 분석에 있어 매우 유용하지만, 직접 집계하여 크로스 탭을 만들려면 매우 성가신 일이 아닐 수 없다. 중간에 실수를 할 가능성도 높다. 시간과 노력을 들이면 언젠가 완성이 되겠지만 그런 일은 절대로 하지 않기 바란다.

엑셀로 크로스 탭을 하려면 **피벗 테이블**이라는 기능을 사용하면 된다. 유명한 기능이기 때문에 이름을 들어본 사람이 많을 것이다. 피벗 테이블을 사용하면 다음과 같이 1차원적으로 나열된 데이터를 바탕으로 크로스 탭을 쉽고 빠르게 만들 수 있다. 또한 **집계할 항목을 바꾸는 것도 매우 간단하다.**

- **피벗 테이블로 크로스 탭하기**

ID	상품명	개시일시	상품단가	판매개수	금액
1	상품B	2014-12-25 9:15	600	4	2400
2	상품E	2014-12-25 9:15	900	12	10800
3	상품B	2014-12-25 9:16	600	11	6600
4	상품E	2014-12-25 9:16	900	2	1800
5	상품D	2014-12-25 9:16	200	14	2800
6	상품E	2014-12-25 9:17	900	13	11700
7	상품E	2014-12-25 9:17	900	4	3600
8	상품B	2014-12-25 9:17	600	9	5400
9	상품C	2014-12-25 9:15	700	13	9100
10	상품D	2014-12-26 13:47	200	7	1400
11	상품A	2014-12-26 13:48	500	4	2000
12	상품A	2014-12-26 13:53	500	6	3000

집계하기 전의 1차원 데이터. 어떤 상품이 언제 얼마나 팔렸는지 분석하기 어렵다.

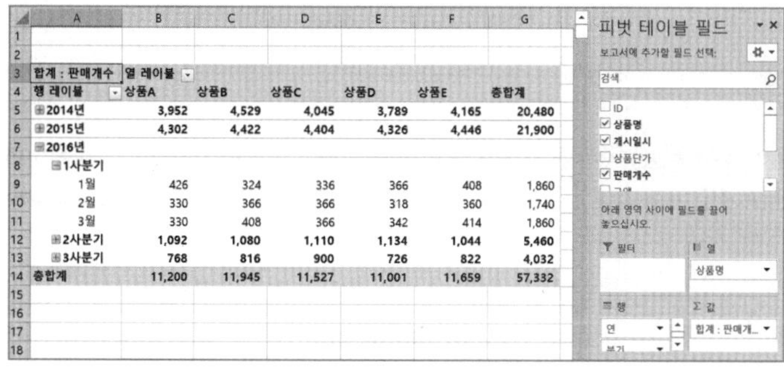

합계 : 판매개수	열 레이블					
행 레이블	상품A	상품B	상품C	상품D	상품E	총합계
2014년	3,952	4,529	4,045	3,789	4,165	20,480
2015년	4,302	4,422	4,404	4,326	4,446	21,900
2016년						
1사분기						
1월	426	324	336	366	408	1,860
2월	330	366	366	318	360	1,740
3월	330	408	366	342	414	1,860
2사분기	1,092	1,080	1,110	1,134	1,044	5,460
3사분기	768	816	900	726	822	4,032
총합계	11,200	11,945	11,527	11,001	11,659	57,332

피벗 테이블을 사용하여 집계한 데이터. 세부 항목별 통계 정보를 쉽게 파악할 수 있다.

이번 항목에서는 이 피벗 테이블의 기본적인 사용법을 알아보고자 한다. 그리고 보다 자세한 사용법은 다음 항목에서 알아보겠다.

피벗 테이블을 위한 표 준비하기

피벗 테이블을 사용하려면 대상이 되는 표를 준비할 필요가 있다. 구체적으로 다음과 같이 표를 작성한다.

- 표의 첫 번째 줄에는 반드시 열의 이름을 기입한다.
- 숫자나 날짜의 포맷을 엑셀이 잘 인식할 수 있도록 정돈한다.

먼저, 표의 첫 번째 줄에는 반드시 열의 이름을 넣는다. 공백이 있으면 오류가 발생한다.

이어서 셀에서 잘 인식할 수 있도록 정돈한다는 것이 무슨 뜻인지 구체적인 예를 살펴 보자. 예를 들어 '1개'처럼 단위에 해당하는 문자열이 들어가 있거나 '2015-01-06T19:01'처럼 날짜와 시간 사이에 불필요한 문자열이 입력되어 있으면, 엑셀은 이 값을 숫자나 날짜 값이 아닌 문자열로 인식한다. 그러면 항목들의 합산을 구하거나 기간별 통계를 집계하지 못한다. 특히, **표를 엑셀에서 만든 것이 아니라 CSV 파일로 연 경우 이러한 불필요한 문자가 삽입되어 있을 수 있으므로 주의하도록 한다.** 만약 원치 않는 문자가 포함되어 있는 경우는 다음과 같이 엑셀의 바꾸기 기능(157쪽)을 사용하여 불필요한 문자를 제거하거나 공백으로 대체하도록 한다.

● **엑셀의 바꾸기 기능으로 불필요한 문자 제거**

	A	B	C	D	E	F
1	ID	상품명	개시일시	상품단가	판매개수	금액
2	1	상품B	2014-12-25T9:15	600	4	2400
3	2	상품E	2014-12-25T9:15	900	12	10800
4	3	상품B	2014-12-25T9:16	600	11	6600
5	4	상품E	2014-12-25T9:16	900	2	1800
6	5	상품D	2014-12-25T9:16	200	14	2800
7	6	상품E	2014-12-25T9:17	900	13	11700
8	7	상품E	2014-12-25T9:17	900	4	3600
9	8	상품B	2014-12-25T9:17	600	9	5400
10	9	상품C	2014-12-25T9:15	700	13	9100
11	10	상품D	2014-12-26T13:47	200	7	1400
12	11	상품A	2014-12-26T13:48	500	4	2000
13	12	상품A	2014-12-26T13:53	500	6	3000

변경 전. 열 C의 날짜와 시간 사이에 'T'가 포함되어 있기 때문에 시간이 아니라 문자 데이터로 취급된다. 그러면 피벗 테이블에서 기간별 집계를 할 수 없다.

→

	A	B	C	D	E	F
1	ID	상품명	개시일시	상품단가	판매개수	금액
2	1	상품B	2014-12-25 9:15	600	4	2400
3	2	상품E	2014-12-25 9:15	900	12	10800
4	3	상품B	2014-12-25 9:16	600	11	6600
5	4	상품E	2014-12-25 9:16	900	2	1800
6	5	상품D	2014-12-25 9:16	200	14	2800
7	6	상품E	2014-12-25 9:17	900	13	11700
8	7	상품E	2014-12-25 9:17	900	4	3600
9	8	상품B	2014-12-25 9:17	600	9	5400
10	9	상품C	2014-12-25 9:15	700	13	9100
11	10	상품D	2014-12-26 13:47	200	7	1400
12	11	상품A	2014-12-26 13:48	500	4	2000
13	12	상품A	2014-12-26 13:53	500	6	3000

변경 후. 엑셀의 바꾸기 기능으로 날짜와 시간 사이의 'T'를 공백으로 대체했다. 이제 엑셀에서 열 C를 날짜 및 시간 데이터로 인식할 수 있다.

피벗 테이블의 기본적인 사용법

그러면 실제로 피벗 테이블을 사용해 보자. 5단계만으로 집계 테이블을 얻을 수 있다. 여기서는 제품별 판매 수량을 집계할 것이다. 바탕이 되는 데이터는 9,550건의 판매 내역 데이터다.

❶ 분석하고자 하는 테이블로 커서를 이동하고 [삽입] 탭의 [피벗 테이블]을 클릭한다.

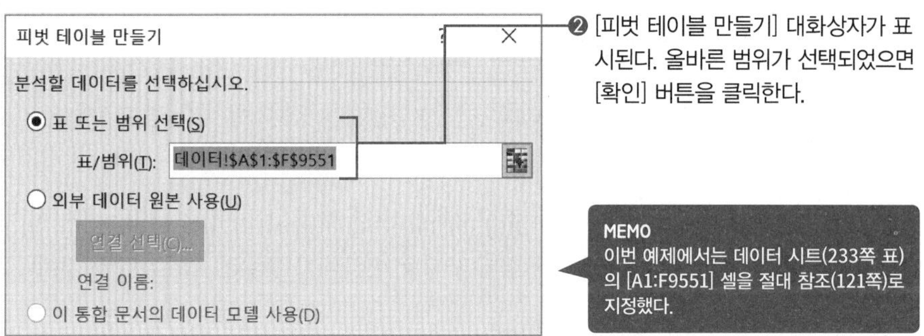

❷ [피벗 테이블 만들기] 대화상자가 표시된다. 올바른 범위가 선택되었으면 [확인] 버튼을 클릭한다.

MEMO
이번 예제에서는 데이터 시트(233쪽 표)의 [A1:F9551] 셀을 절대 참조(121쪽)로 지정했다.

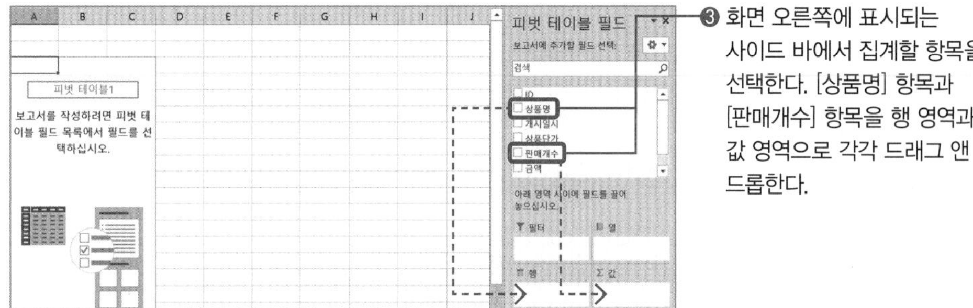

❸ 화면 오른쪽에 표시되는 사이드 바에서 집계할 항목을 선택한다. [상품명] 항목과 [판매개수] 항목을 행 영역과 값 영역으로 각각 드래그 앤 드롭한다.

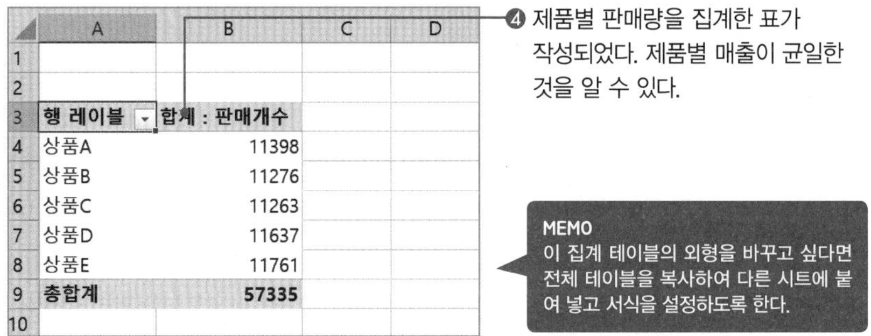

	A	B	C	D
1				
2				
3	**행 레이블**	**합계 : 판매개수**		
4	상품A	11398		
5	상품B	11276		
6	상품C	11263		
7	상품D	11637		
8	상품E	11761		
9	**총합계**	**57335**		
10				

❹ 제품별 판매량을 집계한 표가 작성되었다. 제품별 매출이 균일한 것을 알 수 있다.

MEMO
이 집계 테이블의 외형을 바꾸고 싶다면 전체 테이블을 복사하여 다른 시트에 붙여 넣고 서식을 설정하도록 한다.

관련 항목 데이터 표를 사용한 민감도 분석 ⇨ 198쪽 / 목표값 찾기 ⇨ 211쪽

CHAPTER 7

11 피벗 테이블로 데이터 집계/분석하기

크로스 탭의 놀라운 힘

예제 파일 chapter7_11.xlsx

데이터의 외관은 집계 방식으로 달라진다

데이터를 분석할 때 중요한 것은 두 데이터 사이에 어떤 상관관계가 있는지를 확인하는 것이다. 즉, 하나가 바뀔 때 다른 한쪽이 어떻게 변하는지를 파악하는 것이다. 예를 들어, 담당자와 상품명으로 판매량을 집계하면 각 담당자가 판매에 주력하는 상품이 보일 것이다. 또한, 판매 시기와 상품명으로 매출액을 집계하면 어떤 시기에 어떤 제품이 판매가 좋은지 알 수 있을 것이다.

이처럼 2개의 데이터 사이에 상관관계를 찾아내려면, 피벗 테이블을 사용하여 다양한 각도에서 데이터를 살펴보는 것이 좋다. 피벗 테이블을 사용하면 간단한 조작으로 집계 기준을 수정할 수 있다.

- **집계 기준을 쉽게 수정할 수 있다**

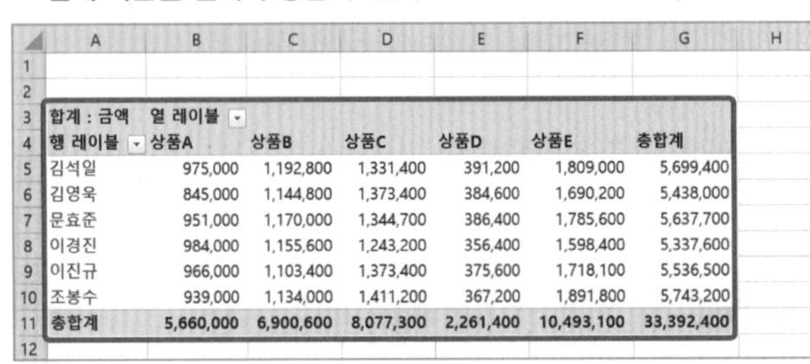

합계 : 금액	열 레이블					
행 레이블	상품A	상품B	상품C	상품D	상품E	총합계
김석일	975,000	1,192,800	1,331,400	391,200	1,809,000	5,699,400
김영욱	845,000	1,144,800	1,373,400	384,600	1,690,200	5,438,000
문효준	951,000	1,170,000	1,344,700	386,400	1,785,600	5,637,700
이경진	984,000	1,155,600	1,243,200	356,400	1,598,400	5,337,600
이진규	966,000	1,103,400	1,373,400	375,600	1,718,100	5,536,500
조봉수	939,000	1,134,000	1,411,200	367,200	1,891,800	5,743,200
총합계	5,660,000	6,900,600	8,077,300	2,261,400	10,493,100	33,392,400

담당자와 제품명으로 판매량을 집계한 피벗 테이블.

↓

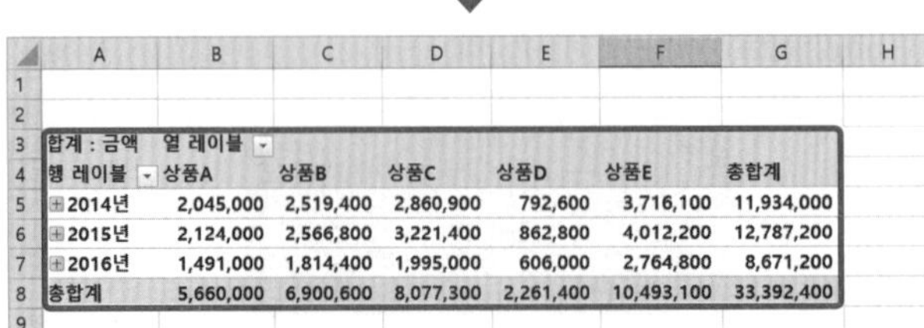

합계 : 금액	열 레이블					
행 레이블	상품A	상품B	상품C	상품D	상품E	총합계
⊞2014년	2,045,000	2,519,400	2,860,900	792,600	3,716,100	11,934,000
⊞2015년	2,124,000	2,566,800	3,221,400	862,800	4,012,200	12,787,200
⊞2016년	1,491,000	1,814,400	1,995,000	606,000	2,764,800	8,671,200
총합계	5,660,000	6,900,600	8,077,300	2,261,400	10,493,100	33,392,400

판매 일자와 상품명으로 매출 금액을 집계한 피벗 테이블. 집계 기준을 쉽게 바꿀 수 있는 것이 피벗 테이블의 강점이다.

피벗 테이블을 고치는 방법

여기서는 이전 항목에서 집계한 제품별 판매량 피벗 테이블을 판매 시기별 판매 수량 테이블로 바꿔보고자 한다. 실습을 위해 예제를 다운로드하는 것이 좋을 것이다. 또한, 피벗 테이블의 기본 조작 방법에 대해서는 235쪽을 참조하기 바란다.

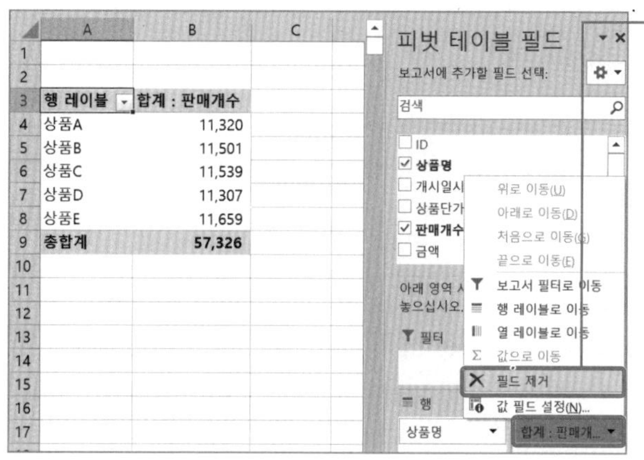

❶ 피벗 테이블 위로 커서를 이동하여 [값] 영역의 [합계: 판매개수]를 클릭하여 [필드 제거]를 클릭한다.

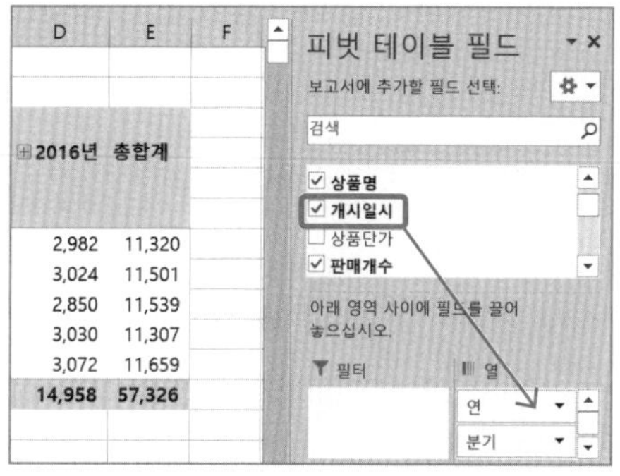

❷ '개시일시' 필드를 [열] 영역으로 드래그 앤 드롭한다. 그러면 자동으로 '연도, 분기, 월' 필드가 추가된다.

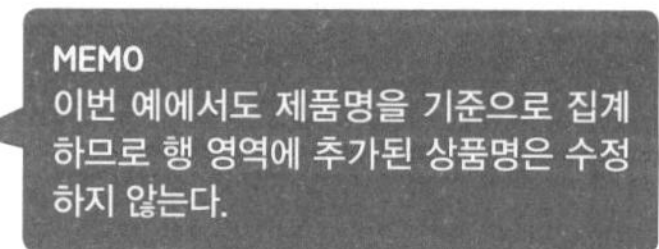
MEMO
이번 예에서도 제품명을 기준으로 집계하므로 행 영역에 추가된 상품명은 수정하지 않는다.

❸ '금액' 필드를 '값' 필드에 드래그 앤 드롭한다.

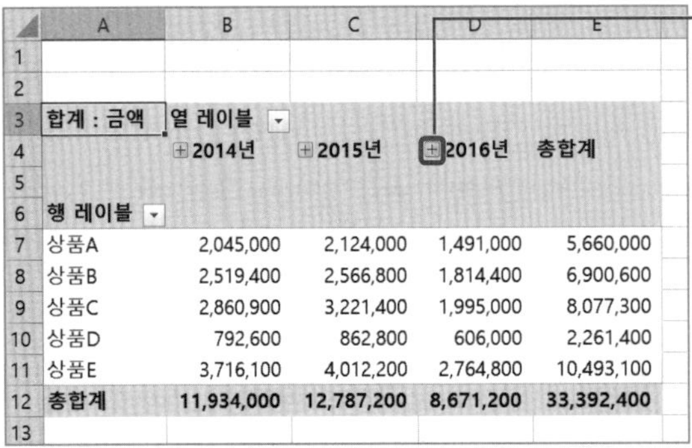

	A	B	C	D	E
1					
2					
3	합계 : 금액	열 레이블			
4		⊞2014년	⊞2015년	⊞2016년	총합계
5					
6	행 레이블				
7	상품A	2,045,000	2,124,000	1,491,000	5,660,000
8	상품B	2,519,400	2,566,800	1,814,400	6,900,600
9	상품C	2,860,900	3,221,400	1,995,000	8,077,300
10	상품D	792,600	862,800	606,000	2,261,400
11	상품E	3,716,100	4,012,200	2,764,800	10,493,100
12	총합계	11,934,000	12,787,200	8,671,200	33,392,400
13					

❹ 상품별 기간별 집계 금액 표를 작성했다. 연도 표기 앞에 있는 [+]를 클릭하면 분기별, 월별 매출도 확인할 수 있다.

표시할 데이터 범위 축소하기

5개 제품 중 3개 제품의 데이터만 분석하고 싶은 경우에는 **[슬라이서] 기능**을 이용한다. 슬라이서를 사용하면 간단하게 표시할 정보의 범위를 조정할 수 있다. 사용법은 다음과 같다.

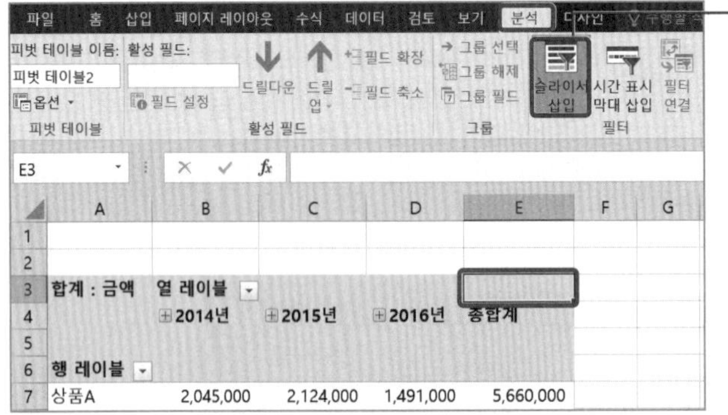

❶ 피벗 테이블 위의 셀을 선택한 후 [분석] 탭의 [슬라이서 삽입] 버튼을 클릭한다.

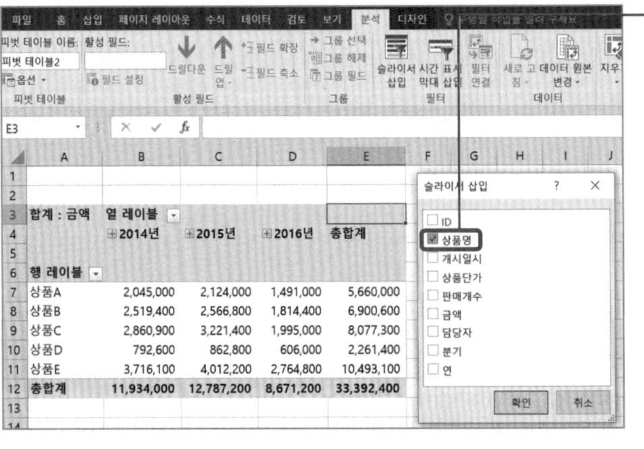

❷ [슬라이서 삽입] 대화상자가 표시된다. 검색할 데이터 항목 이름(여기서는 '상품명')을 선택하고 [확인] 버튼을 클릭한다.

③ 슬라이서가 표시된다. 항목을 선택하면 피벗 테이블의 데이터가 필터링된다.

MEMO
필터를 해제하려면 [필터 해제 아이콘]을 클릭한다. 또한, 슬라이서 자체를 삭제하고 싶을 때는 슬라이서를 선택한 상태에서 백스페이스 키를 누른다.

또한, 필터링 대상이 날짜인 경우 **[시간 표시 막대 삽입] 기능**이 편리하다.

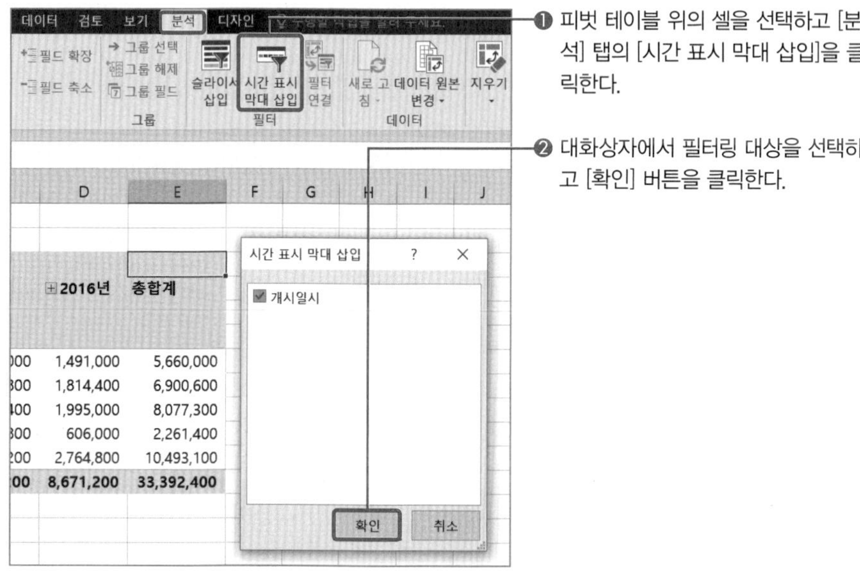

❶ 피벗 테이블 위의 셀을 선택하고 [분석] 탭의 [시간 표시 막대 삽입]을 클릭한다.

❷ 대화상자에서 필터링 대상을 선택하고 [확인] 버튼을 클릭한다.

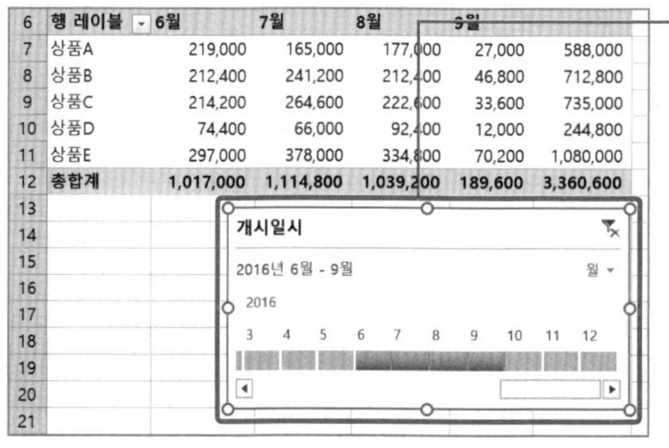

행 레이블	6월	7월	8월	9월	
상품A	219,000	165,000	177,000	27,000	588,000
상품B	212,400	241,200	212,400	46,800	712,800
상품C	214,200	264,600	222,600	33,600	735,000
상품D	74,400	66,000	92,400	12,000	244,800
상품E	297,000	378,000	334,800	70,200	1,080,000
총합계	1,017,000	1,114,800	1,039,200	189,600	3,360,600

❸ 시간 표시 막대 슬라이서가 표시된다. 표시할 기간을 선택하면 피벗 테이블의 데이터가 필터링된다.

한 가지 더!

시간 표시 막대 슬라이서의 필터링 단위 변경하기

시간 표시 막대 슬라이서의 우측에 보이는 [월]을 클릭하면 필터링 단위를 일, 분기, 년 등으로 변경할 수 있다.

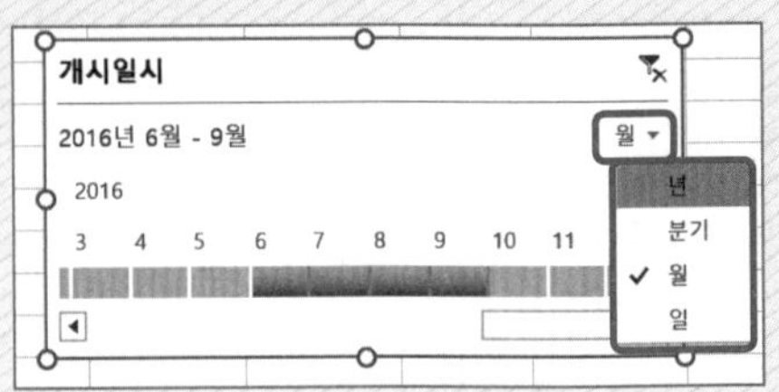

관련 항목 피벗 테이블 사용법 ⇨ 232쪽 / 피벗 차트의 활용 ⇨ 241쪽

CHAPTER 7

12 피벗 테이블 데이터를 피벗 차트로

크로스 탭의 놀라운 힘

예제 파일 chapter7_12.xlsx

집계 데이터를 가시화하면 새로운 사실을 발견할 수 있다

데이터에 따라서는 집계된 수치를 보는 것만으로는 전체의 상황이나 흐름을 파악하기 어려운 경우가 있다. 그런 경우에는 **데이터를 차트로 그려 보는 것이 좋다.** 차트로 하면 숫자와 씨름하고 있을 때 몰랐던 새로운 특징을 깨닫을 수 있다.

엑셀에는 차트를 그리는 다양한 방법이 있지만, **피벗 테이블**(232쪽)을 만든 경우에는 **피벗 차트** 기능을 사용하는 것이 좋다. 왜냐면 피벗 테이블의 집계 항목을 바꾸거나 필터링(238쪽)함에 따라 차트 내용도 자동으로 바뀌기 때문이다. 다양한 집계 패턴의 차트를 쉽게 만들 수 있어 데이터의 특징을 파악하는 데 도움이 된다.

● **피벗 테이블과 피벗 차트**

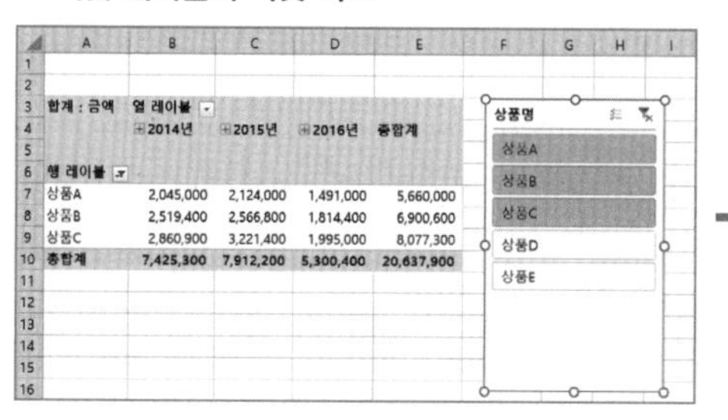

합계 : 금액	열 레이블			
행 레이블	2014년	2015년	2016년	총합계
상품A	2,045,000	2,124,000	1,491,000	5,660,000
상품B	2,519,400	2,566,800	1,814,400	6,900,600
상품C	2,860,900	3,221,400	1,995,000	8,077,300
총합계	7,425,300	7,912,200	5,300,400	20,637,900

집계 후 집계 내용을 변경하거나 필터링 기능 표시 항목을 필터링할 수 있다.

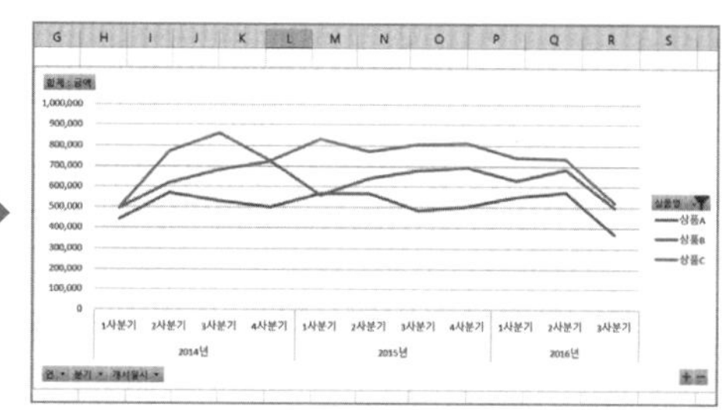

피벗 차트. 피벗 테이블에서 집계한 데이터를 바탕으로 차트를 작성할 수 있다.

피벗 차트를 만들려면 피벗 테이블 위로 커서를 이동한 후 다음 단계를 수행한다.

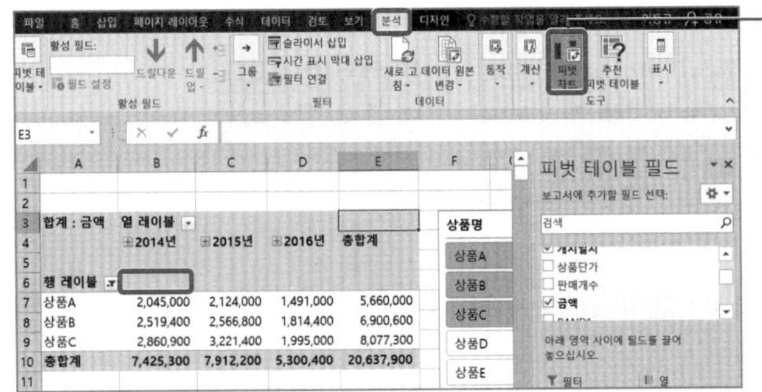

❶ 피벗 테이블 위의 셀을 선택한 후 [분석] 탭의 [피벗 차트]를 클릭한다.

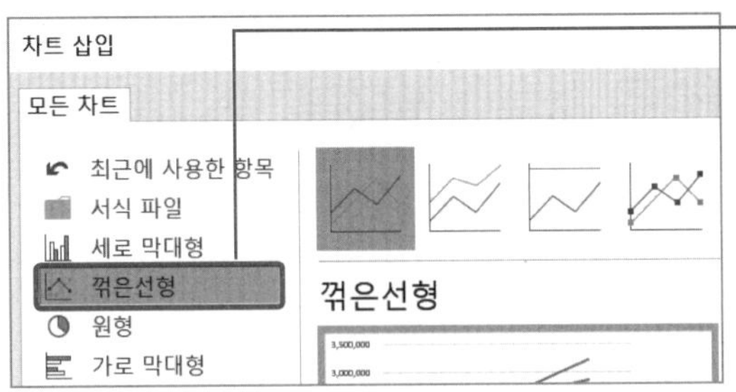

❷ [차트 삽입] 대화상자가 나타나면 작성하려는 차트(여기서는 꺾은선형)를 선택하고 [확인] 버튼을 클릭한다.

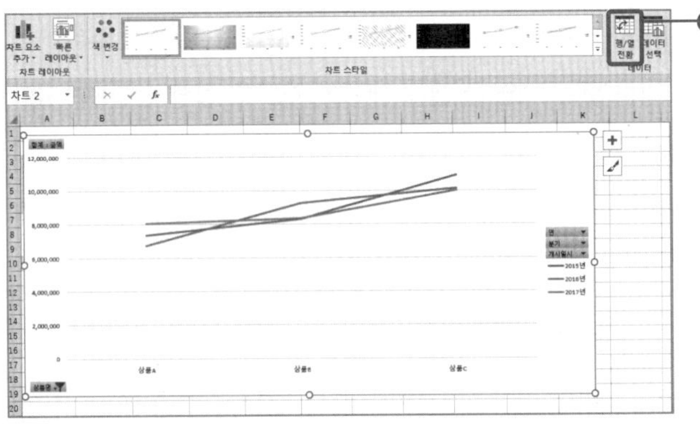

❸ 차트가 생성된다. 피벗 테이블의 세로축과 가로축을 변환하고 싶으면 [디자인] 탭의 [행/열 전환] 버튼을 클릭한다.

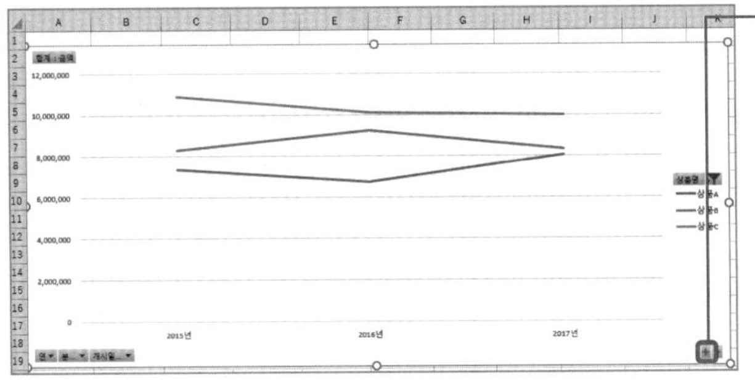

❹ 차트의 가로축이 연도가 되었다. 연도별 집계로는 구체적인 변화를 알기 어렵기 때문에 단위를 분기로 변경하기 위해 차트 오른쪽 하단의 [+]를 클릭한다.

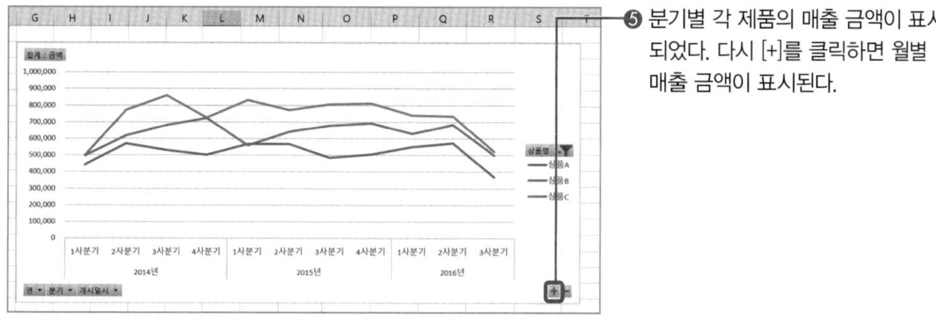

❺ 분기별 각 제품의 매출 금액이 표시되었다. 다시 [+]를 클릭하면 월별 매출 금액이 표시된다.

차트에 표시되는 데이터 변경하기

피벗 테이블의 행 항목과 열 항목, 집계 내용 등을 변경하면 피벗 차트의 표시 내용이 자동으로 업데이트된다. 이번에는 슬라이서 기능(238쪽)으로 필터링을 수행해 보겠다.

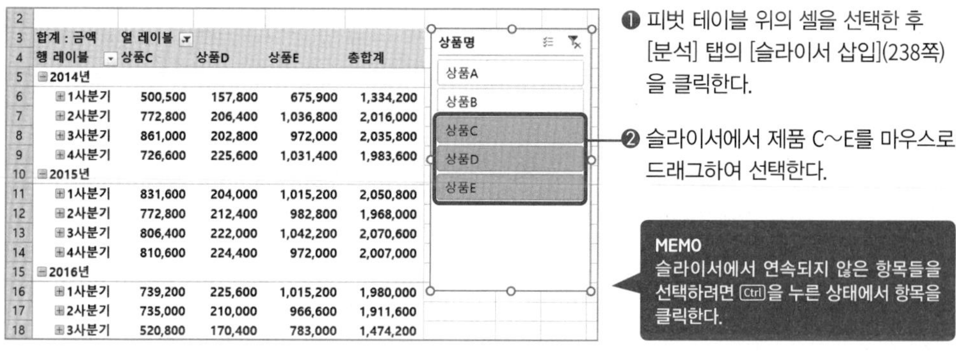

합계 : 금액	열 레이블			
행 레이블	상품C	상품D	상품E	총합계
⊟2014년				
⊞1사분기	500,500	157,800	675,900	1,334,200
⊞2사분기	772,800	206,400	1,036,800	2,016,000
⊞3사분기	861,000	202,800	972,000	2,035,800
⊞4사분기	726,600	225,600	1,031,400	1,983,600
⊟2015년				
⊞1사분기	831,600	204,000	1,015,200	2,050,800
⊞2사분기	772,800	212,400	982,800	1,968,000
⊞3사분기	806,400	222,000	1,042,200	2,070,600
⊞4사분기	810,600	224,400	972,000	2,007,000
⊟2016년				
⊞1사분기	739,200	225,600	1,015,200	1,980,000
⊞2사분기	735,000	210,000	966,600	1,911,600
⊞3사분기	520,800	170,400	783,000	1,474,200

❶ 피벗 테이블 위의 셀을 선택한 후 [분석] 탭의 [슬라이서 삽입](238쪽)을 클릭한다.

❷ 슬라이서에서 제품 C~E를 마우스로 드래그하여 선택한다.

MEMO
슬라이서에서 연속되지 않은 항목들을 선택하려면 Ctrl을 누른 상태에서 항목을 클릭한다.

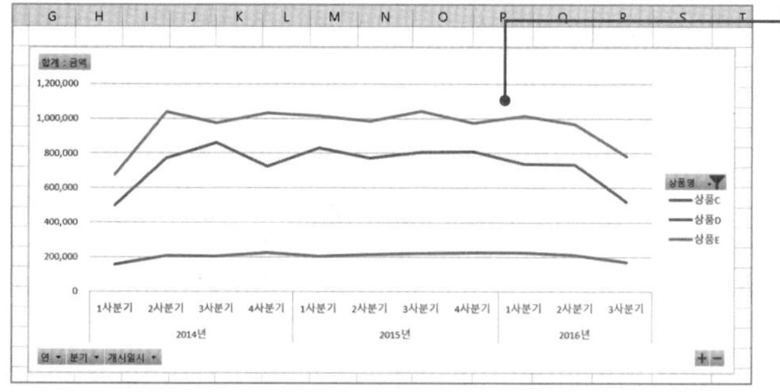

❸ 피벗 테이블에 표시되는 항목이 상품 C~E로 변경되고 이에 따라 피벗 차트에 표시되는 데이터도 상품 C~E로 변한다.

피벗 테이블을 복사하여 차트 작성하기

피벗 차트는 매우 편리한 기능이지만 디자인이 예쁘지 않기 때문에 프레젠테이션이나 책 등에 그대로 게재하는 것은 권장하지 않는다. 피벗 테이블을 다른 시트에 복사한 후 디자인하여 사용하는 것이 좋다.

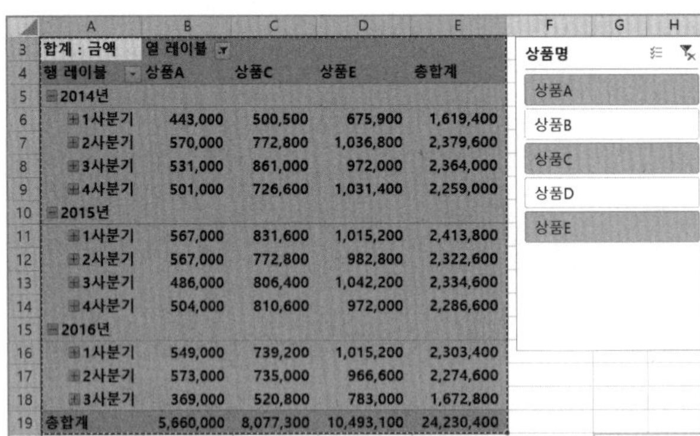

합계 : 금액	열 레이블			
행 레이블	상품A	상품C	상품E	총합계
2014년				
1사분기	443,000	500,500	675,900	1,619,400
2사분기	570,000	772,800	1,036,800	2,379,600
3사분기	531,000	861,000	972,000	2,364,000
4사분기	501,000	726,600	1,031,400	2,259,000
2015년				
1사분기	567,000	831,600	1,015,200	2,413,800
2사분기	567,000	772,800	982,800	2,322,600
3사분기	486,000	806,400	1,042,200	2,334,600
4사분기	504,000	810,600	972,000	2,286,600
2016년				
1사분기	549,000	739,200	1,015,200	2,303,400
2사분기	573,000	735,000	966,600	2,274,600
3사분기	369,000	520,800	783,000	1,672,800
총합계	5,660,000	8,077,300	10,493,100	24,230,400

❶ 피벗 테이블을 선택하여 Ctrl + C를 눌러 복사한다.

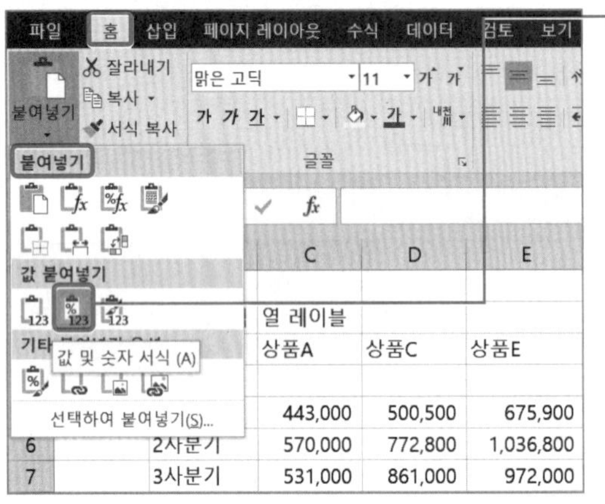

❷ 새 시트를 만든다. [홈] 탭에서 붙여넣기 버튼 하단에 있는 ▼를 클릭하여 [값 및 숫자 서식]을 클릭하여 붙여 넣는다. 그리고 표 레이아웃과 서식을 정돈한다.

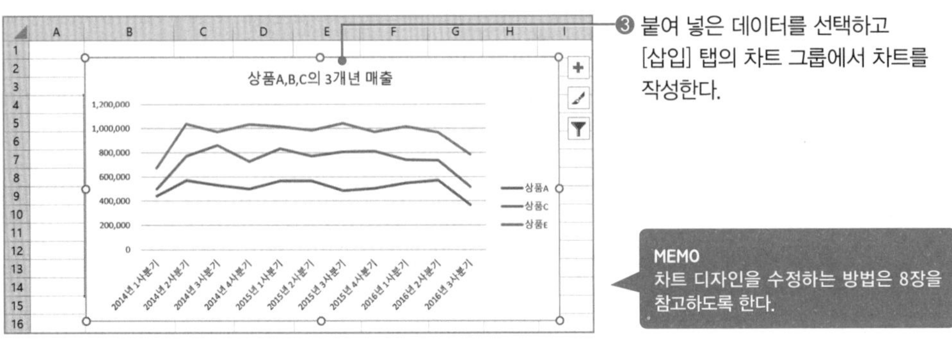

❸ 붙여 넣은 데이터를 선택하고 [삽입] 탭의 차트 그룹에서 차트를 작성한다.

MEMO
차트 디자인을 수정하는 방법은 8장을 참고하도록 한다.

관련 항목 피벗 테이블 사용법 ⇨ 232쪽 / 피벗 테이블을 이용한 데이터 분석 ⇨ 236쪽

CHAPTER 7

13 상관 분석으로 데이터에 숨어 있는 상관관계 찾기

분산형 차트 사용하기 — 실무 응용

예제 파일 chapter7_13.xlsx

분산형 차트로 데이터 상관관계 검증하기

피벗 테이블과 함께 데이터 분석에 많이 사용되는 것이 분산형 차트다. 분산형 차트는 **가로축과 세로축에 다른 항목과 단위를 설정하고 데이터가 존재하는 부분에 점을 그리는 그래프다.** 분산형 차트를 사용하면 두 항목의 상관관계를 확인할 수 있다. 예를 들어, '커피를 주문한 사람은 더블치즈 버거를 구매하는 경향이 있다'거나 '편의점에서 iTunes나 Google Play 기프트 카드 등의 선불 카드를 구입하는 사람은 과자와 청량음료를 함께 구입하는 경향이 있다'처럼 언뜻 보면 상관이 없을 것 같은 두 데이터 사이에 숨어 있는 상관관계를 찾을 수 있다.

위와 같은 분석 결과를 얻을 수 있다면 매출 증대를 위한 전략을 생각해 볼 수 있다. 예를 들어, 커피만 구매한 고객에게 더블치즈 버거 할인권을 제공하거나 선불 카드 옆에 과자와 청량음료를 배치하는 것이다. 이것은 단순한 예에 지나지 않지만, 독자 여러분이 담당하고 있는 상품이나 서비스에도 **아직 발견되지 않은 어떤 상관관계가 숨어 있을지도 모른다.** 선입견에 얽매이지 않고 다양한 데이터를 사용하여 유효한 상관관계를 찾아보기 바란다. 엑셀을 사용하면 간단한 조작으로 분산형 차트를 만들 수 있다.

또한, 분산형 차트는 매출과 비용처럼 상관관계가 있다고 알려진 데이터를 검증하는 용도로도 사용할 수 있다. 예를 들어, 요식업에서 매출이 올라가면 손님에게 제공해야 하는 음식이 늘어나 원재료비도 올라간다. 즉, 매출이 오르면 비용도 오른다고 알려져 있다. 영업 계획을 세울 때는 이러한 당연한 상관관계도 데이터로 검증해야 한다. 그렇지 않으면 현실적인 영업 계획을 세울 수 없기 때문이다.

나열되어 있는 숫자를 바라보는 것만으로는 데이터의 상관관계를 찾을 수 없다. 데이터의 상관관계를 찾기 위해 분산형 차트를 적극 활용해 보기 바란다.

- **수익 계획의 분산형 차트 예**

상관관계가 높은 계획

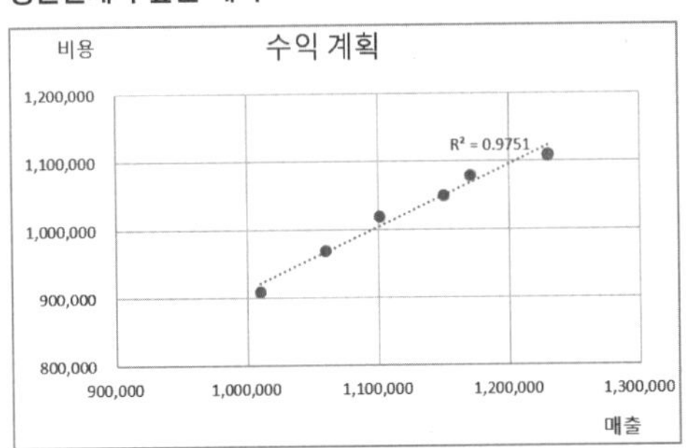

상관관계가 낮은 계획

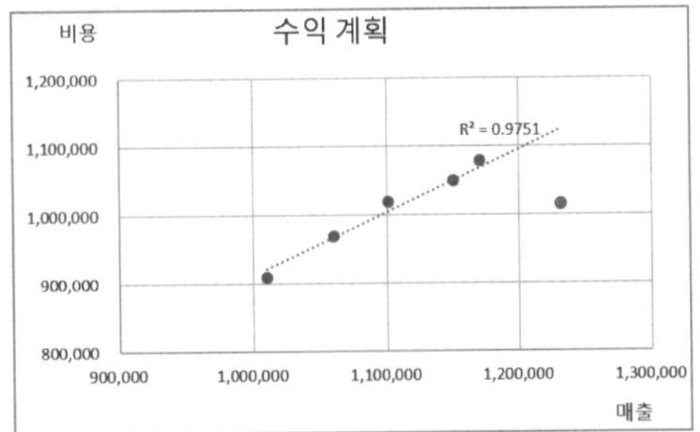

2012년부터 2016년까지의 과거 실적과 2017년의 예상 실적이 다른 색으로 표시되었다. 오른쪽 그래프를 보면 2017년에 대한 비용 예측값이 작아서 과거 데이터에서 보여지는 상관관계에서 크게 벗어나 있는 것을 알 수 있다.

한 가지 더!

회귀 직선과 상관계수

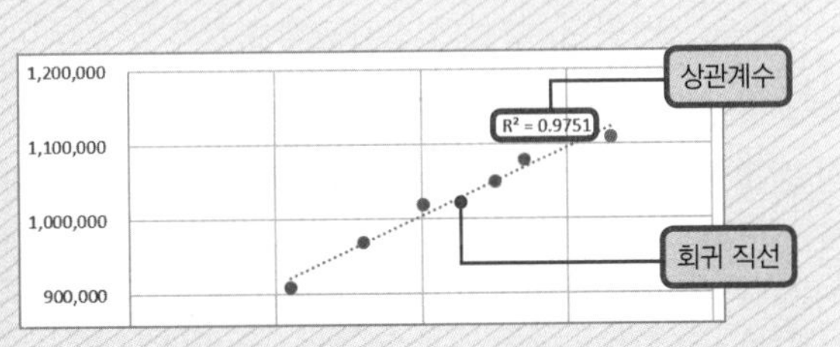

위 차트에서 점선으로 표시된 선을 회귀 직선이라고 한다. 회귀 직선은 분산형 차트에 그려진 데이터의 경향을 나타내는 직선이다. 미래의 예측이 선에 가까울수록 과거 실적의 추세를 따르고 있다고 말할 수 있다. 엑셀에서는 회귀 직선을 **추세선**이라고 한다. 또한, 그래프에 'R^2 = 0.9751'이라고 써 있는 숫자를 **상관계수**라고 한다. 이 수치가 1에 가까울수록 두 데이터에 강한 상관관계가 있다고 한다. 일반적으로 상관계수가 0.5 이상이면 상관성이 있고, 0.7 이상이면 강한 상관관계가 있는 것으로 알려져 있다.

분산형 차트 작성 방법

월별 맥주 판매량과 평균 기온의 상관관계를 분산형 차트를 사용하여 확인해 보자.

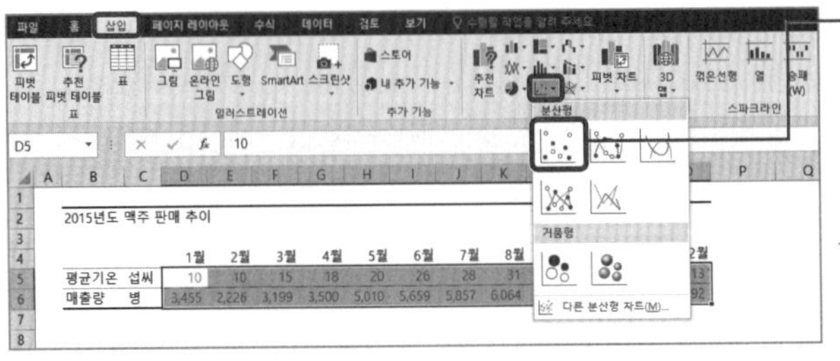

❶ 차트로 만들고 싶은 데이터의 범위를 선택하고 [삽입] 탭 ➡ [분산형] ➡ [표식만 있는 분산형]을 클릭한다.

MEMO
분산형 차트의 나머지 차트는 요소 사이를 직선이나 곡선으로 연결하거나 각 요소를 마커로 표시하거나 표시하지 않은 차이가 있다.

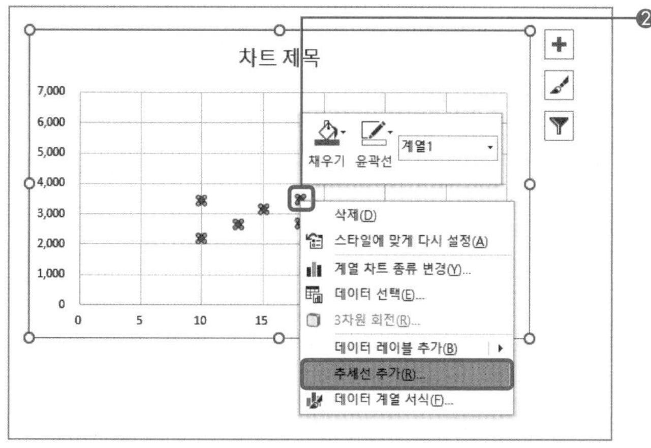

❷ 분산형 차트가 생성되었다. 차트에 생성된 점 위에서 마우스 우클릭하여 [추세선 추가]를 클릭한다.

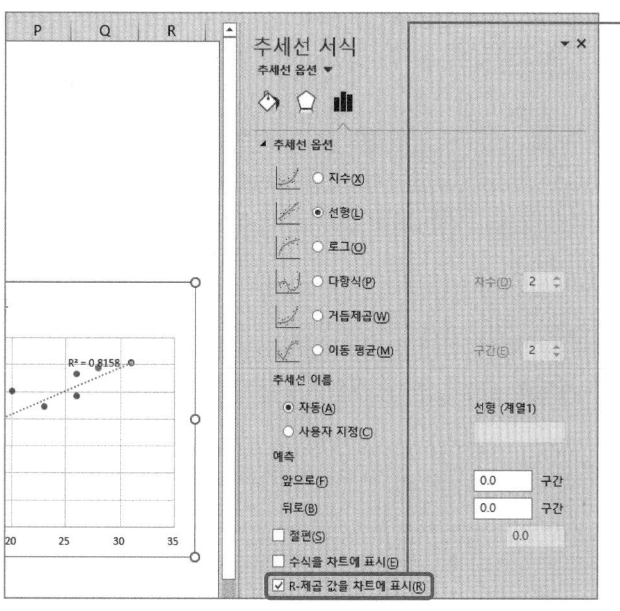

❸ 화면 오른쪽에 [추세선 서식] 메뉴가 표시되면 [R-제곱 값을 차트에 표시]를 선택한다.

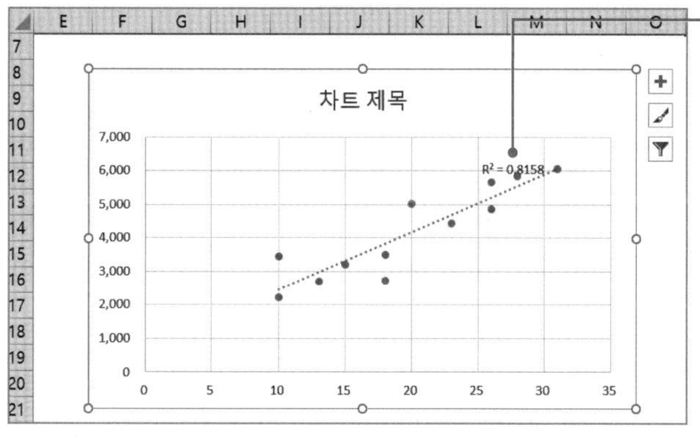

❹ 차트에 추세선과 상관계수가 표시된다. 상관계수가 0.8158이므로 맥주 매출과 기온은 강한 상관관계가 있음을 알 수 있다.

분산형 차트의 데이터는 많으면 많을수록 좋다

분산형 차트를 만들 때 고려해야 될 것 중 하나가 데이터의 양이다. 분산형 차트는 차트의 특성상 데이터의 양이 적으면 상관관계를 판단하기 어렵다. 예를 들어, 365일 동안 일별로 수집한 맥주 판매량과 기온 데이터를 분산형 차트로 작성하면 다음과 같다.

● 데이터는 많으면 많을수록 좋다

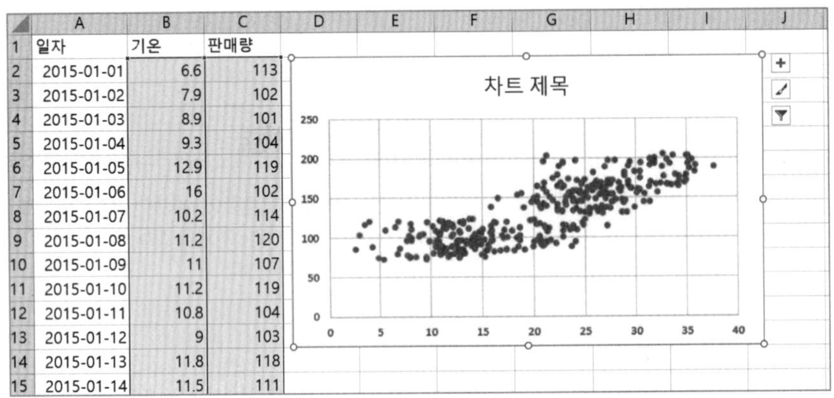

일자	기온	판매량
2015-01-01	6.6	113
2015-01-02	7.9	102
2015-01-03	8.9	101
2015-01-04	9.3	104
2015-01-05	12.9	119
2015-01-06	16	102
2015-01-07	10.2	114
2015-01-08	11.2	120
2015-01-09	11	107
2015-01-10	11.2	119
2015-01-11	10.8	104
2015-01-12	9	103
2015-01-13	11.8	118
2015-01-14	11.5	111

위와 같이 다량의 데이터가 있으면 추세선을 표시하기도 전에 상관관계를 쉽게 확인할 수 있다. 한편, 다음과 같이 데이터가 극단적으로 적으면 상관관계를 판단하기 어렵다. 분석을 위해서는 적어도 10개의 데이터는 필요할 것이다.

● 데이터의 양이 적으면 상관관계를 판단하기 어렵다

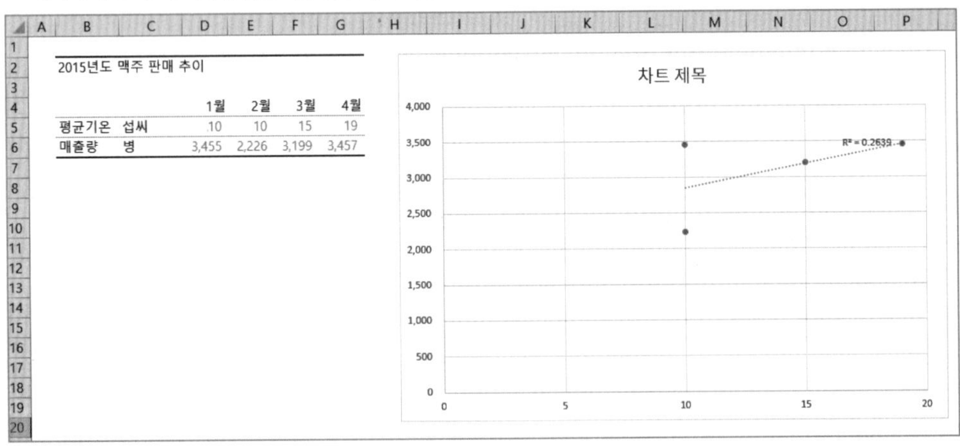

2015년도 맥주 판매 추이

		1월	2월	3월	4월
평균기온	섭씨	10	10	15	19
매출량	병	3,455	2,226	3,199	3,457

관련 항목 상관관계와 역상관관계 ⇨ 249쪽 / 상관 분석으로 예측값 구하기 ⇨ 250쪽

CHAPTER 7

14 양의 상관관계와 음의 상관관계

분산형 차트 사용하기 — 실무 응용

예제 파일 chapter7_14.xlsx

서로 반대 방향으로 커지는 음의 상관관계도 있다

두 개의 데이터 중 한쪽 값이 커질 때 다른 쪽 값도 커진다면, 이를 **양의 상관관계라**고 한다. 반대로 한쪽 값이 커질 때 다른 쪽 값은 줄어든다면, 이를 **음의 상관관계**라고 한다. 예를 들어, 일회용 손난로와 기온의 관계가 이에 해당한다. 온도가 낮아서 추워야 많이 팔리기 때문이다.

상관관계를 분석할 때 항상 양의 상관관계가 좋고 음의 상관관계가 나쁜 것은 결코 아니다. 대개 경영 관련 데이터에서 양의 상관관계가 나타나는 것이 긍정적인 경우가 많지만, 음의 상관관계가 바람직한 경우도 충분히 존재한다. 이는 순전히 데이터의 특성에 따라 다른 것이며, 어떤 상관관계라도 포착해내는 것이 중요하다. 상관관계에는 두 종류가 있다는 것을 기억해 두기 바란다.

● **음의 상관관계를 나타내는 분산형 차트**

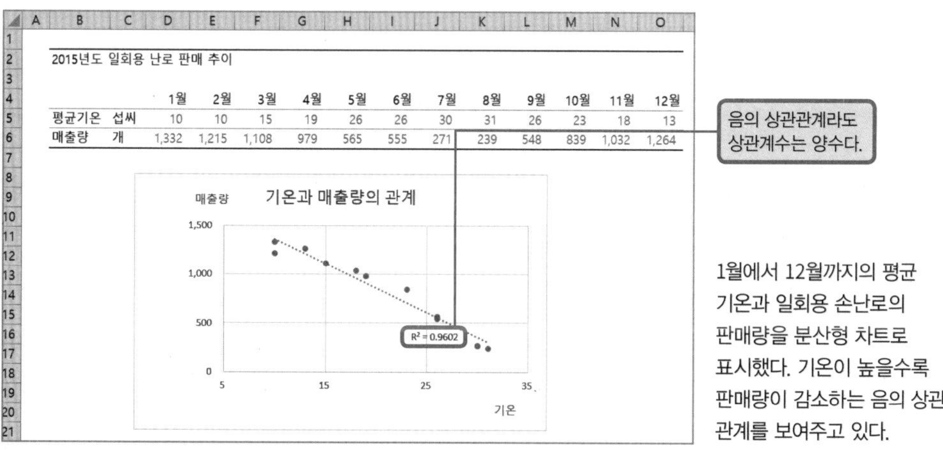
2015년도 일회용 난로 판매 추이

		1월	2월	3월	4월	5월	6월	7월	8월	9월	10월	11월	12월
평균기온	섭씨	10	10	15	19	26	26	30	31	26	23	18	13
매출량	개	1,332	1,215	1,108	979	565	555	271	239	548	839	1,032	1,264

1월에서 12월까지의 평균 기온과 일회용 손난로의 판매량을 분산형 차트로 표시했다. 기온이 높을수록 판매량이 감소하는 음의 상관관계를 보여주고 있다.

관련 항목 상관 분석의 기본 ⇨ 245쪽 / 추세선에서 이상치를 제거하는 방법 ⇨ 251쪽

CHAPTER 7

15 상관 분석으로 예측하기

분산형 차트 사용하기 — 실무 응용

예제 파일 chapter7_15.xlsx

추세선으로부터 예측값 계산하기

온도와 맥주 판매량처럼 강한 상관관계(246쪽)가 있는 경우, 이를테면 기온이 30도일 때의 판매량을 예측해 볼 수 있다. 예측은 분포형 차트에 표시되는 추세선을 바탕으로 한다. 온도를 x, 판매량을 y로 하면 추세선은 'y = ax + b'라는 식으로 나타낼 수 있다. 즉, 식에서 a와 b의 값을 알면 온도에 따른 판매량을 구할 수 있다. 추세선의 식은 다음과 같이 확인할 수 있다.

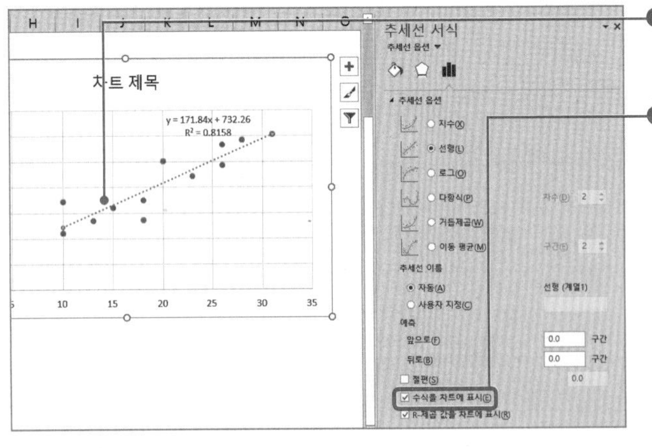

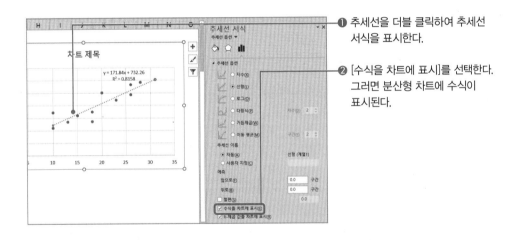

❶ 추세선을 더블 클릭하여 추세선 서식을 표시한다.

❷ [수식을 차트에 표시]를 선택한다. 그러면 분산형 차트에 수식이 표시된다.

여기서는 추세선의 수식이 y = 171.84x + 732.26으로 표시되었다. 따라서 기온이 30도일 때 판매량은 171.84 × 30 + 732.26 = 5,887.46개로 예측해 볼 수 있다.

관련 항목 상관 분석의 기본 ⇨ 245쪽 / 하나의 분산형 차트에 2개의 그룹 표시하기 ⇨ 253쪽

CHAPTER 7

16 추세선에서 이상치를 제거하는 방법

분산형 차트 사용하기 — 실무 응용

예제 파일 chapter7_16.xlsx

오해를 만드는 이상치

분산형 차트상에서는 두 데이터에 상관관계가 있어 보이는데 상관계수가 의외로 낮은 경우가 있다. 이런 경우에는 데이터에 이상치가 포함되어 있지 않은지 확인하도록 한다. **이상치는 관측된 데이터의 범위에서 많이 벗어난 아주 작은 값이나 큰 값을 말한다.** 예를 들어, 다음과 같이 비정상적인 요인으로 나타나는 수치라고 할 수 있다.

- TV 광고에서 바나나 다이어트가 방영되어 그 달만 바나나의 매출이 비약적으로 늘었다.
- 소비세가 올라서 그 해에만 수익이 크게 하락했다.

분산형 차트를 그려 보면 이상치는 다른 점들보다 많이 크거나 작은 위치에 있다. 따라서 **이상치를 포함한 상태로 상관계수를 구하면 마땅히 나와야 할 값보다 작게 나온다.** 정확한 상관계수를 구하기 위해서는 이상치를 정상적인 수치와는 다른 그룹에 두어 추세선에 영향을 미치지 않도록 설정할 필요가 있다.

● **상관관계를 나타내는 분산형 차트**

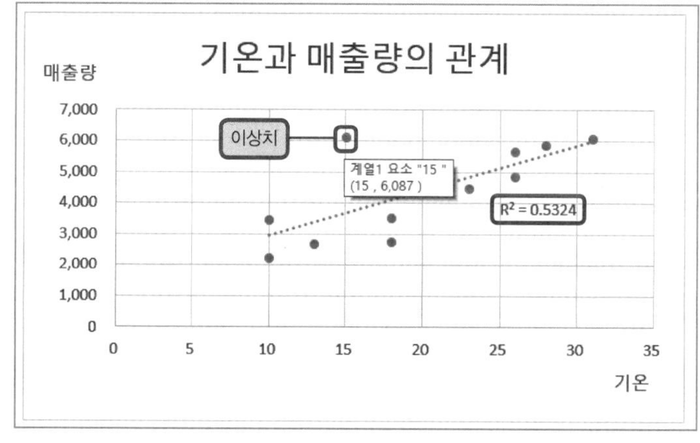

차트상으로는 상관관계가 있어 보이지만 이상치가 포함되어 있어 상관계수가 낮다. 이상치로 생각하는 점에 마우스를 올려놓으면 값에 대한 정보를 확인할 수 있다.

이상치를 별도의 그룹에 두기

상관계수를 계산할 때 이상치를 제외하는 가장 쉬운 방법은 이상치를 원본 데이터에서 삭제하는 것이다. 그러나 이 방법은 이상치가 처음부터 존재하지 않는 것 같은 오해가 생길 수 있기 때문에 바람직한 방법이 아니다. 이상치의 존재를 보여 주면서도 상관계수의 계산에서 제외하려면 **원본 표에 빈 행을 하나 추가하고 그 행으로 이상치들을 옮긴다.** 추세선은 행마다 다른 그룹으로 계산되기 때문에 이상치를 제외한 상관계수를 구할 수 있다.

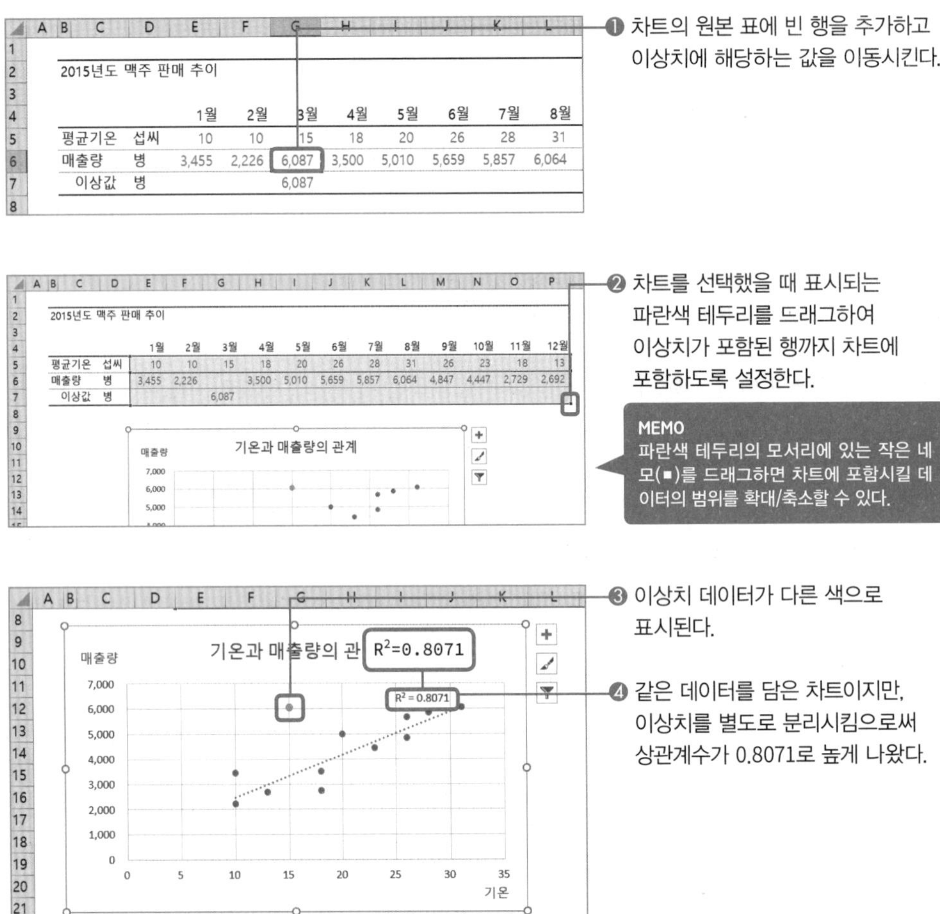

❶ 차트의 원본 표에 빈 행을 추가하고 이상치에 해당하는 값을 이동시킨다.
2015년도 맥주 판매 추이
❷ 차트를 선택했을 때 표시되는 파란색 테두리를 드래그하여 이상치가 포함된 행까지 차트에 포함하도록 설정한다.
MEMO
파란색 테두리의 모서리에 있는 작은 네모(■)를 드래그하면 차트에 포함시킬 데이터의 범위를 확대/축소할 수 있다.
기온과 매출량의 관계
❸ 이상치 데이터가 다른 색으로 표시된다.
R^2=0.8071
❹ 같은 데이터를 담은 차트이지만, 이상치를 별도로 분리시킴으로써 상관계수가 0.8071로 높게 나왔다.

관련 항목 상관 분석의 기본 ⇨ 245쪽 / 상관관계와 역상관관계 ⇨ 249쪽 / 상관 분석과 예측값 ⇨ 250쪽

CHAPTER 7

17 하나의 분산형 차트에 2개의 그룹 표시하기

분산형 차트 사용하기 — 실무 응용

예제 파일 chapter7_17.xlsx

데이터를 두 그룹으로 나누어 분석하기

데이터에 이상치(251쪽)가 존재하지 않음에도 불구하고 상관계수가 예상보다 낮은 경우에는 **데이터가 적절하게 그룹화되지 않았기 때문일 수도 있다.** 예를 들어, 서울과 부산에 있는 지점들을 대상으로 고객 만족도와 매출액의 상관관계를 조사한다고 해 보자. 서울에 있는 지점은 고객 수가 많고 부산에 있는 지점은 고객 수가 상대적으로 적다고 한다면, 같은 고객 만족도라도 서울 지역의 지점은 매출이 높고 부산 지역의 지점은 매출이 적을 것이다. 결과적으로 상관계수가 낮아진다. 이런 경우는 서울 지점과 부산 지점의 데이터를 서로 다른 행에 분리하여 각각의 상관계수를 계산하도록 한다.

- **서울과 부산의 지점을 하나의 분산형 차트로 그린 경우**

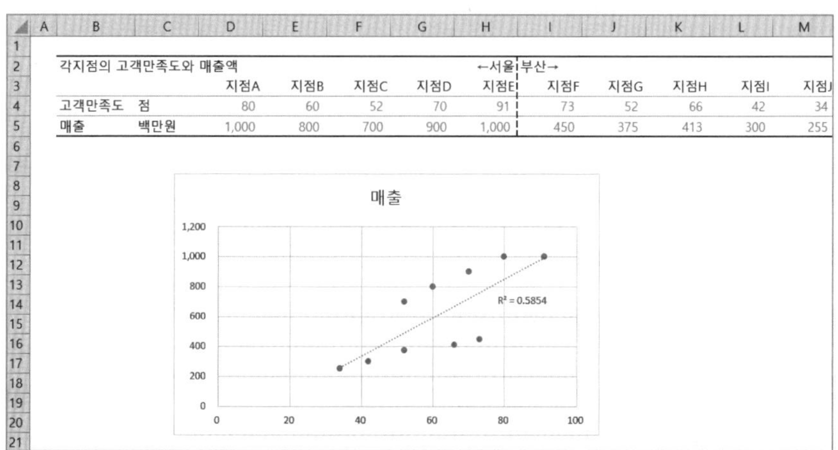

각지점의 고객만족도와 매출액 (←서울 | 부산→)

		지점A	지점B	지점C	지점D	지점E	지점F	지점G	지점H	지점I	지점J
고객만족도	점	80	60	52	70	91	73	52	66	42	34
매출	백만원	1,000	800	700	900	1,000	450	375	413	300	255

고객 수가 크게 다른 두 그룹을 하나의 분산형 차트에 그렸기 때문에 올바른 상관계수가 나오지 않는다. 이러한 경우에는 그룹을 나누는 것이 좋다.

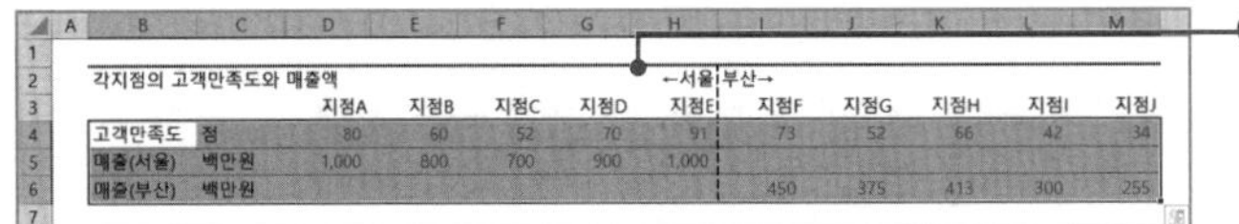

각지점의 고객만족도와 매출액

		지점A	지점B	지점C	지점D	지점E	지점F	지점G	지점H	지점I	지점J
고객만족도	점	80	60	52	70	91	73	52	66	42	34
매출(서울)	백만원	1,000	800	700	900	1,000					
매출(부산)	백만원						450	375	413	300	255

❶ 서울 지역의 지점들과 부산 지역의 지점들을 각각 별도의 행에 입력하고 차트에 포함시킬 데이터 범위를 선택한다.

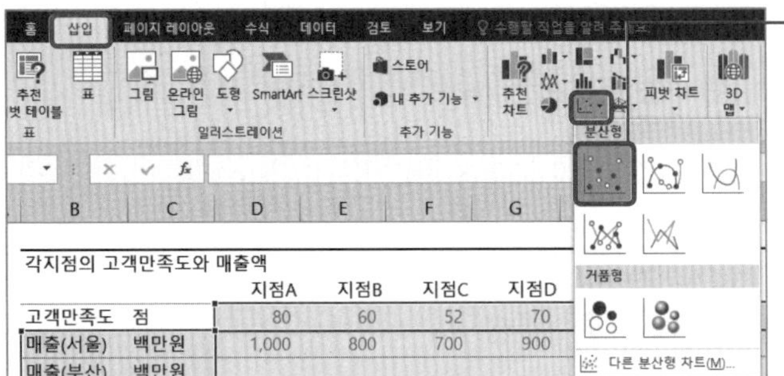

❷ [삽입] 탭 ➡ [분산형] ➡ [표식만 있는 분산형]을 클릭한다.

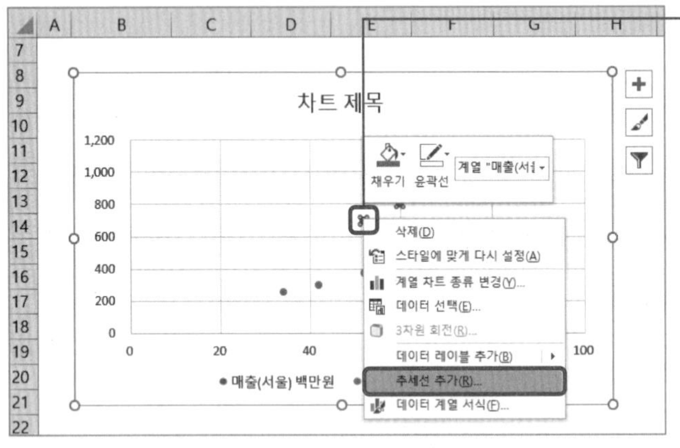

❸ 분산형 차트가 생성된다. 차트에 생성된 점을 마우스 오른쪽 단추로 클릭한 다음 [추세선 추가]를 클릭한다.

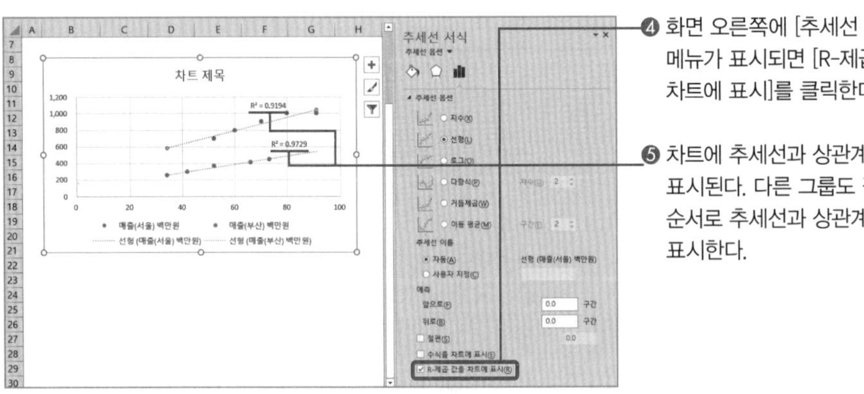

❹ 화면 오른쪽에 [추세선 서식] 메뉴가 표시되면 [R-제곱 값을 차트에 표시]를 클릭한다.

❺ 차트에 추세선과 상관계수가 표시된다. 다른 그룹도 같은 순서로 추세선과 상관계수를 표시한다.

관련 항목 상관 분석의 기본 ⇨ 245쪽 / 순상관관계와 반비례 ⇨ 249쪽 / 추세선에서 이상치를 제거하는 방법 ⇨ 251쪽

CHAPTER 7

18 평균값과 중앙값 구분하기

수치에서 보이는 것과 보이지 않는 것

예제 파일 chapter7_18.xlsx

평균값은 극단적인 수치에 쉽게 영향을 받는다

학생들의 평균 시험 점수나 영업 사원들의 평균 영업 수주 건수 등의 평균값은 데이터 전체의 경향을 파악하는 숫자로 자주 활용된다. 그러나 **평균값은 극단적인 수치에 쉽게 영향을 받기 때문에 주의가 필요하다.**

다음은 어떤 게시물의 일별 조회 수 데이터다. 8월 1일에서 10일까지의 평균 조회 수를 AVERAGE 함수를 사용하여 구하면 3,960이 된다. 그러나 8월 8일을 제외하고는 3,000을 넘긴 날이 없다. 이는 8월 8일의 조회 수가 다른 날의 10배에 가깝기 때문에 발생한 현상이다.

● **일별 조회 수와 평균**

	A	B	C	D	E	F	G
1							
2		조회수의 추이			조회수의 대표값		
3		회			회		
4			조회수			조회수	
5		8월1일	2,329		평균	3,960	
6		8월2일	2,535		중앙값		
7		8월3일	1,739				
8		8월4일	2,314				
9		8월5일	2,330				
10		8월6일	1,865				
11		8월7일	2,657				
12		8월8일	18,670				
13		8월9일	2,981				
14		8월10일	2,181				
15							

=AVERAGE(C5:C14)

8월 8일 조회 수가 매우 커서 평균값이 높아졌다.

따라서 평균은 데이터에 매우 크거나 작은 값이 포함되면 현실과 동떨어진 수치가 되고 만다. 정부가 발표하는 평균 연봉이나 평균 저축액 등이 실제보다 높다고 느껴지는 것도 같은 이유에서다.

중간 데이터를 의미하는 중앙값 사용하기

데이터 전체의 경향을 파악하는 수치로는 평균값뿐만 아니라 **중앙값**도 있다. 중앙값은 **데이터를 크기 순서로 정렬했을 때 중앙에 위치하는 값**이다. 데이터가 5개 있다면 3번째 값, 데이터가 6개 있다면 3번째와 4번째의 평균값이 중앙값이다. 중앙값은 MEDIAN 함수로 계산할 수 있다. 'Median'은 중앙값을 의미하는 단어다.

중앙값의 장점은 극단적인 값의 영향을 받지 않는다는 점이다. 이전 페이지에서 소개한 게시물 조회 수의 중앙값은 2,330으로 평균값과 1,600 이상의 차이가 난다. 둘 중 어느 쪽이 데이터를 대표하는 값이라고 할 수 있을까?

평균값과 중앙값은 둘 다 매우 간단한 대푯값이다. 상황에 따라 적절한 값을 사용하여 데이터를 파악할 필요가 있다.

- **평균값과 중앙값**

	A	B	C	D	E	F	G	H
1								
2		조회수의 추이			조회수의 대표값			
3		회			회			
4			조회수			조회수		
5		8월1일	2,329		평균	3,960		
6		8월2일	2,535		중앙값	2,330		
7		8월3일	1,739					
8		8월4일	2,314					
9		8월5일	2,330					
10		8월6일	1,865					
11		8월7일	2,657					
12		8월8일	18,670					
13		8월9일	2,981					
14		8월10일	2,181					
15								

=MEDIAN(C5:C14)

중앙값은 매우 큰 값이나 너무 작은 값에 영향을 받지 않으므로 현실에 가까운 대푯값이 될 수 있다.

한 가지 더!

이상치는 꺾은선형 차트로 찾는다

데이터에 포함된 매우 큰 값이나 매우 작은 값을 이상치라고 한다. 데이터에 숨어 있는 이상치를 찾는 가장 쉬운 방법은 표를 꺾은선형 차트로 그려 보는 것이다. 그러면 이상치를 쉽게 찾을 수 있다. 이 방법은 데이터의 양이 많을수록 더욱 유용하다(114쪽).

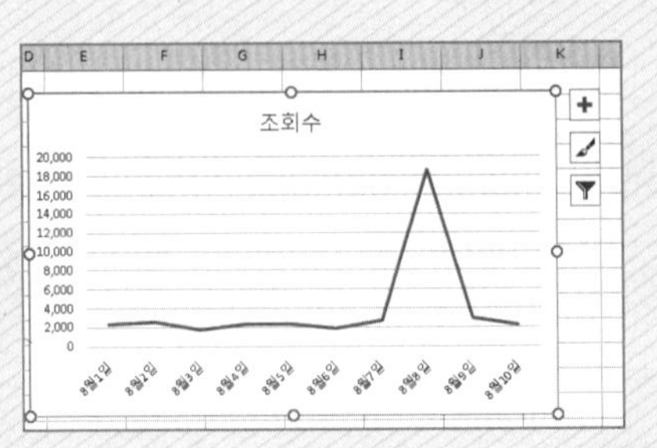

CHAPTER 7

19 가중 평균 이해하기

수치에서 보이는 것과 보이지 않는 것

예제 파일 chapter7_19.xlsx

데이터를 두 그룹으로 나누어 분석하기

평균을 계산할 때 **그룹들의 평균값을 단순히 구해서는 안 된다.** 예를 들어, 남녀로 구성된 총 40명의 수학 점수가 남자의 평균 점수는 60점, 여자의 평균 점수는 80점이었다고 하자. 이 40명의 전체 평균 점수는 얼마일까? 깊게 생각하지 않고 70점((60 + 80) / 2)이라고 답하기 쉽지만, 이것은 남녀가 정확하게 20명씩일 때만 유효한 계산이다. 40명 중 남자가 30명, 여자가 10명이면 전체 평균은 65점이 된다.

$$\frac{[(60 \times 30) + (80 \times 10)]}{40} = 65\text{점}$$

이처럼 그룹별로 중요도에 비례한 숫자를 곱하여 계산한 평균값을 **가중 평균**이라고 한다.

● **잘못된 평균값과 올바른 평균값(가중 평균)**

수학 시험 결과

		남학생	여학생	잘못된 평균	가중평균
평균점	점	60	80	70	65
인수	명	30	10	40	40

=(D5+E5)/2

남녀 인원수의 차이를 고려하지 않고, 개별 평균에서 전체의 평균값을 산출하면 잘못된 평균이 된다. 가중 평균을 사용해야 한다.

엑셀에서 가중 평균을 구하는 방법

가중 평균을 구하는 방법 중 하나는 위 수식처럼 **'그룹 평균 × 그룹 인원수'를 하나씩 구한 다음 그 합계를 전체 인원수로 나누는 방법**이 있다. 하지만 이 방법을 사용하면 그룹의 수가 증가할수록 수식을 만드는 것이 번거롭고 힘들기 때문에 별로 추천하지 않는다.

엑셀에는 가중 평균을 계산하기 위한 SUMPRODUCT 함수가 있다. SUMPRODUCT 함수는 **인수에 동일한 길이의 배열을 2개 이상 지정하여 동일한 위치에 있는 요소를 곱한 값의 합계를 구하는 함수다.** 가중 평균을 구할 때는 SUMPRODUCT 함수의 결과를 총 인원수로 나누면 된다.

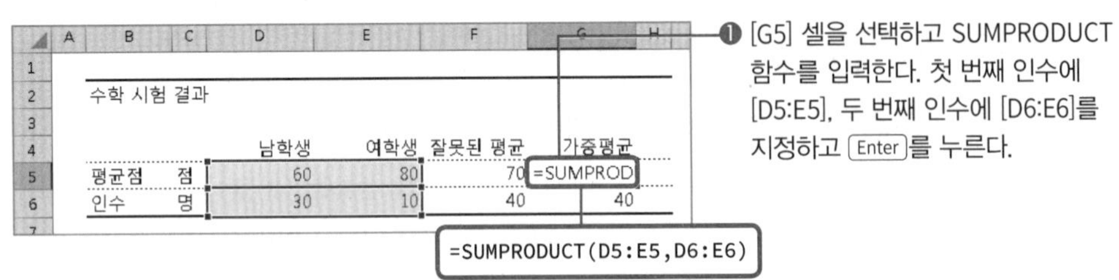

❶ [G5] 셀을 선택하고 SUMPRODUCT 함수를 입력한다. 첫 번째 인수에 [D5:E5], 두 번째 인수에 [D6:E6]를 지정하고 Enter를 누른다.

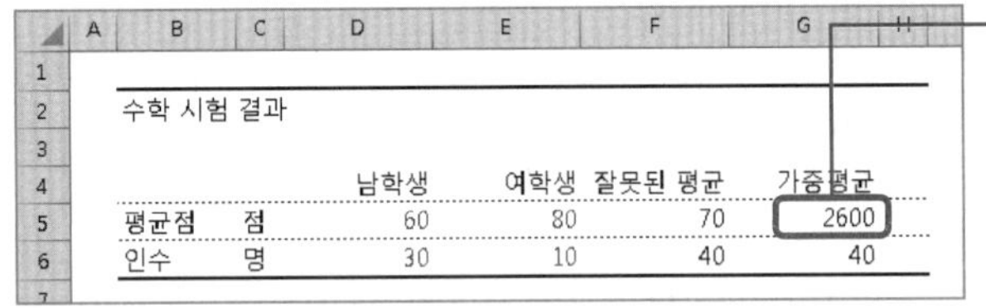

❷ 남녀 총 합계 점수 '60 × 30 + 80 × 10'의 결과가 구해진다.

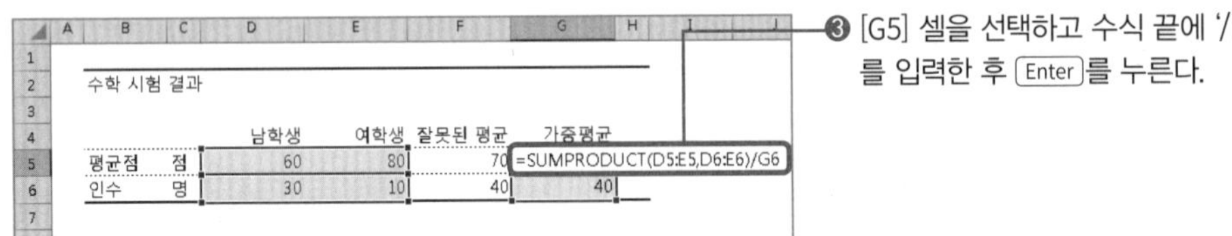

❸ [G5] 셀을 선택하고 수식 끝에 '/[G6]'를 입력한 후 Enter를 누른다.

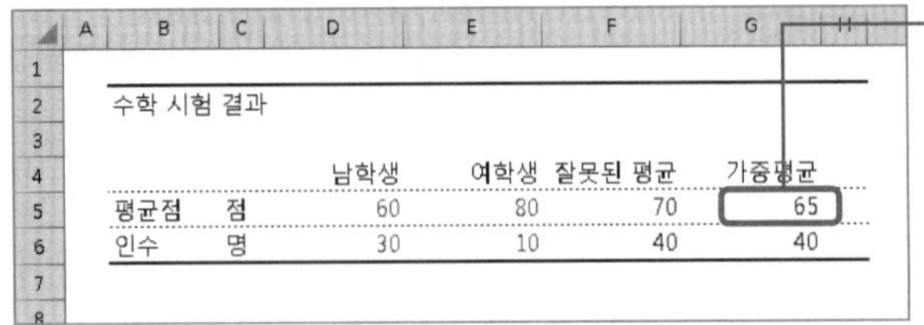

❹ 응시 인원 전체의 가중 평균 점수가 계산되었다.

관련 항목 평균값과 중앙값 ⇨ 255쪽 / 진짜 평균값 산출하기 ⇨ 259쪽

CHAPTER 7

20 구입 단가와 구매 수량의 관계 수치화하기

수치에서 보이는 것과 보이지 않는 것

예제 파일 chapter7_20.xlsx

가중 평균으로 평균의 함정을 피한다

실제 비즈니스 현장에서는 단순 평균(산술 평균) 대신 가중 평균을 사용하는 경우가 많다. 예를 들어, 수산 시장의 생선 가격처럼 날마다 가격이 다른 경우, 일별 구매 단가를 합산하여 일수로 나누는 것만으로는 정확한 평균 매입 가격을 산출할 수 없다. 왜냐하면 날마다 구매하는 상품의 수량이 다르기 때문이다.

이와 같은 경우는 **SUMPRODUCT 함수**를 사용하여 '일별 구매 단가 × 구입 수량'의 합계를 구한 다음, 그 값을 구매한 총 수량으로 나눠서 가중 평균을 구하는 것이 좋다.

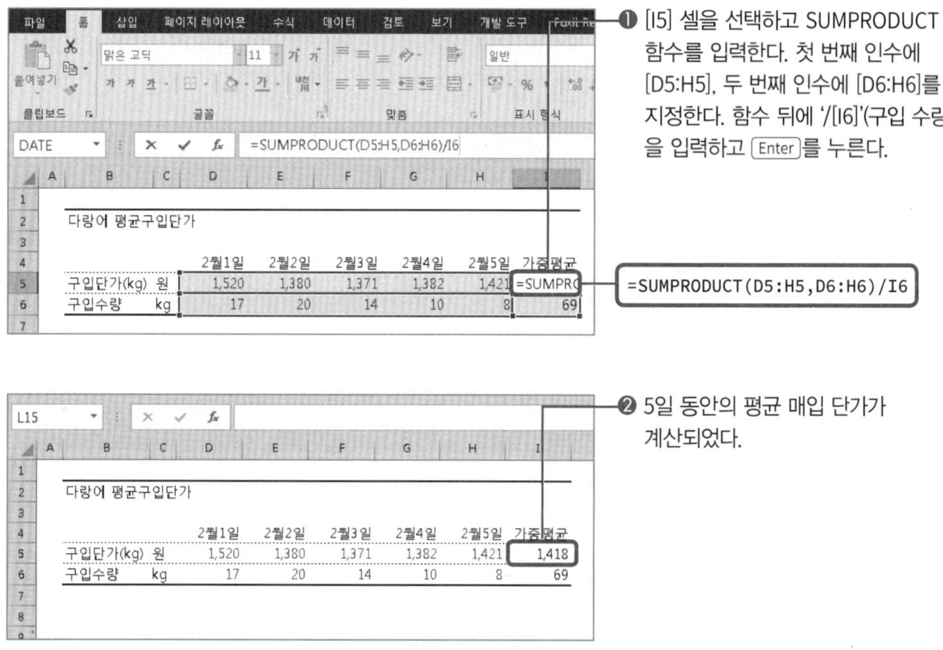

❶ [I5] 셀을 선택하고 SUMPRODUCT 함수를 입력한다. 첫 번째 인수에 [D5:H5], 두 번째 인수에 [D6:H6]를 지정한다. 함수 뒤에 '/[I6]'(구입 수량)을 입력하고 Enter를 누른다.

❷ 5일 동안의 평균 매입 단가가 계산되었다.

실제 평균 가격은 얼마인가?

상품에 따라서는 지역이나 지점에 따라 가격이 다를 수 있다. 자동차나 가전이 대표적인 예이다. 그런 경우 모든 지점에서 판매한 상품 A의 평균 판매 가격은 어떻게 될까?

이때 4개의 판매 가격을 합한 후 4로 나누는 것만으로는 올바른 평균 판매 가격을 계산할 수 없다. **각 지점의 판매 가격에 그 지점의 판매 고객 수를 가중치로 반영한 가중 평균을 구하는 것이 보다 정확한 평균** 판매 가격이다.

그래서 SUMPRODUCT 함수로 '각 지점의 평균 판매 가격 × 판매 고객 수'를 구한 다음, 판매 고객 수의 합계로 나누어 가중 평균의 평균 판매 가격을 구한다.

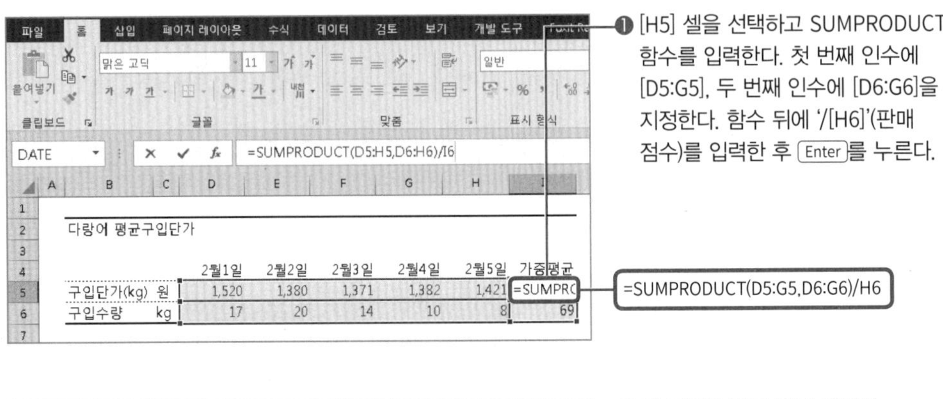

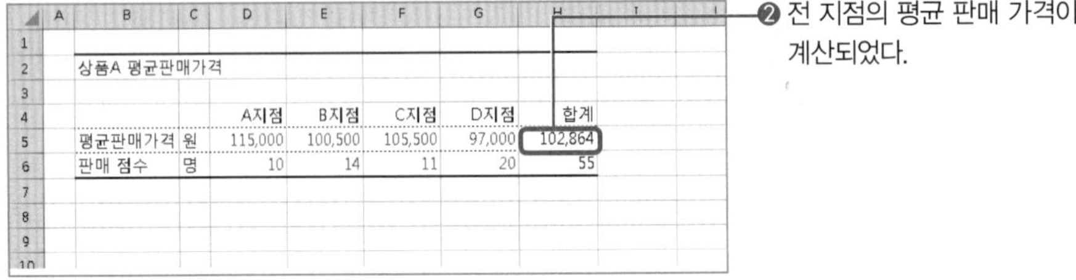

한 가지 더!

수율 계산에는 가중 평균이 편리하다

공장에서는 사용 원료에 대한 제품 생산량의 비율을 나타내는 수율이라는 숫자를 빈번하게 사용하는데, 이 계산에도 가중 평균을 사용한다. 제품 1,000개를 만들 때 수율이 90%이고, 제품 2,000개를 만들 때 수율이 80%라면, 평균 수율은 '(1,000 × 90% + 2,000 × 80%) ÷ (1,000 + 2,000)'으로 약 83%가 된다.

관련 항목 평균값과 중앙값 ⇨ 255쪽 / 가중 평균 이해하기 ⇨ 258쪽

CHAPTER 7

21 일별 데이터를 연도별/월별로 집계하기

수치에서 보이는 것과 보이지 않는 것

예제 파일 chapter7_21.xlsx

SUMIFS 함수로 데이터를 정리하여 집계한다

일별로 집계되어 있는 몇 년간의 판매 데이터에서 제품별 월 매출액을 집계하고 싶은 경우에는 피벗 테이블(232쪽)을 사용해도 좋지만, 피벗 테이블에는 다음과 같은 단점도 있다.

- 표 디자인을 수정할 수 없다.
- 분산형 차트를 만들 수 없다.

따라서 표의 디자인을 변경하거나 분산형 차트를 사용하고 싶다면 피벗 테이블이 아니라 여기서 소개하는 **SUMIFS 함수를 사용한 크로스 탭**도 검토해 보기 바란다. 두 방법은 장점과 단점이 있지만 둘 다 뛰어난 집계 방법이다.

● **판매 데이터를 월별로 집계**

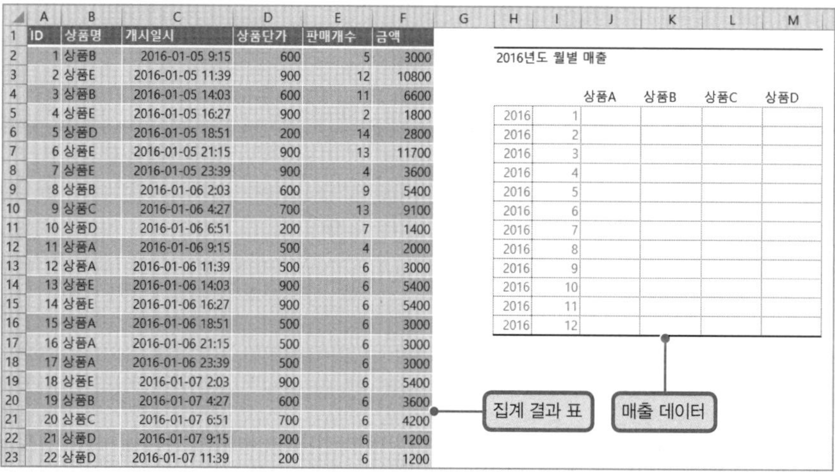

SUMIFS 함수를 사용하여 제품별 매출액을 월별로 집계한다.

SUMIFS 함수를 사용하여 크로스 탭을 수행하는 방법은 다음과 같다.

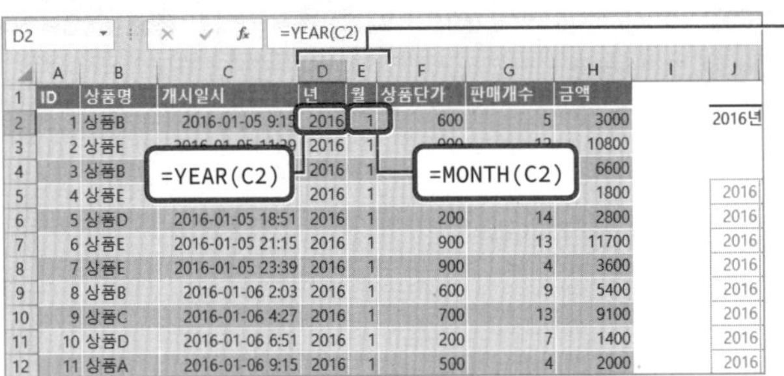

❶ C열 뒤에 두 개의 열을 추가한다. [D2] 셀에 YEAR 함수, [E2] 셀에 MONTH 함수를 사용하여 [C2] 셀에서 연도와 월에 해당하는 숫자를 추출한다. 수식을 복사하여 D열과 E열 밑으로 붙여 넣는다.

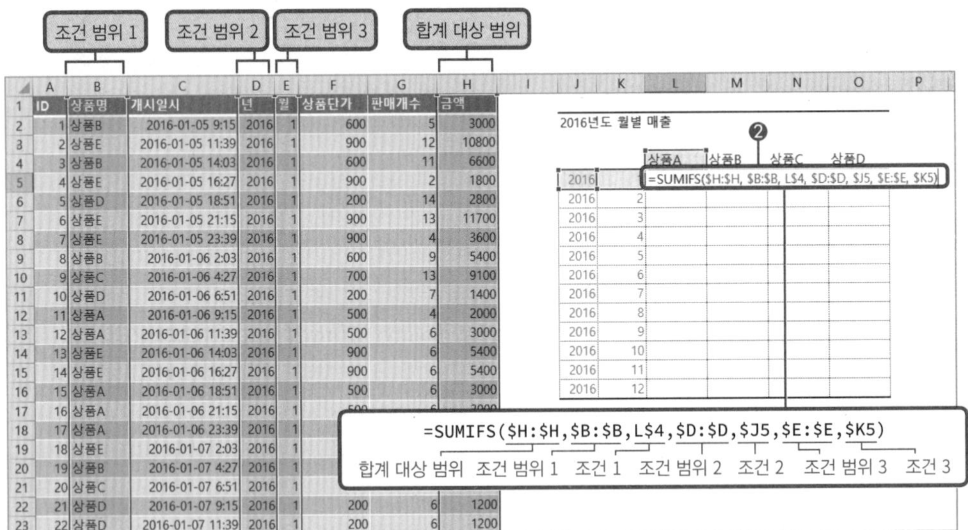

❷ [L5] 셀에 SUMIFS 함수를 입력한다. 인수로는 합계 대상이 되는 셀 범위, 조건을 판별할 대상 셀과 조건 값의 쌍을 입력한다. 조건은 상품명, 연도, 월 세 가지다.

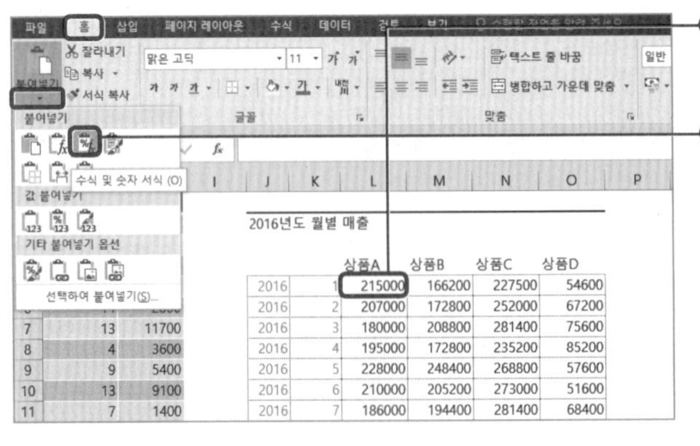

❸ [L5] 셀에 상품A의 2016년 1월 매출이 표시된다. 이 셀을 복사한다.

❹ 표의 다른 셀들을 선택하고 [홈] 탭의 [붙여넣기] 버튼 아래에 있는 [▼]를 클릭하고 [수식 및 숫자 서식]을 선택하여 테이블을 완성한다.

관련 항목 목표값 찾기 ⇨ 211쪽 / 해 찾기 기능 ⇨ 221쪽

CHAPTER 7

22 빈 셀 대신 N/A 입력하기

수치에서 보이는 것과 보이지 않는 것

입력이 누락된 것이 아님을 명확히 한다

표를 만들다 보면 **어떠한 숫자도 입력하지 않는 것이 바람직한 셀이 있을 수 있다. 이때는 해당 셀을 비어 두기보다는 N/A라는 문자를 입력해 두는 것이 좋다.** N/A는 'Not Applicable' 또는 'Not Available'의 약어로 '해당 없음', '사용 불가'라는 의미다.

N/A라고 입력해 두면 값이 없는 것이 의도적임을 나타낼 수 있다. 그냥 빈 셀인 채로 두면 실수로 입력되지 않은 것인지 일부로 비워 둔 것인지 알기 어렵다. 이러한 약간의 배려만으로도 파악하기 쉽고 관리하기 쉬운 표가 된다.

- **비어 있는 셀에 N/A를 입력한다**

	A	B	C	D	E	F	G	H	I
1									
2		매출의 추이							
3						2016년	2017년	2018년	
4		매출			원	300,000	500,000	600,000	
5			판매량		개	300	500	600	
6				성장율	%		67%	20%	
7			가격		원	1,000	1,000	1,000	

첫 해의 전년 대비 성장률은 빈 값이 정상이다. 비교 대상이 될 값이 없기 때문이다. 이 때문에 [F6] 셀은 입력하지 않은 상태로 뒀는데, 다른 사람이 볼 때는 이 빈칸이 의도된 것인지 입력이 누락된 것인지 판단하기 어렵다.

	A	B	C	D	E	F	G	H	I
1									
2		매출의 추이							
3						2016년	2017년	2018년	
4		매출			원	300,000	500,000	600,000	
5			판매량		개	300	500	600	
6				성장율	%	N/A	67%	20%	
7			가격		원	1,000	1,000	1,000	

비어 있는 [F6] 셀에 N/A를 입력해 두면 혼란의 여지 없이 값이 없음을 표시할 수 있다.

관련 항목 여러 셀에 걸쳐 사선 긋기 ⇨ 40쪽 / N.M. 입력 ⇨ 77쪽

CHAPTER

8

차트를 자유자재로 다루기 위한 다섯 가지 팁

CHAPTER 8

01 차트의 기본 기능

그래프에 따라 가치가 달라지는 숫자 데이터

예제 파일 chapter8_1.xlsx

차트는 비즈니스를 위한 필수 기술

엑셀로 작성한 자료를 열심히 설명했지만 상대방이 이해하지 못하고 지루해 한다면, **내가 만든 문서가 직관적이고 이해하기 쉽게 작성되었는지** 확인해 보아야 한다.

예를 들어, 숫자로만 이루어진 표는 처음 보는 사람이 이해하기 쉽지 않다. 이런 경우에 도움이 되는 것이 바로 차트다. 데이터를 시각적으로 표현할 수 있는 차트는 전달력 있는 자료를 만들기 위한 중요한 첫걸음이다. 엑셀의 차트는 유용한 기능이 많고 범용성이 높기 때문에 잘 익혀 두면 실무에 매우 유용하다.

차트는 수치 데이터를 단순히 그림으로 바꾼 것이 아니다. **차트는 수치 데이터로는 이해하는 데 시간이 걸리는 정보를 우리 눈앞에 직접적으로 보여 줌으로써 상대방에게 필요한 정보를 즉시 전달한다.** 차트를 잘 활용하면 의도한 내용을 보다 효과적으로 전할 수 있다. 따라서 차트와 관련된 엑셀 기술은 모든 직장인에게 꼭 필요하다. 이 책에서는 8장과 9장에 걸쳐 차트의 실무 활용법을 자세히 다룬다.

차트 작성하기

엑셀에서는 데이터만 있으면 차트를 쉽게 만들 수 있다. 차트를 만드는 방법은 다음과 같다.

- **원본 데이터의 표 전체를 차트로 만들기**

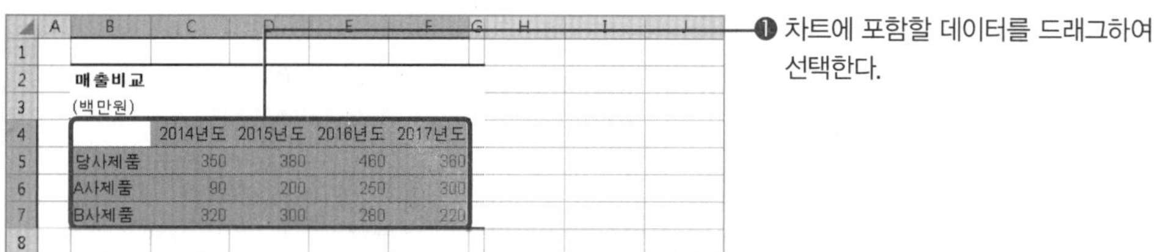

❶ 차트에 포함할 데이터를 드래그하여 선택한다.

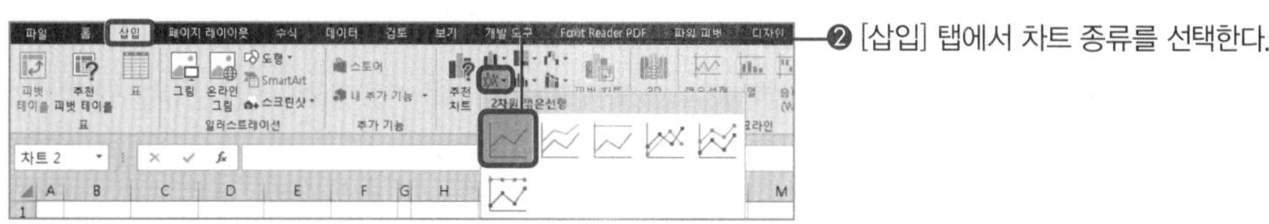

❷ [삽입] 탭에서 차트 종류를 선택한다.

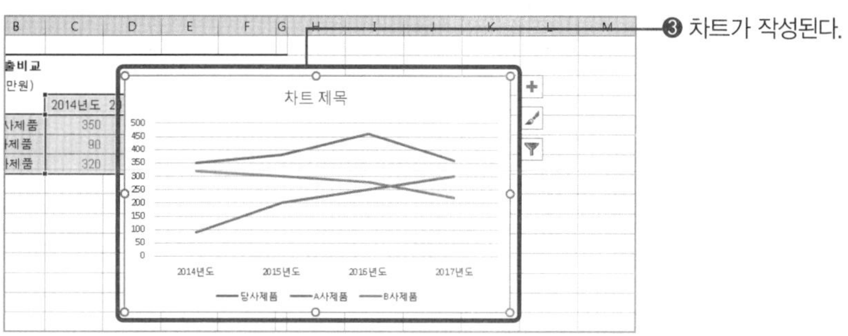

❸ 차트가 작성된다.

위와 같이 쉽게 차트를 만들 수 있다. 그러나 중요한 것은 여기서부터다. **작성한 차트를 용도나 목적에 맞게 꾸미고 수정하는 것이 중요하다.** 자동으로 만들어진 차트는 전달력 높은 자료가 되기 어렵다. 오히려 의도치 않은 정보를 노출시킬 위험도 있다. 따라서 차트를 다루는 방법을 깊게 이해하고 숙지할 필요가 있다. 우선, 차트와 관련한 기본적인 내용부터 살펴보자.

보여 주고 싶은 데이터만 선택하여 차트 작성하기

모든 데이터를 차트에 포함시킬 필요는 없다. 자료의 용도나 목적을 고려하여 필요한 부분만을 대상으로 차트를 작성하면 된다. 데이터의 일부를 선택해서 차트를 작성하는 방법은 다음과 같다.

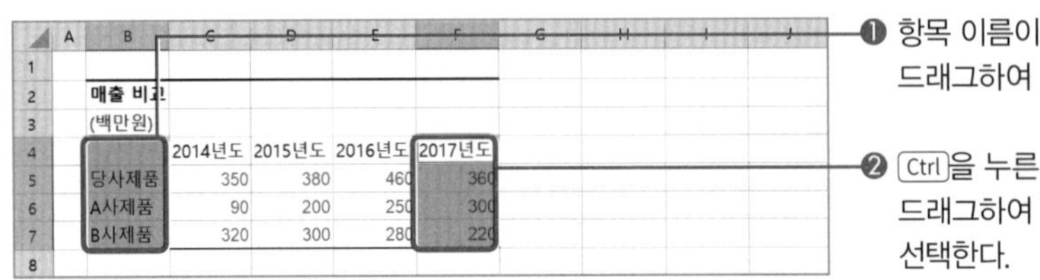

❶ 항목 이름이 될 셀 범위를 마우스로 드래그하여 선택한다.

❷ Ctrl을 누른 상태에서 마우스를 드래그하여 차트에 포함할 데이터를 선택한다.

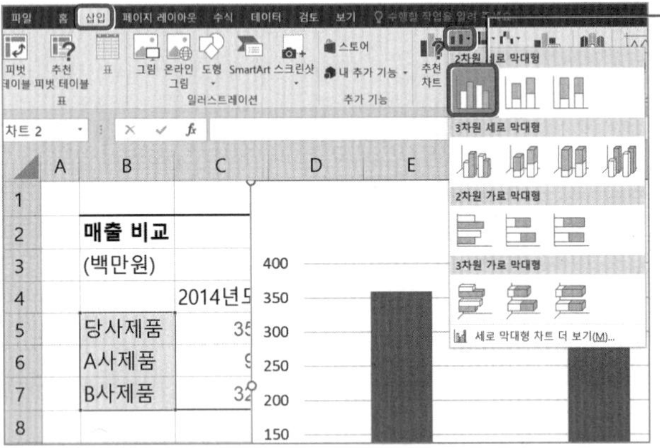

❸ [삽입] 탭에서 차트 종류를 선택한다.

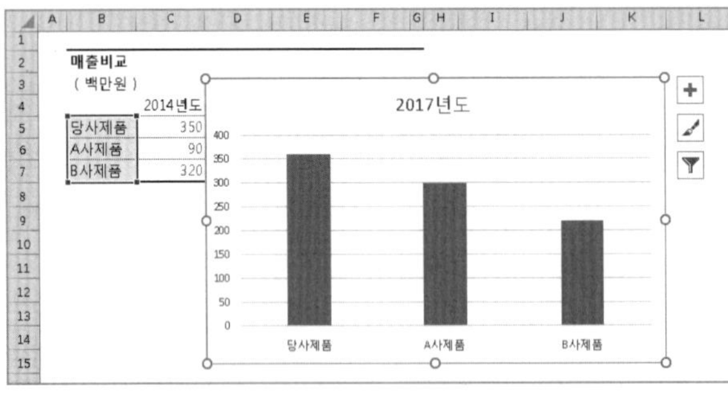

❹ 선택한 데이터만을 사용한 차트가 생성된다.

차트의 디자인을 변경하기 위한 [디자인] 탭

차트를 마우스로 클릭하면 메뉴 표시줄에 [차트 도구] 탭이 표시된다. 그 밑에 있는 [디자인] 탭과 [서식] 탭을 이용해 차트를 꾸밀 수 있다. 먼저 [디자인] 탭에 있는 기능에 대해 알아보자.

- **[차트 요소 추가] 버튼**

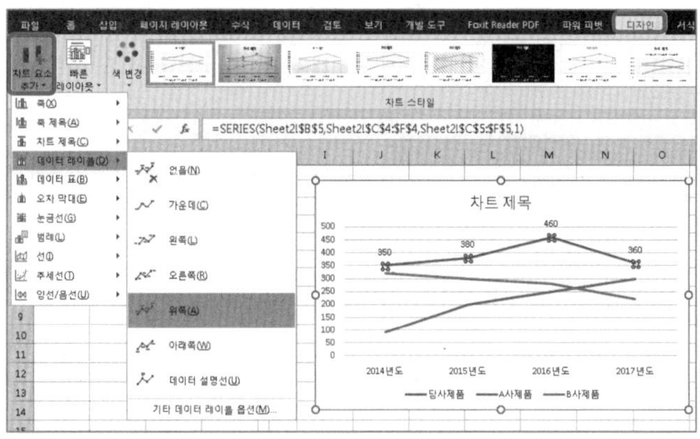

[차트 요소 추가] 버튼을 클릭하면 차트에 포함할 차트 요소(축, 데이터 레이블, 눈금선 등)를 추가할 수 있다.

- **[행/열 전환] 버튼**

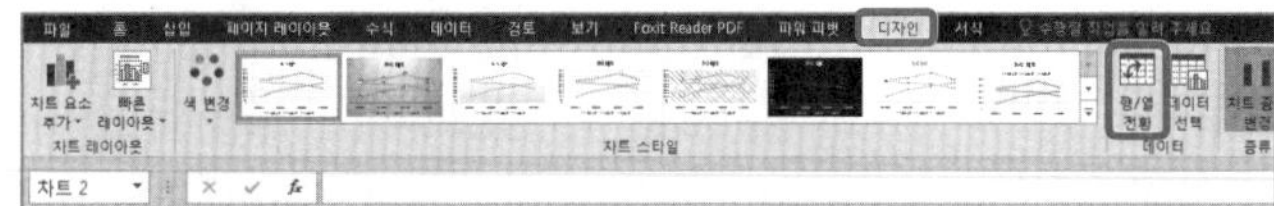

차트를 선택한 상태에서 [행/열 전환] 버튼을 클릭하면, 차트의 가로축에 사용되는 데이터를 전환할 수 있다.

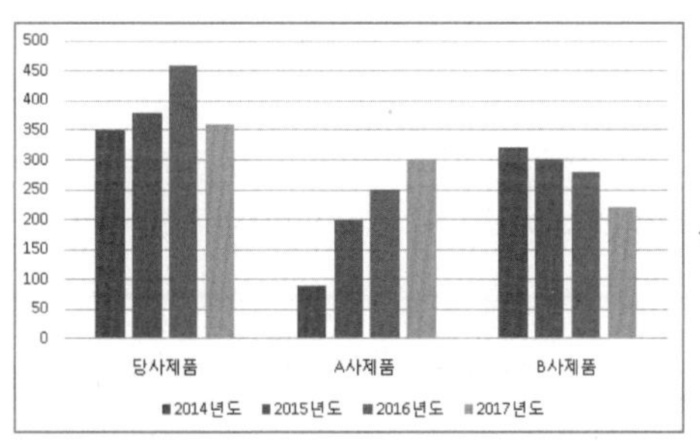

회사별 → 연도별 차트

↔

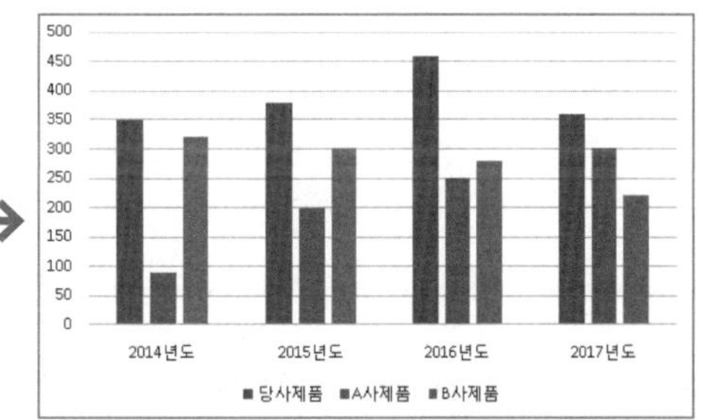

연도별 → 회사별 차트

한 가지 더!

표의 행과 열, 어느 쪽이 가로축이 되는가

차트를 만들 때, 어느 때는 표의 행이 차트의 가로축이 되고 어느 때는 열이 가로축이 된다. 왜냐하면, 엑셀에는 '표의 행과 열 중 항목 수가 많은 쪽을 가로축으로 한다'는 규칙이 있기 때문이다.

• [데이터 선택] 버튼

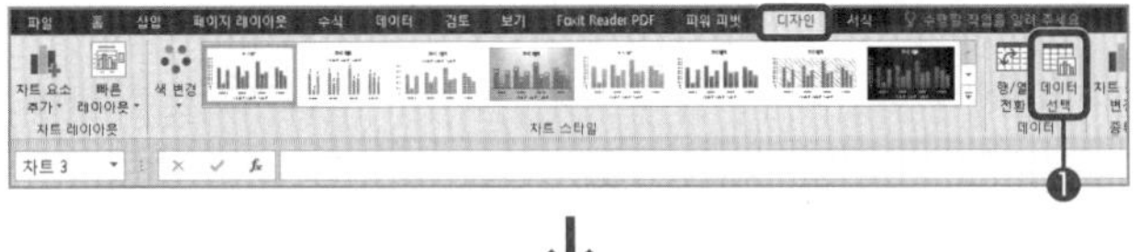

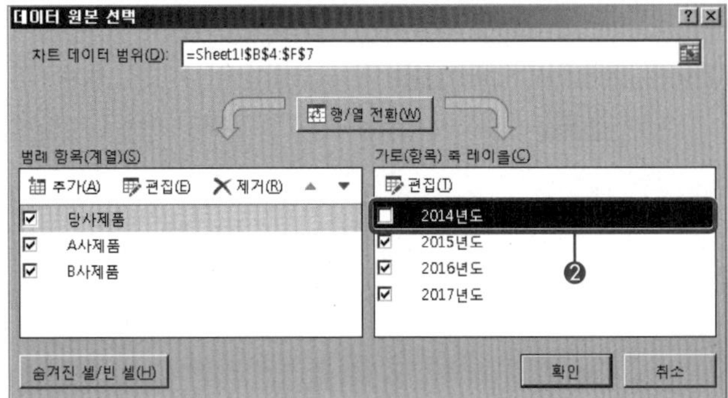

차트에 포함되는 데이터의 범위나 축 레이블은 차트 작성 후에도 변경할 수 있다. 차트 선택 후 [디자인] 탭에서 [데이터 선택] 버튼을 클릭한 다음(❶) [데이터 원본 선택] 대화상자에서 변경할 수 있다. 여기서는 [가로(항목) 축 레이블]에서 2014년도의 데이터를 표시하지 않도록 했다(❷).

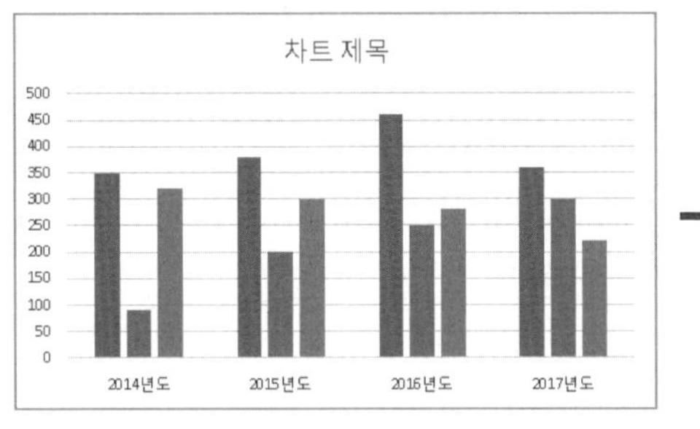

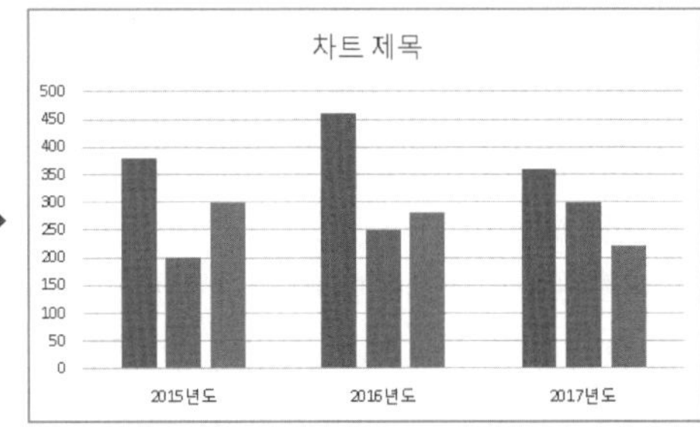

• 그래프 종류 바꾸기

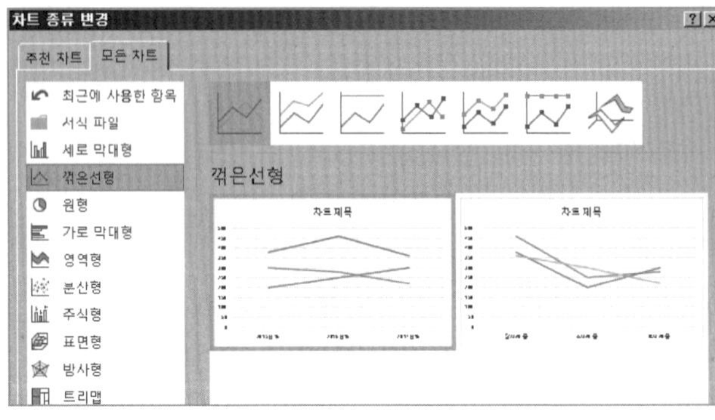

[디자인] 탭에서 [차트 종류 변경] 버튼을 클릭하면(❸), 원본 데이터는 그대로인 채 차트 종류만을 변경할 수 있다. 동일한 데이터라도 차트 종류에 따라 보는 관점이 크게 바뀌기 때문에 용도나 목적에 맞게 최적의 차트를 선택하도록 한다.

차트 요소의 서식을 설정하기 위한 [서식] 탭

[차트 도구 탭]의 [서식] 탭에는 차트 구성 요소의 서식을 설정할 수 있는 메뉴가 있다. 예를 들어, 선의 색이나 굵기 등을 설정할 수 있다. 그중에서도 특히 중요한 것이 **[선택 영역 서식] 버튼**이다. 이 버튼을 클릭하면 차트 요소의 세부 설정을 위한 메뉴가 화면 오른쪽에 표시된다.

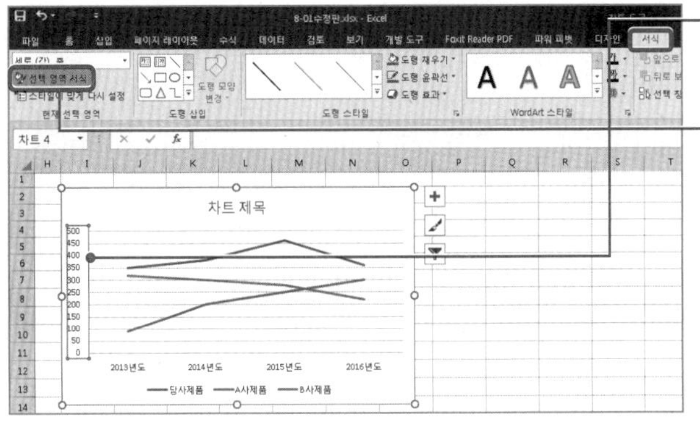

❶ 서식을 설정할 차트 요소를 클릭한다. 여기서는 세로축을 선택했다.

❷ [차트 도구] ➡ [서식] ➡ [선택 영역 서식]을 클릭한다.

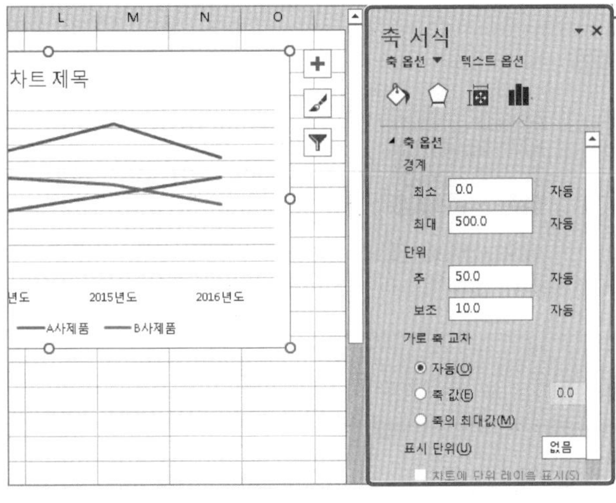

❸ 창 오른쪽에 선택한 요소의 서식 설정 화면이 표시된다.

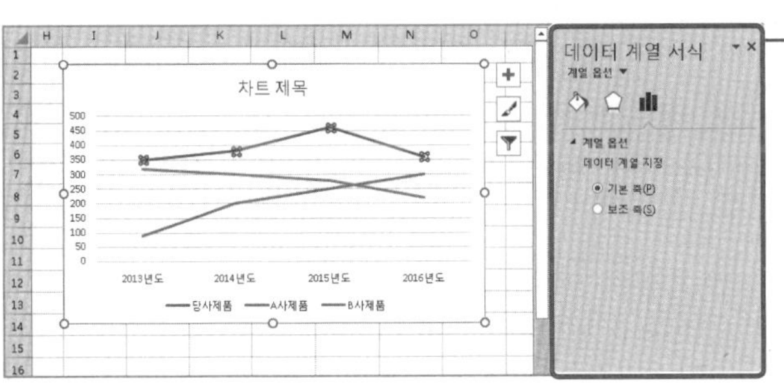

❹ 표시되는 설정 항목의 내용은 선택한 차트 종류에 따라 다르다.

버튼 세 개로 차트의 주요 설정을 빠르게

앞서 설명한 바와 같이, 차트에 대한 각종 설정은 [차트 도구] 탭의 [디자인] 탭과 [서식] 탭에서 설정할 수 있지만, 엑셀 2013 이상에서는 차트를 선택했을 때 차트 옆에 표시되는 3개의 버튼으로도 많은 것을 설정할 수 있다.

● **[차트 요소] 버튼**

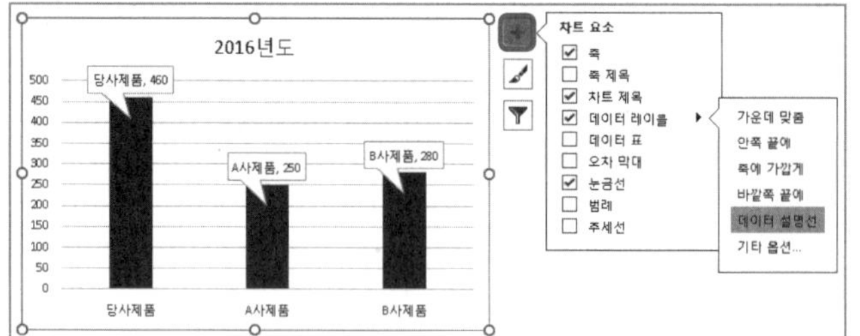

체크 상자의 ON/OFF만으로 차트 요소를 추가하거나 제거할 수 있다. [▶]를 클릭하면 간단한 서식도 설정할 수 있다.

● **[차트 스타일] 버튼**

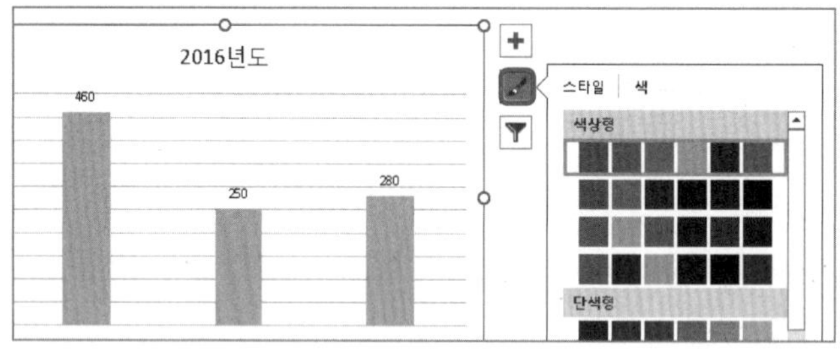

[스타일] 탭에서 차트의 스타일을 바꿀 수 있고, [색] 탭에서 색상을 설정할 수 있다.

● **[차트 필터] 버튼**

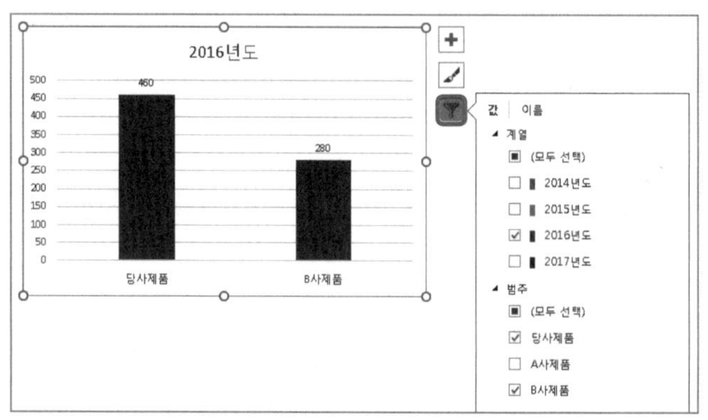

차트에 표시할 데이터를 쉽게 넣거나 뺄 수 있다.

관련 항목 차트의 매력을 높이는 색 선택 방법 ⇨ 273쪽 / 콤보 차트를 만드는 방법 ⇨ 276쪽

CHAPTER 8

02 매력적인 차트를 위한 색상 선택

그래프에 따라 가치가 달라지는 숫자 데이터

예제 파일 chapter8_2.xlsx

색 조합이 중요한 차트

차트에서는 색상도 정보를 전달하는 중요한 요소다. 똑같은 차트라도 색상에 따라 인상이 크게 달라진다. 특히, 따뜻한 색과 차가운 색을 잘 구분해서 사용해야 한다. 색상은 크게 따뜻한 계열(빨강, 오렌지, 노랑), 차가운 계열(파랑, 옅은 청, 청록), 중간 계열(녹색, 보라색)로 나눌 수 있다. 그런데 일반적으로 **차가운 색과 따뜻한 색이 함께 있으면, 따뜻한 색의 데이터를 더 중요하게 느끼게 된다고 한다.** 어디까지나 경향이므로 그렇지 않다고 느끼는 사람도 있을 수 있다. 그러나 지금까지 다양한 기업에서의 컨설팅 경험을 돌이켜 보면, 차가운 색보다 따뜻한 색에 주목하는 사람이 압도적으로 많았다.

예제 파일을 열어 보자. 첫 번째 시트에 두 개의 선이 그려진 차트가 있다. 한눈에 봤을 때 어느 쪽이 더 중요한 데이터라는 느낌이 드는가?

● 차가운 색과 따뜻한 색이 주는 느낌의 차이

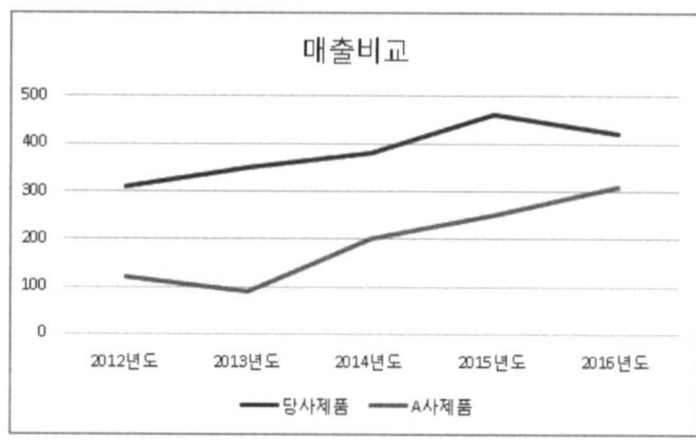

많은 사람들이 차가운 색보다 따뜻한 색에 주목하기 때문에 강조하고 싶은 데이터에 따뜻한 색을 사용하는 것이 좋다.
(예제 파일 첫 번째 시트 참조)

이 차트에서는 당사 제품은 파란색, 경쟁사인 A사에는 주황색을 사용했다. 그러나 만약 당사 제품의 매출이 경쟁사를 언제나 앞서고 있다는 것을 강조하고 싶다면, 당사 제품의 매출 추이를 따뜻한 색으로, 경쟁사 매출 추이를 차가운 색으로 사용하는 편이 좋다.

강조하고 싶은 데이터에는 따뜻한 색을 사용한다

엑셀에서 차트를 만들면 자동으로 색이 지정된다. 이렇게 지정된 색을 그대로 사용하기보다는 전략적으로 색상을 선택하는 것이 좋다. 사람들이 어디에 주목하기 원하는지 무엇을 전달하고 싶은지 고려하여 가장 적합한 색상을 선택하도록 한다.

색상을 선택하는 기본 원칙은 강조하고 싶은 데이터에 따뜻한 계열의 색상을 사용하고, 그 외의 데이터에 차가운 계열의 색상을 사용하는 것이다. 또한, **진한 색상을 사용하면 다소 촌스러워 보이므로 살짝 옅은 색상을 사용하는 것이 좋다.** 차트 요소의 색상을 변경하는 방법은 다음과 같다. 여기서는 꺾은선형 차트를 예로 설명한다(예제 파일 두 번째 시트 참조).

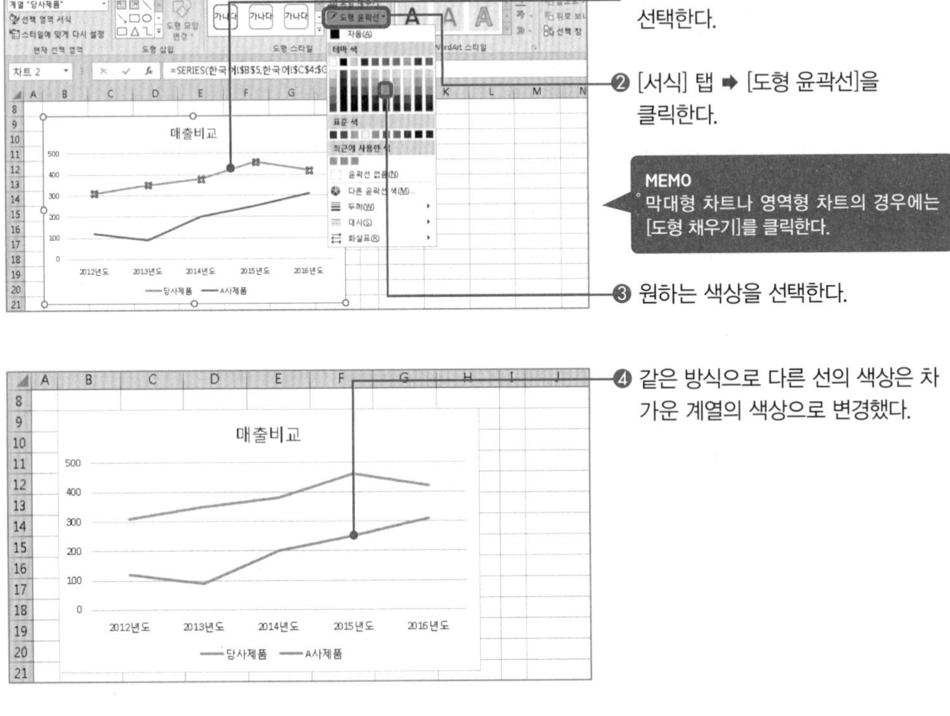

❶ 색상을 변경할 요소를 클릭하여 선택한다.
❷ [서식] 탭 ➡ [도형 윤곽선]을 클릭한다.
MEMO
막대형 차트나 영역형 차트의 경우에는 [도형 채우기]를 클릭한다.
❸ 원하는 색상을 선택한다.
❹ 같은 방식으로 다른 선의 색상은 차가운 계열의 색상으로 변경했다.
매출비교
2012년도
2013년도
2014년도
2015년도
2016년도
당사제품
A사제품

예제의 차트를 보면, 이전 차트(첫 번째 시트)보다 당사 제품의 판매 추이가 두드러져 보인다. 간단한 수정만으로 차트의 인상이 크게 바뀐 것을 알 수 있다. 전달력 있는 자료는 이런 작은 디테일에 의해 완성된다.

흑백으로 인쇄할 때는 선의 대시 종류를 변경

차트를 인쇄물로 만들 때는 **흑백 인쇄도 고려해야 한다.** 흑백 인쇄물은 색이 잘 구분되지 않기 때문이다. 따라서 이때는 색이 아니라 모양으로 데이터를 구분해야 한다. 꺾은선형 차트는 선의 대시 종류로 데이터를 구분할 수 있다. 대시는 실선이나 점선처럼 **선의 모양**을 말한다. 강조할 데이터는 굵은 실선으로 하고, 그렇지 않은 데이터는 가는 점선으로 설정하는 것이 좋다.

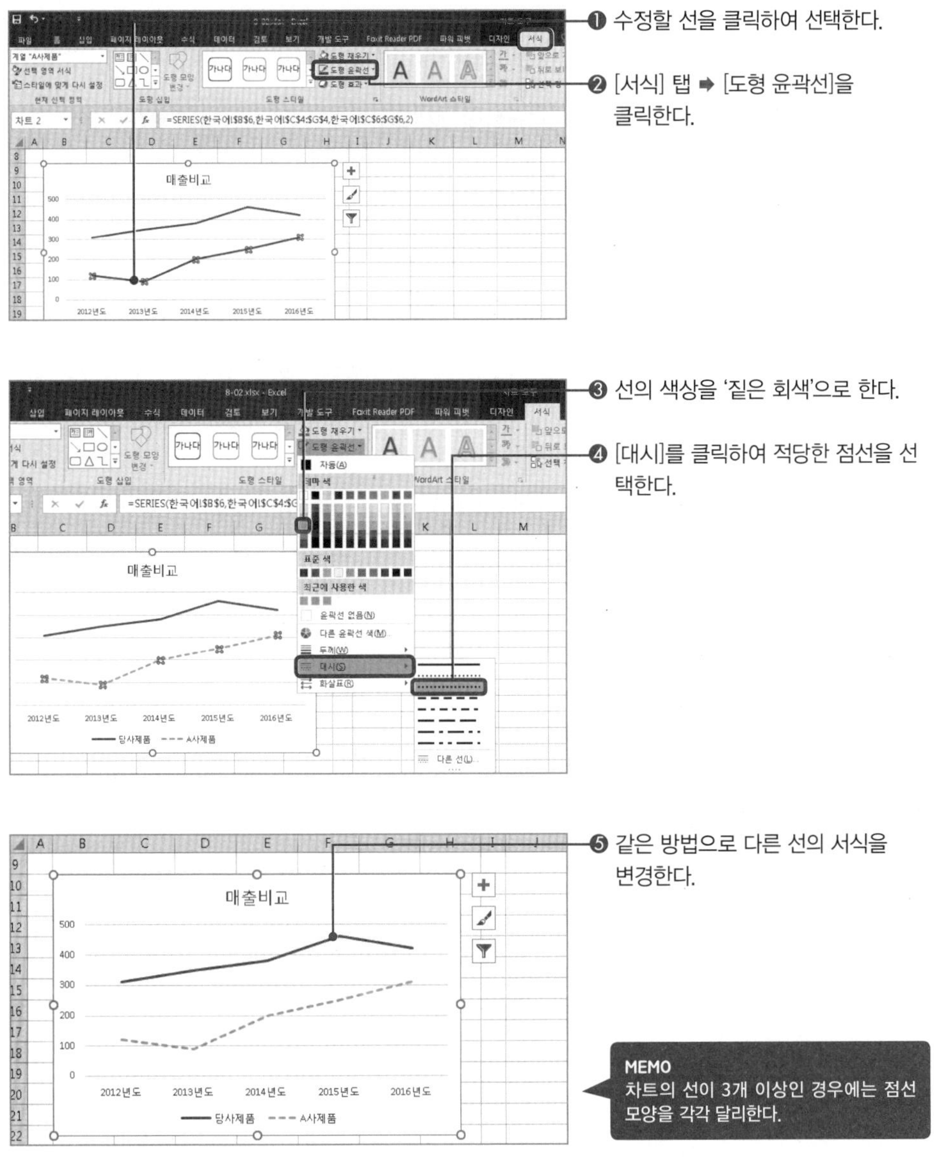

❶ 수정할 선을 클릭하여 선택한다.
❷ [서식] 탭 ➡ [도형 윤곽선]을 클릭한다.
매출비교
❸ 선의 색상을 '짙은 회색'으로 한다.
❹ [대시]를 클릭하여 적당한 점선을 선택한다.
매출비교
❺ 같은 방법으로 다른 선의 서식을 변경한다.
매출비교
500
400
300
200
100
0
2012년도
2013년도
2014년도
2015년도
2016년도
당사제품
A사제품
MEMO
차트의 선이 3개 이상인 경우에는 점선 모양을 각각 달리한다.

관련 항목 차트의 기본 기능 ⇨ 266쪽 / 콤보 차트를 만드는 방법 ⇨ 276쪽

CHAPTER 8

03 매출과 이익률을 하나의 차트로 작성하기

그래프에 따라 가치가 달라지는 숫자 데이터

예제 파일 chapter8_3.xlsx

두 종류의 데이터를 하나의 차트로 통합하는 콤보 차트

콤보 차트는 이름 그대로 **두 개의 세로축을 가진 차트**다. 차트의 조합은 다양하다. 예를 들어, 막대형 차트와 꺾은선형 차트를 조합할 수 있고, 단위가 다른 2개의 꺾은선형 차트를 조합하는 것도 가능하다. 하나의 차트 내에 축이 다른 데이터가 있어 **복합 차트**라고 불리기도 한다.

콤보 차트의 가장 큰 특징은 차트의 왼쪽에 1축, 오른쪽에 2축이 있는 점이다. 이번 항목에서는 일반적으로 많이 사용되는 조합인 꺾은선형 차트와 세로 막대형 차트의 조합으로 콤보 차트를 만들어 보겠다.

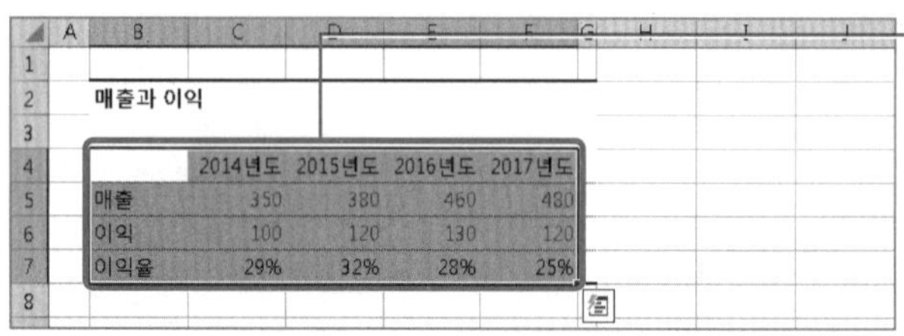

매출과 이익

	2014년도	2015년도	2016년도	2017년도
매출	350	380	460	480
이익	100	120	130	120
이익율	29%	32%	28%	25%

❶ 차트의 원본 데이터인 셀 범위를 드래그하여 선택한다.

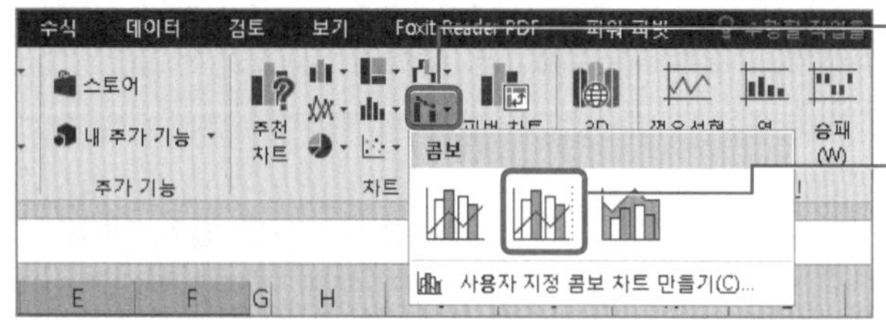

❷ [삽입] 탭 ➡ [콤보 차트 삽입]을 클릭한다.

❸ [묶은 세로 막대형-꺾은선형, 보조 축]을 선택한다.

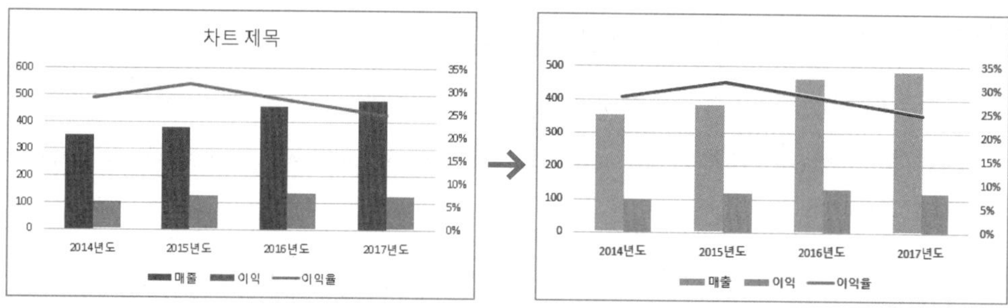

❹ 강조할 내용에 따라 막대의 색상이나 축 등을 조정한다. 왼쪽이 조정 전이고, 오른쪽이 조정 후다(예제 파일 참조).

기존 차트를 콤보 차트로 변경하기

이미 작성된 세로 막대형 차트를 콤보 차트로 변경하려면 [차트 종류 변경] 대화상자(270쪽)에서 [콤보]를 선택하고 데이터 계열의 [보조 축] 체크 상자를 ON으로 한다.

- **기존의 차트를 콤보 차트로 전환**

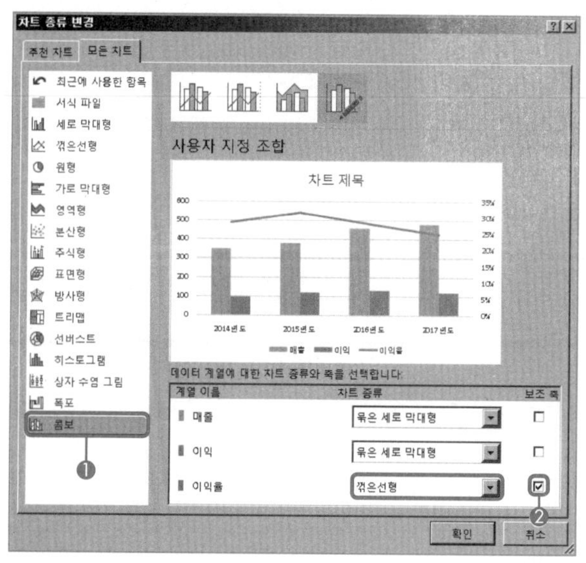

[차트 삽입] 대화상자의 맨 아래쪽에 있는 [콤보]를 선택하고(❶), 보조 축을 사용할 데이터 계열의 [보조 축] 체크 상자를 ON으로 하면(❷), 기존의 차트를 콤보 차트로 변경할 수 있다.

[차트 종류 변경] 대화상자를 사용하면 만들어진 콤보 차트의 종류를 변경하거나 보조 축을 사용할 데이터 계열을 바꿀 수 있다.

콤보 차트는 함부로 사용하지 않는다

위와 같이 콤보 차트를 사용하면 적은 공간에 많은 정보를 담을 수 있고 2개의 데이터를 한 번에 비교할 수 있다는 장점이 있다. 그러나 **콤보 차트를 사용하면 차트가 복잡해져 쉽게 이해할 수 없게 될 수도 있다.**

콤보 차트가 위력을 발휘할 때는 매출과 이익율처럼 **데이터 사이에 강한 관련성이 있는 경우다.** 그런 경우에는 적극적으로 사용하는 것이 좋고, 그렇지 않은 경우에는 함부로 사용하지 않는 것이 좋다.

관련 항목 차트의 기본 기능 ⇨ 266쪽 / 차트의 매력을 높이는 색 선택 방법 ⇨ 273쪽

CHAPTER 8

04 범례보다는 데이터 레이블 활용하기

그래프에 따라 가치가 달라지는 숫자 데이터

예제 파일 chapter8_4.xlsx

차트의 범례는 의외로 알아보기 어렵다

차트에 표시되는 선이나 막대의 색이나 모양에 따라 어떤 데이터를 의미하는지 적어 놓은 부분을 **범례**라고 한다. 일반적으로 차트의 하단이나 오른쪽에 표시된다. 보통 차트를 만들면 자동으로 생성되는 **범례를 많이 사용하지만 범례는 의외로 알아보기 어렵다.**

가능하면 차트의 내용은 범례가 아닌 **데이터 레이블**에 기재하는 것이 좋다. 보다 빠르고 직관적으로 차트의 데이터를 파악할 수 있다. 데이터 레이블을 설정하는 방법은 다음과 같다. 여기서는 꺾은선형 차트에서 설정하는 방법을 알아보겠다.

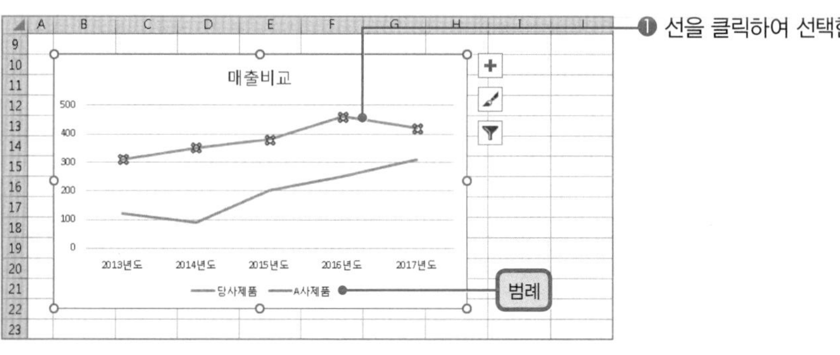

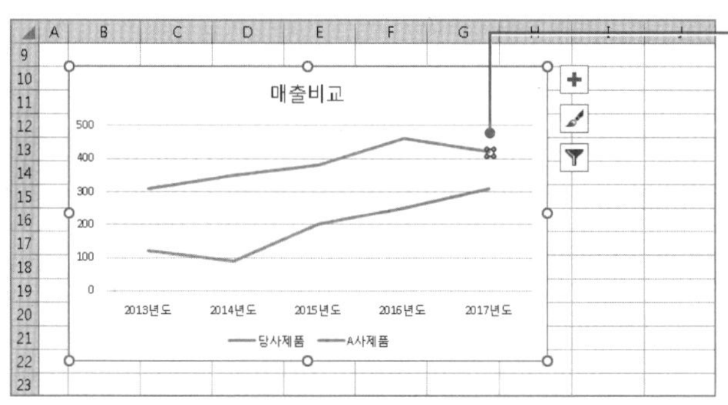

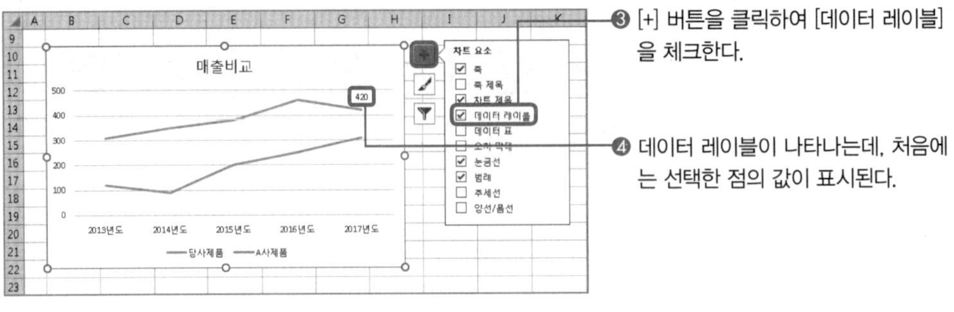

❸ [+] 버튼을 클릭하여 [데이터 레이블]을 체크한다.

❹ 데이터 레이블이 나타나는데, 처음에는 선택한 점의 값이 표시된다.

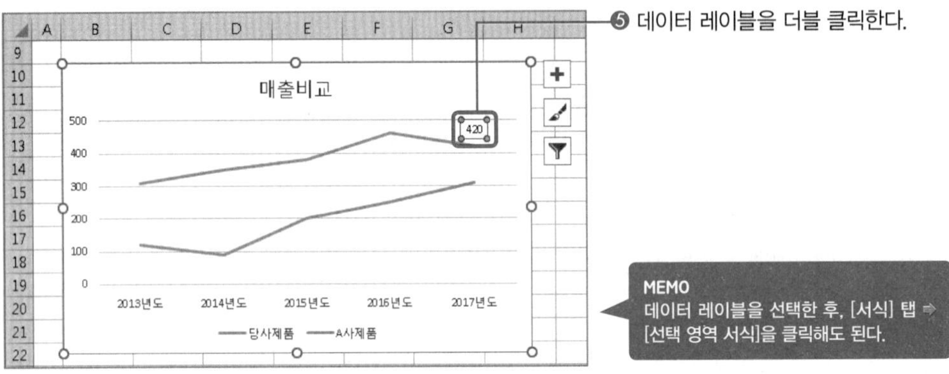

❺ 데이터 레이블을 더블 클릭한다.

MEMO
데이터 레이블을 선택한 후, [서식] 탭 ➡ [선택 영역 서식]을 클릭해도 된다.

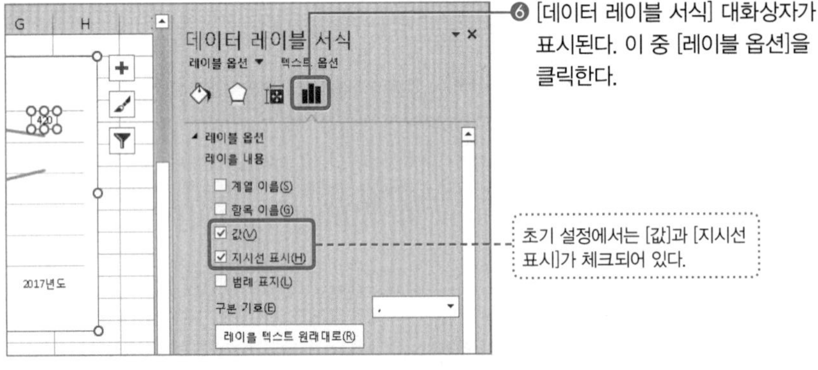

❻ [데이터 레이블 서식] 대화상자가 표시된다. 이 중 [레이블 옵션]을 클릭한다.

초기 설정에서는 [값]과 [지시선 표시]가 체크되어 있다.

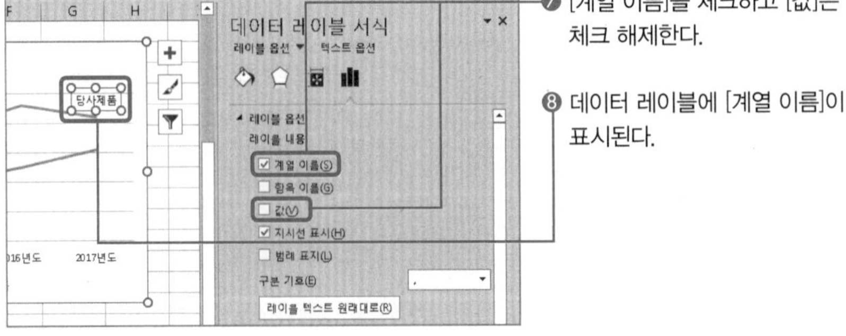

❼ [계열 이름]을 체크하고 [값]은 체크 해제한다.

❽ 데이터 레이블에 [계열 이름]이 표시된다.

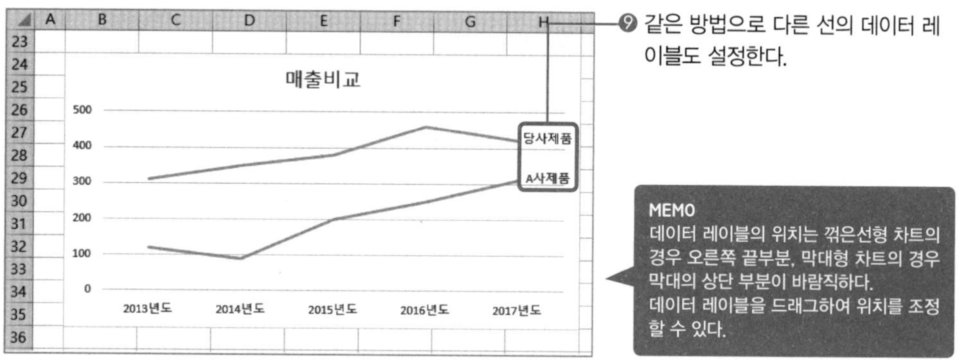

❾ 같은 방법으로 다른 선의 데이터 레이블도 설정한다.

MEMO
데이터 레이블의 위치는 꺾은선형 차트의 경우 오른쪽 끝부분, 막대형 차트의 경우 막대의 상단 부분이 바람직하다.
데이터 레이블을 드래그하여 위치를 조정할 수 있다.

범례를 지우는 방법

데이터 레이블에 계열 이름을 표시했으니 불필요한 범례는 삭제하도록 한다.

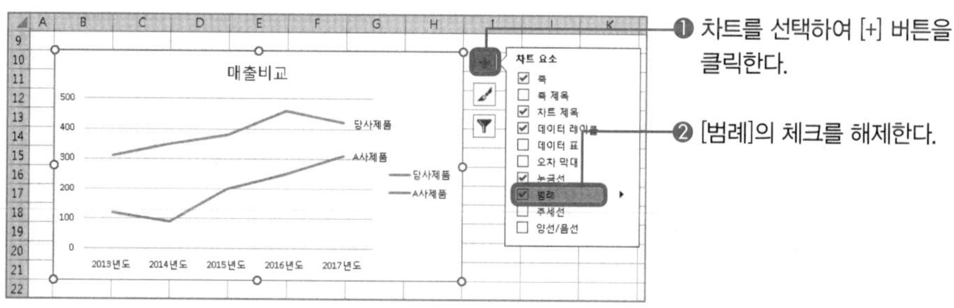

❶ 차트를 선택하여 [+] 버튼을 클릭한다.

❷ [범례]의 체크를 해제한다.

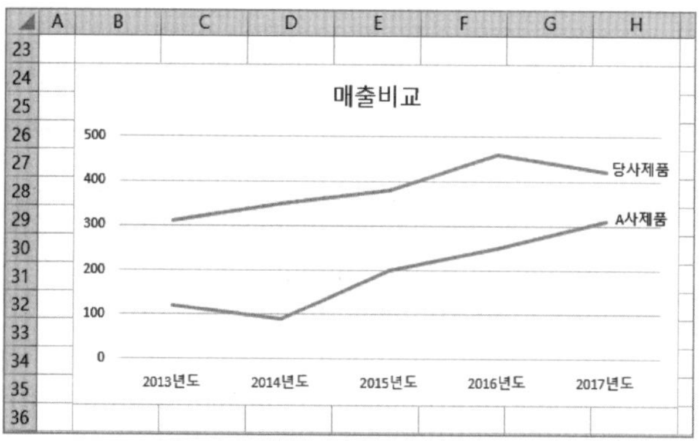

❸ 범례가 있던 부분이 공백이 되었으므로 차트의 크기를 조정한다.

범례를 사용해야 한다면 오른쪽에 배치한다

차트에 따라서는 데이터 레이블에 값을 표시해야 하는 경우도 있다. 그런 경우에는 범례를 사용할 수 밖에 없다. 범례를 사용해야 한다면 위치를 적절히 조정하는 것이 좋다. 막대형 차트의 경우에는 하단에 있는 것이 알아보기 쉽고, 꺾은선형 차트나 누적 세로 막대형 차트 등에서는 오른쪽에 있는 것이 알아보기 쉽다. 범례의 위치를 변경하는 방법은 다음과 같다.

● **범례 위치 바꾸기**

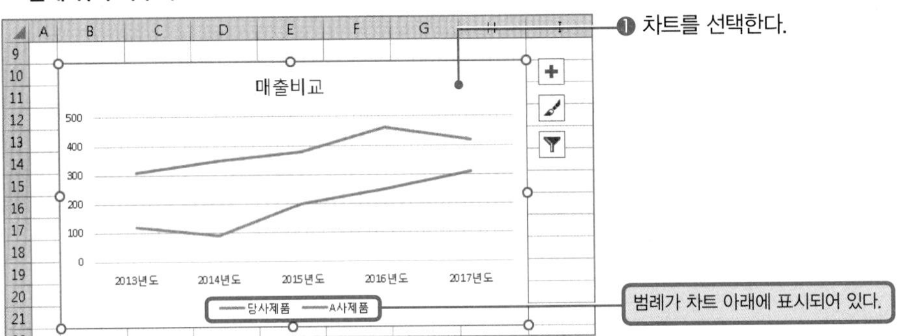

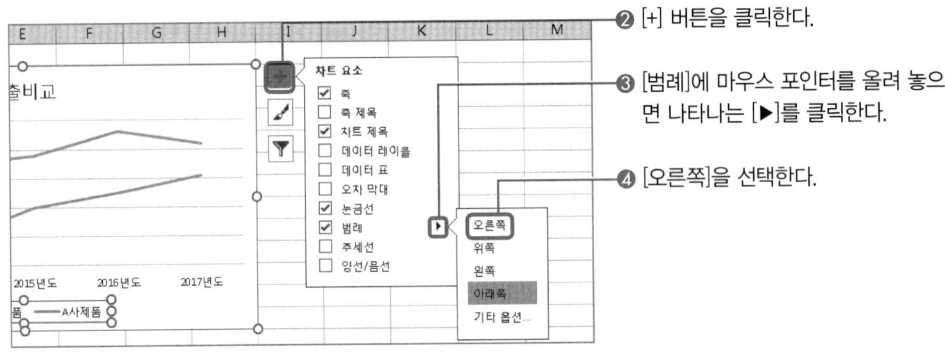

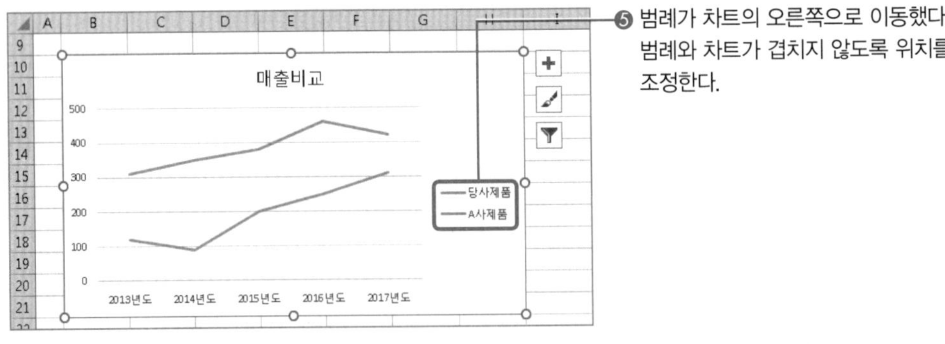

관련 항목 차트의 기본 기능 ⇨ 266쪽 / 차트의 매력을 높이는 색 선택 방법 ⇨ 273쪽

CHAPTER 8

05 평범한 차트를 좋은 차트로 바꾸는 다섯 가지 팁

차트의 화룡점정

예제 파일 chapter8_5.xlsx

엑셀 차트를 더 보기 쉽게

엑셀 차트는 기본 설정 상태에서도 품질이 나쁘지 않기 때문에 품질을 더욱 높이려는 사람이 많지 않다. 그래서 많은 사람들이 **초기 설정 그대로의 차트**를 사용하는데, **더 나은 차트**를 제시할 수 있다면 다른 사람보다 한발 앞서갈 수 있다.

그러나 품질을 높이기 위해 많은 시간이 걸린다면 의미가 없을 것이다. 여기서는 길어도 몇 분 익숙해지면 몇 초만에 실행할 수 있는 차트 개선 팁을 소개한다. 이전 항목에서 설명한 차트 배색(273쪽)이나 데이터 레이블 활용(279쪽)에 대해서는 다시 설명하지 않으므로 해당 부분에 대해서는 앞의 내용을 참고하기 바란다.

● **평범한 차트와 좋은 차트**

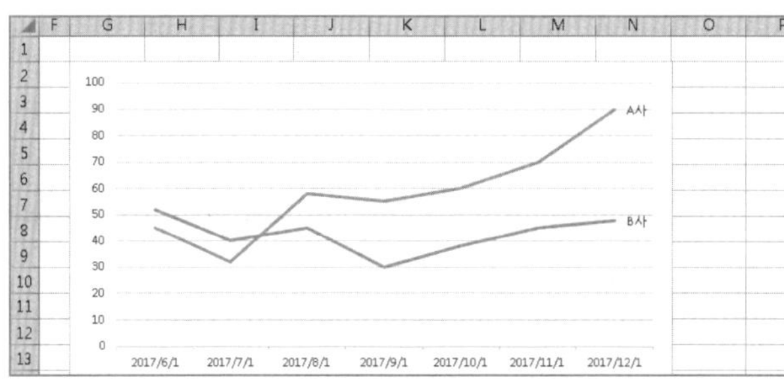

엑셀의 초기 설정 상태에서 색상을 변경하고 데이터 레이블을 적용했다. 이 상태로도 크게 문제는 없지만, 눈금선이 많고 글씨가 작은 점이 아쉽다.

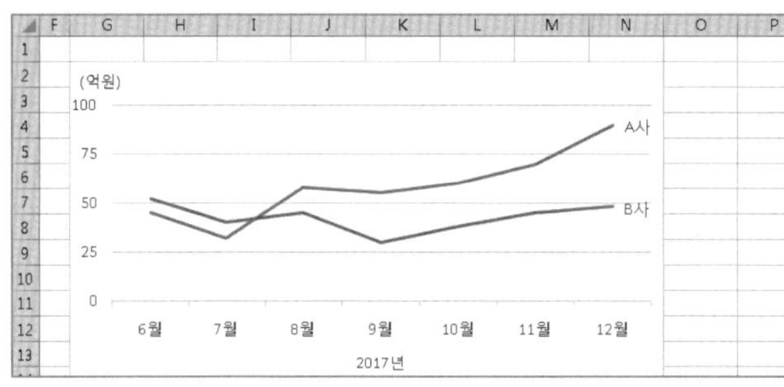

개선된 차트. 글꼴 크기를 전체적으로 키웠고, 단위 및 연도를 추가했다. 그리고 배경 눈금선의 수를 줄였다.

포인트 ❶ 문자 크기 확대하기

차트상의 문자는 비교적 작게 설정되어 있다. 12~14 포인트 정도로 문자 크기를 키우는 것이 좋다. 차트 제목은 14포인트, 데이터 레이블이나 범례는 12 포인트가 알맞다. 차트의 문자 크기를 변경하는 방법은 다음과 같다.

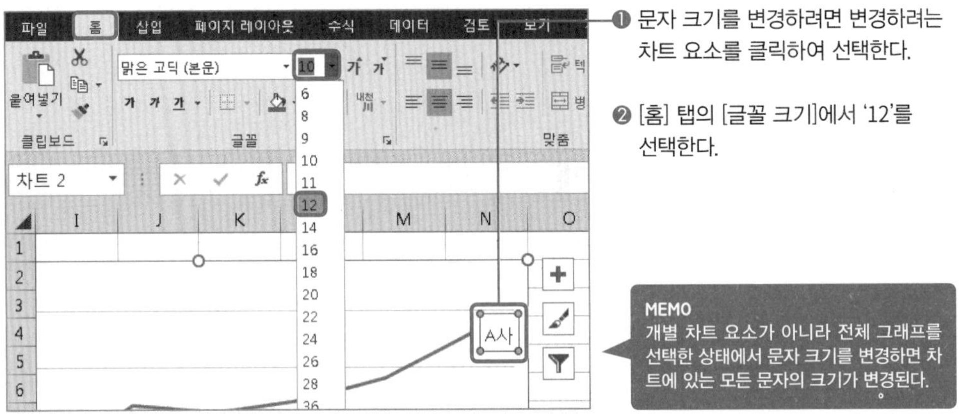

❶ 문자 크기를 변경하려면 변경하려는 차트 요소를 클릭하여 선택한다.
❷ [홈] 탭의 [글꼴 크기]에서 '12'를 선택한다.
MEMO
개별 차트 요소가 아니라 전체 그래프를 선택한 상태에서 문자 크기를 변경하면 차트에 있는 모든 문자의 크기가 변경된다.

포인트 ❷ 기울어진 축 레이블을 알아보기 쉽게 고치기

엑셀은 축 레이블에 문자가 많아 공간에 다 들어가지 않으면 자동으로 문자를 기울여 표시한다. 기울어진 문자는 읽기 어렵기 때문에 가능하면 피하는 것이 좋다. 이 문제는 축 레이블에 날짜를 표시할 때 특히 많이 발생한다. 날짜가 기울여 표시되는 경우에는 다음 단계에 따라 월만 표시하도록 하고, 연도는 차트 하단에 한 번만 표시한다.

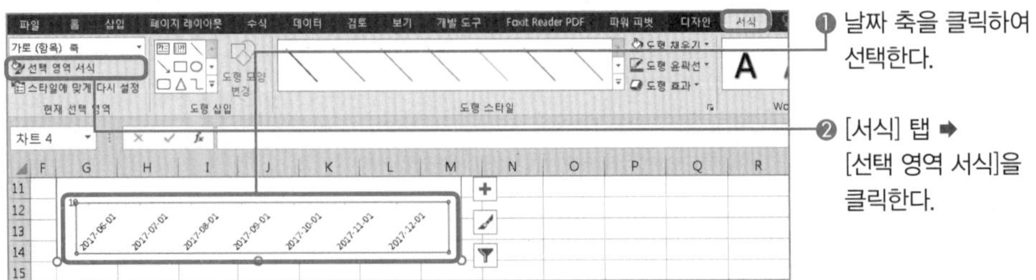

❶ 날짜 축을 클릭하여 선택한다.
❷ [서식] 탭 ➡ [선택 영역 서식]을 클릭한다.

❸ [축 옵션]을 접는다.

❹ [표시 형식]을 확장한다.

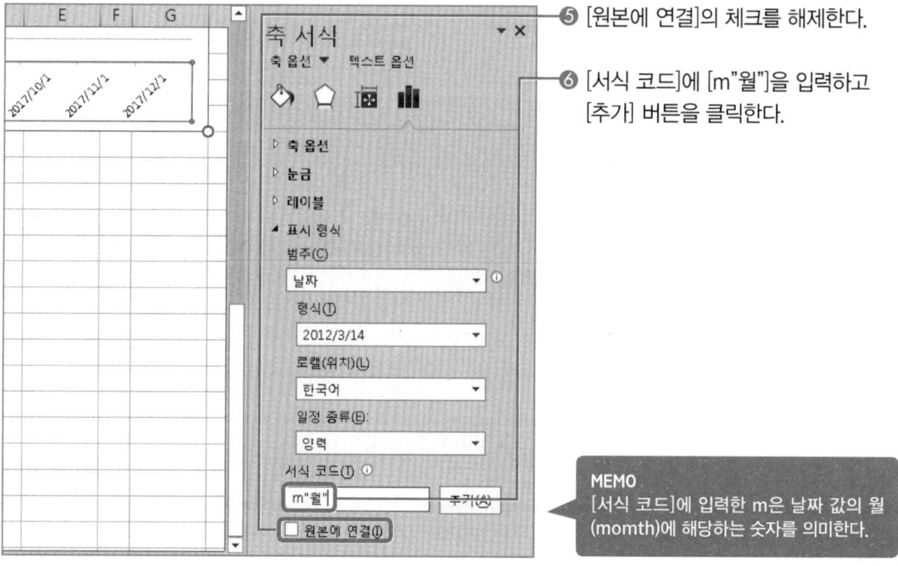

❺ [원본에 연결]의 체크를 해제한다.

❻ [서식 코드]에 [m"월"]을 입력하고 [추가] 버튼을 클릭한다.

MEMO
[서식 코드]에 입력한 m은 날짜 값의 월(momth)에 해당하는 숫자를 의미한다.

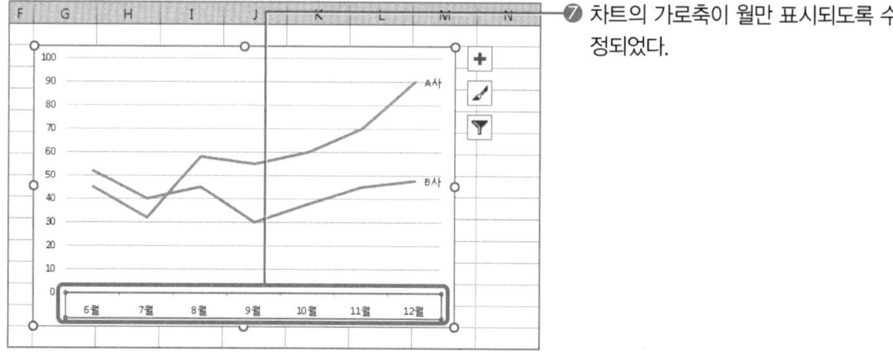

❼ 차트의 가로축이 월만 표시되도록 수정되었다.

축 레이블에 연도를 추가하는 방법은 다음과 같다.

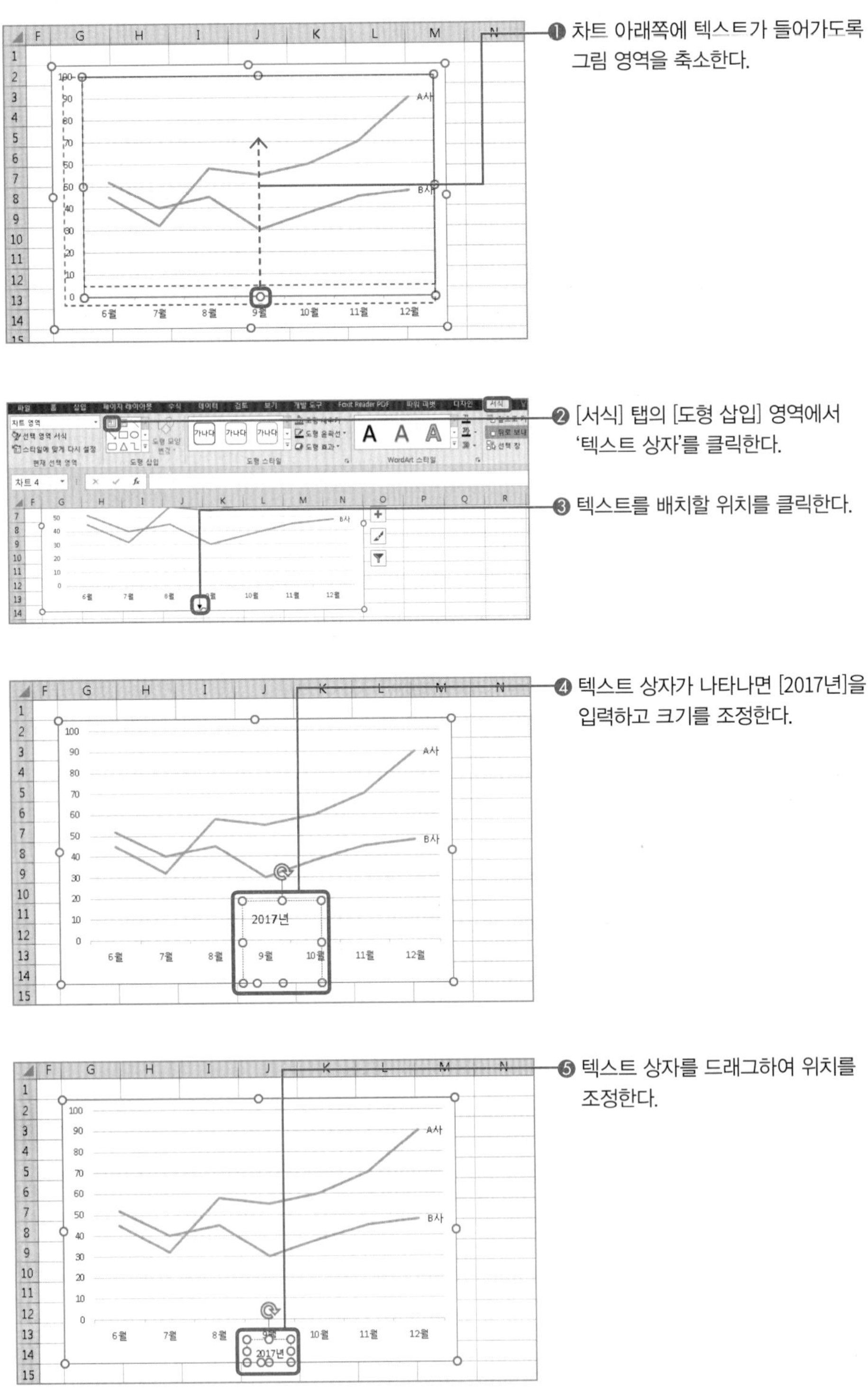

❶ 차트 아래쪽에 텍스트가 들어가도록 그림 영역을 축소한다.
❷ [서식] 탭의 [도형 삽입] 영역에서 '텍스트 상자'를 클릭한다.
❸ 텍스트를 배치할 위치를 클릭한다.
❹ 텍스트 상자가 나타나면 [2017년]을 입력하고 크기를 조정한다.
❺ 텍스트 상자를 드래그하여 위치를 조정한다.
A사
B사
6월
7월
8월
9월
10월
11월
12월
2017년

포인트 ❸ 숫자 축의 단위 표시하기

엑셀에서 차트를 만들었을 때 값의 단위는 표시되지 않는다. 따라서 차트를 만든 후 **직접 축의 상단에 텍스트 상자를 배치하여 단위를 표시하는 것이 좋다.** 단위를 표시하는 것만으로도 차트는 훨씬 보기 쉽다.

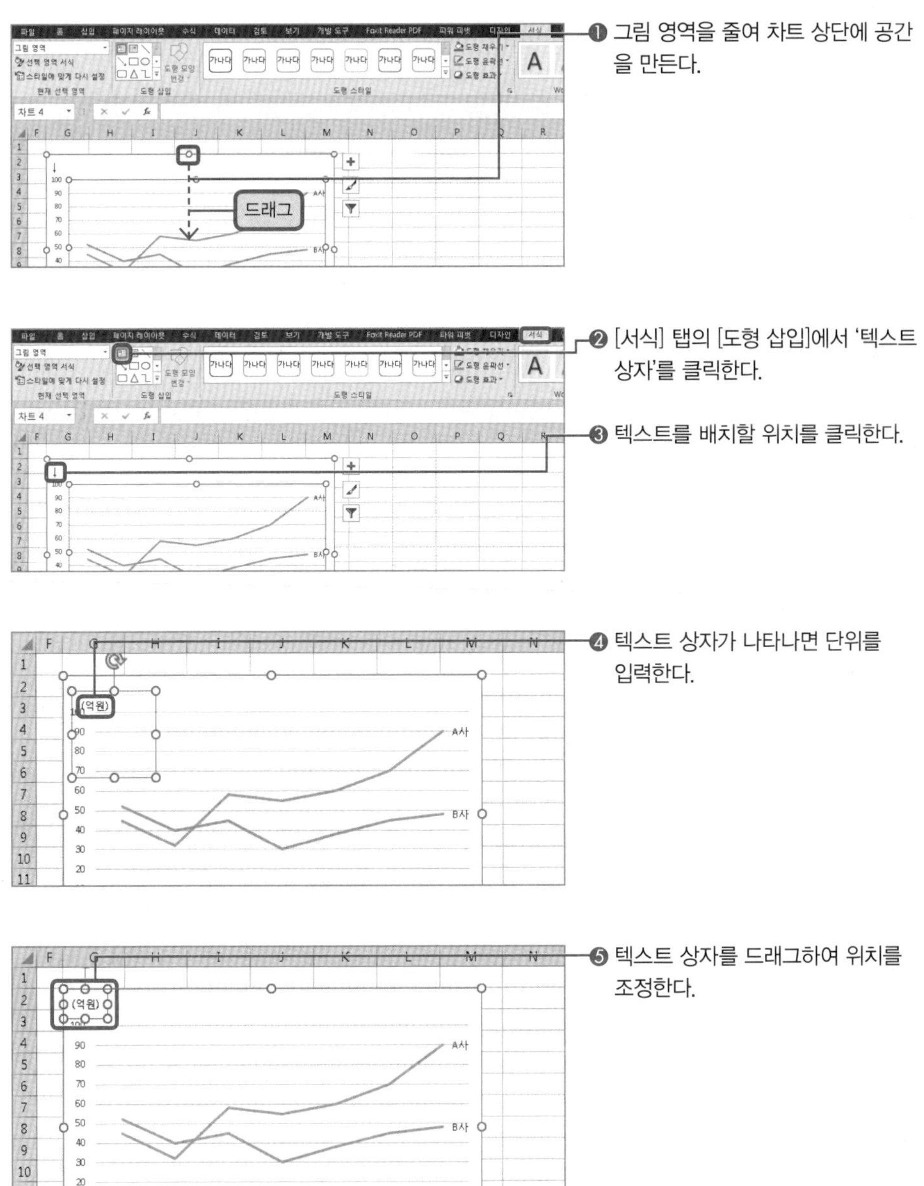

❶ 그림 영역을 줄여 차트 상단에 공간을 만든다.
드래그
❷ [서식] 탭의 [도형 삽입]에서 '텍스트 상자'를 클릭한다.
❸ 텍스트를 배치할 위치를 클릭한다.
❹ 텍스트 상자가 나타나면 단위를 입력한다.
(억원)
A사
B사
❺ 텍스트 상자를 드래그하여 위치를 조정한다.
(억원)

포인트 ❹ 눈금선 줄이기

차트가 처음 생성되었을 때의 눈금선은 개수가 많아서 보기 어려울 수 있다. 차트를 만든 후 필요한 최소한의 눈금선이 표시되도록 설정을 변경하는 것이 좋다. 눈금선 개수를 줄이는 방법은 다음과 같다.

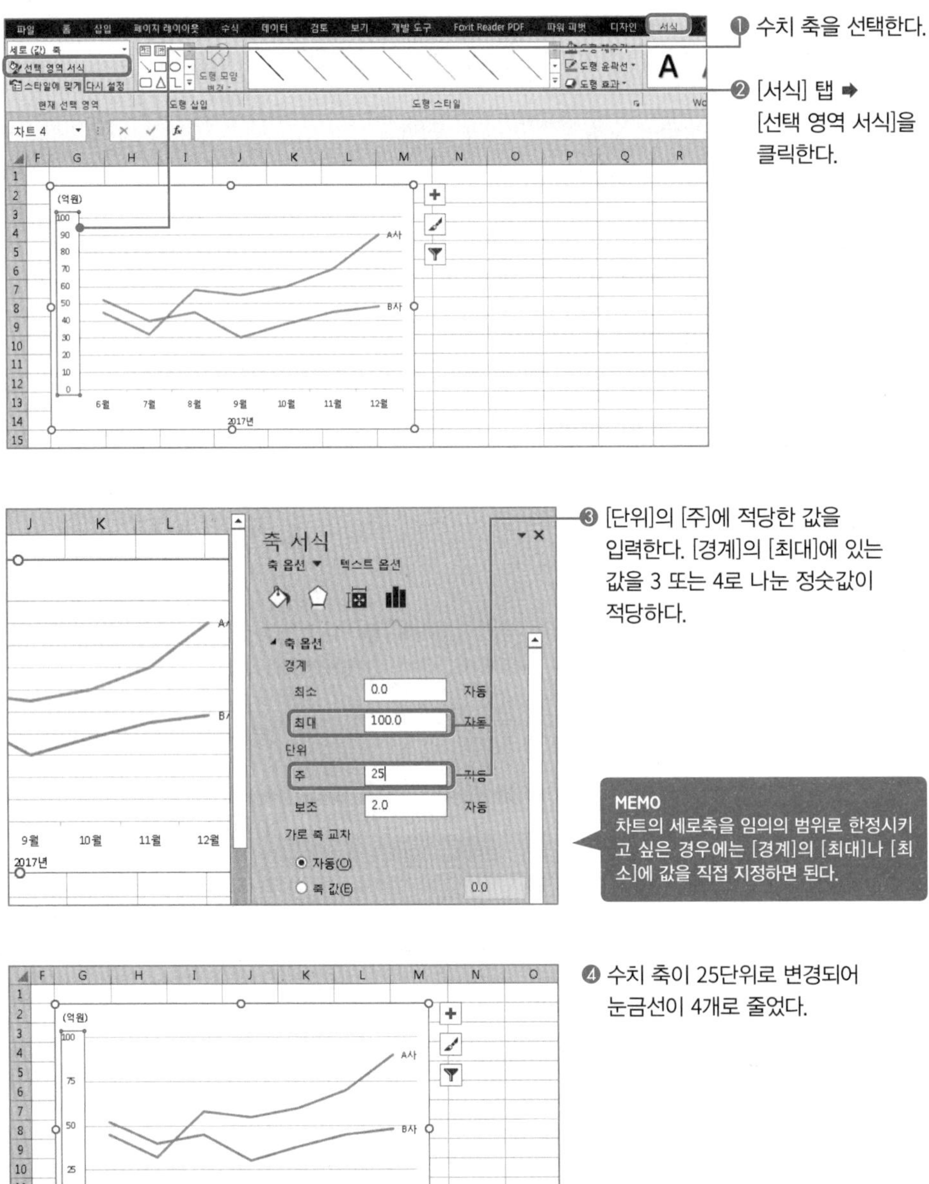

❶ 수치 축을 선택한다.
❷ [서식] 탭 ➡ [선택 영역 서식]을 클릭한다.
❸ [단위]의 [주]에 적당한 값을 입력한다. [경계]의 [최대]에 있는 값을 3 또는 4로 나눈 정숫값이 적당하다.
MEMO
차트의 세로축을 임의의 범위로 한정시키고 싶은 경우에는 [경계]의 [최대]나 [최소]에 값을 직접 지정하면 된다.
❹ 수치 축이 25단위로 변경되어 눈금선이 4개로 줄었다.

포인트 ⑤ 눈금선은 가늘게

눈금선은 값을 파악하기 위한 기준이 된다. 그러나 눈금선 자체가 지나치게 눈에 띄는 것은 바람직하지 않다. 제대로 인식할 수 있는 범위 내에서 가능한 한 가늘고 옅은 것이 좋다. 참고로 엑셀 2013 이상에서는 초기 상태에서도 눈금선이 옅기 때문에 그대로 두어도 좋다. 눈금선 두께를 수정하는 방법은 다음과 같다.

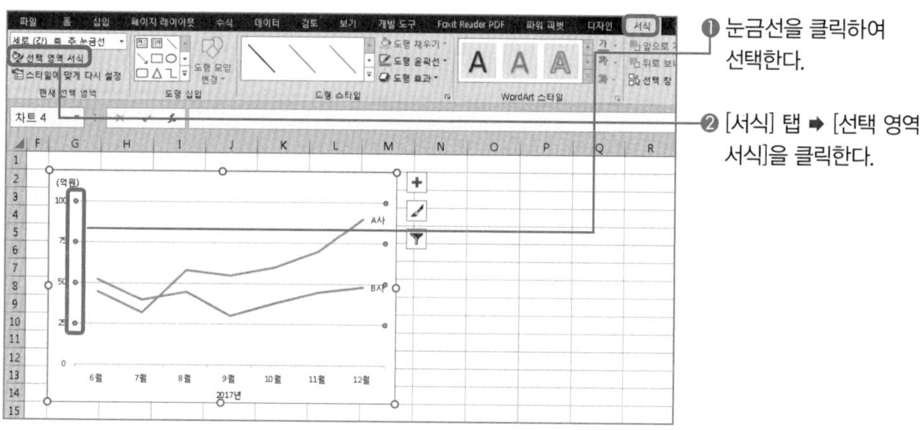

❶ 눈금선을 클릭하여 선택한다.
❷ [서식] 탭 ➡ [선택 영역 서식]을 클릭한다.

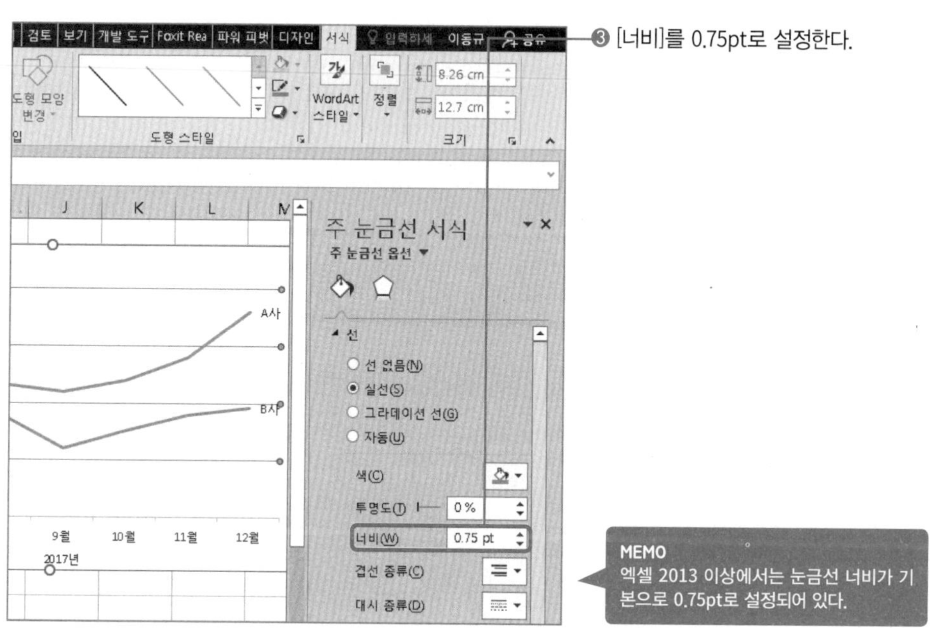

MEMO
엑셀 2013 이상에서는 눈금선 너비가 기본으로 0.75pt로 설정되어 있다.

관련 항목 차트의 기본 기능 ⇨ 266쪽 / 차트의 매력을 높이는 색 선택 방법 ⇨ 273쪽

CHAPTER

9

알맞은 차트 고르기

01 실적/예측 데이터에 적합한 꺾은선형 차트

최적의 차트 선택법

예제 파일 chapter9_1.xlsx

값의 추이를 시계열로 나타내는 꺾은선형 차트

차트라고 하면 막대형 차트를 생각하는 사람이 많지만, 실제 비즈니스 현장에서 많이 사용하는 것은 **꺾은선형 차트**다. 꺾은선형 차트를 사용하면 **데이터 변화**를 알기 쉬우므로 가장 먼저 꺾은선형 차트로 데이터를 살펴보는 것이 좋다.

● **꺾은선형 차트로 매출 추이를 확인한다**

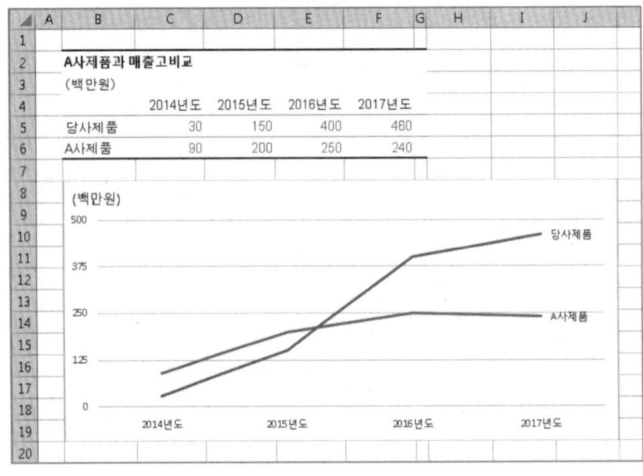

꺾은선형 차트를 사용하면 매출 추이를 시계열로 확인할 수 있어 실적의 좋고 나쁨을 한눈에 판단할 수 있다.

엑셀에는 총 여섯 종류의 꺾은선형 차트가 준비되어 있다. 이 중 **기본 꺾은선형 차트가 가장 많이 사용된다.**

- **꺾은선형 차트의 종류**

[꺾은선형]

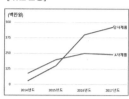

[누적 꺾은선형]

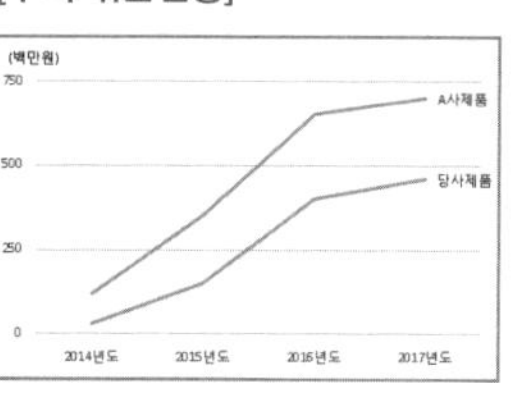

[100% 기준 누적 꺾은선형]

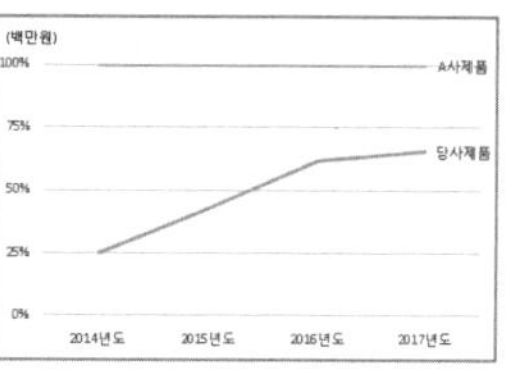

[표식이 있는 꺾은선형]

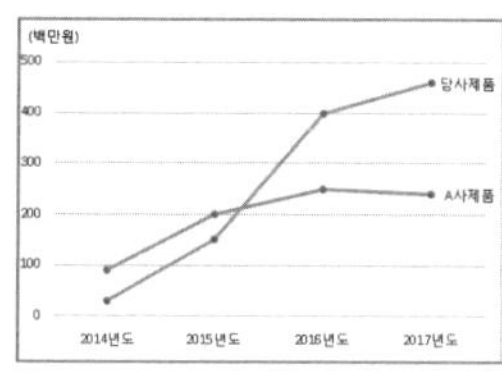

[표식이 있는 누적 꺾은선형]

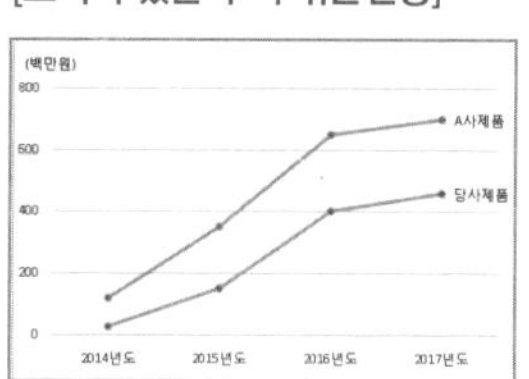

[표식이 있는 100% 기준 누적 꺾은선형]

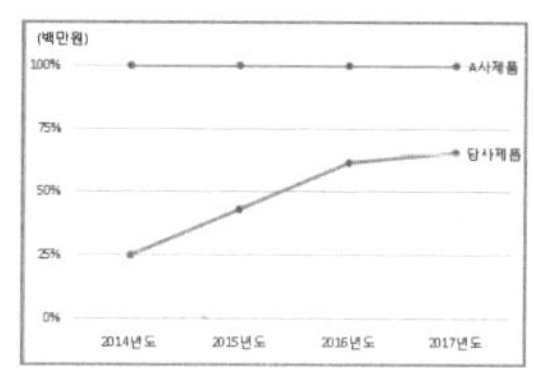

꺾은선형 차트는 두 시점 이상의 데이터에 사용한다

꺾은선형 차트는 시간의 흐름에 따른 값의 변화를 보는 차트다. 따라서 한 시점의 데이터만으로는 꺾은선형 차트를 만드는 의미가 없다. 최소 두 시점은 있어야 꺾은선형 차트를 사용하는 의미가 있다.

- **꺾은선형 차트가 어울리지 않는 데이터**

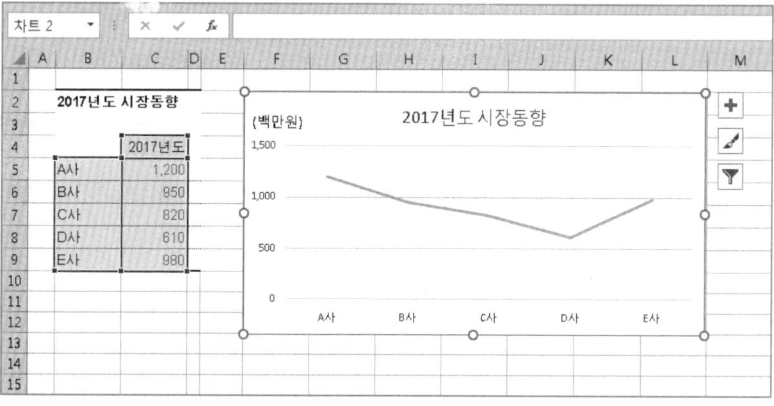

5개 기업의 데이터를 꺾은선형 차트로 작성했다. 이러한 경우는 막대형 차트를 사용하는 것이 더 좋다. 꺾은선형 차트는 적어도 두 시점 이상의 데이터에 사용하는 것이 좋다.

성장율을 강조하고 싶을 때는 차트의 너비를 줄인다

꺾은선형 차트의 가로 너비를 넓히면 데이터의 차이가 작아 보인다. 차트의 경사가 완만해지기 때문이다. 반대로 **가로 너비를 좁히면 경사가 급해져 데이터의 차이가 강조된다.** 이 특징을 이용하면 차트의 너비를 조정하는 것으로 작성 의도를 상대방에게 전달할 수 있다. 그러나 너무 과장해서 오해가 생기지 않도록 주의한다.

● **차트의 가로 너비를 좁히면 데이터 차이를 강조할 수 있다**

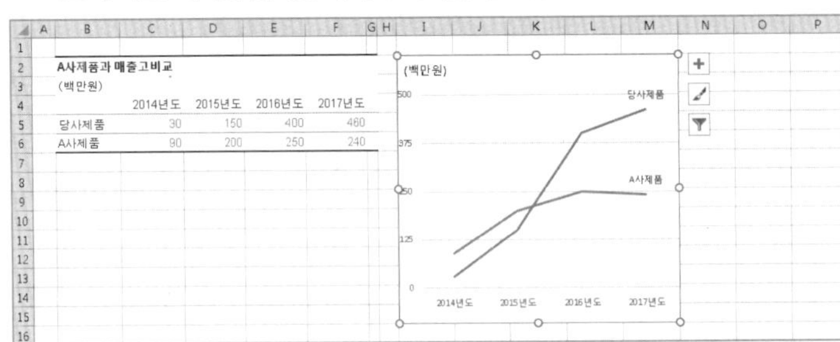

차트의 가로 너비를 좁히면 원본 차트(292쪽)보다 차이가 더 강조된다. 이 차트의 경우 매출량이 급성장하고 있는 것처럼 보인다.

실적과 예측을 같은 선에 그리는 방법

꺾은선형 차트를 사용할 때 **실적과 예측을 하나의 선에 나타내고 싶은 경우**에는 실적과 예측이 잘 구분되도록 차트를 작성해야 한다. 다음 그림과 같이 실적과 예측이 같은 색으로 표현되면 어디까지가 실적이고 어디부터 예측인지 알기 어렵다.

● **실적과 예측의 경계를 알아보기 어려운 차트**

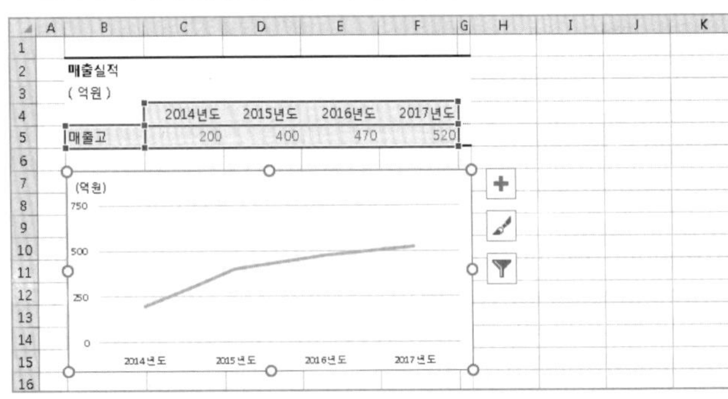

실적(2016년 이전)과 예측(2017년도)이 같은 색으로 그려져 구분이 안 된다.

실적과 예측을 하나의 선에 표현하면서 서로 다른 모양과 색을 주는 방법은 다음과 같다.

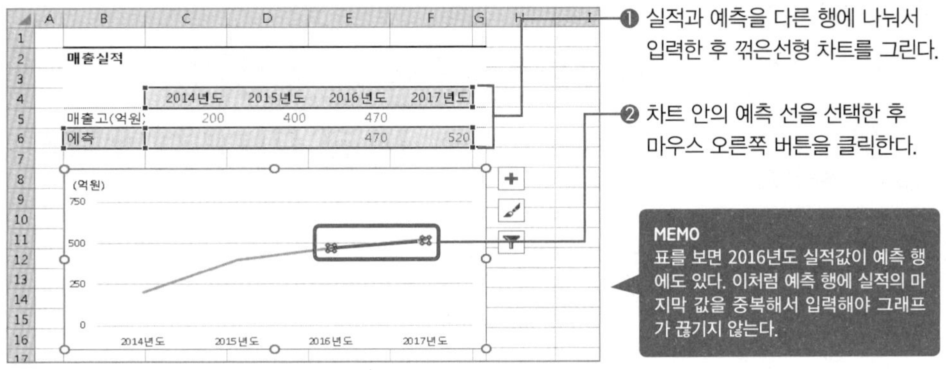

❶ 실적과 예측을 다른 행에 나눠서 입력한 후 꺾은선형 차트를 그린다.

❷ 차트 안의 예측 선을 선택한 후 마우스 오른쪽 버튼을 클릭한다.

MEMO
표를 보면 2016년도 실적값이 예측 행에도 있다. 이처럼 예측 행에 실적의 마지막 값을 중복해서 입력해야 그래프가 끊기지 않는다.

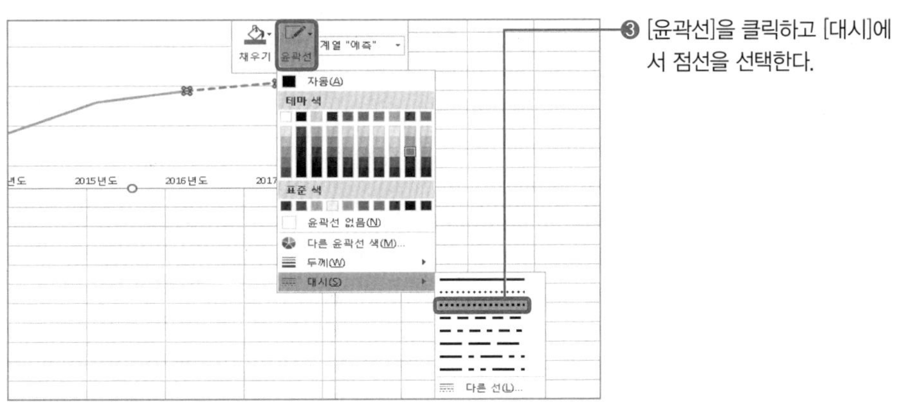

❸ [윤곽선]을 클릭하고 [대시]에서 점선을 선택한다.

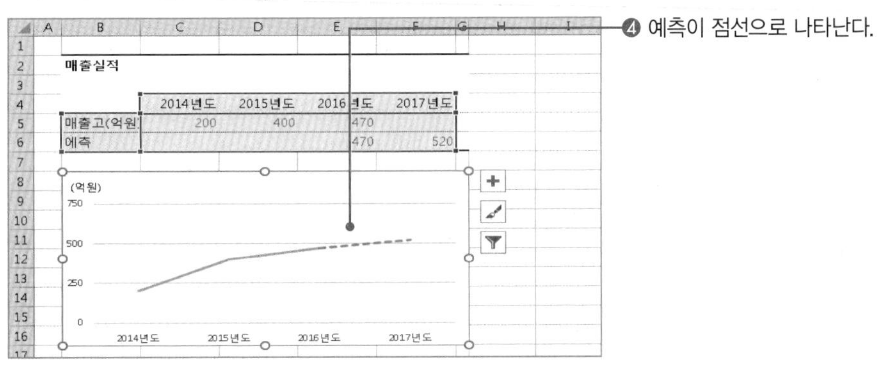

❹ 예측이 점선으로 나타난다.

한 가지 더!

여러 데이터의 실적과 예측

이 기법을 이용하면 여러 회사의 실적과 예측을 하나의 꺾은선형 차트에 표시하는 것도 가능하다. 단순한 테크닉이지만 다양한 장면에 응용하여 세련된 차트를 작성할 수 있다.

관련 항목 차트의 기본 기능 ⇨ 266쪽 / 차트의 매력을 높이는 색 사용법 ⇨ 273쪽

CHAPTER 9

02 현재 상태를 강조하고 싶을 때는 세로 막대형 차트

최적의 차트 선택법

예제 파일 chapter9_2.xlsx

꺾은선형 차트보다 막대형 차트가 더 적합한 경우가 있다

앞 절에서 소개한 꺾은선형 차트는 데이터의 추이를 나타내기 때문에 **이전에 비해 얼마나 올라갔는지 혹은 내려갔는지** 등을 표현하기에 적합하다. 그러나 때로는 현 시점의 상황을 강조하고 싶은 경우도 있다. 예를 들어, 자사의 제품이 현재 점유율 1위라는 사실을 전하고 싶은 경우, 꺾은선형 차트를 사용하면 의도하지 않았던 작년에 3위였던 사실이 주목받을 우려가 있다. 이러한 경우에는 꺾은선형 차트가 아닌 세로 막대형 차트를 사용하는 것이 좋다. **세로 막대형 차트**는 시계열 데이터 없이도 표현할 수 있기 때문에 특정 시점의 상황을 보여 줄 때 적합하다.

● **추이 또는 현시점의 상황 중 어느 것을 보여 줄 것인지에 따라 차트 종류를 달리한다**

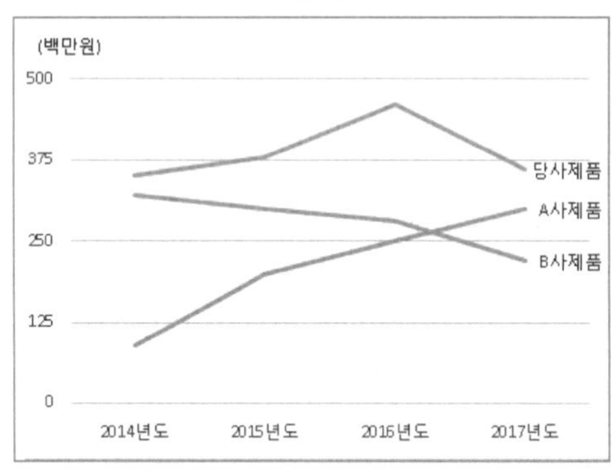

꺾은선형 차트를 사용하면 작년보다 매출이 떨어진 것과 경쟁업체가 추격해 오고 있는 점이 눈에 들어온다.

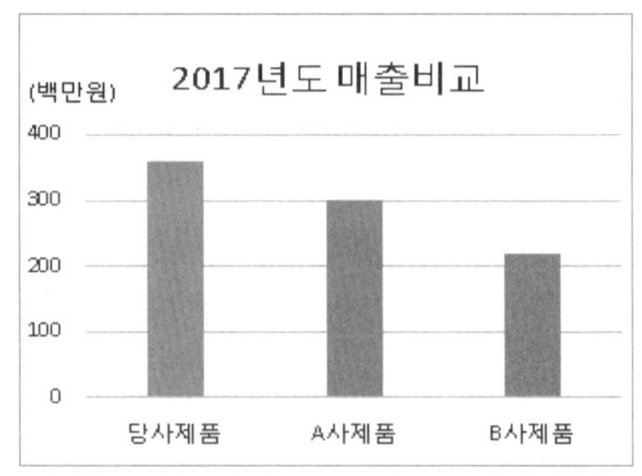

세로 막대형 차트를 사용하면 2017년도의 매출만을 단순 비교해서 자사의 우위를 나타낼 수 있다.

세로 막대 차트를 만드는 방법은 다음과 같다.

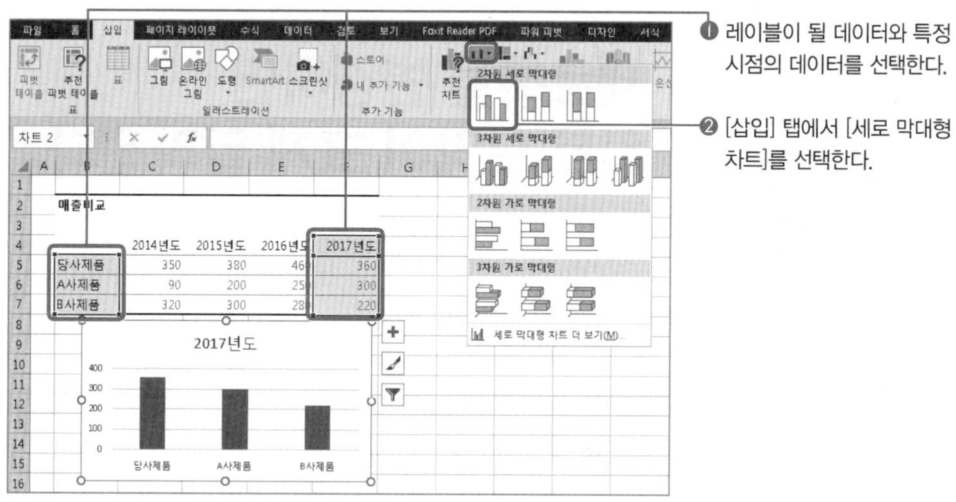
❶ 레이블이 될 데이터와 특정 시점의 데이터를 선택한다.
❷ [삽입] 탭에서 [세로 막대형 차트]를 선택한다.
매출비교
2014년도
2015년도
2016년도
2017년도
당사제품
A사제품
B사제품
2017년도

초기 상태에서는 막대 간격이 넓고 막대 자체의 폭이 좁은 세로 막대형 차트가 생성된다. 막대의 굵기를 변경하려면 **[선택 영역 서식] ➡ [간격 너비]**를 변경한다. [간격 너비]의 % 값을 줄이면 막대 사이의 간격이 좁아지고 막대가 굵어진다. 막대를 굵게 하면 좀 더 안정적인 느낌을 줄 수 있다.

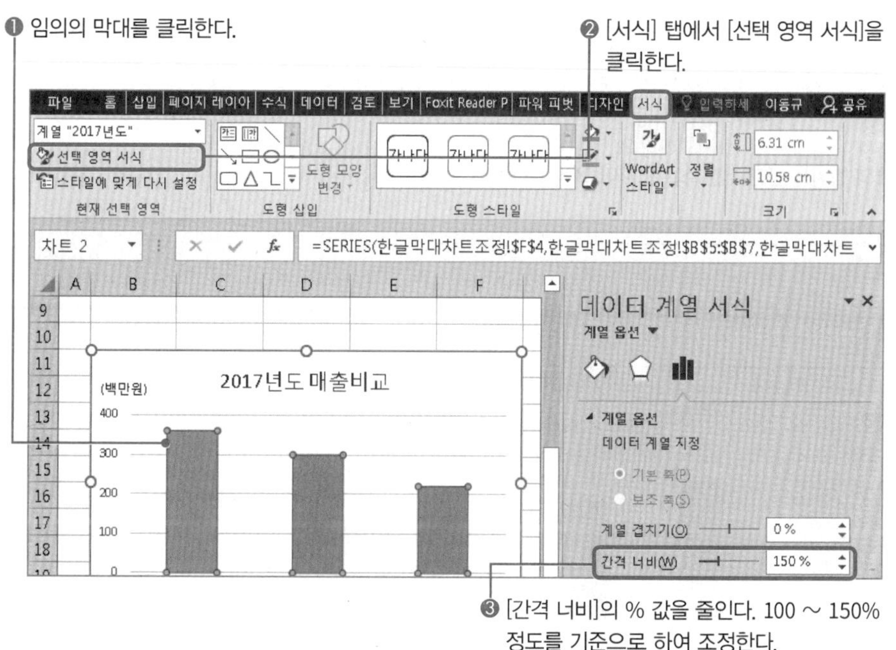
❶ 임의의 막대를 클릭한다.
❷ [서식] 탭에서 [선택 영역 서식]을 클릭한다.
선택 영역 서식
2017년도 매출비교
(백만원)
데이터 계열 서식
계열 겹치기(O) 0%
간격 너비(W) 150%
❸ [간격 너비]의 % 값을 줄인다. 100 ~ 150% 정도를 기준으로 하여 조정한다.

관련 항목 차트의 기본 기능 ⇨ 266쪽 / 차트의 매력을 높이는 색 사용법 ⇨ 273쪽

CHAPTER 9

03 세로축을 변경하면 차트 모양이 크게 달라진다

최적의 차트 선택법

예제 파일 chapter9_3.xlsx

세로축을 변경하여 차이 강조하기

세로 막대형 차트는 세로축의 설정에 따라 인상이 크게 달라진다. 세로축의 표시 범위는 원본 데이터가 전부 양수인 경우 최솟값은 0, 최댓값은 데이터의 최댓값보다 조금 큰 값이 된다. 예를 들어, 데이터의 최댓값이 320만 원이라면 세로축의 최댓값은 400만 원 전후다.

그러나 이러한 설정은 값에 큰 차이가 없는 한 막대의 높이가 비슷하게 보이는 문제가 있다. **데이터 사이의 차이를 강조하고 싶다면 세로축의 최솟값을 높게 설정해서 표시할 범위를 좁히도록 한다.**

예를 들어, 세로축 범위가 초기 상태에서 0~400이라면 200~350으로 변경한다. 그러면 막대의 아래쪽이 잘리면서 윗부분만으로 차트가 구성되어 데이터의 차이가 강조된다.

● **세로축의 범위를 변경하면 차트 모양이 크게 달라진다**

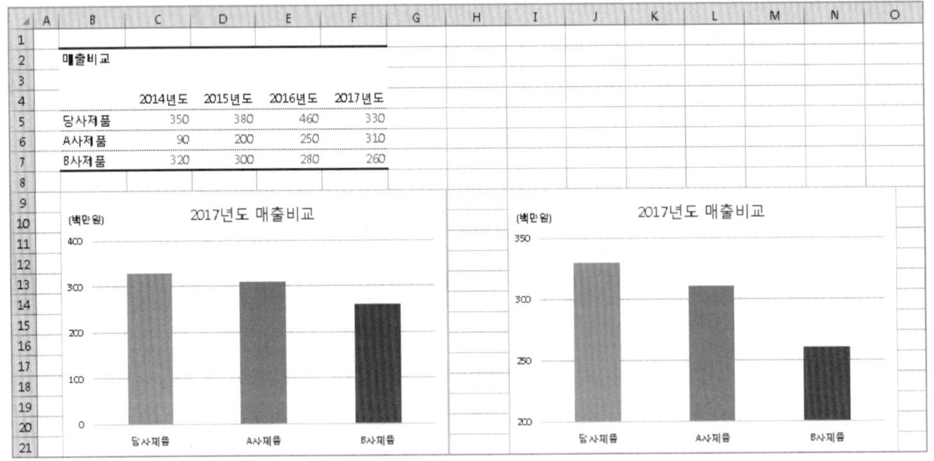

매출비교

	2014년도	2015년도	2016년도	2017년도
당사제품	350	380	460	330
A사제품	90	200	250	310
B사제품	320	300	280	260

같은 데이터라도 세로축의 표시 범위에 따라 회사별 매출 차이가 더 커 보인다. 왼쪽은 0~400, 오른쪽은 200~350으로 설정했다.

자칫하면 데이터 조작으로 보일 수 있으니 주의하자!

세로축의 표시 범위를 조정하는 기법은 매우 유용하지만, 데이터 조작으로 오해를 살 수도 있으니 주의해야 한다. **고객이 해당 자료를 보고 신뢰를 잃을 수도 있다.**

또한 데이터 분석을 위한 자료에 이 기법을 사용하는 것도 삼가는 게 좋다. 올바른 판단을 하지 못해 잘못된 결론에 도달할 수 있기 때문이다. 자료를 만들고 수정할 때는 언제나 자료의 목적과 용도를 충분히 고려해야 함을 잊지 말자.

막대형 차트의 세로축 설정 방법

막대 차트의 세로축을 설정을 변경하는 방법은 다음과 같다. 차트를 알아보기 쉽게 하는 데 집중하면서 축 눈금선 간격을 조정하는 것이 좋다.

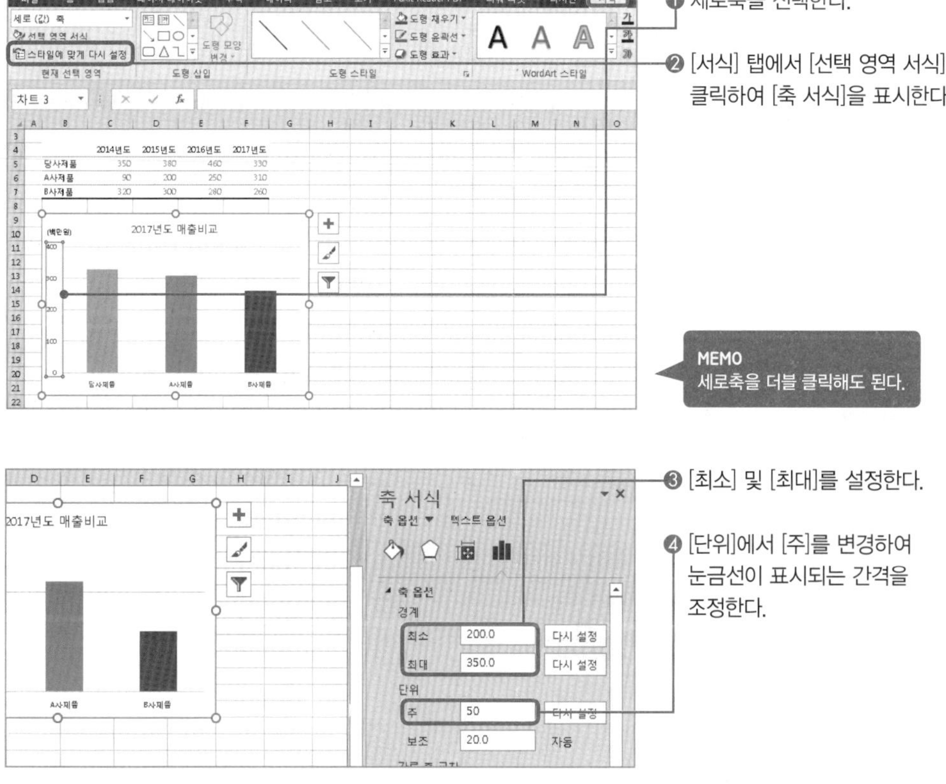

❶ 세로축을 선택한다.
❷ [서식] 탭에서 [선택 영역 서식]을 클릭하여 [축 서식]을 표시한다.
MEMO
세로축을 더블 클릭해도 된다.
❸ [최소] 및 [최대]를 설정한다.
❹ [단위]에서 [주]를 변경하여 눈금선이 표시되는 간격을 조정한다.

관련 항목 차트의 기본 기능 ⇨ 266쪽 / 차트를 만드는 방법 ⇨ 296쪽 / 가로 막대형 차트 ⇨ 300쪽

CHAPTER 9

04 순위를 표현하는 데 적합한 가로 막대형 차트

최적의 차트 선택법

예제 파일 chapter9_4.xlsx

긴 레이블도 깔끔하게 들어가는 가로 막대형 차트

가로 막대형 차트는 **세로 막대형 차트를 단순히 옆으로 눕힌 것**처럼 보일 수 있지만, 비즈니스 현장에서는 활용도가 꽤 높은 차트다. **가로 막대형 차트의 가장 큰 특징은 긴 항목 이름을 깔끔하게 표시할 수 있는 점이다.** 또한 항목 수가 많은 경우에도 크게 문제가 없다. 따라서 항목 이름이 길거나 항목 수가 많은 데이터에는 가로 막대형 차트가 적합하다.

처음부터 어떤 데이터가 가로 막대형 차트에 적합한지 판단하기 어려울 수 있다. 이런 경우에는 세로 막대형으로 만들어 본 후 알아보기 어렵다고 느껴지면 가로 막대형 차트를 시도해 보면 된다. 순위를 표시하는 경우에는 가로 막대형 차트가 확실히 좋다.

- **세로 막대형 차트와 가로 막대형 차트의 차이**

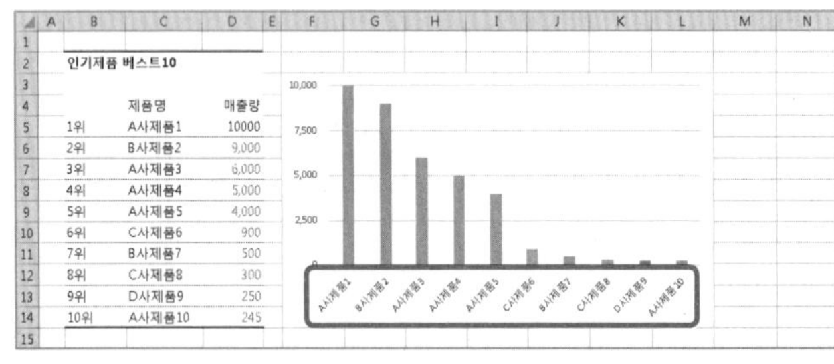

인기제품 베스트10

	제품명	매출량
1위	A사제품1	10000
2위	B사제품2	9,000
3위	A사제품3	6,000
4위	A사제품4	5,000
5위	A사제품5	4,000
6위	C사제품6	900
7위	B사제품7	500
8위	C사제품8	300
9위	D사제품9	250
10위	A사제품10	245

세로 막대형 차트에서는 긴 레이블이 기울게 표시되어 읽기 불편하다.

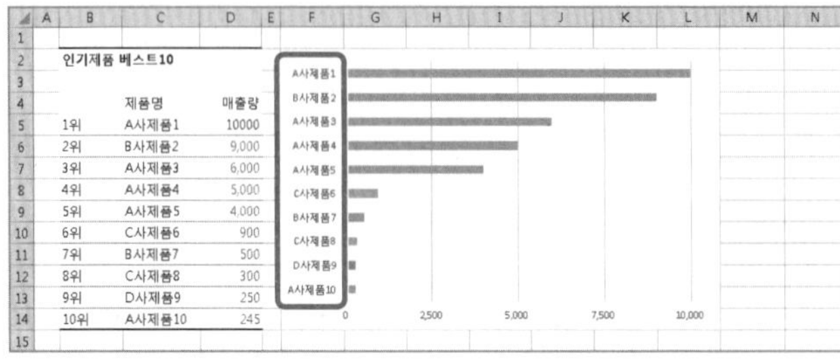

인기제품 베스트10

	제품명	매출량
1위	A사제품1	10000
2위	B사제품2	9,000
3위	A사제품3	6,000
4위	A사제품4	5,000
5위	A사제품5	4,000
6위	C사제품6	900
7위	B사제품7	500
8위	C사제품8	300
9위	D사제품9	250
10위	A사제품10	245

가로 막대형 차트는 레이블이 길어도 문제없이 잘 표시된다.

가로 막대형 차트의 축 항목 표시 순서 바꾸기

가로 막대형 차트를 만들면, 원본 표의 맨 위에 있는 항목이 차트의 가장 아래에 표시된다. 항목의 표시 순서를 전환하는 방법은 다음과 같다.

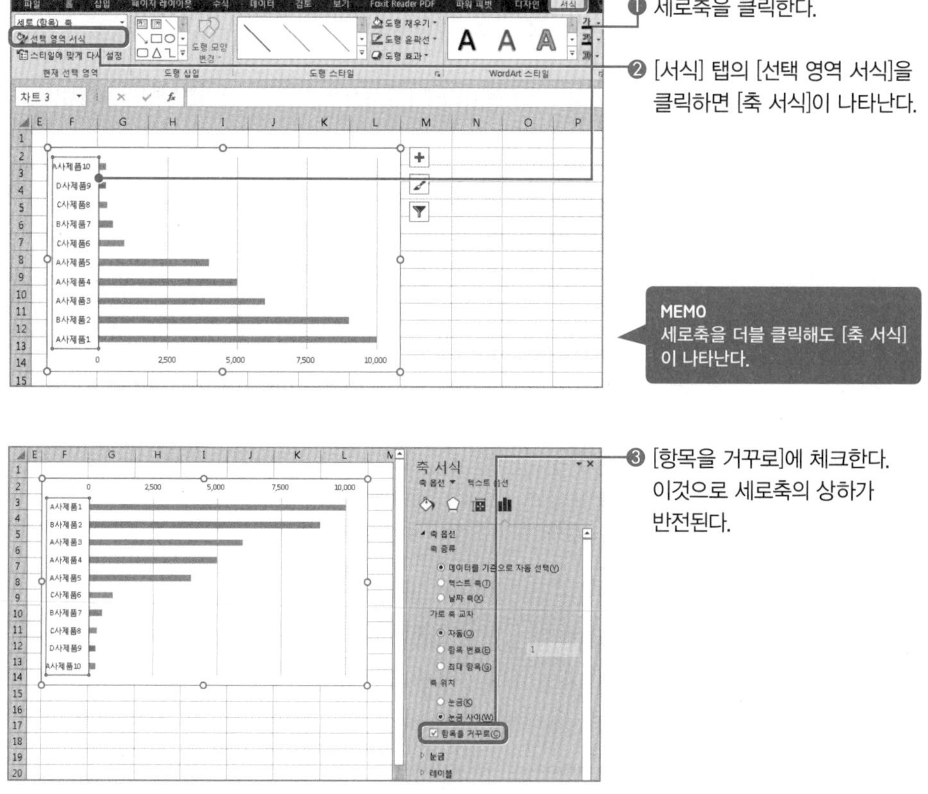

❶ 세로축을 클릭한다.
❷ [서식] 탭의 [선택 영역 서식]을 클릭하면 [축 서식]이 나타난다.
MEMO
세로축을 더블 클릭해도 [축 서식]이 나타난다.
❸ [항목을 거꾸로]에 체크한다. 이것으로 세로축의 상하가 반전된다.

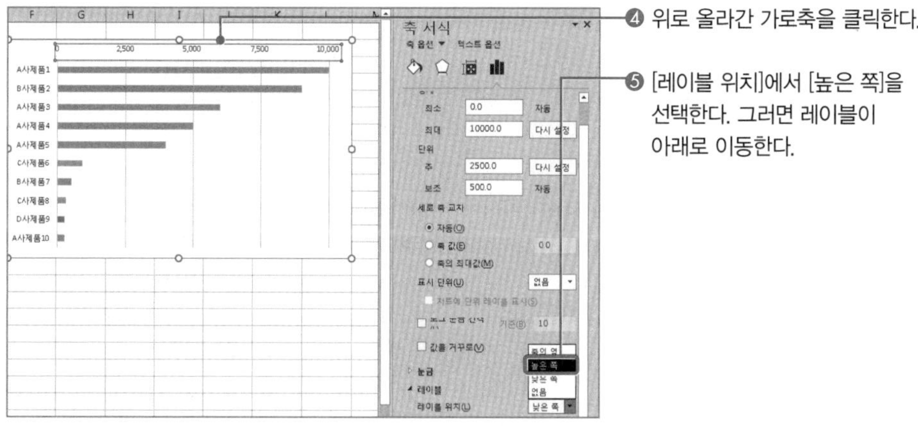

❹ 위로 올라간 가로축을 클릭한다.
❺ [레이블 위치]에서 [높은 쪽]을 선택한다. 그러면 레이블이 아래로 이동한다.

관련 항목 차트의 기본 기능 ⇨ 266쪽 / 차트의 매력을 높이는 색 사용법 ⇨ 273쪽

CHAPTER 9

05 여러 회사의 점유율을 비교할 때는 원형 차트

최적의 차트 선택법

예제 파일 chapter9_5.xlsx

원형 차트를 사용하는 방법

원형 차트는 각 요소의 비율이 몇 %인지를 나타내는 차트다. 비율을 나타낼 때 사용하는 차트로는 누적 막대 그래프와 영역형 차트 등도 있지만, 일반적으로 원형 차트가 가장 많이 사용된다. 그러나 다음과 같은 경우에는 원형 차트가 크게 도움되지 않는다.

- 데이터의 종류가 많은 경우
- 데이터 사이의 비율 차이가 적은 경우

원형 차트로 나타낼 데이터의 종류는 3~8건 정도가 적당하다. 10건, 20건이 되면 알아보기 어렵다. 또한, 각 데이터의 차이가 작은 경우에도 주의가 필요하다. 각 데이터가 똑같아 보여 어떤 데이터가 큰 비중을 차지하는지 판단하기 어렵다.

● 원형 차트에 적합하지 않은 데이터

데이터의 종류가 너무 많아 보기 어려운 원형 차트

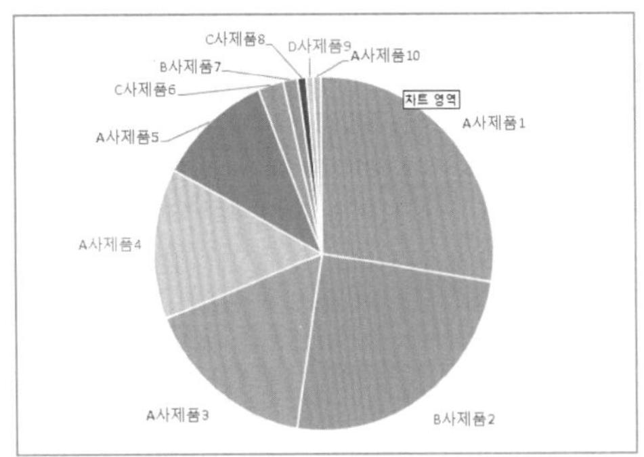

데이터의 종류가 너무 많으면 보기 어렵다

데이터 사이의 차이가 적어 분별하기 어려운 원형 차트

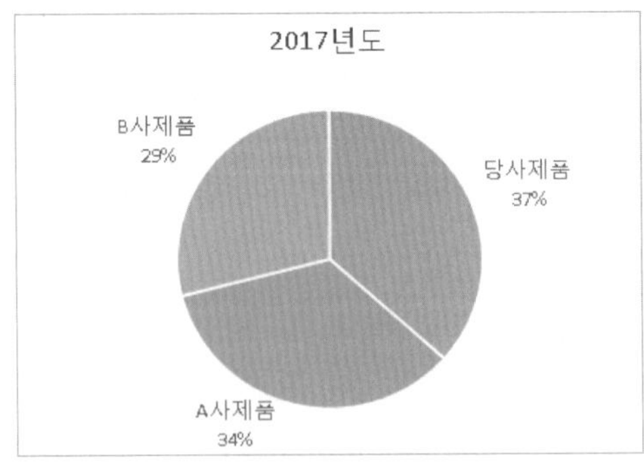

데이터 간 차이가 적으면 비교가 어렵다.

데이터의 종류가 많을 때는 기타 항목으로 통합

원형 차트의 경우 데이터의 종류가 많으면 알아보기 어렵다. 특히 비중이 작은 항목은 원호가 작아져서 더욱 구별하기 어렵다. 데이터의 종류는 3~8개 정도를 기준으로, 그보다 많으면 값이 작은 데이터들을 기타 항목으로 통합하여 정리하는 것이 좋다.

● **값이 작은 데이터들을 기타로 통합하여 정리**

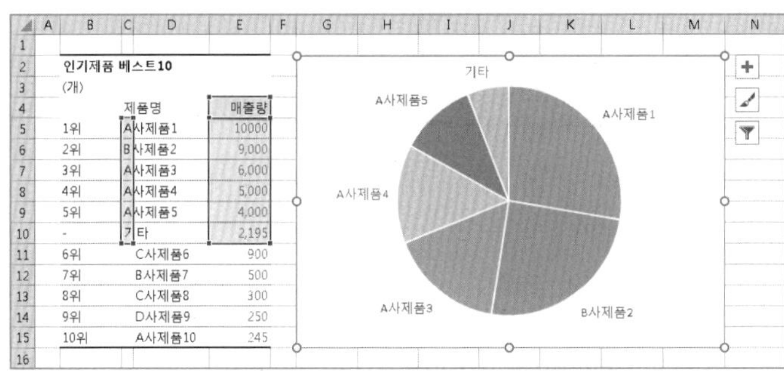

값이 작은 하위 5개 데이터를 기타 항목으로 통합했다.

데이터 레이블 설정하기

원형 차트에 항목 이름 이외의 정보를 표시하려면 **데이터 레이블 서식**을 이용한다. 값 또는 %, 레이블과 원호를 연결하는 지시선 표시 등을 설정할 수 있다.

● **데이터 레이블 서식 설정**

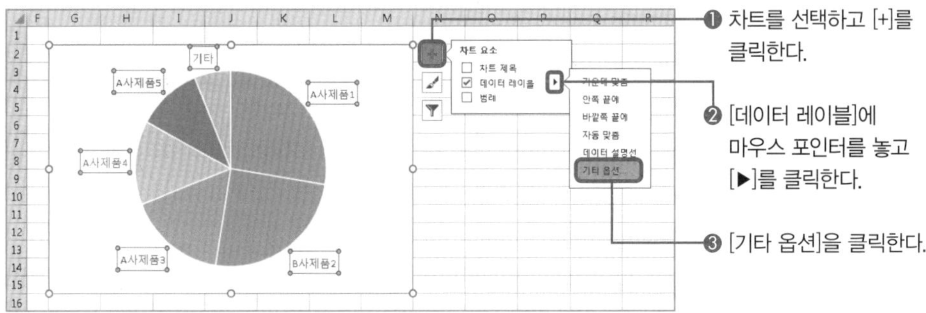

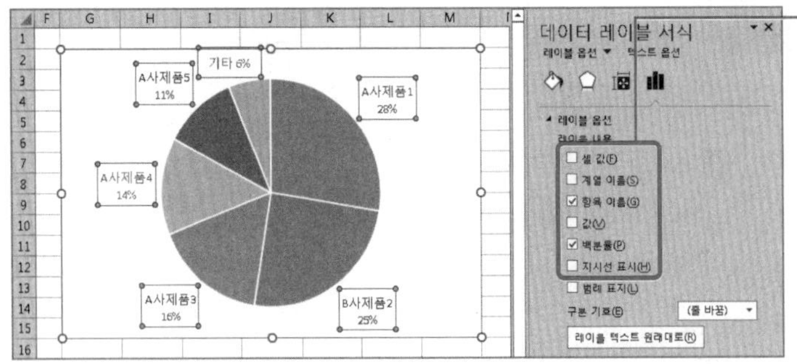

④ 차트에 표시할 정보를 체크한다. 그러면 원형 차트에 레이블이 표시된다.

관련 항목 차트의 매력을 높이는 색 사용법 ⇨ 273쪽 / 차트 작성 다섯 가지 팁 ⇨ 283쪽

성장 요인을 판단할 수 있는 누적 세로 막대형 차트

최적의 차트 선택법

예제 파일 chapter9_6.xlsx

국내/외 매출을 차트로 작성하기

누적 세로 막대형 차트는 **각 항목의 막대기를 세로로 쌓아 올린 차트**다. 쌓아 올린 전체의 길이가 합계를 나타내므로 각 항목의 값과 총합을 동시에 보여 줄 수 있다. 예를 들어, 국내와 국외 판매를 누적 세로 막대형 차트로 하면 각각의 성장 추이와 합계 추이까지 하나의 차트로 표현할 수 있다.

- **누적 세로 막대형 차트의 특징**

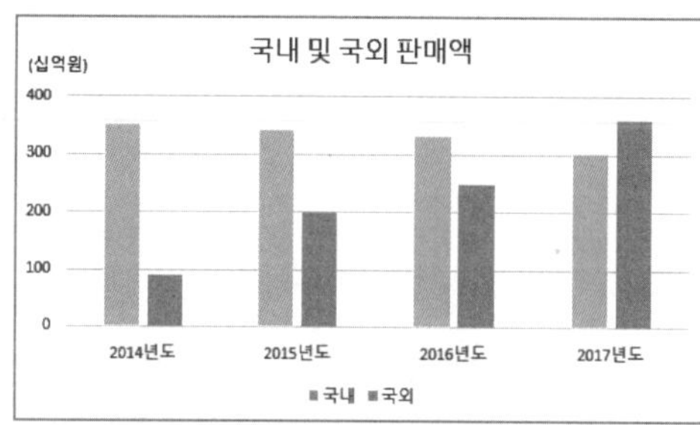

판매액(합계)
(십억원)
750
500
250
0
2014년도
2015년도
2016년도
2017년도

묶은 세로 막대형 차트는 개별 매출의 추이는 볼 수 있지만 합계 추이는 볼 수 없다.

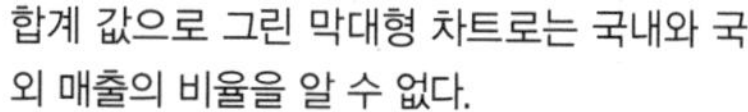

합계 값으로 그린 막대형 차트로는 국내와 국외 매출의 비율을 알 수 없다.

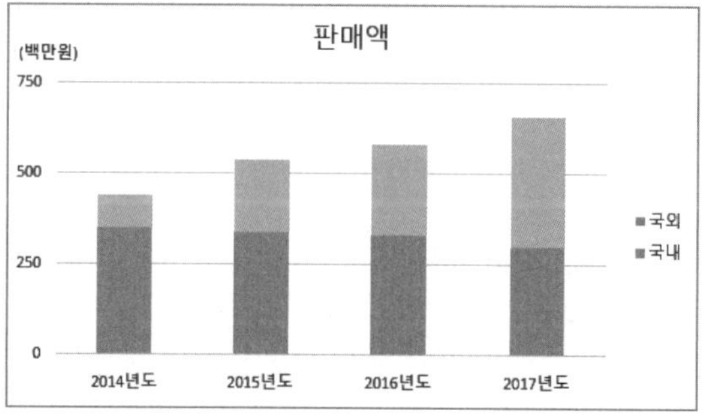

누적 세로 막대형 차트를 사용하면 개별 추이와 합계 추이를 한 번에 확인할 수 있다.

계열선 추가하기

누적 세로 막대형 차트에서 각 항목의 추이를 보다 알기 쉽게 표현하려면 계열선을 설정한다. 계열선을 설정하는 방법은 다음과 같다.

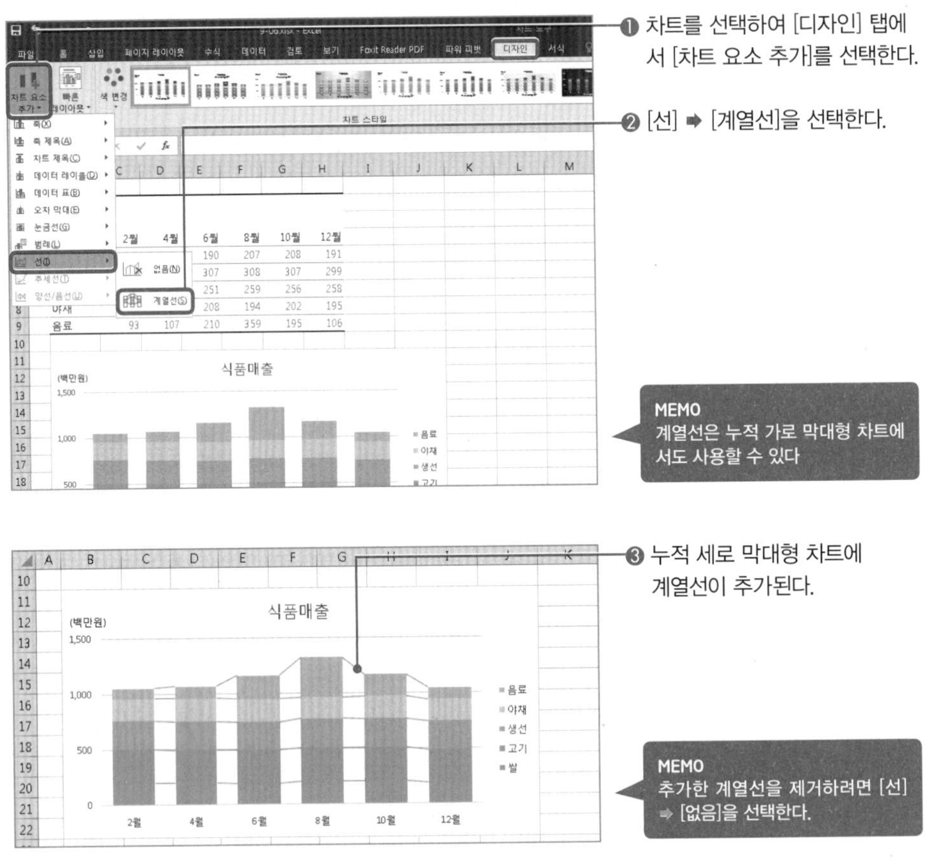

❶ 차트를 선택하여 [디자인] 탭에서 [차트 요소 추가]를 선택한다.
❷ [선] ➡ [계열선]을 선택한다.
MEMO
계열선은 누적 가로 막대형 차트에서도 사용할 수 있다
❸ 누적 세로 막대형 차트에 계열선이 추가된다.
MEMO
추가한 계열선을 제거하려면 [선] ➡ [없음]을 선택한다.
식품매출
(백만원)
2월
4월
6월
8월
10월
12월
음료
야채
생선
고기
쌀

한 가지 더!

누적 세로 막대형 차트로 계절 요인을 나타낸다

누적 세로 막대형 차트는 계절 변동 요인을 나타내는 데 자주 사용된다. 계절에 따라 매출과 이익이 크게 변동하는 상품을 취급하는 경우(예를 들어, 여름철 음료 판매 등)는 누적 세로 막대형 차트를 사용함으로써 전체 매출과 계절 요인을 동시에 확인할 수 있다.

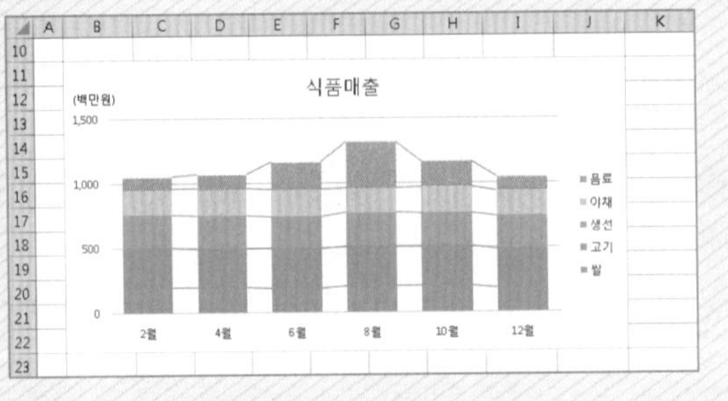

[추천!] 차트 상단에 전체 합계 표시하기

엑셀로 만든 초기 상태의 누적 세로 막대형 차트는 전체 합계의 값이 표시되어 있지 않다. 그러나 합계가 기재되어 있는 것이 비교 검토에 더 용이하다.

누적 세로 막대형 차트에 전체 합계를 표시하려면 약간의 기술이 필요하다. 핵심 원리는 **개별 항목을 합한 값을 차트에 추가하고 막대를 보이지 않게 하여 값만 표시하는 것이다.**

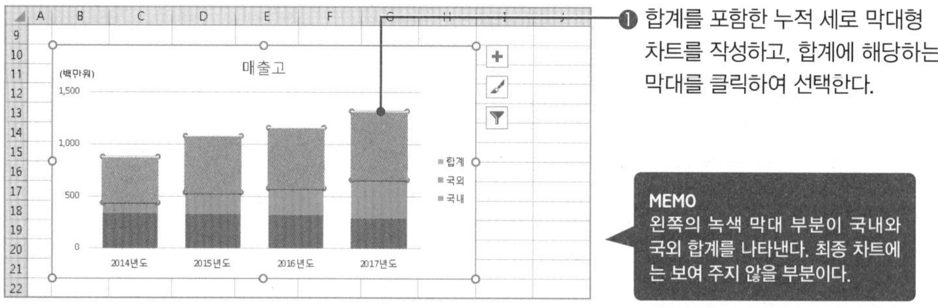

❶ 합계를 포함한 누적 세로 막대형 차트를 작성하고, 합계에 해당하는 막대를 클릭하여 선택한다.

MEMO
왼쪽의 녹색 막대 부분이 국내와 국외 합계를 나타낸다. 최종 차트에는 보여 주지 않을 부분이다.

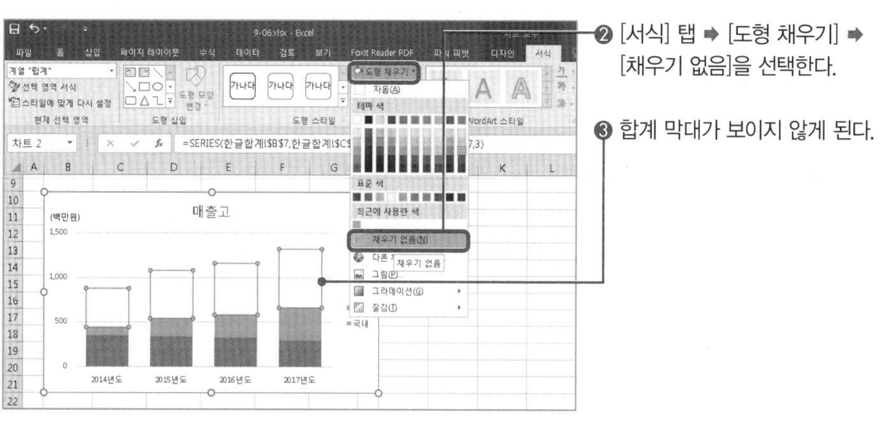

❷ [서식] 탭 ➡ [도형 채우기] ➡ [채우기 없음]을 선택한다.

❸ 합계 막대가 보이지 않게 된다.

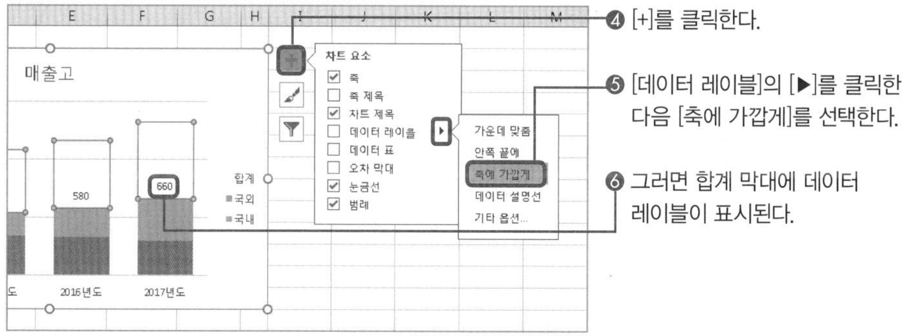

❹ [+]를 클릭한다.

❺ [데이터 레이블]의 [▶]를 클릭한 다음 [축에 가깝게]를 선택한다.

❻ 그러면 합계 막대에 데이터 레이블이 표시된다.

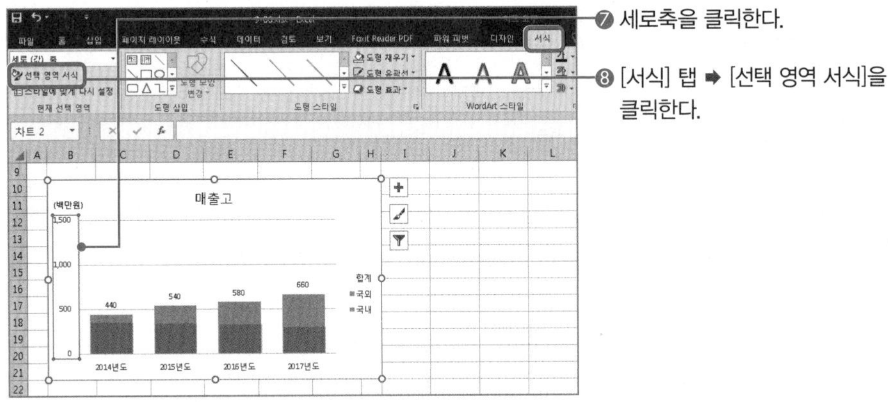

❼ 세로축을 클릭한다.

❽ [서식] 탭 ➡ [선택 영역 서식]을 클릭한다.

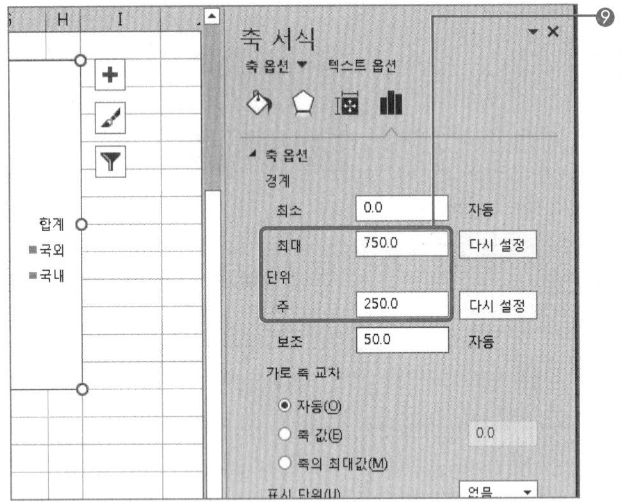

❾ 세로축의 [최대]와 [단위]를 조정하여 합계 막대를 포함하지 않는 범위로 조정한다.

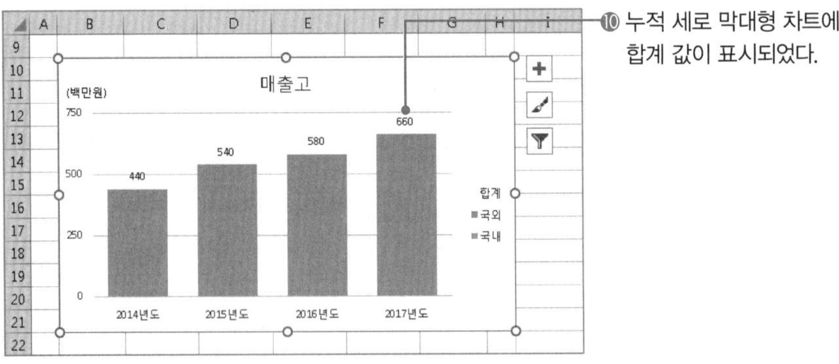

❿ 누적 세로 막대형 차트에 합계 값이 표시되었다.

관련 항목 차트의 기본 기능 ⇨ 266쪽 / 차트의 매력을 높이는 색 사용법 ⇨ 273쪽

CHAPTER 9

07 점유율 추이를 확인하는 데 가장 적합한 차트

최적의 차트 선택법

예제 파일 chapter9_7.xlsx

100% 기준 누적 세로 막대형 차트

100% 기준 누적 세로 막대형 차트는 세로 막대형 차트의 변형 중 하나다. **세로 막대 전체가 100%가 되도록 구성 요소의 높이를 조정한 차트**다. 세로축의 단위는 %가 된다.

이 차트의 가장 큰 특징은 **비중과 그 추이를 동시에 확인할 수 있다**는 것이다. 개별 막대를 보면서 **각 항목의 그 시점에서의 비중**을 확인할 수 있고, 전체 막대를 보면서 **항목별 비중의 증감 추이**를 확인할 수 있다. 따라서 절댓값이 아니라 점유율의 추이를 확인하고 싶은 경우에는 100% 기준 누적 세로 막대형을 사용하면 된다.

● **누적 세로 막대형 차트 vs. 100% 기준 누적 세로 막대형 차트**

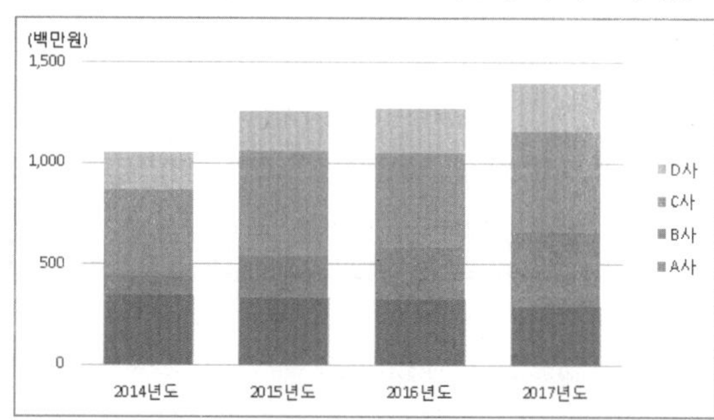

누적 세로 막대형 차트가 전체 값의 추이를 파악하는 데 좀 더 유리하다.

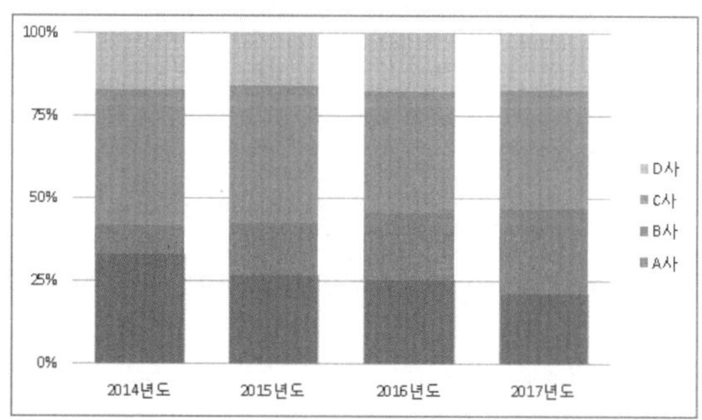

100% 기준 누적 세로 막대형 차트를 보면 개별 값의 비중이 어떻게 변하는지 확인할 수 있다.

원형 차트는 비중의 추이를 나타내는 데는 적절하지 않다

구성 요소의 비중을 나타내는 데 **원형 차트**를 선택하는 사람이 많다. 확실히 원형 차트는 어느 시점의 비중이나 비율을 나타내는 데 최적의 차트다. 하지만 **비중의 시간에 따른 추이를 표시하는 경우에는 적합하지 않다.**

왜냐하면 원형 차트로 시간의 추이를 나타내려면, 아래 그림과 같이 여러 개의 원형 차트를 작성해야 하기 때문이다. 여러 개를 만드는 것도 번거로운 일이지만, 만들었어도 100% 기준 누적 세로 막대형 차트처럼 쉽게 추이를 비교하기 어렵다. 시간에 따른 비중의 변화를 표시하고 싶을 때는 원형 차트보다 100% 기준 누적 세로 막대형 차트를 사용하는 것이 좋다.

● 원형 차트는 시간의 추이를 표현하는 데 적합하지 않다

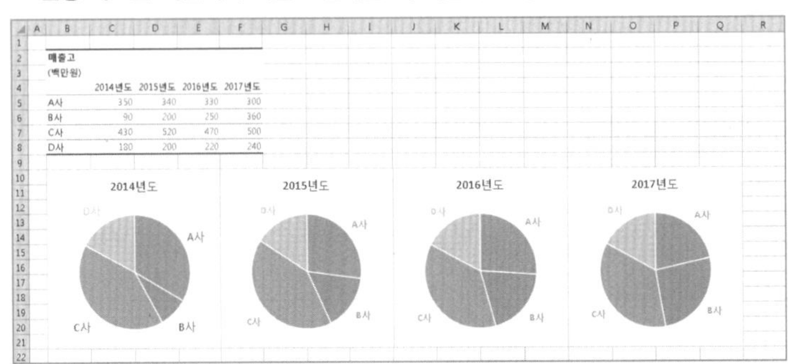

매출고
(백만원)

	2014년도	2015년도	2016년도	2017년도
A사	350	340	330	300
B사	90	200	250	360
C사	430	520	470	500
D사	180	200	220	240

원형 차트를 사용해서 시간에 따른 비중의 변화를 표현하려면 여러 개의 차트를 만들어야 한다. 공간도 많이 차지하고 점유율 추이를 비교하기도 쉽지 않다.

한 가지 더!

100% 기준 누적 가로 막대형 차트도 활용하자

항목의 이름이 길거나 비교 항목 수가 많은 경우에는 100% 기준 누적 가로 막대형 차트를 이용한다. 이름이 긴 항목도 깔끔하게 표시할 수 있으며, 항목 수가 많은 경우도 문제없이 표시할 수 있다. 이러한 특징은 가로 막대형 차트(300쪽)와 동일하다. 항목의 표시 순서가 원본 데이터의 표와 반대인 점도 가로 막대형 차트와 동일하므로 가로 막대형 차트의 설명을 참고하도록 한다.

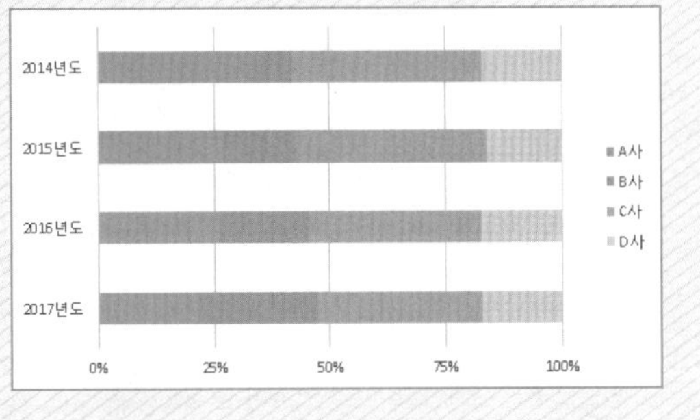

관련 항목 차트의 기본 기능 ⇨ 266쪽 / 누적 막대 차트를 만드는 방법 ⇨ 305쪽

CHAPTER 9

08 트렌드를 나타내는 데 적합한 영역형 차트

최적의 차트 선택법

점유율 추이를 차트로 작성하기

영역형 차트는 꺾은선형 차트의 내부를 빈틈없이 모두 칠한 차트다. 영역형 차트에는 누적하지 않은 영역형 차트와 누적 영역형 차트, 100% 기준 누적 영역형 차트의 세 종류가 있다.

누적하지 않은 보통의 영역형 차트는 영역이 겹치는 부분을 정확히 확인하기 어려워 누적 영역형 차트나 100 % 기준 누적 영역형 차트를 많이 사용한다.

● 영역형 차트의 종류

영역형 차트

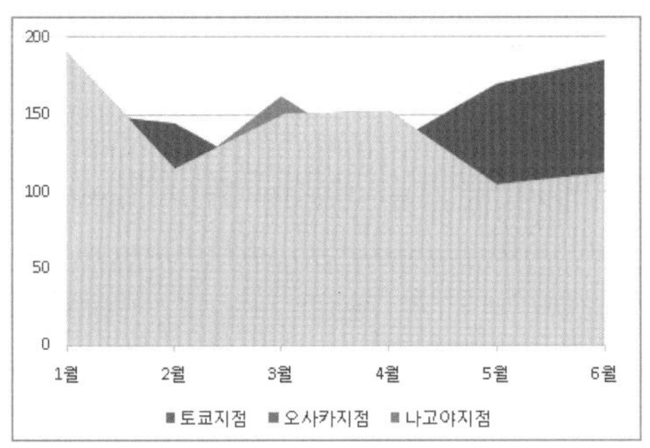

보통의 영역형 차트(2D). 선이 교차한 부분을 확인하기 어려워 비즈니스 현장에는 잘 사용되지 않는다.

누적 영역형 차트

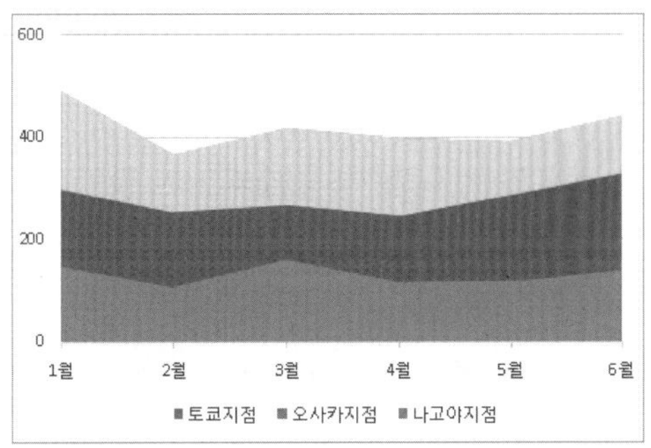

누적 영역형 차트. 각 항목의 값을 누적하므로 전체 합계의 추이와 함께 각 항목의 점유율도 확인할 수 있다.

영역형 차트는 점유율 추이 등의 트렌드를 나타내기 위해 주로 사용된다. 예를 들어, 운영체제의 점유율이나 스마트폰 점유율 등을 표현하기에 적합하다.

100% 기준 누적 영역형 차트가 기본

누적 영역형 차트는 전체 합계의 추이를 확인할 수 있다는 장점이 있지만, 차트의 피크가 오르내리기 때문에 개별 내역의 비율 변화를 알아보는 것은 쉽지 않다. 한편, 100% 기준 누적 영역형 차트는 **시간에 따른 항목별 비중의 추이를 한눈에 확인할 수 있다**는 장점이 있지만, 합계 추이는 확인할 수 없다. 각각의 특징을 이해한 후 차트를 통해 무엇을 전달하고 싶은지를 고려하여 적절한 차트를 선택하는 것이 중요하다.

- **100% 기준 누적 영역형 차트를 이용한 OS 점유율 차트**

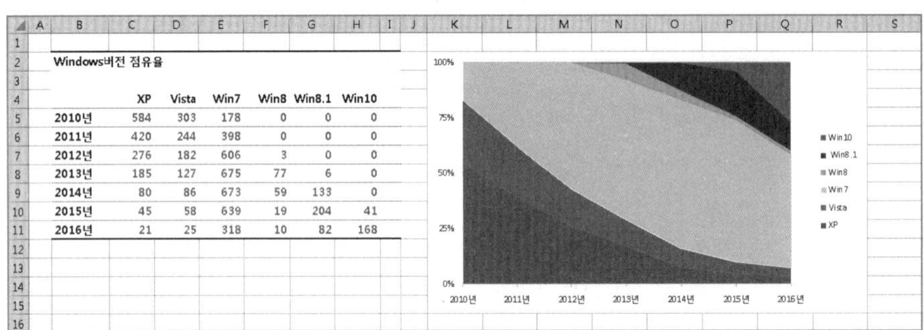

Windows버전 점유율

	XP	Vista	Win7	Win8	Win8.1	Win10
2010년	584	303	178	0	0	0
2011년	420	244	398	0	0	0
2012년	276	182	606	3	0	0
2013년	185	127	675	77	6	0
2014년	80	86	673	59	133	0
2015년	45	58	639	19	204	41
2016년	21	25	318	10	82	168

트렌드를 표시하고 싶은 경우 100% 기준 누적 영역형 차트를 사용한다. 이 차트를 보면, 2016년 말에 Windows 7의 점유율이 높은 것을 알 수 있다.

또한, 앞서 소개한 누적 세로 막대형 차트(309쪽)나 100% 기준 누적 세로 막대형 차트(309쪽)로도 시간의 추이에 따른 각 항목의 값이나 비중을 표시할 수 있지만, 이러한 차트들은 데이터의 집계 기간이 길수록 막대의 수가 많아져서 알아보기 어려워지는 특징이 있다.

- **누적 영역형 차트 vs. 세로 막대형 차트**

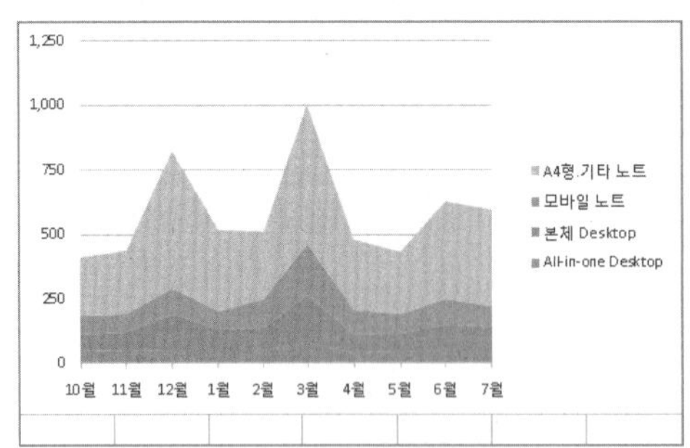

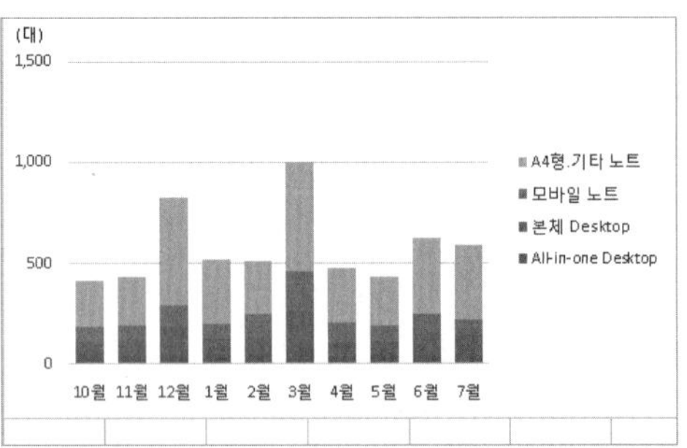

두 차트 모두 합계 추이와 각 항목의 점유율을 확인할 수 있다. 하지만 세로 막대형 차트의 경우 집계 기간이 길어지면 막대의 수가 많아져 보기 어려울 것이다.

관련 항목 차트의 매력을 높이는 색 사용법 ⇨ 273쪽 / 원형 차트 ⇨ 302쪽

COLUMN

그 밖의 엑셀 차트

지금까지 소개한 네 종류의 차트(막대, 꺾은선, 원, 영역)만 사용해도 대부분의 비즈니스에 대응할 수 있다. 더 많은 차트를 아는 것보다 기본이 되는 네 종류의 차트를 제대로 다룰 줄 아는 것이 중요하다.

다만, 엑셀에는 상황에 따라 유용하게 사용할 수 있는 다양한 차트가 있다. 여기서 소개하지 못한 차트 중에서 비즈니스용 차트 몇 개를 간략하게 소개하겠다.

● 방사형 차트

체력	8
스피드	5
내구력	9
지력	4
지위	0

성적이나 스펙 등을 표시하는 데 사용된다. 장단점이나 균형 등을 쉽게 확인할 수 있다. 서적이나 잡지 등에서 볼 수 있는데, 값의 차이나 평균을 확인하기 어렵기 때문에 실무에서 사용하는 것은 추천하지 않는다.

● 분산형 차트

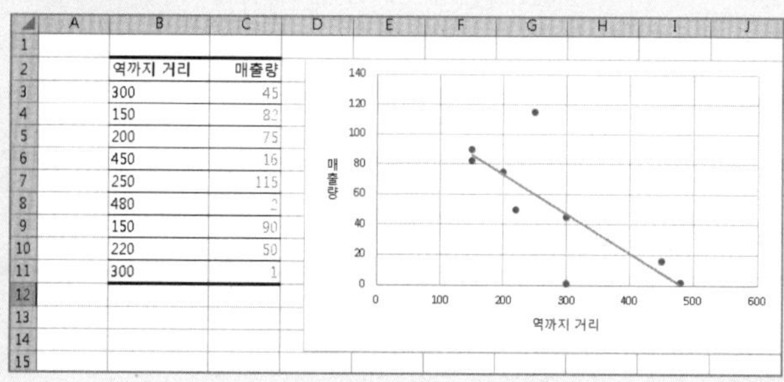

역까지 거리	매출량
300	45
150	82
200	75
450	16
250	115
480	2
150	90
220	50
300	1

두 데이터의 상관관계를 찾아내기 위해 사용한다.
분산형 차트의 변종으로 거품형 차트가 있다.

● 주식형 차트

일자	시가	고가	저가	종가
2016/10/4	16,661.51	16,747.20	16,637.82	16,735.65
2016/10/3	16,566.03	16,652.16	16,554.83	16,598.67
2016/9/30	16,474.45	16,497.55	16,407.78	16,449.84
2016/9/29	16,606.30	16,756.43	16,584.14	16,693.71
2016/9/28	16,504.99	16,515.84	16,385.03	16,465.40
2016/9/27	16,390.91	16,683.93	16,285.41	16,683.93
2016/9/26	16,707.45	16,707.45	16,514.93	16,544.56
2016/9/23	16,759.84	16,808.59	16,725.53	16,754.02
2016/9/21	16,471.85	16,823.63	16,399.65	16,807.62
2016/9/20	16,403.22	16,591.70	16,403.22	16,492.15
2016/9/16	16,458.74	16,532.84	16,415.86	16,519.29
2016/9/15	16,512.42	16,528.02	16,359.78	16,405.01

주식의 가격 추이를 나타내기 위한 차트다. 시가, 고가, 저가, 종가의 4개 값을 캔들 모양으로 표현한다.

CHAPTER

10

엑셀의 인쇄 기능 10분 안에 마스터하기

CHAPTER 10

01 엑셀의 인쇄 기능 제대로 이해하기

인쇄의 기술

예제 파일 chapter10.xlsx

그냥 사용하는 단계에서 벗어나자

엑셀은 설정에 크게 신경쓰지 않아도 비교적 깔끔하게 인쇄된다. 그러나 직장에서 활용하기 위해서는 인쇄와 관련된 디테일한 설정 방법을 조금 더 알아두는 것이 좋다. 이 절에서는 엑셀을 사용할 때 반드시 알고 있어야 하는 기본 인쇄 기능을 설명한다.

엑셀로 만든 표를 인쇄하려면 **[파일] 탭**에서 **[인쇄]**를 클릭한다. 혹은 단축키 Ctrl + P를 누른다. 인쇄 설정 화면은 좌우로 분할되어 있으며, 왼쪽에는 **인쇄 관련 설정 항목**이 배치되고, 오른쪽에는 **미리 보기**가 표시된다. 미리 보기를 확인하면서 각 항목을 설정하고, 설정이 완료되면 화면 상단의 [인쇄] 버튼을 클릭한다.

• **[인쇄] 화면**

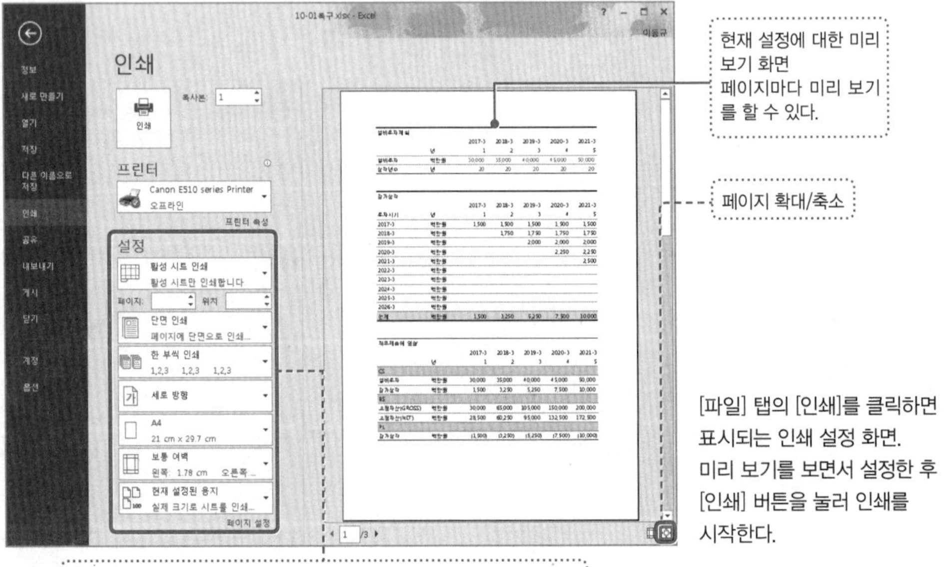

인쇄
프린터
설정
현재 설정에 대한 미리 보기 화면
페이지마다 미리 보기를 할 수 있다.
페이지 확대/축소
원하는 대로 인쇄 설정을 조절한다. 설정 후 [인쇄]를 클릭하면 인쇄된다.

[파일] 탭의 [인쇄]를 클릭하면 표시되는 인쇄 설정 화면. 미리 보기를 보면서 설정한 후 [인쇄] 버튼을 눌러 인쇄를 시작한다.

인쇄 범위 정하기

인쇄를 시작하기 전에 먼저 인쇄 범위를 설정한다. 인쇄할 셀 범위를 선택하고 **[페이지 레이아웃] 탭 ➡ [인쇄 영역] ➡ [인쇄 영역 설정]**을 클릭하면 해당 셀 범위만 인쇄 대상으로 지정된다.

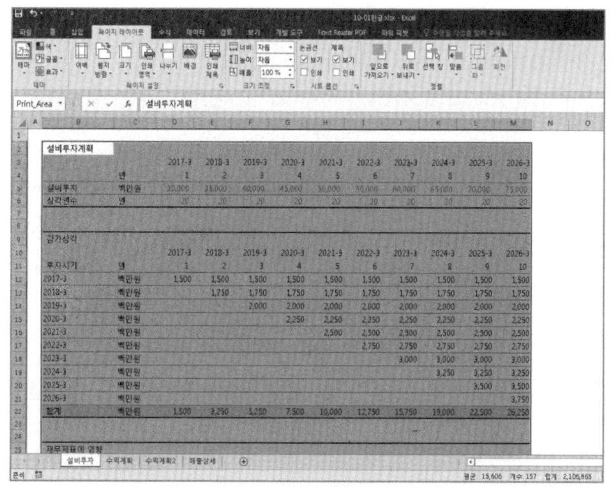

❶ 인쇄할 셀 범위를 선택한다.

❷ [페이지 레이아웃] 탭 ➡ [인쇄 영역] ➡ [인쇄 영역 설정]을 클릭한다.

이 설정을 하지 않으면 **시트에서 한 번이라도 사용된 셀이 모두 인쇄 범위가 된다.** 따라서 일시적으로 사용한 수식이나 사용하지 않지만 배경색이 설정되어 있는 셀처럼 인쇄할 필요가 없는 셀까지 인쇄 대상에 포함되므로 사전에 인쇄 범위를 설정하는 것이 좋다.

또한 **시트의 첫 번째 줄과 열은 비워 두는 규칙**(11쪽)에 따라 표를 작성한 경우, 첫 번째 줄과 열을 인쇄 범위에 포함시킬지를 팀 전체에서 통일하는 것이 좋다.

한 가지 더!

인쇄 범위 설정 후 나타나는 테두리를 숨기는 방법

인쇄 범위를 설정하면 선택한 셀 범위 주위에 희미한 선이 표시된다. 이 선은 문서를 다시 열면 보이지 않는다. 그러나 이 선이 보기 싫다면 [파일] 탭 ➡ [옵션] ➡ [고급] ➡ [다음 시트에서 작업할 때 보기 설정]을 클릭하여 해당 시트를 지정하고, [나누기 페이지 표시]의 체크를 해제하면 된다.

용지 방향과 크기 결정

인쇄 범위를 정했으면 인쇄 설정 화면에서 **용지 방향과 크기**를 설정한다. 가로 방향으로 표를 인쇄하려면 [가로 방향]으로 설정하고 인쇄 용지의 크기를 지정한다. 기본적으로 A4 용지가 선택되어 있으나 표의 크기에 따라 적절한 크기의 용지를 선택하면 된다.

이때 **가능하면 표 전체가 한쪽에 들어가도록 용지의 크기를 선택하는 것이 좋다.** 표가 큰 경우에는 A3 용지를 고려해 보는 것이 좋다. 인쇄 비용은 A4와 그다지 다르지 않으면서 표를 알아보기가 훨씬 쉽다.

● **용지 방향과 크기를 조정하여 표가 한 장에 들어가도록 한다**

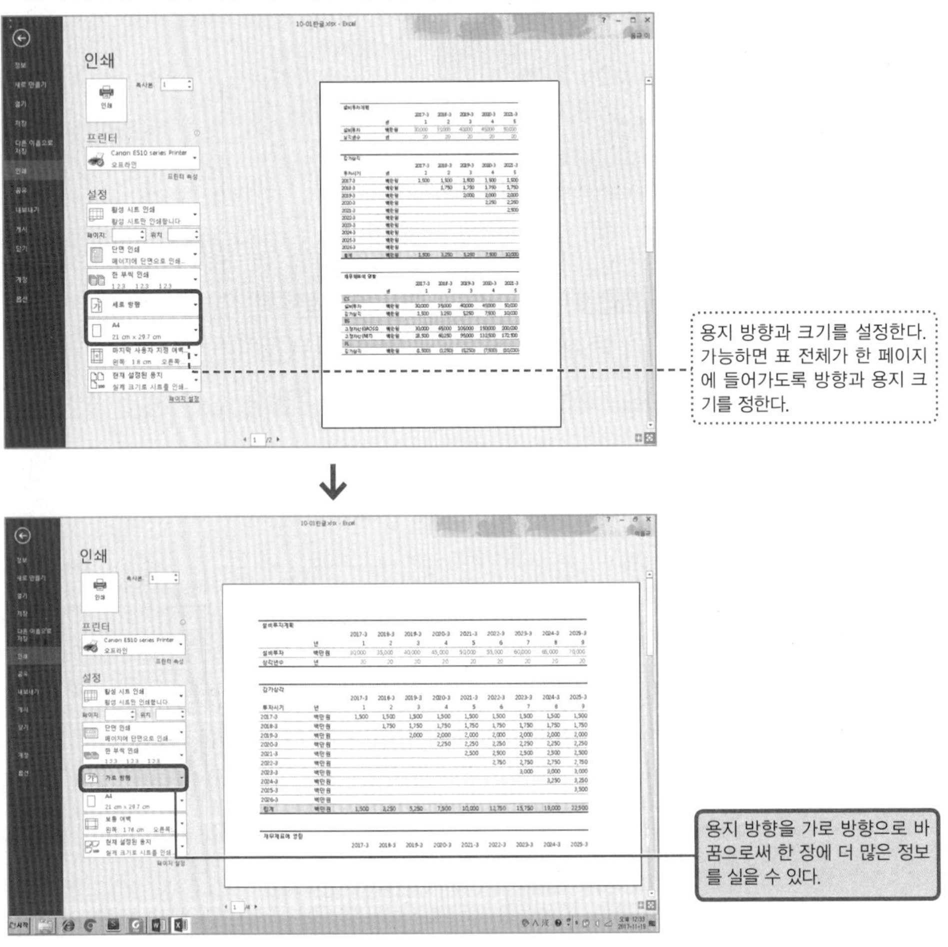
인쇄
프린터
설정
세로 방향
가로 방향
A4
21 cm x 29.7 cm
용지 방향과 크기를 설정한다. 가능하면 표 전체가 한 페이지에 들어가도록 방향과 용지 크기를 정한다.
용지 방향을 가로 방향으로 바꿈으로써 한 장에 더 많은 정보를 실을 수 있다.

여백의 크기와 인쇄 배율

공간이 조금 모자라서 표가 한 장에 다 들어가지 않는 경우에는 **여백 설정**을 바꿔 본다. 여백을 설정하는 콤보 박스를 클릭하여 [좁게]를 선택하면 된다(기본으로 [보통 여백]이 설정되어 있다).

그래도 여전히 다 들어가지 않는다면 그 밑에 있는 인쇄 배율 설정을 **[한 페이지에 시트 맞추기]**로 설정한다. 그러면 한 페이지에 인쇄되도록 인쇄 배율이 자동으로 조정된다. 그러나 이 방법으로 표를 인쇄하면 문자나 숫자가 작게 인쇄되므로 표가 너무 큰 경우에는 권장하지 않는다.

글자 크기를 작게 만들어 인쇄하는 것이 좋을지 여러 페이지에 나누어 인쇄하는 것이 좋을지는 상황에 따라 다르다. 그러나 확실한 것은 약간의 공간 때문에 다음 페이지에 인쇄되는 상황이라면 인쇄 배율을 축소해서 한 페이지에 인쇄하는 것이 좋다.

● **여백 지정과 배율 지정**

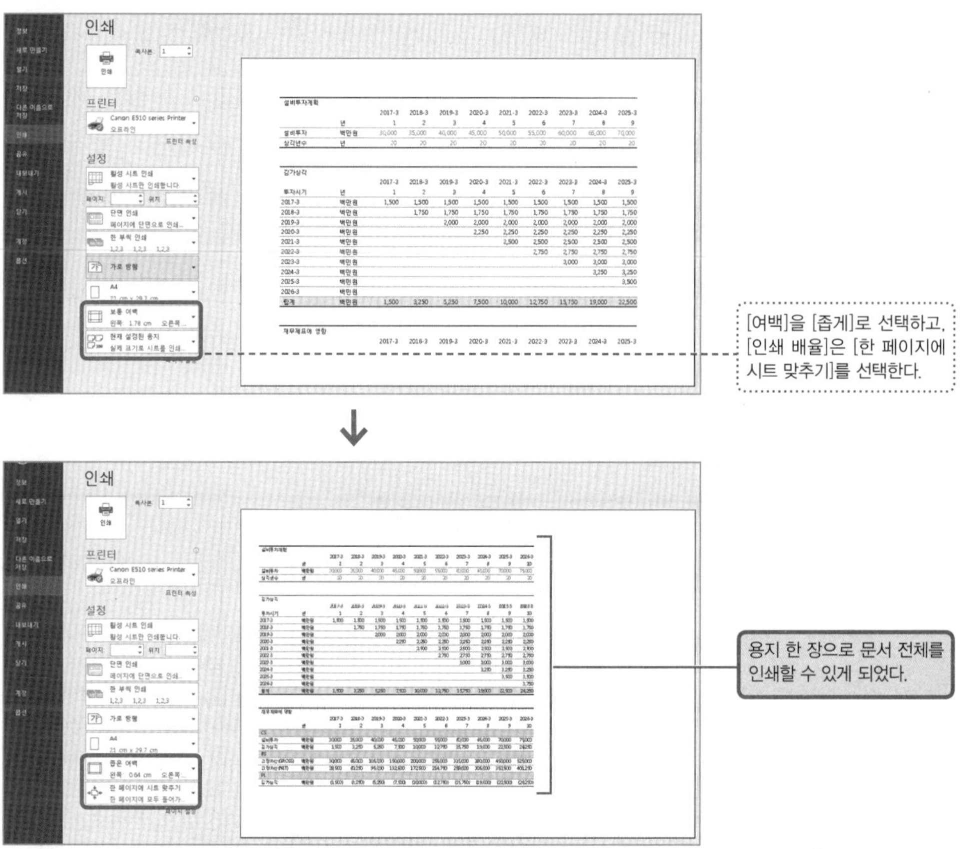
인쇄
프린터
설정
[여백]을 [좁게]로 선택하고, [인쇄 배율]은 [한 페이지에 시트 맞추기]를 선택한다.
인쇄
프린터
설정
용지 한 장으로 문서 전체를 인쇄할 수 있게 되었다.

관련 항목 여러 시트 인쇄 ⇨ 322쪽 / 머리글과 바닥글 편집 ⇨ 325쪽 / PDF 출력 ⇨ 329쪽

CHAPTER 10

02 페이지를 나눠 인쇄할 때의 주의점

인쇄의 기술

예제 파일 chapter10.xlsx

페이지를 나누는 위치 확인

큰 표를 여러 페이지에 나누어 인쇄할 때, 페이지를 나누는 구분선은 엑셀에 의해 자동으로 정해진다. 페이지를 나누는 구분선을 확인하거나 변경하려면 [보기] 탭에서 [페이지 나누기 미리 보기] 버튼을 클릭한다. 그러면 [페이지 나누기 미리 보기] 화면이 표시된다.

[페이지 나누기 미리 보기] 화면에서는 인쇄 범위 전체가 **파란색 테두리**로 표시되고, 페이지를 나누는 구분선은 **파란색 점선**으로 표시된다. 이 테두리나 점선을 드래그하여 인쇄 범위 및 페이지 구분선을 변경할 수 있다. [페이지 나누기 미리 보기] 화면에서 원래 화면으로 돌아가려면 [페이지 나누기 미리 보기] 버튼 왼쪽에 있는 **[기본] 버튼**을 클릭하면 된다.

- **페이지 나누기 미리 보기 화면**

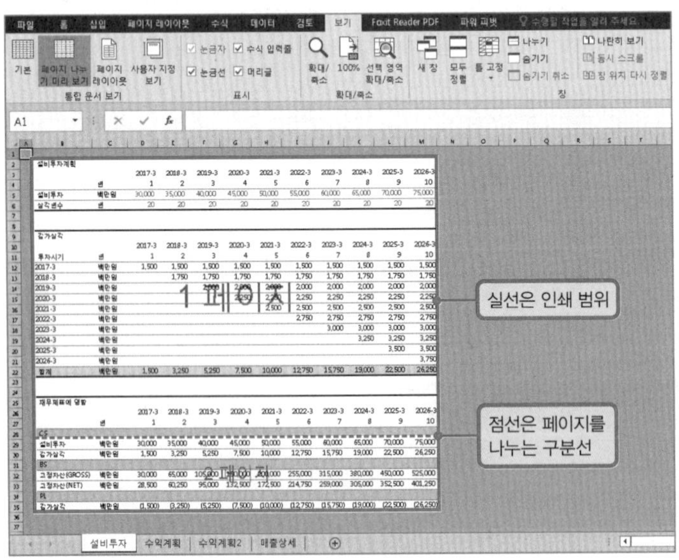

[보기] 탭에서 [페이지 나누기 미리 보기] 버튼을 클릭하면 [페이지 나누기 미리 보기] 화면이 표시된다. 인쇄 범위는 파란색 테두리, 페이지를 나누는 구분선은 파란색 점선으로 표시된다. 왼쪽의 그림을 보면 표를 나누는 구분선이 잘못되어 있는 것을 알 수 있다.

페이지 구분선을 바꿀 때는 반드시 짧게

페이지를 나누는 구분선은 파란 점선을 드래그하는 것만으로 쉽게 변경할 수 있지만, 변경할 때는 반드시 **기본 설정의 크기보다 작아지도록 변경하는 것이 좋다.** 페이지 구분선을 원래보다 밑으로 늘리면 그 범위를 맞추기 위해 표가 자동으로 축소되어 인쇄되기 때문이다. 자칫 잘못하면 페이지마다 표 인쇄 배율이 달라질 수 있으니 꼭 주의하도록 한다.

페이지 구분선을 추가로 삽입하려면, 행 전체 또는 열 전체를 선택하고 [마우스 오른쪽 클릭] ➡ [페이지 나누기 삽입]을 선택한다.

			2,750	2,750	2,750	2,750	2,750
				3,000	3,000	3,000	3,000
					3,250	3,250	3,250
						3,500	3,500
							3,750
5,250	7,500	10,000	12,750	15,750	19,000	22,500	26,250
2019-3	2020-3	2021-3	2022-3	2023-3	2024-3	2025-3	2026-3
3	4	5	6	7	8	9	10
40,000	45,000	50,000	55,000	60,000	65,000	70,000	75,000
5,250	7,500	10,000	12,750	15,750	19,000	22,500	26,250
105,000	150,000	200,000	255,000	315,000	380,000	450,000	525,000
95,000	132,500	172,500	214,750	259,000	305,000	352,500	401,250
(5,250)	(7,500)	(10,000)	(12,750)	(15,750)	(19,000)	(22,500)	(26,250)

2 페이지

❶ 페이지 구분선을 나타내는 파란색 점선 위로 마우스를 이동하고 드래그하여 위치를 변경한다.

MEMO
인쇄 영역의 넓이를 변경할 때는 반드시 왼쪽으로 드래그하는 것이 좋다. 즉, 범위를 축소한다. 오른쪽으로 드래그하여 인쇄 범위를 넓히면 인쇄 배율이 축소된다.

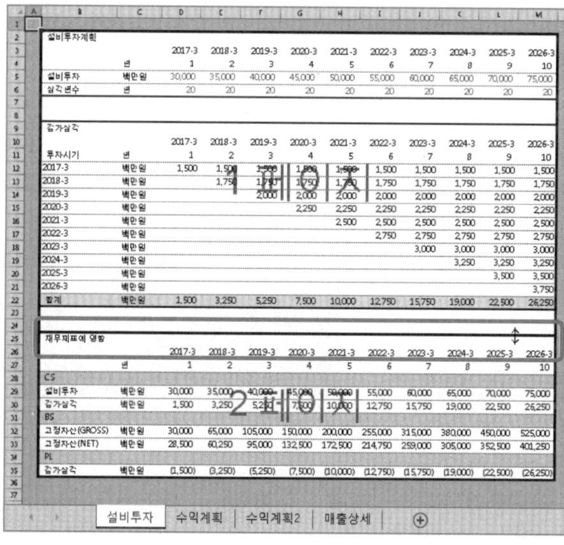

설비투자계획											
		2017-3	2018-3	2019-3	2020-3	2021-3	2022-3	2023-3	2024-3	2025-3	2026-3
	년	1	2	3	4	5	6	7	8	9	10
설비투자	백만원	30,000	35,000	40,000	45,000	50,000	55,000	60,000	65,000	70,000	75,000
상각연수	년	20	20	20	20	20	20	20	20	20	20

감가상각											
		2017-3	2018-3	2019-3	2020-3	2021-3	2022-3	2023-3	2024-3	2025-3	2026-3
투자시기	년	1	2	3	4	5	6	7	8	9	10
2017-3	백만원	1,500	1,500	1,500	1,500	1,500	1,500	1,500	1,500	1,500	1,500
2018-3	백만원		1,750	1,750	1,750	1,750	1,750	1,750	1,750	1,750	1,750
2019-3	백만원			2,000	2,000	2,000	2,000	2,000	2,000	2,000	2,000
2020-3	백만원				2,250	2,250	2,250	2,250	2,250	2,250	2,250
2021-3	백만원					2,500	2,500	2,500	2,500	2,500	2,500
2022-3	백만원						2,750	2,750	2,750	2,750	2,750
2023-3	백만원							3,000	3,000	3,000	3,000
2024-3	백만원								3,250	3,250	3,250
2025-3	백만원									3,500	3,500
2026-3	백만원										3,750
합계	백만원	1,500	3,250	5,250	7,500	10,000	12,750	15,750	19,000	22,500	26,250

1 페이지

재무제표에 영향											
		2017-3	2018-3	2019-3	2020-3	2021-3	2022-3	2023-3	2024-3	2025-3	2026-3
	년	1	2	3	4	5	6	7	8	9	10
CS											
설비투자	백만원	30,000	35,000	40,000	45,000	50,000	55,000	60,000	65,000	70,000	75,000
감가상각	백만원	1,500	3,250	5,250	7,500	10,000	12,750	15,750	19,000	22,500	26,250
BS											
고정자산(GROSS)	백만원	30,000	65,000	105,000	150,000	200,000	255,000	315,000	380,000	450,000	525,000
고정자산(NET)	백만원	28,500	60,250	95,000	132,500	172,500	214,750	259,000	305,000	352,500	401,250
PL											
감가상각	백만원	(1,500)	(3,250)	(5,250)	(7,500)	(10,000)	(12,750)	(15,750)	(19,000)	(22,500)	(26,250)

2 페이지

❷ 페이지 구분선을 변경하여 시트에 있는 2개의 표를 각각 다른 종이에 인쇄하도록 했다. 이때 페이지 구분선은 처음에는 점선이었다가 사용자가 변경한 후에는 실선이 된다.

관련 항목 인쇄 기능의 기본 ⇨ 316쪽 / 한 부씩 인쇄 ⇨ 327쪽

CHAPTER 10

03 여러 시트를 통합하여 인쇄하기

인쇄의 기술

예제 파일 chapter10.xlsx

인쇄할 시트 그룹화하기

여러 시트를 한꺼번에 인쇄하려면 먼저 시트별로 인쇄 영역, 용지 방향, 용지 크기 등 각종 인쇄 설정(318쪽)을 수행한다.

각 시트의 인쇄 설정이 완료되면 시트 탭에서 인쇄할 시트를 선택한다. 여러 시트를 동시에 인쇄하고 싶은 경우에는 첫 번째 시트를 선택한 후, Ctrl을 누른 상태에서 나머지 시트 탭을 클릭하여 선택한다. 이와 같이 동시에 여러 시트를 선택하는 것을 **시트 그룹화**라고 한다.

시트를 그룹화한 상태에서 인쇄(Ctrl + P)를 실행하면 선택한 시트가 모두 인쇄된다.

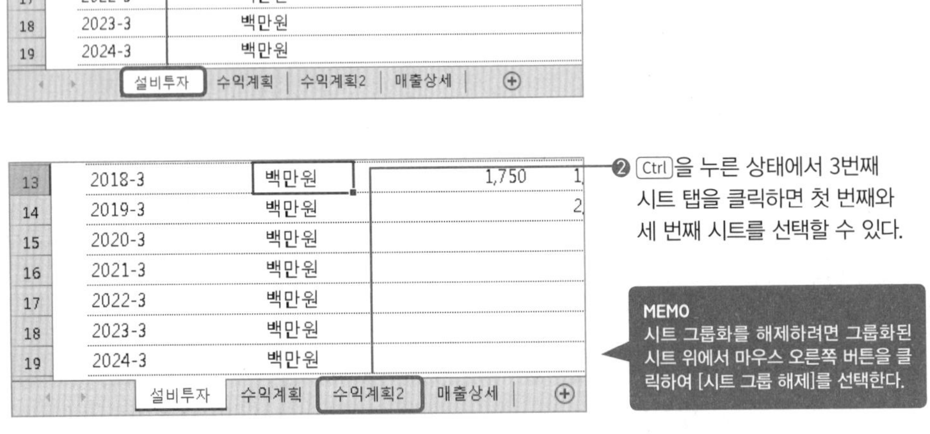

MEMO
시트 그룹화를 해제하려면 그룹화된 시트 위에서 마우스 오른쪽 버튼을 클릭하여 [시트 그룹 해제]를 선택한다.

여러 시트를 한꺼번에 선택하기

한 개의 시트 탭을 선택한 상태에서 Ctrl이 아닌 Shift를 누른 상태로 다른 시트 탭을 클릭하면 처음 선택한 시트와 클릭한 시트 사이에 있는 모든 시트를 선택할 수 있다. 예를 들어, 첫 번째 시트를 선택한 후 Shift를 누른 상태에서 4번째 시트를 클릭하면 1~4번째의 모든 시트를 선택할 수 있다. 여러 시트를 동시에 인쇄할 때 유용하다.

통합 문서 내에 있는 모든 시트 인쇄하기

통합 문서 내의 모든 시트를 인쇄하려면 각 시트에 대해 인쇄 설정을 마친 후, 인쇄 설정 화면의 [인쇄 대상]에서 [전체 통합 문서 인쇄]를 선택한다. 그러면 시트별로 지정한 인쇄 설정이 반영되어 인쇄된다.

- **통합 문서 내의 모든 시트를 통합하여 인쇄하기**

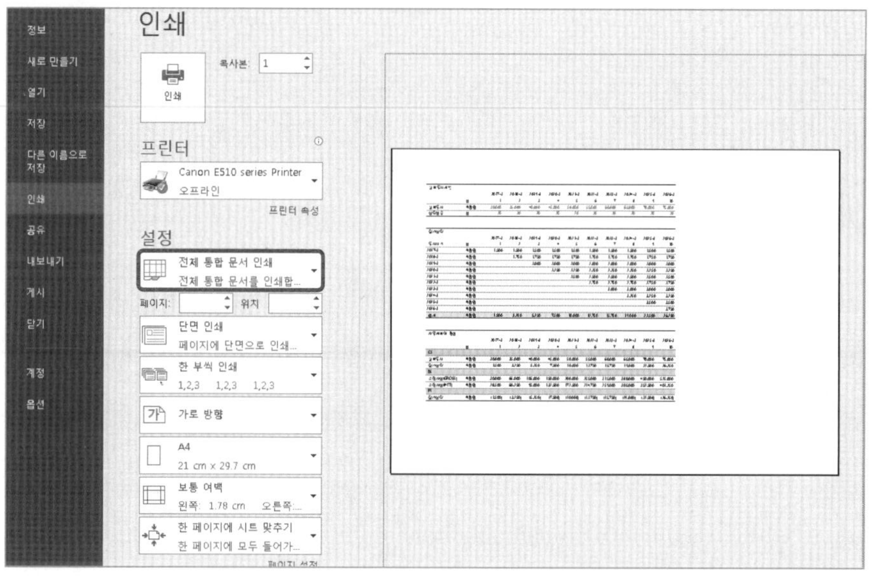

모든 시트를 인쇄할 경우에는 인쇄 설정 화면의 [인쇄 대상]에서 [전체 통합 문서 인쇄]를 설정하고 인쇄 버튼을 누른다.

선택한 셀 범위만 인쇄하기(스팟 인쇄)

엑셀에서는 시트 전체가 아닌 선택한 셀 범위만을 인쇄할 수도 있다. 셀 범위를 선택한 후 [인쇄 대상]으로 [선택 영역 인쇄]를 설정하면 된다. 이 기능은 여러 시트에 대해 적용할 수도 있다. 첫 번째 시트에서 셀 범위를 선택한 후 Ctrl을 누른 상태에서 다른 시트에서도 셀 범위를 선택한다. 그러면 첫 번째 셀 범위와 두 번째 셀 범위를 별도의 용지에 인쇄할 수 있다.

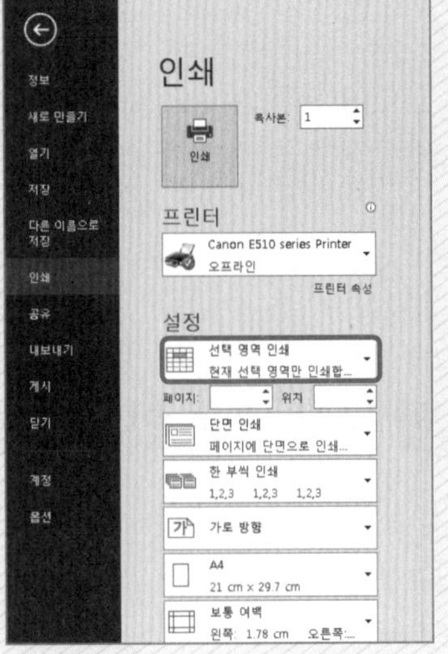

관련 항목 페이지 나누기 변경 ⇨ 320쪽 / 머리글/바닥글 편집 ⇨ 325쪽 / 한 부씩 인쇄 ⇨ 327쪽

CHAPTER 10

04 중요한 파일 정보를 문서의 머리글에 기재하기

인쇄의 기술

예제 파일 chapter10.xlsx

파일 정보를 기재하여 자료의 정확성 확보하기

여러 페이지로 구성된 문서를 인쇄할 때는 용지의 머리글과 바닥글에 **파일 이름 및 인쇄 날짜, 페이지 번호** 등을 표시하는 것이 좋다.

문서에 따라서는 **어느 시점의 자료인지 중간에 누락된 페이지는 없는지**가 매우 중요할 수 있다. 그런 경우에 머리글과 바닥글에 파일 정보가 기재되어 있으면 확인하기 훨씬 수월해진다. 특히, 30장이나 40장처럼 양이 많은 경우에 필수적이다.

● 문서의 머리글과 바닥글에 파일 정보 기재하기

수익계획_20160914_3.xlsx

설비투자계획

		2017-3	2018-3	2019-3	2020-3	2021-3	2022-3	2023-3	2024-3	2025-3	2026-3
	년	1	2	3	4	5	6	7	8	9	10
설비투자	백만원	30,000	35,000	40,000	45,000	50,000	55,000	60,000	65,000	70,000	75,000
상각년수	년	20	20	20	20	20	20	20	20	20	20

감가상각

		2017-3	2018-3	2019-3	2020-3	2021-3	2022-3	2023-3	2024-3	2025-3	2026-3
투자시기	년	1	2	3	4	5	6	7	8	9	10
2017-3	백만원	1,500	1,500	1,500	1,500	1,500	1,500	1,500	1,500	1,500	1,500
2018-3	백만원		1,750	1,750	1,750	1,750	1,750	1,750	1,750	1,750	1,750
2019-3	백만원			2,000	2,000	2,000	2,000	2,000	2,000	2,000	2,000
2020-3	백만원				2,250	2,250	2,250	2,250	2,250	2,250	2,250
2021-3	백만원					2,500	2,500	2,500	2,500	2,500	2,500
2022-3	백만원						2,750	2,750	2,750	2,750	2,750
2023-3	백만원							3,000	3,000	3,000	3,000
2024-3	백만원								3,250	3,250	3,250
2025-3	백만원									3,500	3,500
2026-3	백만원										3,750
합계	백만원	1,500	3,250	5,250	7,500	10,000	12,750	15,750	19,000	22,500	26,250

재무제표에 영향

		2017-3	2018-3	2019-3	2020-3	2021-3	2022-3	2023-3	2024-3	2025-3	2026-3
	년	1	2	3	4	5	6	7	8	9	10
CS											
설비투자	백만원	30,000	35,000	40,000	45,000	50,000	55,000	60,000	65,000	70,000	75,000
감가상각	백만원	1,500	3,250	5,250	7,500	10,000	12,750	15,750	19,000	22,500	26,250
BS											
고정자산(GROSS)	백만원	30,000	65,000	105,000	150,000	200,000	255,000	315,000	380,000	450,000	525,000
고정자산(NET)	백만원	28,500	60,250	95,000	132,500	172,500	214,750	259,000	305,000	352,500	401,250
PL											
감가상각	백만원	(1,500)	(3,250)	(5,250)	(7,500)	(10,000)	(12,750)	(15,750)	(19,000)	(22,500)	(26,250)

1/6페이지

용지의 머리글과 바닥글에 파일 이름 및 인쇄 날짜, 페이지 번호 등의 중요한 파일 정보를 기재하면, 여러 페이지로 구성된 문서를 배포할 때 편리하다.

머리글/바닥글 설정 방법

머리글/바닥글에 표시할 내용은 자주 사용되는 패턴 중에서 선택하거나 자유롭게 직접 설정할 수도 있다. 직접 설정하는 경우에는 [머리글 편집]이나 [바닥글 편집]을 클릭하여 페이지 수와 파일 이름 등을 포함하도록 설정하면 된다. 머리글과 바닥글을 설정하는 방법은 다음과 같다.

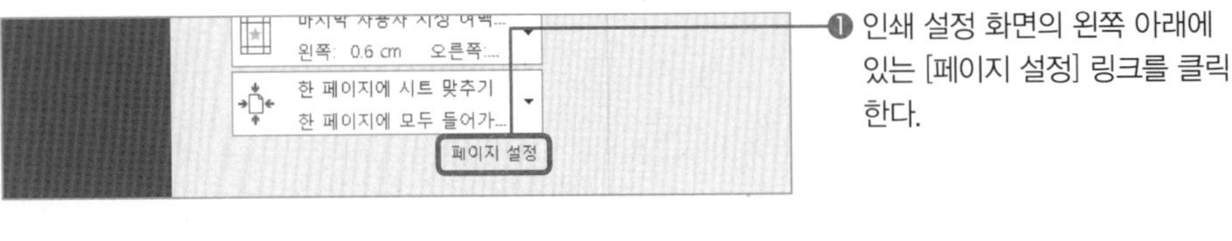

❶ 인쇄 설정 화면의 왼쪽 아래에 있는 [페이지 설정] 링크를 클릭한다.

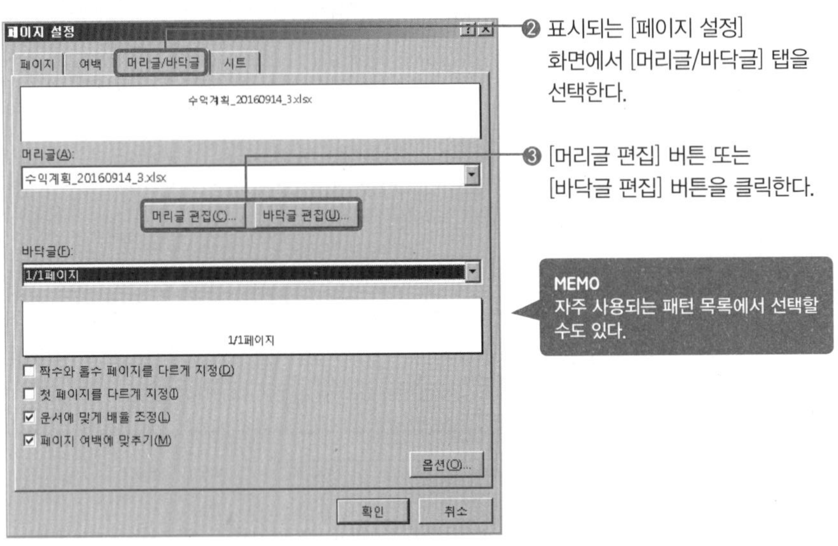

❷ 표시되는 [페이지 설정] 화면에서 [머리글/바닥글] 탭을 선택한다.

❸ [머리글 편집] 버튼 또는 [바닥글 편집] 버튼을 클릭한다.

MEMO
자주 사용되는 패턴 목록에서 선택할 수도 있다.

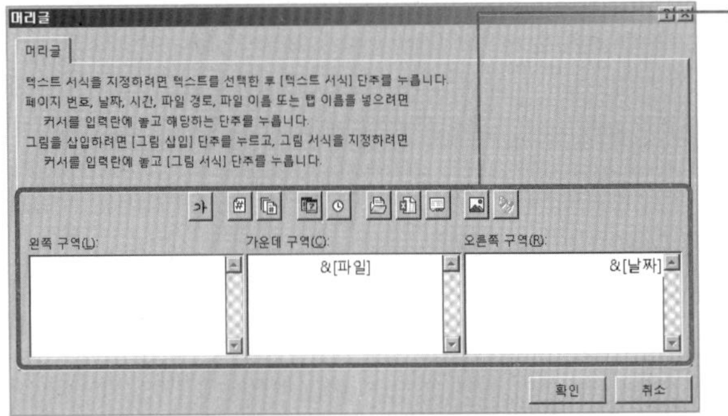

❹ 왼쪽, 가운데, 오른쪽 구역 중 하나를 선택한 후, 파일 이름 및 인쇄 날짜 등에 대응하는 버튼을 클릭한다.

관련 항목 인쇄 기능의 기본 ⇨ 316쪽 / 한 부씩 인쇄 ⇨ 327쪽

CHAPTER 10

05 배포 자료는 인쇄 순서를 변경하여 제본하기 쉽게 한다

인쇄의 기술

예제 파일 chapter10.xlsx

한 부씩 인쇄하기

여러 페이지로 구성된 문서를 동시에 여러 부 인쇄하는 경우, 인쇄 설정 화면에서 [복사본]을 설정하고 [인쇄 방법]에 **[한 부씩 인쇄]**를 설정한다. [한 부씩 인쇄]를 설정하지 않은 상태에서 3페이지짜리 자료를 5부 인쇄하면 첫 번째 페이지 5부, 두 번째 페이지 5부, 세 번째 페이지 5부 순으로 인쇄되기 때문에 인쇄된 자료를 정리하는 데 엄청난 시간이 소요된다. '한 부씩 인쇄'를 설정하고 인쇄하면 1~3페이지의 한 세트가 5회 인쇄된다. 불필요한 정리 작업에 시간을 낭비하지 않도록 꼭 기억해 두기 바란다.

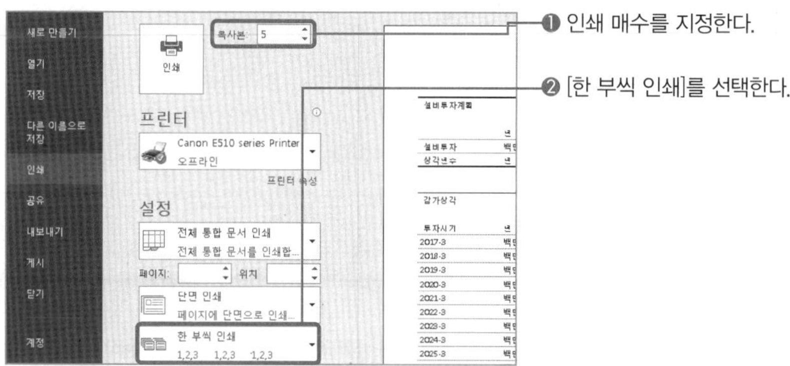

한 가지 더!

프린터 자체 설정 활용하기

사용하는 프린터에 따라 양면 인쇄나 여러 페이지를 한꺼번에 축소하여 인쇄할 수도 있다. 이러한 프린터 고유의 설정은 [페이지 설정] 대화상자(326쪽)에서 [페이지] 탭의 [옵션]을 클릭하여 설정 화면에 액세스할 수 있다. 일부 프린터는 지원되지 않을 수 있다.

관련 항목 여러 시트 인쇄 ⇨ 322쪽 / 머리글/바닥글 편집 ⇨ 325쪽 / PDF 출력 ⇨ 329쪽

CHAPTER 10

06 표 제목을 각 페이지의 첫 줄에 표시하여 인쇄하기

인쇄의 기술

예제 파일 chapter10.xlsx

세로로 긴 표를 인쇄할 때의 필수 기술

용지 한 장에 인쇄되지 않는 세로로 긴 표를 인쇄할 때는 **표의 제목 행을 각 페이지의 첫 줄에 인쇄하도록 설정**하는 것이 좋다. 특히, 열이 많은 경우에는 첫 번째 페이지 이외의 페이지에서는 각 열이 어떤 데이터인지 쉽게 파악하기 어렵다. 이런 경우에는 모든 페이지에 열 정보가 표시되도록 설정하는 것이 좋다.

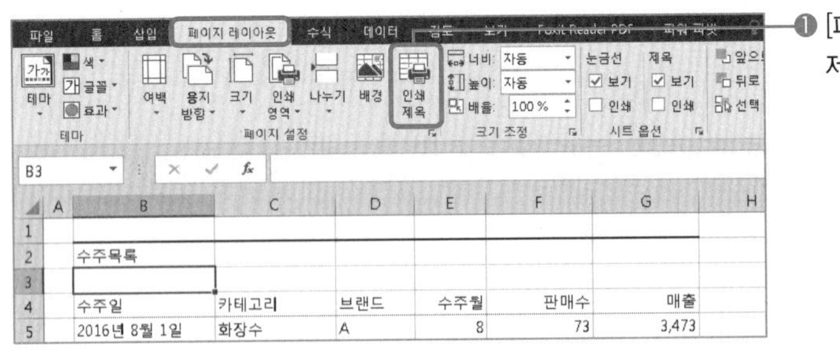

❶ [페이지 레이아웃] 탭의 [인쇄 제목]을 클릭한다.

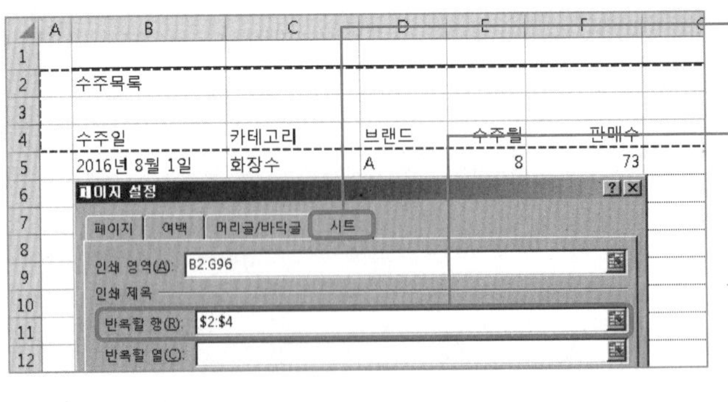

❷ [페이지 설정] 대화상자에서 [시트] 탭을 선택한다.

❸ [반복할 행]에 모든 페이지에 표시할 행의 범위를 지정한다.

MEMO
[페이지 설정] 대화상자는 인쇄 설정 화면의 왼쪽 하단에 있는 [페이지 설정] 링크를 클릭해도 볼 수 있다.

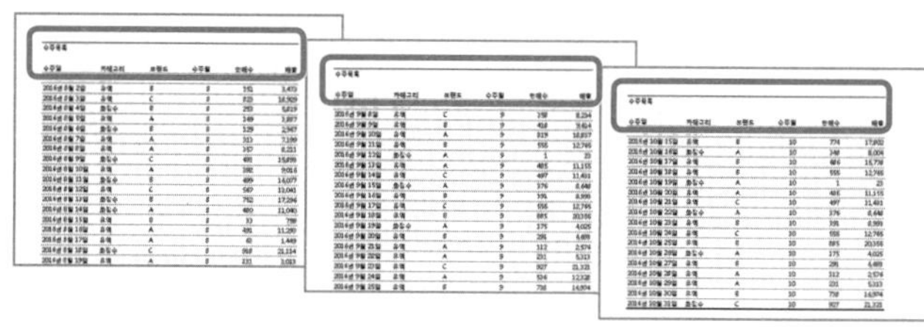

❹ 이제 전체 페이지의 첫 줄에 표 제목과 열 이름이 표시된다.

COLUMN

스마트폰이나 태블릿에서도 볼 수 있도록 PDF로 변환하기

엑셀에서 만든 표를 PDF 형식의 파일로 저장하려면, 인쇄 설정 화면에서 각종 설정을 수행한 후 **[내보내기] 화면**에서 **[PDF/XPF 문서 만들기] 버튼**을 클릭하면 된다. 그러면 인쇄 설정에서 설정한 내용에 맞춰 PDF 파일로 저장된다.

PDF 파일은 엑셀이 설치되지 않은 환경은 물론, 스마트폰이나 태블릿 등의 환경에서도 볼 수 있는 범용성이 높은 파일 형식이다. iPad 등의 태블릿에서 해당 문서를 사용하려면 PDF로 저장하는 방법을 알아두면 편리하다.

- **PDF로 출력하기**

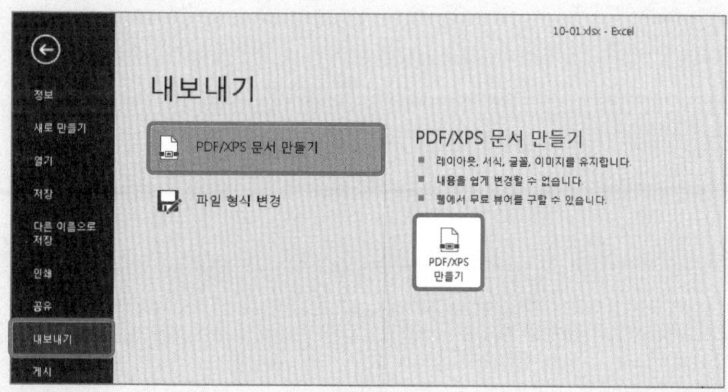

관련 항목 인쇄 기능의 기본 ⇨ 316쪽 / 머리글과 바닥글 편집 ⇨ 325쪽 / 한 부씩 인쇄 ⇨ 327쪽

CHAPTER

11

업무 효율을 극대화하는 매크로

CHAPTER 11

01 온종일 걸릴 작업을 단숨에 끝내는 자동화

귀찮은 반복 작업을 위한 기술

반복적인 작업은 매크로로 자동화하자

엑셀에는 일련의 조작을 자동화할 수 있는 매크로 기능이 포함되어 있다. 매크로를 사용하면 온종일 걸릴 작업을 순식간에 끝낼 수 있다. 예를 들어, 표가 많이 있는데 그 디자인을 모두 일괄적으로 수정해야 한다고 하자. 마우스를 사용하여 하나씩 표의 글꼴, 셀의 폭과 높이, 테두리를 조정한다면 엄청나게 많은 시간이 걸릴 것이다. 하지만 매크로를 사용한다면 순식간에 끝낼 수 있다. 하나 혹은 두 개의 표라면 손으로 작업해도 상관없지만, 10개나 20개 이상이라면 매크로를 사용하는 쪽이 훨씬 효율적이고 정확하다.

● **매크로를 이용한 자동화 예**

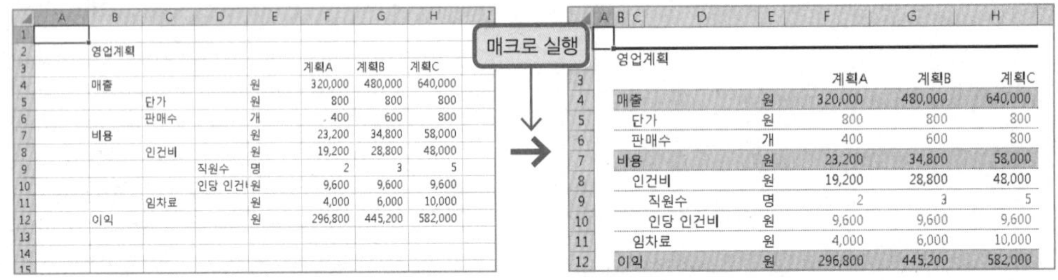

영업계획					
			계획A	계획B	계획C
매출		원	320,000	480,000	640,000
	단가	원	800	800	800
	판매수	개	400	600	800
비용		원	23,200	34,800	58,000
	인건비	원	19,200	28,800	48,000
	직원수	명	2	3	5
	인당 인건비	원	9,600	9,600	9,600
	임차료	원	4,000	6,000	10,000
이익		원	296,800	445,200	582,000

엑셀 매크로를 사용하면 위와 같은 디자인 변경 작업을 순식간에 끝낼 수 있다. 이외에도 분산된 데이터의 집계나 대량 데이터에서 필요한 정보만을 추출하는 처리 등에 매크로가 효율적이다.

엑셀을 많이 사용하는 사람일수록 매크로에서 얻는 혜택이 클 것이다. 매크로는 엑셀 작업을 하느라 야근을 밥 먹듯이 하던 사람들에게 퇴근 후의 삶을 선사해 줄 것이다. 이 뿐만 아니라 단순하고 오래 걸리는 작업을 매크로로 처리함으로써 데이터 분석과 마케팅, 영업 전략 등과 같이 더 중요한 일에 많은 시간을 할애할 수 있다.

자신만의 노하우를 자동화하기

매크로는 **일련의 조작을 약속된 문법에 맞춰 텍스트로 작성하고 그것을 순차적으로 실행하는 구조**로 되어 있다. 예를 들어, 다음 네 가지 조작을 순서대로 수행하는 매크로를 작성한다고 생각해 보자.

- 시트 전체의 글꼴을 '맑은 고딕'으로 한다.
- 글꼴 크기를 '11'로 한다.
- 표의 행 높이를 '18'로 한다.
- 첫 번째 열(A열)의 셀 폭을 '3'으로 한다.

● **매크로 코드 예제와 실행 방법**

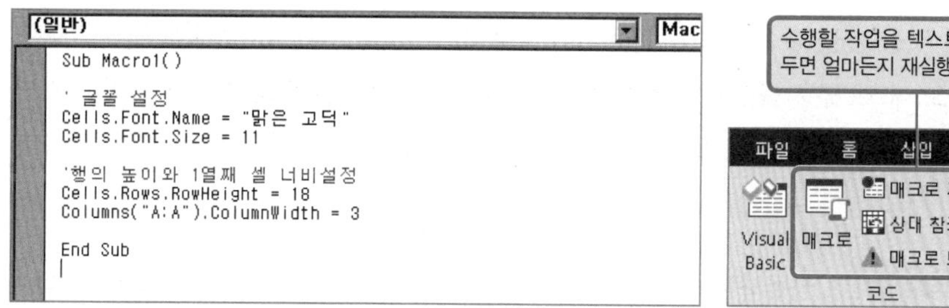

매크로로 실행될 내용이 기재된 프로그램 코드. 매크로 기록 기능을 사용하면 수행한 작업에 해당하는 매크로 코드를 자동으로 만들어 준다.

자세한 내용은 다음 절에서 설명하겠지만, 위 매크로 코드를 잘 살펴보면 어떤 내용인지 대충 유추할 수 있을 것이다. **위 매크로를 실행하면 네 가지 작업이 순차적으로 바로 실행된다.**

매크로 코드를 직접 작성하는 것이 어려워 보인다고 걱정하지 않아도 된다. 엑셀에는 **매크로 기록 기능**(335쪽)이 있다. 이 기능을 이용하면 코드를 직접 작성하지 않아도 수행한 작업을 자동으로 코드로 만들어 준다.

매크로는 조금 어려운 주제이지만 시간을 투자하여 익혀 둔다면 여러분이 얻게 될 가치는 매우 클 것이다.

관련 항목 매크로의 기본 ⇨ 334쪽 / 매크로 기록 ⇨ 335쪽 / 매크로 실행 ⇨ 336쪽

간단한 자동화 체험해 보기

귀찮은 반복 작업을 위한 기술

예제 파일 chapter11.xlsx

매크로를 사용하기 위한 [개발] 탭 표시

매크로는 내용이 방대하여 그 하나만으로도 책 한 권을 쓸 수 있을 정도다. 따라서 이 책에서 매크로의 모든 것을 다룰 수는 없지만 기본적인 내용을 바탕으로 입문할 수 있도록 노력했다. **지금까지 한 번도 매크로를 사용한 적이 없는 독자들도 따라 하면서 감을 잡을 수 있을 것이다.** 이번 절에서는 **매크로 기록 기능**을 이용하여 매크로를 작성하고, 실행하고, 편집하는 방법을 소개할 것이다.

엑셀에서 매크로는 따로 설정하지 않으면 메뉴에 보이지 않는다. 리본 메뉴에 **[개발 도구] 탭**을 추가하는 방법은 다음과 같다.

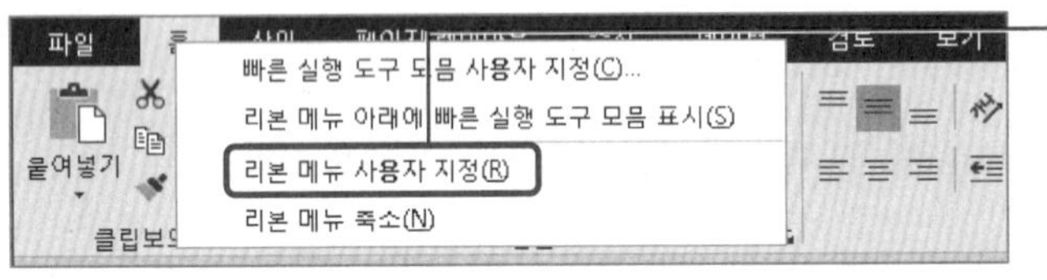

❶ [홈] 탭을 마우스 오른쪽으로 클릭한 다음 [리본 메뉴 사용자 지정]을 클릭한다.

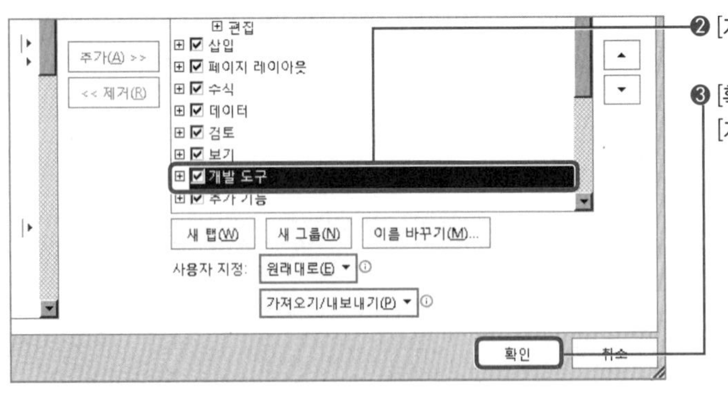

❷ [개발 도구]에 체크한다.

❸ [확인] 버튼을 클릭하면 리본에 [개발 도구] 탭이 표시된다.

매크로 기록 기능으로 매크로 작성하기

개발 도구 탭이 보이도록 설정했으면 이제 매크로를 기록하고 실행해 보자. 신규 통합 문서를 작성하고 [개발 도구] 탭의 **[매크로 기록] 버튼**을 클릭한다(❶). 매크로 기록 대화상자가 표시되면 [매크로 이름](자동화할 작업의 이름)을 입력하고(❷), [확인] 버튼을 클릭한다(❸). 이것으로 매크로를 기록할 준비가 되었다.

기록하고 싶은 일련의 작업을 수행하고(❹), 마지막으로 **[기록 중지] 버튼**을 클릭한다. 이것으로 매크로 기록이 완료된다.

● **매크로 기록 기능으로 매크로 작성**

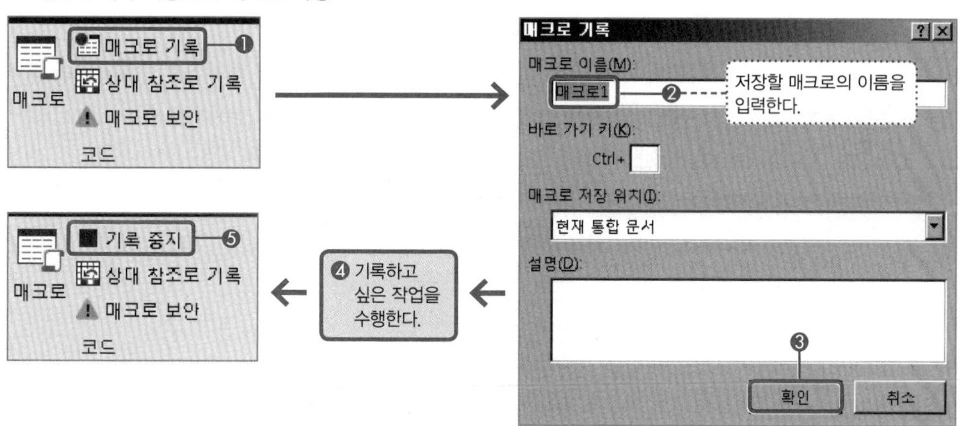

[개발 도구] 탭의 [매크로 기록]을 클릭하여 자동화할 작업을 기록하기 시작한다. 모든 작업을 마쳤으면 [기록 중지]를 클릭한다.

여기서는 매크로 이름으로 '매크로1'을 입력하고 [확인] 버튼을 누른 후 다음과 같은 작업을 수행해 보도록 한다.

① 시트 왼쪽 상단의 [모든 셀 선택] 버튼을 눌러 전체 셀을 선택한다.

② 글꼴은 '맑은 고딕'으로, 크기는 '11pt'로 변경한다.

③ [홈] 탭의 [서식] ➡ [행 높이]를 클릭하여 행 높이를 '18'로 설정한다.

④ A열을 전체 선택한 후 [홈] 탭의 [서식] ➡ [열 너비]를 클릭하여 열 너비를 '3'으로 설정한다.

위 네 가지 작업을 마쳤으면 [기록 중지] 버튼을 클릭한다. 이것으로 매크로가 만들어졌다. 이제 이 매크로를 실행하는 방법에 대해 알아보자.

기록한 매크로를 실행하는 방법

기록한 매크로를 실행하려면 [개발 도구] 탭에서 **매크로**를 클릭하여 매크로 대화상자를 연다. 지금까지 만든 매크로 목록이 나열되면 실행하려는 매크로를 선택하여 [실행] 버튼을 클릭한다. 그러면 매크로에 기록된 작업들이 즉시 실행된다. 앞서 작성한 매크로1을 새로운 시트에 실행하면 해당 시트의 글꼴과 행 높이, A 열의 너비가 즉시 변경된다.

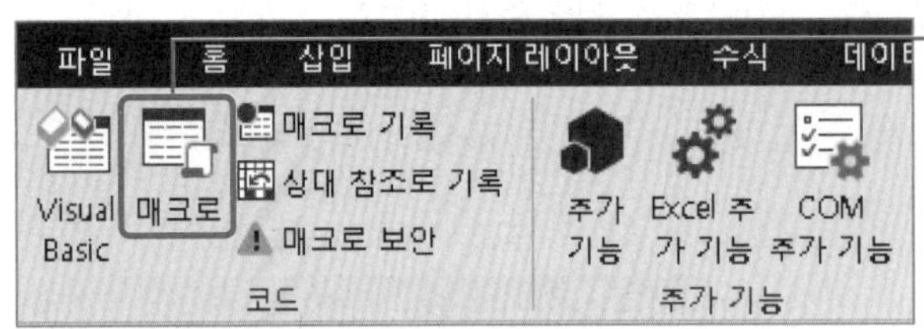

❶ [개발 도구] 탭에서 [매크로]를 클릭한다.

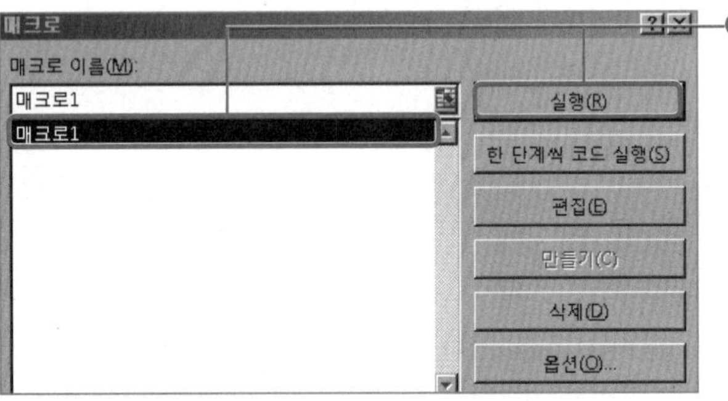

❷ [매크로] 대화상자에서 '매크로1'을 선택한 후 [실행] 버튼을 클릭한다.

한 가지 더!

상대 참조로 기록하기

매크로를 기록할 때 [개발 도구] 탭의 [상대 참조로 기록]을 클릭하여 활성화해 두면 셀이나 셀의 범위를 선택할 때 상대적인 위치로 기록된다. 예를 들어, [A1] 셀을 선택한 상태에서 기록을 시작하고 바로 옆의 [B1] 셀의 배경색을 바꾸면 '바로 옆의 셀의 배경색을 바꾸는 것'으로 기록된다.

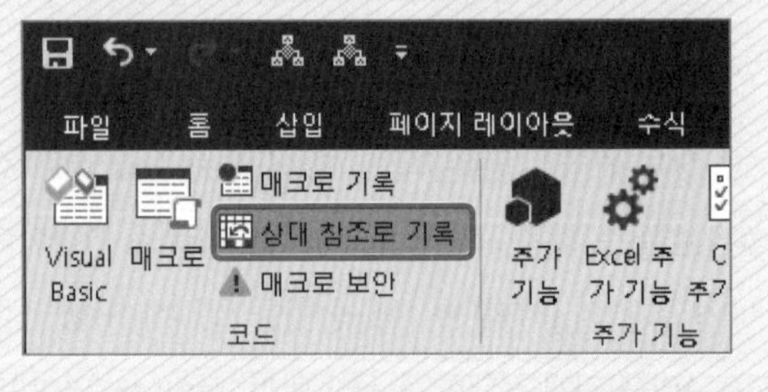

빠른 실행 도구 모음에 매크로 등록하기

작성한 매크로를 **빠른 실행 도구 모음**에 등록할 수 있다. 그러면 클릭 한 번으로 간편하게 매크로를 수행할 수 있다. 자주 사용하는 매크로를 등록해 두면 매우 편리하다. 또한, 빠른 실행 도구 모음에 등록하면 자동으로 Alt 계열의 단축키(142쪽)가 할당되므로 키보드로 빠르게 매크로를 실행할 수도 있다.

❶ [파일] ➡ [옵션]을 클릭한 다음 [엑셀 옵션] 대화상자를 표시한다.

❷ [빠른 실행 도구 모음]을 클릭한다.

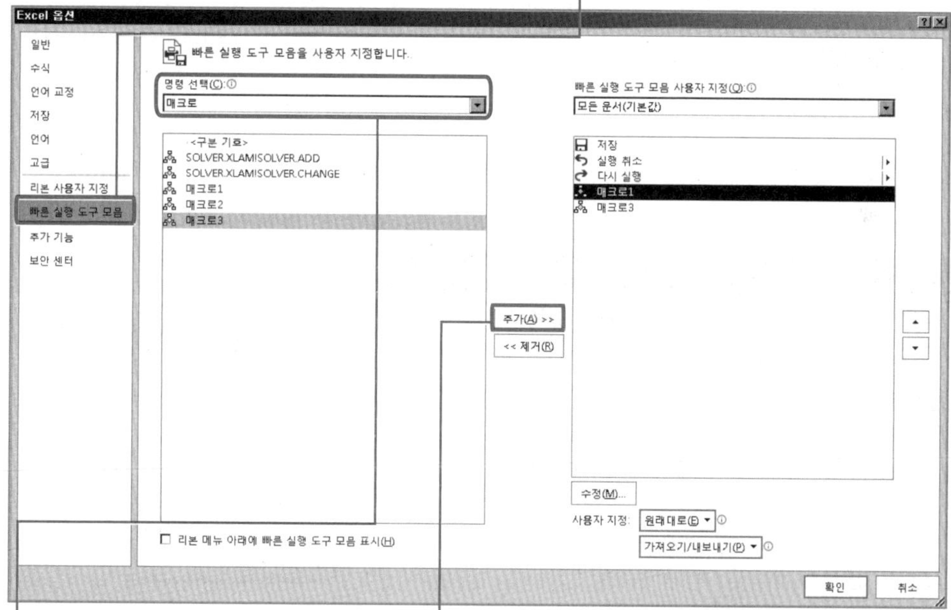

❸ [명령 선택] 콤보 박스에서 [매크로]를 선택한다.

❹ 왼쪽 리스트에서 추가할 매크로를 선택하고 [추가] 버튼을 클릭하면 [빠른 실행 도구 모음]에 버튼으로 등록된다.

❺ 빠른 실행 도구 모음에 등록된 버튼을 클릭하면 매크로가 실행된다.

MEMO
빠른 실행 도구 모음]에 등록한 매크로는 Alt ➡ 1~9의 단축키로도 실행할 수 있다.

매크로 확인 및 편집하기

만든 매크로의 내용을 확인하고 수정하려면 [개발 도구] 탭의 왼쪽에 있는 **Visual Basic**을 클릭한다. 그러면 VBE(Visual Basic Editor)라는 전용 화면이 표시되고, 여기서 매크로의 내용을 확인하고 편집할 수 있다. VBE를 열면 이번 절에서 만든 '매크로1'의 코드가 보일 것이다.

이번에는 '표 디자인'이라는 매크로를 정의하여 다음 작업들을 자동화해 볼 것이다.

① 선택 범위의 상단 및 하단에 굵은 실선 테두리 표시

② 두 번째 행 이후로 가로 방향의 가는 실선 테두리 표시

③ 직접 입력한 수치의 글자 색 변경

④ 눈금선 숨기기

다음과 같이 매크로의 내용을 확인하고 직접 편집하는 것이 가능하다.

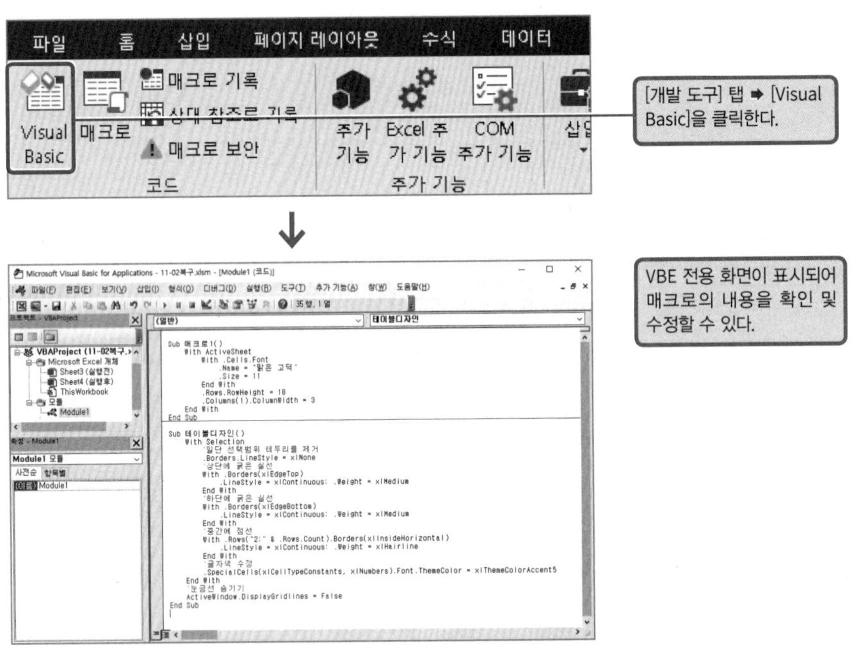

한 가지 더!

VBE와 VBA

매크로 편집 화면을 VBE라고 부르는 반면, 매크로 프로그램 작성 규칙을 VBA(Visual Basic for Applications)라고 한다.

● **매크로를 사용하면 자신만의 작업 도구를 만들 수 있다.**

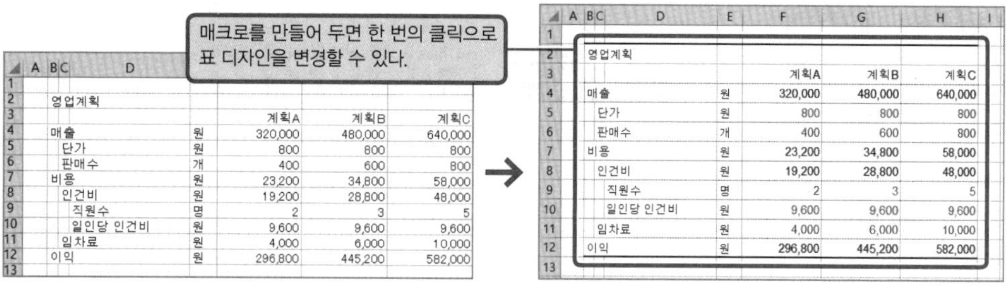

매크로를 만들어 두면 한 번의 클릭으로 표 디자인을 변경할 수 있다.

		계획A	계획B	계획C
영업계획				
매출	원	320,000	480,000	640,000
단가	원	800	800	800
판매수	개	400	600	800
비용	원	23,200	34,800	58,000
인건비	원	19,200	28,800	48,000
직원수	명	2	3	5
일인당 인건비	원	9,600	9,600	9,600
임차료	원	4,000	6,000	10,000
이익	원	296,800	445,200	582,000

→

		계획A	계획B	계획C
영업계획				
매출	원	320,000	480,000	640,000
단가	원	800	800	800
판매수	개	400	600	800
비용	원	23,200	34,800	58,000
인건비	원	19,200	28,800	48,000
직원수	명	2	3	5
일인당 인건비	원	9,600	9,600	9,600
임차료	원	4,000	6,000	10,000
이익	원	296,800	445,200	582,000

매크로를 저장하고 사용하는 세 가지 방식

매크로가 포함된 엑셀 파일은 일반 엑셀 통합 문서와는 다르게 저장해야 한다. 파일 형식을 **엑셀 매크로 사용 파일 형식(*.xlsm)**으로 지정하여 저장해야 한다. 그러면 확장자가 xlsm이 되고, 아이콘도 일반 엑셀 문서와는 조금 달라져 매크로가 포함된 문서임을 구분할 수 있게 된다.

엑셀에서 매크로를 저장하는 방법은 다음과 같이 세 가지가 있다.

● **매크로 저장 방법**

저장 방법	설명
엑셀 매크로 사용 통합 문서 형식(xlsm)	하나의 통합 문서에 표와 매크로를 함께 저장하는 방식이다. 일반 엑셀 파일 형식과 달리 xlsm 형식(엑셀 매크로 사용 파일 형식)으로 저장해야 한다. 만든 매크로를 해당 통합 문서에서만 사용할 때 이 방법을 선택한다.
개인용 매크로 통합 문서	컴퓨터 내의 모든 통합 문서에서 공유되는 매크로 전용 통합 문서에 기록하는 방식이다. 만든 매크로를 다른 통합 문서에서도 사용하고 싶은 경우 이 방법을 선택한다.
엑셀 추가 기능 형식	작성한 매크로를 엑셀의 확장 기능처럼 사용하고 싶을 때 저장하는 방식이다. [개발 도구]의 [Excel 추가 기능]에서 추가하면 작성한 매크로나 함수를 엑셀의 기본 기능처럼 사용할 수 있다.

일반적으로 표 데이터와 매크로를 함께 저장하는 경우가 많은데, 이때 xlsm 형식(엑셀 매크로 사용 파일 형식)으로 저장하면 된다. 작성한 매크로를 다른 통합 문서에서도 편리하게 재활용하기 위한 나머지 저장 방식에 대해서는 지면 관계상 다루지 않는다.

관련 항목 매크로와 VBA ⇨ 340쪽 / 매크로 보안 설정 ⇨ 341쪽

CHAPTER 11

03 한 걸음 더 나아가기

귀찮은 반복 작업을 위한 기술

예제 파일 chapter11.xlsx

매크로의 고급 기능

엑셀의 매크로는 일련의 수작업을 자동화하는 것이 전부가 아니다. 일반 프로그래밍에서 많이 사용하는 **조건 분기**(조건에 따라 서로 다른 작업을 수행)나 **반복 처리**(같은 처리를 여러 대상에 각각 수행)도 사용할 수 있다. 예를 들어, 한 줄씩 건너뛰어 총 100번의 처리를 반복 수행하거나 원하는 문자열이 포함된 셀의 배경색만 바꾸는 작업 등을 수행할 수 있다.

이렇게 강력한 기능을 사용하면 복잡하고 손이 많이 가는 일을 빠르고 정확하게 끝낼 수 있다. 다음 표에 정리된 기능을 추가로 더 익힌다면 매크로의 응용 폭이 더 넓어질 것이다.

- **매크로를 더 잘 사용하고 싶은 이들을 위한 추천 기능**

VBA 기능	설명
조건 분기(if문)	값이나 수식의 결과 같은 조건에 따라 실행할 처리를 바꾸는 기능. IF 함수(76쪽)보다 유연하게 조건별 처리를 지정할 수 있다.
반복 처리(for문)	같은 처리를 반복할 때 사용하는 기능. 처리 대상을 바꿔 가면서 같은 처리를 수행할 때 사용한다. 예를 들어, 선택한 셀에 대해 같은 처리를 수행하거나 모든 시트에 같은 처리를 수행할 때 사용할 수 있다.
배열(Array)	배열(Array)은 여러 항목을 담을 수 있는 상자와 같다. 필요한 내용을 배열에 넣고 반복 처리와 조건 분기를 조합하여 복잡한 처리를 수행할 수 있다. 예를 들면 '매출', '이익', '비용'이라는 문자열들을 배열에 넣어 놓고, 선택한 셀들을 반복 처리하면서 세 문자열이 하나라도 포함된 셀의 배경색을 바꾸는 것 같은 기능을 구현할 수 있다.

검색 키워드는 자동화, 매크로, VBA

매크로가 등록된 통합 문서를 열면 보안 경고 메시지가 표시되는 경우가 있다. 이것은 매크로에 의해 악의적인 처리가 자동으로 실행되는 것을 막기 위해서다. 회사나 학교 등 작업 환경에 따라 매크로 사용이 금지되는 경우도 있다.

매크로는 매우 강력해서 편리하지만, 반대로 악용될 경우 심각한 손실을 가져다 줄 수 있다. 따라서 신뢰할 수 있는 사람이 작성한 매크로 이외에는 절대로 실행하지 않는 것이 좋다. 특히, 인터넷에서 구한 파일이라면 더욱 주의하도록 한다.

● **매크로를 실행하기 위해서는 먼저 보안 설정이 필요하다**

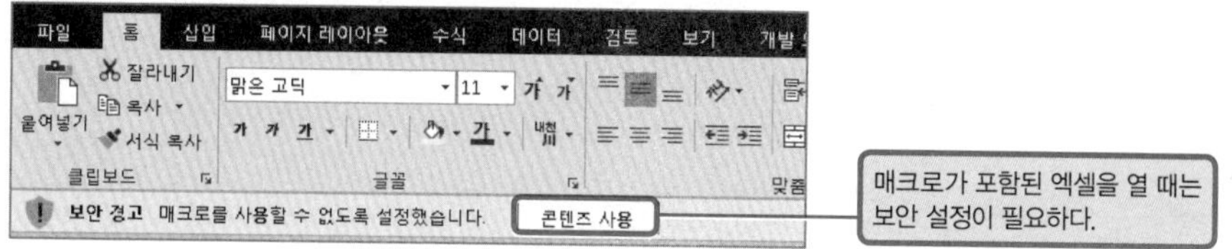

그러나 매크로를 위험해서 손대지 말아야 할 기능으로 오해하지 않기를 바란다. 잘 사용하면 매크로만큼 편리한 기능도 없다. 매크로의 고급 기능을 익히는 것도 어렵지 않다. 누구나 마음먹고 배우면 반드시 익힐 수 있다. **매크로를 익히면 업무 효율이 극적으로 높아지기 때문에** 늦게 매크로를 배운 사람들은 하루라도 빨리 매크로를 배웠어야 했다며 아쉬워하는 경우가 많다.

매크로를 제대로 배우고 싶다면 매크로와 관련된 전문 서적을 한 권 정독할 것을 추천한다. 그리고 나서 '매크로, 자동화, VBA' 등의 키워드와 함께 검색해 보면 다양한 매크로 코드를 쉽게 발견할 수 있을 것이다. 그러나 인터넷상의 매크로를 그대로 사용하기보다는 코드를 이해하고 본인의 상황에 맞게 편집하여 사용할 수 있는 수준까지 가는 것이 바람직할 것이다.

관련 항목 매크로의 기본 ⇨ 334쪽 / 매크로 기록 ⇨ 335쪽 / 매크로 실행 ⇨ 336쪽

찾아보기

ㄴ

ㄷ

ㄹ

ㅁ

ㅂ

ㅅ